ZHONGGUO GUDAI
YONGREN ZHIHUI

中国古代
用人智慧

柯美成 胡抗美 编著

目 录

再版弁言　/1

第一辑　　名君诏令

汉高祖	求贤诏　/3	
汉文帝	策贤良文学士诏　/6	
汉景帝	令二千石修职诏　/10	
汉武帝	举茂才异等诏　/12	
汉光武帝	封功臣诏　/15	
魏武帝	求贤驭人七令　/17	
	（吏士行能令；求贤令；敕有司取士毋废偏短令；求逸才令；选军中典狱令；定功行封令；败军抵罪令）	
魏孝文帝	定考绩明黜陟二诏　/23	
唐太宗	任贤求谏二诏　/26	
	（荐举贤能诏；令群臣直言诏）	
武则天	以八科取士诏　/31	
唐玄宗	重守令四诏　/35	
	（令新除牧守面辞诏；简京官为都督刺史诏；京官都督刺史中外迭用敕；处分县令敕）	
周世宗	求谏诏　/41	
宋太祖	澄清吏治防患未然三诏　/45	
	（诫约藩侯郡牧不得令亲随参掌公务诏；举主连坐诏；举人关食禄之家委中书复试诏）	
金世宗	责尚书省除授止限资级二谕　/48	
明太祖	戒谕公侯外官二敕　/51	

　　　　　　　（铁榜戒公侯；戒谕外官敕）
清圣祖　　爱惜人才澄清吏治三谕　/60
　　　　　　　（崇尚宽大爱惜人才谕；端本澄源谕；封疆大吏陛见陈奏谕）
清世宗　　为政以得人为要谕　/63
清高宗　　著大学士等荐举言官谕　/65

第二辑　　名臣奏议

李　斯　　谏逐客书　/69
董仲舒　　举贤良对策（节选）　/73
诸葛亮　　出师表　/79
刘　毅　　请罢中正除九品疏　/83
魏　徵　　论御臣之术疏　/91
张柬之　　对贤良方正策（节选）　/97
张九龄　　重守令疏　/101
陆　贽　　驾幸梁州论进瓜果人拟官状　/105
　　　　　　　论朝官阙员及刺史等改转伦序状　/106
李吉甫　　请汰冗吏疏　/121
范仲淹　　答手诏条陈十事（节选）　/123
包　拯　　乞不用赃吏疏　/137
王安石　　上仁宗皇帝言事疏　/139
张　浚　　论内重外轻之害有八疏　/166
许　衡　　论时务五事疏（节选）　/169
张居正　　陈六事疏（节选）　/180
　　　　　　　请稽查章奏随事考成以修实政疏　/184
陈廷敬　　请严督抚之责成疏　/188
张之洞　刘坤一　变通政治人才为先折　/193

第三辑　　名家论说

管　子	贤者关乎霸业　/219	
	（对桓公问；三本与四固）	
晏　子	善为国家者举贤官能　/223	
	（国有三不祥；治国患夫社鼠猛狗；举贤以临国，官能以敕民）	
孔　子	先有司，赦小过，举贤才　/227	
墨　子	尚贤　/229	
孟　子	为天下得人者谓之仁　/235	
荀　子	王制・君道・致士　/238	
吕氏春秋	求人・察贤・举难　/250	
韩非子	用人　/258	
	（善用人者，必循天顺人而明赏罚；试于屯伯，关乎州部；宰相必起于州部，猛将必发于卒伍）	
贾　谊	官人　/266	
桓　谭	求辅　/268	
白居易	请行赏罚以劝举贤　/273	
韩　愈	马说　/275	
欧阳修	为君难论　/277	
苏　洵	管仲论　/284	
王安石	委任　/288	
司马光	《通鉴》用人三论　/292	
	（审于才德之分而知所先后；其本在于至公至明；举之以众，取之以公）	
王夫之	《读通鉴论》用人二则　/298	
	（任人任法辨；严之于上官而贷息于守令）	
顾炎武	省官　/303	

龚自珍　　　明良论 /305

附录　用人掌故

尧询事考言禅位于舜 /311

舜杀鲧而举其子禹 /313

伊尹论尧舜禹三君之举贤 /314

殷高宗于奴隶中举傅说为相 /315

周文王立太公望为师 /316

周公戒伯禽礼贤下士 /317

周公礼贤之大观 /318

齐桓公五往而见布衣之士 /319

晏子屈己待人居功不骄 /320

晋文公任贤与赵衰举贤 /321

赵宣子荐贤比而不党 /323

祁奚举贤不避亲仇 /324

解狐举贤公私分明 /326

郑子产知人善任 /327

子思论用人不能求全责备 /328

楚庄王绝缨酒会 /329

樊姬论相之忠贤 /330

蔡声子论楚材晋用 /331

燕昭王求贤 /334

赵简子痛失谔谔之臣 /336

韩昭侯论用人应杜私求 /337

鲁仲连与孟尝君论用人 /338

《吕氏春秋》论"八观六验""六戚四隐" /339

姚贾对秦王论用人 /340

秦用他国人 /343

汉高祖知人善任　/344

汉高祖论功行赏　/345

汉初布衣将相之局　/347

汉文帝虚怀纳谏赦过赏功　/350

汉文帝细柳营识名将　/353

汉景帝不以小过责能臣　/355

汉武帝用将　/356

汉武帝留意郡守　/359

三国之主用人各不同　/360

诸葛亮论知人之道　/365

诸葛亮七擒七纵收孟获之心　/366

魏孝文帝以考绩黜陟百官　/367

魏孝文帝知人善任　/369

唐太宗不以私恩论勋赏　/371

唐太宗遍降宗室郡王以利天下　/373

唐太宗与房玄龄论致理之本惟在省官　/374

唐太宗责封德彝不举贤　/375

唐太宗诫公卿勿循私贪浊　/376

唐太宗与魏徵论为官择人不可造次　/377

唐太宗纳谏重赐魏徵　/378

唐太宗纳谏重刺史县令之任　/380

唐太宗与魏徵论求谏　/381

武则天用人之特色　/382

武则天信重狄仁杰　/383

武则天遗才之恨　/384

唐宣宗面察刺史威严驭下　/385

唐代选举之法　/387

周世宗破格用人　/388

宋太祖杯酒释兵权　/389

宋太祖论宰相须用读书人 /392

宋太祖殿试选真才 /393

宋太祖用人不念旧恶 /394

宋初严惩赃吏 /395

明太祖与宋濂论求贤之效 /399

明太祖与刘基论择相 /400

明太祖与李翀论任将 /401

明太祖重惩贪吏 /402

清圣祖知人善任 /403

清圣祖念念不忘表彰清官 /404

再 版 弁 言

《中国古代用人智慧》即将再版，衷心感谢华夏出版社领导以及我的朋友倪友葵编审、责任编辑韩平女士的关爱和赏识。此乃本书之幸、编著者之幸，或亦读者之幸也。

本书初版原有他序及柯跋各一篇，现撤下。但将原跋主要内容略作修改并移作"弁言"，现就本书编著中有关问题做简要说明。

一、自古王者多以史作为治之具。《易》云："君子以多识前言往行，以畜其德。"历代明智的政治家、思想家以及我们党的几代领导人，无不十分重视历史的鉴戒作用。习近平总书记更明确提出了"镜鉴历史"的命题。早在2009年和2011年，习近平就指出：历史是前人的实践和智慧之书。我们中华民族有着五千年的文明史，传统文化中的许多优秀文化典籍蕴涵着做人做事和治国理政的大道理。领导干部不管处在哪个层次和岗位上，都应该读点历史。要学习和借鉴中国历史上治国理政的丰富经验。在习近平同志的一再倡导下，各级领导干部学习历史、镜鉴历史，开始蔚为一代新风。

用人问题自古以来就是治国理政的核心问题。华夏先哲们很早就认识到人才对于国计民生的重要性。从尧放丹朱而禅位于舜，舜杀鲧而举其子禹，到汉高祖任用三杰而平定天下，唐太宗任用房杜魏马而致贞观治世，再到明太祖深情赞美"贤才，国之宝也"，清圣祖反复告诫"举贤退不肖"；从管仲对桓公"贤者关乎霸业"，李斯谏阻秦王"逐客"，到魏徵论"御臣之术"，包拯"乞不用赃吏"，再到陈廷敬"请严督抚之责成"，张之洞、刘坤一上言"变通政治人才为先"；……爱惜人才、选贤任能、礼贤下士、任贤勿贰、用人之长不责其短、勤于教养百年树人，以及求言纳谏、三考黜陟、惩骄肃贪、澄清吏治、防患未然等等优秀思想，就像一条红线，贯穿于历代有作为的政治家、思想家的实践和著述之中，从而形成了华夏文明关于用人的优良传统。宋代名臣胡瑗云："致天下之治者在人才"，道出了这一优良传统世代传承的奥妙。编著《中国古代用人智慧》一书，目的就是要从浩若烟海的古代典籍中，发掘、整理先哲们关于用人的嘉言懿行、名篇名典，弘扬中华民族用人的优良传统，使读者从中汲取历史的智慧，以史为鉴，古为今用，从而把我们今天和今后的工作做得更好。

二、本书以论治求治为经，以人物为纬，着眼于思想、制度、政策、实践四方面，荟萃了古代著名政治家、思想家关于用人的若干代表作，选辑了历代关于用人的掌故。全书由四部分组成：第一辑，名君诏令。凡选文为帝王之诏、谕、敕、令等，即通常所说的"圣旨"，收入本辑。其中魏武帝曹操虽并未做过皇帝，但援《三国志》成例，其令亦归入本辑；第二辑，名臣奏议。凡选文为臣下上奏帝王之表、章、疏、折、状、书、对策、封事等，收入本辑；第三辑，名家论说。先秦诸子、后世名家之文，及兼为名臣名家而其文非上奏文的，收入本辑；附录，乃用人掌故。以上各部分选文务求精当，从整体上能真实地体现古代用人的优良传统，体现古代用人思想与艺术的精华。

三、本书选文一律采用中华书局、商务印书馆、人民出版社及上海古籍出版社等权威出版社的版本。选文篇目部分采用文章出处原有标题，部分由编著者据文意拟定。属于节选文并沿用原标题的，第一、第二辑括注"节选"字样，第三辑和附录则不加括注。

四、本书初版对选文的介绍采取以下形式：正编三缉各篇选文均由作者简介、阅读提示、原文、注释、译文五个层次组成，附录则仅有原文和译文。其中，阅读提示尽可能将选文置于特定历史时期（一个或若干个朝代）的大背景下进行审视，从宏观和微观两个层面，提纲挈领地揭示选文的历史意义及其学习借鉴价值，力求有利于读者深刻理解文意，并通过对全书阅读提示和原文的贯通理解，窥见中国古代用人思想史、制度史和实践史的大致轨迹。

五、本书初版有"注释"一项，再版时考虑全书篇幅过大，增加了购书者的经济负担，于是撤下。原注释在一般情况下采取先注字、再注词的顺序；但对属于引经据典的词条，则首先注明出典，然后注字、词。由于本书涉及历史人物、职官、典章制度较多，注释中对同一词条（同一人名、官名、典故等）根据其在文中的重要性不回避重复，但一般会结合理解文意的需要或时代的变迁，使释文有所侧重、详略或差别。

六、本书关于数字的用法。对各朝代历史纪年，同一年号于每篇选文首见处用阿拉伯数字括注公历，但省略"公元"和"年"字样，如汉武帝元封五年（前106）、唐太宗贞观二年（728）；其后重复出现的相同年号则不再括注。对历史人物括注公历生卒年，如汉高祖（前256或247～前195）、诸葛亮（181～234）。书中其他数字一律用汉体写法。

七、本书译文以直译为主，意译为辅，力求尽可能准确转述原文文意，行文流畅，具有可读性。归类辑录整理古籍，兹事体大，我虽多年乐此不疲，亦时感力有不逮。古文今译从来批评、赞誉纷纭，本书谅难尽如人意。故特借此致意广大读者：衷心感谢诸君购买和阅读本书，凡书中错讹、不当、疏漏之处，敬请不吝教正。

是为再版弁言。

柯美成
2012. 1. 28

第一辑

名君诏令

汉 高 祖

汉高祖（前256或247～前195），即刘邦。西汉王朝的建立者。公元前202年至公元前195年在位。字季，沛县丰邑（今属江苏）人。秦末曾任泗水亭长。秦二世元年（前209）陈胜起义，他起兵响应，称沛公。后与项羽领导的起义军同为反秦主力。公元前206年，他率军首先攻入咸阳，推翻秦朝统治，与父老约法三章，尽除秦苛法，得到秦人拥护。同年，项羽入关，自称"西楚霸王"，大封诸侯王，他被封为汉王，占有巴蜀、汉中之地。不久，即与项羽展开了长达五年的所谓"楚汉战争"。公元前202年，于垓下（今安徽灵璧东南）会战中大败项羽，即皇帝位，国号汉，定都长安。

汉高祖是中国历史上第一个由匹夫崛起而有天下的开国皇帝。史称高祖不修文学，但宽仁爱人，豁达大度，好谋能听，善于用人。在位期间，承袭秦制，实行中央集权制度。先后消灭韩信、彭越、英布等异姓诸侯王；迁六国旧贵族和地方豪强到关中，以加强控制；实行重本抑末政策，发展农业生产，打击商贾；兼采古仪，创立汉初礼仪制度；以秦律为根据，制定《汉律》九章。这些措施促进了社会经济的恢复和中央集权的巩固。临终，他又刑白马盟，为防止诸吕篡国做了安排。

求 贤 诏

本篇选自《汉书·高帝纪》，是刘邦在去世的前一年（前196）二月发布的一道诏书。

从某种意义上讲，刘邦之得天下，最大奥秘在于善于用人。这一点，他个人有自知之明。《史记·高祖本纪》生动地记述了他在终于打败项羽，统一天下后与群臣的一番问答："高祖置酒雒阳南宫。高祖曰：'列侯诸将无敢隐朕，皆言其情。吾所以有天下者何？项氏之所以失天下者何？'高起、王陵对曰：'陛下慢而侮人，项羽仁而爱人。然陛下使人攻城略地，所降下者因以予之，与天下同利也。项羽妒贤嫉能，有功者害之，贤者疑之，战胜而不予人功，得地而不予人利，此所以失天下也。'高祖曰：'公知其一，未知其二。夫运筹策帷帐之中，决胜于千里之外，吾不如子房；

镇国家，抚百姓，给馈饷，不绝粮道，吾不如萧何；连百万之军，战必胜，攻必取，吾不如韩信。此三者，皆人杰也，吾能用之，此吾所以取天下也。项羽有一范增而不能用，此其所以为我擒也。'"东汉史学家班彪亦有评说："高祖信诚好谋，达于听受，从谏如顺流，趋时如响赴。当食吐哺，纳子房之策；拔足挥洗，揖郦生之说；悟戍卒之言，断怀土之情；高四皓之名，割肌肤之爱。举韩信于行阵，收陈平于亡命。英雄陈力，群策毕举。此高祖之大略，所以成帝业也。"（《王命论》）可见，重视人才并善于使用人才，正是高祖打天下的法宝。

那么，打天下要靠人才，坐天下要不要靠人才？回答是肯定的。《求贤诏》所反映的就是汉高祖这一人才思想。这篇诏书仅一百七十九字，既纵观千古，阐明了贤才对于伟大事业（周文、齐桓的王霸之业）成功的重要意义，又立足现实，肯定贤才对开创汉王朝的历史功绩；既表达了希望贤才继续合作、共同治理天下的愿望，又表明了对愿意合作者一定给予优厚报答（"尊显之"）的诚意；既照顾到了已经在位的贤才（"已与我共平之"的贤人），又着眼于发现新的人才（郡、国"意称明德者"）；既交待了对诏书传达的具体要求，又提出了对执行诏书不力的惩罚措施以及有关注意事项。作者求贤若渴的心情、深谋远虑的识见，令人钦敬。读这篇诏书，可以想见汉高祖在吟唱《大风歌》"安得猛士兮守四方"时的神采。此诏被称为千古求贤文章之祖。

盖闻王者莫高于周文，伯者莫高于齐桓，皆待贤人而成名。今天下贤者智能岂特古之人乎？患在人主不交故也，士奚由进！今吾以天之灵，贤士大夫定有天下，以为一家，欲其长久，世世奉宗庙亡绝也。贤人已与我共平之矣，而不与吾共安利之，可乎？贤士大夫有肯从我游者，吾能尊显之。布告天下，使明知朕意。御史大夫昌下相国，相国鄷侯下诸侯王，御史中执法下郡守，其有意称明德者，必身劝，为之驾，遣诣相国府，署行、义、年。有而弗言，觉，免。年老癃病，勿遣。

【译文】

自古帝王没有超过周文王的，霸主没有超过齐桓公的，这两个人都是依靠贤人的辅佐才成就了功名。当今天下贤人的聪明才智难道还不如古人吗？怕就怕人主不去交结贤人，贤人又怎能进入仕途呢！现在我仰仗上天的灵佑和贤士大夫的帮助平定了天下，使之成为一家，希望它长治久安，世世代代奉祀宗庙不断绝。贤人已经与我共同平定了天下，却不与我一起使天下安宁和受益，能行吗？贤士大夫有愿意跟从我治理天下的，我能使他尊贵显达。布告天下人，使他们明白我的意思。御史大夫周昌传达给相国，相国酂侯萧何传达给诸侯王，御史中执法传达给郡守。如果有美名与美德相称的人，一定要亲自去劝说，并为他准备车马，送到相国府，署明他的品行事迹、仪表和年龄。如果有贤人而不报告，一旦发觉，立即罢官。年老多病的，就不要送来了。

汉 文 帝

汉文帝（前202～前157），即刘恒。汉高祖之子。公元前180至公元前157年在位。初立为代王。吕后死后，周勃、陈平等平定诸吕之乱，被迎立为帝。在位期间，执行"与民休息"政策，劝趣农桑，轻徭薄赋；弛山泽之禁，除关卡符信；废酷法，宽刑狱；躬修俭节，以敦朴示天下；募民实边，入粟备边，抵御匈奴。史称文帝统治时期，"吏安其官，民乐其业"（《汉书·刑法志》），"海内殷富，兴于礼义，断狱数百，几致刑措"（《汉书·文帝纪》），并将其与景帝一朝并称为"文景之治"。

策贤良文学士诏

本篇选自《汉书·晁错传》，是汉文帝十五年（前165）九月皇帝策问新举选的贤良文学士晁错等人的一道诏书。

策问是伴随着汉代用人制度创新——实行察举制而产生的一种文体。西汉王朝建立初期，用人选官除承袭战国和秦代的军功赐爵制外，尚有征辟、任子、赀选等途径。所谓征辟，即征聘和辟除。前者指皇帝特诏选任官吏，如汉高祖下《求贤诏》之举；后者指高级官吏如三公九卿、郡守、国相等自行聘任属员。征辟选官方式有一定的历史进步性，但从实践看，征聘一般只对个别人，成功的例子很少；辟除又有较多的限制，如一般限于低级属吏。所谓任子，指汉代二千石以上高级官吏任职满三年，可以保任子弟一人为郎官。当时许多官僚子弟都是以保任郎官为晋身之阶，然后迁转而为朝廷各级官吏，直至达官显贵。所谓赀选，就是凭财产入选为郎官。汉初入仕要受财产限制，家贫不得推择为吏，有市籍的商人亦不得入选。以上三种选官方式，不但范围狭窄不利于广泛选拔人才，而且所选任的也不一定是贤才，尤其是任子和赀选的弊端显而易见，当时已为许多人所指责。正是在这样一种背景下，察举制应运而生。察举也称荐举，是一种由公卿或郡国荐举人才，经朝廷策问考察后授官的选官制度。通常认为察举制产生于汉武帝时期，实际上开察举先河的是汉文帝。早在文帝二年十一月，他就曾下《举贤良方正直言极谏诏》；十三年三月，又下《置三老孝悌力田常员诏》；两年半后又下本诏。这三道诏书，标志着汉代察举制的产生。

一般来说，察举制与征辟制的最大区别，在于察举选官是按规定的科目进行，并且有时按地区分配有一定名额，比较便于操作；而征辟选官没有规定具体的科目，要求比较含糊，不利于掌握。汉代察举制的科目，经过文帝及其继承者景帝、武帝三代的不断扩大、完善，较为重要的有贤良方正、贤良文学、直言极谏、孝悌力田、孝廉、秀才、明经、明法等科。贤良方正、贤良文学，又称贤良、文学，四者名称虽时有不同，而性质实无大异。本篇《策贤良文学士诏》，就是汉文帝策问当时任太子家令、在举贤良活动中由平阳侯曹窋、汝阴侯夏侯灶、颍阴侯灌何和廷尉宜昌等所选贤良晁错等人的诏书。所谓策问，即将就政事、经义所拟的设问写在简策上；而被问者的对答，称为对策。这实际上已包含有考试取士的意味，也正是察举制相对于征辟制进步的表现。文帝这篇策问，内容涉及国体、人事、直言"三道"以及朕、吏、政、民"四者"，都是关乎国家政治的重大命题。策问中反复自谦"朕之不德"云云，要求受问者"悉陈其志，毋有所隐"，表现了文帝为了"上以荐先帝之宗庙，下以兴愚民之休利"，而虚己求言和对人才的极端重视。史载当时对策者百余人，只有晁错以"高第"中选，并由此迁升为中大夫（秦与汉初为郎中令属官，掌论议。汉武帝时改称光禄大夫）。应当指出，文帝十五年的这次诏举的方式方法，开创了察举取士的程式，因此，讲察举制不能不首先归功于汉文帝。

汉文帝是中国封建社会被旧史家誉为"三代下贤主"的开明帝王。"文景之治"的出现，不仅是他奉行"无为而治"的结晶，也是他广求贤士、破格用人的结果。他虽然尊奉黄老之学，但是对其他学派的代表人物，往往能兼容并用。如原秦朝柱下御史、"无所不通而尤邃律历"的学者张苍，在文帝时官至丞相；"颇通诸子之书"的洛阳青年贾谊，二十余岁即升迁为太中大夫；信仰阴阳学说的公孙臣，被优容礼遇，召为博士。而秦汉之际多灾多难的儒家，亦在文帝时受到重视，著名的儒家经典《尚书》，就是在他的支持下由那位九十多岁的儒者伏生整理出来的，他还派晁错到伏生家里学习《尚书》，并设立了《书》、《诗》两经博士。其后，汉武帝完善察举制，使之成为一项定制（武帝时，察举制基本上形成常科和特科两大类，即举孝廉为岁举的常行科目，举茂才异等、贤良方正等为特别诏定的科目），并最终确定主要以儒术取士，以及设立《诗》、《书》、《春秋》、《礼》、《易》五经博士，可以说都还是对文帝的继承和发展，当然也有创新。

　　昔者大禹勤求贤士，施及方外，四极之内，舟车所至，人迹所及，靡不闻命，以辅其不逮；近者献其明，远者通厥聪，比善戮力，以翼天子。是以大禹能亡失德，夏以长楙。高皇帝亲除大害，去乱从，并建豪英，以为官师，为谏争，辅天子之阙，而翼戴汉宗也。赖天之灵，宗庙之福，方内以安，泽及四夷。今朕获执天子之正，以承宗庙之祀，朕既不德，又不敏，明弗能烛，而智不能治，此大夫之所著闻也。故诏有司、诸侯王、三公、九卿及主郡吏，各率其志，以选贤良明于国家之大体，通于人事之终始，及能直言极谏者，各有人数，将以匡朕之不逮。二三大夫之行当此三道，朕甚嘉之，故登大夫于朝，亲谕朕志。大夫其上三道之要，及永惟朕之不德，吏之不平，政之不宣，民之不宁，四者之阙，悉陈其志，毋有所隐。上以荐先帝之宗庙，下以兴愚民之休利，著之于篇，朕亲览焉，观大夫所以佐朕，至与不至。书之，周之密之，重之闭之。兴自朕躬，大夫其正论，毋枉执事。乌虖，戒之！二三大夫其帅志毋怠！

【译文】
　　从前大禹广求贤士，恩泽延及中原以外地区，四境之内，车船能到、人迹能至之处，没有得不到命令的，以此求贤者之言来帮助自己把事情办得更好。贤者们近处的奉献他们的所见，远处的通报他们的所闻，齐心协力，共同辅佐天子，所以大禹能无过失，夏朝得以长久兴盛。高皇帝翦灭大害，消除祸乱踪迹，并封赏豪杰英才，用他们做官吏之长，任谏诤之职，弥补天子一人的不足，而辅佐拥戴汉室。仰赖上天的灵佑、祖宗的福荫，国家安定，恩泽达于四方。现在朕执掌天子的权柄，以继承宗庙的祭祀，朕既少德行，又无才能，聪明不足以明察幽隐，而智慧不足以治理国家，这是大夫们所明显看到了的。因此，下诏有关部门、诸侯王、三公、九卿和郡守，各人按照自己的志向，来选举贤良，明白治理国家的大道理，通晓人情事理的来龙去脉，以及能直率陈言、犯颜规谏的人，各有一定人数，将用以匡救朕个人考虑不周到之处。诸位大夫的行为符合这三个方面，朕很高兴，所以请你们到朝廷上来，亲自告知朕你们的志向。希望你们陈述三个方面的要点，并且深思朕的失德、官吏的不公正、政令的不畅通、百姓的不安宁这四个方面，一一陈述你们的认识，不要有所隐瞒。对上为了告慰先帝在天之灵，对下为了给百姓办点好事。把想法都写在竹简上，朕亲自观览，看大夫辅佐朕的当与不当。写好以后，不要泄露，严密封闭。这件事情由朕亲自负责，大夫们大胆议论，不必通过有关部门。唉，谨慎呀！诸位大夫要坚守志向，不要懈怠！

汉 景 帝

汉景帝（前188～前141），即刘启。汉文帝之子。公元前157至公元前141年在位。在位期间，继续执行文帝制定的"与民休息"政策，改田赋十五税一为三十税一；开关梁，弛山泽之禁。在采纳晁错建议进行"削藩"和平定吴楚七国之乱后，下令取消了诸侯王治民和任免王国官吏的权力，缩减王国统治机构，降低王国官职等级，由中央所任官吏处理王国行政，从而使诸侯王国实际上变成了与郡基本相同的一级地方行政单位，巩固和加强了中央集权。

令二千石修职诏

本篇选自《汉书·景帝纪》，是汉景帝刘启于去世的前一年即后元二年（前142）四月发布的一道诏书。

乍看起来，本诏内容似乎不是讲用人问题，而实际讲的是与用人密切相关的整顿吏治，并且是通过讲发展经济阐述用人问题的。因此，要深刻理解这篇诏令的内涵，必须联系景帝其人和"文景之治"。汉景帝是汉代历史上与其父文帝均以体恤民情著称，并共同创造了"文景之治"的一代名君。史称在景帝统治后期，国家出现了多年未有的富裕景象：国库里的钱堆积如山，串钱的绳子都烂掉了；粮仓装满了，粮食堆放在露天，不少都霉变了。这篇诏书的前半部分，正是以景帝个人的认识及其以身作则的行为表白，在客观上从一个侧面说明了造成上述富裕景象的领导因素。诏令的后半部分则指出，某些"诈伪"之人混进了官吏队伍，他们徇私枉法，助盗为盗，正是造成百姓"饥寒并至"的原因。因此，必须整顿吏治。这里，景帝就整顿吏治说了三层意思：（1）要从二千石以上高级官吏抓起，令"各修其职"；（2）丞相要亲自过问其事，直接对皇帝负责；（3）要让天下人都明了这件事。可以认为，层层负责地整顿官吏队伍，正是从另一个侧面阐明了造就上述富裕景象的领导因素。如果没有这后一个因素，那么即便最高统治者以身作则，下面的官吏却一味徇私枉法，上行而下不效，上有政策，下有对策，"文景之治"也是不可能出现的。

雕文刻镂，伤农事者也；锦绣纂组，害女红者也。农事伤则饥之本也，女红害则寒之原也。夫饥寒并至，而能亡为非者寡矣。朕亲耕，后亲桑，以奉宗庙粢盛祭服，为天下先；不受献，减太官，省徭赋，欲天下务农蚕，素有畜积，以备灾害。强毋攘弱，众毋暴寡，老者以寿终，幼孤得遂长。今岁或不登，民食颇寡，其咎安在？或诈伪为吏，吏以货赂为市，渔夺百姓，侵牟万民。县丞，长吏也，奸法与盗盗，甚无谓也。其令二千石各修其职；不事官职耗乱者，丞相以闻，请其罪。布告天下，使明知朕意。

【译文】

在器物上雕刻花纹画彩饰，是损害农事的做法；用锦绣结彩带作佩饰，是伤害女红的做法。农事受到损害，是造成饥饿的根源；女红受到伤害，是遭受寒冻的原因。饥寒交迫而能不做坏事的人，是很少的。朕亲自耕种，皇后亲自养蚕，以便供给在宗庙举行祭祀活动用的谷物和服装，是为了给天下人带个好头。朕不接受贡品，节省膳食，减轻徭役和赋税，是为了让天下人专心务农养蚕，平素有所积蓄，以防备天灾人祸。希望强大的不要侵夺弱小的，人多的不要欺侮人少的，老年人能安享天年，年幼的和孤儿能顺利成长。如今一遇年成不好，老百姓的食粮就很缺乏，这毛病出在哪里呢？因为有奸诈虚伪的人做了官吏，他们以金钱财物做交易，鱼肉百姓，侵夺万民。县丞本为一县吏员之长，却徇私枉法，助盗为盗，很不应该。现在命令：各郡郡守要认真管理好各自职权范围内的事；对不尽职尽责、昏乱不明的官吏，丞相要将情况上报，请求治他们的罪。要布告天下，使大家明白朕的心意。

汉 武 帝

汉武帝（前156~前87），即刘彻。汉景帝之子。公元前140至公元前87年在位。在位五十四年间，多有作为。在思想上，他接受董仲舒建议，"罢黜百家，独尊儒术"，并兼用法术、刑名，以加强统治。在政治上，他颁布"推恩令"，削弱了诸侯王割据势力；设置十三刺史部，加强了对地方的控制。在经济上，他开征商人资产税，打击富商大贾；采纳桑弘羊建议，实行盐、铁、铸币官营；设置平准、均输，让官府经营运输和贸易；同时，兴修水利，移民西北屯田，推行"代田法"，促进了社会经济的发展。在军事上，他用卫青、霍去病为将，大举进击匈奴，不仅解除了北方的威胁，而且开拓了大量疆土。在外交上，他派张骞两次出使西域，加强了对西域的统治和经济文化交流；派唐蒙出使夜郎，新建了西南七郡。在他统治时期，汉王朝在军事、政治、经济、文化各个方面都走上了巅峰。但在他统治后期，由于连年征战，赋役不断加重以及迷信封禅，祀神求仙，大兴土木，穷奢极欲，致使海内虚耗，人口减半，民怨沸腾，社会危机深重。为此，他又不得不在晚年发布著名的《轮台罪己诏》，做出了知错必改的抉择。

求茂才异等诏

本篇选自《汉书·武帝纪》，是汉武帝刘彻于元封五年（前106）为设置十三刺史部选任官吏而发布的一道诏书。

汉武帝是我国古代历史上一位颇具雄才大略的皇帝，他一手造就了汉王朝的鼎盛时期。这其中原因自然是多方面的，但武帝爱才、重才，不拘一格选拔和使用人才，无疑是最重要的原因。武帝统治时期，完善并确立了以察举为主的选官制度，并开创了博士弟子员射策补官制度，这两种制度并行不悖，从而进一步扩大了选拔官吏的范围，为加强封建专制主义中央集权统治迈出了重要一步。

这篇《求茂才异等诏》，就是汉武帝完善察举制的一个产物。茂才异等，原称"秀才异等"（后因避光武帝刘秀讳改"秀"为"茂"），指具有特殊才能超等逸群之人。秀才异等科创设于本诏的发布，属于察举的特科。而本诏最突出的特色，却不在于它开创了一个察举科目，而在于它提供了一个武帝敢于破格选拔和使用人才的绝好的证明。短短六十八字一道诏书,既表现了武帝为建立"非常之功"而渴求"非常之人"的迫切心情,又表现了他对用好"非常之人"建立"非常之功"的坚定信心。如果我们抛开武帝在用人方面实际上是秉承了其曾祖高祖的衣钵,祖孙的用人观并无伯仲之分不论,仅以本诏(简称"武诏")与高祖《求贤诏》(简称"高诏")相比,则武诏既有其与高诏一脉相承之处,更有其自身"非常"的特色。这就是,武诏在"有非常之功,必待非常之人"的旗号下,表现出了与高诏的以下三点区别:(1)高诏的人才观较传统,注重德才兼备("意称明德"),而武诏则敢于从"非常"的要求出发,破除世俗之见,偏重于一个"才"字;(2)高诏仅一般地突出了对人才将给予优厚待遇的许诺,而武诏则展示了不仅可以容忍人才有种种毛病,而且可以委以"非常"之任(将相重任)的大度;(3)高诏求贤的目的在于使江山世代相传,而武诏求才除此目的外,还考虑到了发展外交、开拓疆土的需要。可以说,武诏较之高诏具有更广阔的视野,体现了更加非凡的胆识和气度。也许正因为如此,武帝时代才真正是英才荟萃、群星灿烂的时代。据《汉书·公孙弘卜式兒宽传·赞》称道:"公孙弘、卜式、兒宽皆以鸿渐之翼困于燕爵,远迹羊豕之间,非遇其时,焉能致此位乎?是时,汉兴六十余载,海内艾安,府库充实,而四夷未宾,制度多阙。上(武帝)方欲用文武,求之如弗及。始以蒲轮迎枚生,见主父而叹息。群臣慕响,异才并出。卜式拔于刍牧,弘羊擢于贾竖,卫青奋于奴仆,日䃅出于降虏,斯亦曩时版筑饭牛之朋已。汉之得人,于兹为盛。儒雅则公孙弘、董仲舒、兒宽,笃行则石健、石庆,质直则汲黯、卜式,推贤则韩安国、郑当时,定令则赵禹、张汤,文章则司马相如,滑稽则东方朔、枚皋,应对则严助、朱买臣,历数则唐都、洛下闳,协律则李延年,运筹则桑弘羊,奉使则张骞、苏武,将率则卫青、霍去病,受遗则霍光、金日䃅出于降虏,其余不可胜纪。是以兴造功业,制度遗文,后世莫及。"北宋史学家、政治家司马光即使在尖锐批评汉武帝穷奢极欲、穷兵黩武等"异于秦始皇者无几"的时候,也不得不情不自禁地感叹:"然秦以之亡,汉以之兴者,孝武能尊先王之道,知所统守,受忠直之言,恶人欺蔽,好贤不倦,诛赏严明,晚而改过,顾托得人,此其所以有亡秦之失而免亡秦之祸乎!"(《资治通鉴·汉纪十四》)可见,重视人才,善于使用和驾驭人才,竟是使武帝"有亡秦之失而免亡秦之祸"的重要原因。这一点,实在是令人深思啊!

  盖有非常之功,必待非常之人。故马或奔踶而致千里,士或有负俗之累而立功名,夫泛驾之马,跅弛之士,亦在御之而已。

其令州郡察吏民有茂材异等可为将相及使绝国者。

【译文】
　　大凡要建立不平常的功业，一定要依靠不平常的人才。所以，有的马狂奔踢人却能日行千里，有的士人被世俗误解唾弃却能立功扬名。那些会弄翻车驾的烈马，那些放纵不羁的士人，也在于怎样驾驭和使用他们。现在命令：各州郡要考察荐举所属官吏和百姓中那些才华出众、能力超群，可以担任将相或出使远国的人才。

汉光武帝

汉光武帝（前6～57），即刘秀。东汉王朝的建立者。公元25年至57年在位。字文叔，南阳蔡阳（今湖北枣阳市西南）人。汉高祖九世孙。王莽地皇三年（22），与其兄聚众起兵，加入绿林起义军。更始元年（23），于"昆阳大战"大破王莽军。随即以恢复汉家制度为号召，抚定河北，收编铜马等起义军，力量逐渐壮大。更始三年称帝，定都洛阳，建元为建武，是为东汉（或称后汉）。不久，削平各地割据势力，统一全国。在位期间，多次下令释放和禁止残害奴婢，减轻赋税，废止地方更役制，兴修水利，裁并四百余县，精简官吏，并在朝廷内加重尚书职权，同时废除诸郡掌握军权的都尉，从而加强了中央集权，促进了生产的恢复和发展，成为中国历史上享有盛名的"中兴"名君。

封功臣诏

本篇选自《后汉书·光武帝纪》，是光武帝刘秀于建武二年（26）正月发布的一道诏书。当时光武称帝仅半年时间，国家尚未统一，战争还在紧张地进行。为了加快统一步伐，他借大司马吴汉刚刚打了一个大胜仗的机会，采取了"悉封功臣为列侯"的措施，以激励人心。饶有意味的是，这篇《封功臣诏》不仅没有说许多表彰和勉励功臣的话，反而严肃地告诫他们不得因功自满，放纵欲望，忘却"慎罚"的大义，而应该为自身事业的长远着想，"在上不骄"，"满而不溢"，小心谨慎，保守名节。这就不仅体现了光武帝对功臣们的真正爱护，而且也表现了他用人有术，驭下有方。史载光武帝在统一战争中曾大封功臣为列侯，并赐予优厚的封土食邑，梁侯邓禹、广平侯吴汉的食邑多达四县。当时，博士丁恭曾上言："古者封诸侯不过百里，强干弱枝，所以为治也。今封四县，不合法制。"光武帝则回答他："古者亡国皆以无道，未尝闻功臣地多而灭亡者也。"其实，光武帝大封功臣侯是有深意的，无非要功臣继续效命罢了，一当天下平定，这些功臣侯就被削夺了兵权，侯国长吏由中央委派，不臣于诸侯，功臣侯在封国无行政权，仅食租税而已，因此不可能对皇权造成威胁。司马光评论光武帝："虽以征伐济大业，及天下既定，乃退功臣而进文吏，明慎政体，总揽权纲，量时度力，举无过事，故能恢复前烈，身致太平。"（《资治通鉴·汉纪三十六》）由此也可见，这篇《封功臣诏》绝不是一时兴之所至的告诫，而是光武帝用才驭人思想的重要体现。

人情得足，苦于放纵，快须臾之欲，忘慎罚之义。惟诸将业远功大，诚欲传于无穷，宜如临深渊，如履薄冰，战战栗栗，日慎一日。其显效未酬，名籍未立者，大鸿胪趣上，朕将差而录之。

【译文】
人的欲望一旦得到满足，就可能因放纵行为而带来痛苦，因一时的快乐而忘了当心受到惩罚的大义。各位将军建立了丰功伟业，如果真想永远地世代相传下去，就应当如临深渊，如履薄冰，战战兢兢，一天比一天更加小心谨慎地处事。若有立下显著功劳未得到酬报，没有被录入功臣薄的人，大鸿胪要赶快上报，朕将依据功劳大小而任用他们。

魏 武 帝

魏武帝（155~220），即曹操。字孟德，小名阿瞒，沛国谯（今安徽亳州市）人。二十岁举孝廉，任洛阳北部尉，迁顿丘令，征拜议郎。以镇压黄巾起义军有功，封济南相；继而参与讨平董卓，逐步扩充了军事力量。初平三年（192），任兖州牧。建安元年（196），迎献帝都许（今河南许昌东），从此"挟天子以令诸侯"，先后削平吕布、袁术、袁绍等武装割据势力，统一中国北方。建安十三年进位丞相，率兵南下，被刘备、孙权联军大败于赤壁。建安十八年封魏公；二十一年进位魏王；二十五年正月病死。不久，其子曹丕废汉称帝，追尊乃父为武帝。

曹操雄才大略，一生多有建树。他推行屯田，兴修水利，促进了北方社会经济的恢复和发展；用人唯才，注意罗致各个阶层、各种类型的匡时救世之才；明法严刑，抑制了豪强世族对政权的垄断。又精通兵法，能诗善文，有兵书和文集传世。

求贤驭人七令

本篇选自《三国志·魏书·武帝纪》，由曹操的七道命令组成。其中，前四道命令中心思想是求贤，后三道命令中心思想是驭人。

三国时期是我国古代史上的一个引人注目的重要历史时期。在这一历史时期的大舞台上，分别以曹操、刘备和孙权为创业之主的魏、蜀、吴三方的英雄豪杰们，上演了一幕幕生动的活剧。从用人角度看，三国鼎立之所以形成并保持几十年相对稳定的局面，与三国之主均十分重视人才密切相关。换句话说，三国鼎立，实际上是三大人才集团的智慧和才能之争处于均衡态势的结果。这正如清代史学家赵翼所说："三国之主各能用人，故得众力相扶，以成鼎足之势。"（《二十二史札记》卷七"三国之主用人各不同"条）

三国之主能用人，曹操是佼佼者。重视人才，唯才是举，可以说贯穿于曹操一生的事业之中。曹操向来认为，"天地间，人为贵"（《度关山》）。早在汉灵帝中平六年（189），当他和袁绍起兵讨董卓时，曾争论靠什么才能统一天下，他就声称："吾任天下之智力，以道御之，无所不可。"（《三国志·魏书·武帝纪》）可见刚崭露头角的曹操，已把人才确定为胜利之本。赤壁之战（208）大败后，曹操更加深切地感受到人才的重要性，为此他写了一首《短歌行》，抒发自己招贤纳士的博大胸怀，倾诉求贤若渴的深切情意，表达了要使"天下归心"，建功立业的愿望。正是为了这个愿望，曹操曾多次下"求贤令"，网罗天下人才。本篇的前四道命令就是具有代表性的：

建安八年发布的《论吏士行能令》，虽未明确涉及求贤问题，但通过驳斥"军吏虽有功能"，而"德行不足堪任郡国之选"的管窥之论，提出了"明主不官无功之臣，不赏不战之士"的见解，做出了"治平尚德行，有事赏功能"，即在不同的历史时期，应当有不同的用人标准的论断，从而为各类人才敞开了进取之门。

建安十五年即赤壁之战后第三年发布的《求贤令》，则第一次鲜明地提出了"唯才是举"的用人思想，提出了要扬弃"必廉士而后可用"的传统观念，发出了无论是"钓于渭滨者"，还是"盗嫂受金者"，只要有才，都要"得而用之"的命令。

建安十九年发布的《敕有司取士毋废偏短令》，强调用人不能求全责备，指出"士有偏短"是正常的，只要是"进取之士"，就不可废弃。其内容可视为对前令的补充。

建安二十二年发布的《求逸才令》（又名《举贤勿拘品行令》），通过列举众多著名历史人物虽或出身微贱，或曾为君主政敌，或曾"负污辱之名，见笑之行"，而后来无不"成就王业"的事实，进一步指出，只要是"高才异质"，"有治国用兵之术"的人才，就要不论出身，不讲经历，不拘品行，一体举用，"勿有所遗"。

以上四道命令，求贤取士的标准、原则十分明确，概括地说，就是"唯才是举"，即重视人的才能，而不是所谓的"德行"。这无疑是对东汉末年在察举、征辟制度下，选拔人才以儒家的道德观念、道德标准相标榜，却只重门阀，务求名声，不问实际才能，以致出现对"举秀才，不知书；察孝廉，父别居；寒素清白浊如泥；高第良将怯如鸡"等社会积弊的尖锐批判和彻底否定，是对传统的用人思想和用人方针的扬弃和革新。而曹操正是按照自己"唯才是举"的新观念、新标准，向社会各个阶层敞开选才的大门，为众多有"才"之士提供了平等的晋身机会。他"拔于禁、乐进于行阵之中，取张辽、徐晃于亡虏之内，皆佐命立功，列为名将；其余拔出细微，登为牧守者，不可胜数。"（《三国志·魏书·武帝纪》注引王沈《魏书》）

这里必须指出的是，曹操的用人思想和用人实践实际上是一个系统工程，"唯才是举"只是一个方面，另一方面则是"以道御之"。曹操之所以敢于不拘品行地选拔一切有才之士而能取得巨大成功，是因为他坚信自己驾驭人才的本领，坚持以法用人，对人才实行严格管理。本篇的后三道命令就是对他以法用人很好的说明。建安十九年发布的《选军中典狱令》，乍看起来只是具体要求选拔"明达事理者使持典刑"，实质上体现了曹操用好人才推行"法治"、推行"法治"用好人才的思想；而建安十二年发布的《定功行封令》和建安八年发布的《败军抵罪令》，则是他在用人问题上实施明法严刑、赏功罚罪的生动体现。以才举人，以法御人，人法相维，人治与法治相结合，构成了曹操用人路线的基本内容和特色。这一路线本身所取得的巨大成功，显示了它值得后人深入研究和科学借鉴的价值。

论吏士行能令

议者或以军吏虽有功能，德行不足堪任郡国之选，所谓"可与适道，未可与权者也"。管仲曰："使贤者食于能则上尊，斗士食于功则卒轻于死，二者设于国则天下治。"未闻无能之人，不斗之士，并受禄赏，而可以立功兴国者也。故明君不官无功之臣，不赏不战之士；治平尚德行，有事赏功能。论者之言，一似管窥虎欤！

求贤令

自古受命及中兴之君，曷尝不得贤人君子与之共治天下者乎！及其得贤也，曾不出闾巷，岂幸相遇哉？上之人求取之耳。今天下尚未定，此特求贤之急时也。"孟公绰为赵、魏老则优，不可以为滕、薛大夫。"若必廉士而后可用，则齐桓其何以霸世！今天下得无有被褐怀玉而钓于渭滨者乎？又得无有盗嫂受金而未遇无知者乎？二三子其佐我明扬仄陋，唯才是举，吾得而用之。

敕有司取士毋废偏短令

夫有行之士，未必能进取，进取之士，未必能有行也。陈平岂笃行，苏秦岂守信邪？而陈平定汉业，苏秦济弱燕。由此言之，士有偏短，庸可废乎！有司明思此义，则士无遗滞，官无废业矣。

求逸才令

昔伊挚、傅说出于贱人，管仲，桓公贼也，皆用之以兴。萧何、曹参，县吏也，韩信、陈平负污辱之名，有见笑之耻，卒能成就王业，声著千载。吴起贪将，杀妻自信，散金求官，母死不归，然在魏，秦人不敢东向，在楚，则三晋不敢南谋。今天下得无有至德之人放在民间，及果勇不顾，临敌力战；若文俗之吏，高才异质，或堪为将守；负污辱之名，见笑之行，或不仁不孝，而有治国用兵之术：其各举所知，勿有所遗。

选军中典狱令

夫刑，百姓之命也。而军中典狱者或非其人，而任以三军死生之事，吾甚惧之。其选明达法理者，使持典刑。

定功行封令

吾起义兵，诛暴乱，于今十九年，所征必克，岂吾功哉？乃贤士大夫之力也。天下虽未悉定，吾当要与贤士大夫共定之；而专飨其劳，吾何以安焉！其促定功行封。

败军抵罪令

《司马法》："将军死绥。"故赵括之母，乞不坐括。是古之将者，军破于外，而家受罪于内也。自命将征行，但赏功而不罚罪，非国典也。其令诸将出征，败军者抵罪，失利者免官爵。

【译文】

论吏士行能令

有议论者认为：军中将士虽然有功劳有才能，德行却不足以任郡国长官的职务，这也就是所谓"可以让他们一道去办成某件事，却未必可以让他们独自去通权达变"。管仲说过："让贤能的人依靠才能获得俸禄，君主的权威就会受到尊崇；让战士凭仗功劳获得赏赐，士兵打起仗来就不怕死。国家实行这两个原则，天下就可以治理好了。"没听说过无能的人、不勇敢作战的士兵都一样能得到俸禄和奖赏，而可以建立功业振兴国家的。所以，圣明的君主不给没有功劳的臣民官做，不给不勇敢作战的士兵奖赏。天下太平时就崇尚德行，动乱多事时就奖赏有功劳、有才能的人。上述议论者的话，就好像从竹管里看老虎一样啊！

求 贤 令

自古以来开国和中兴的君主，哪有不是得到有才能的人并和他们共同治理国家的呢？当他们得到人才时，往往不出里巷，难道是侥幸碰上的吗？是上面的人访求才发现的呀。现在天下尚未平定，正是特别需要访求人才的关键时刻。"孟公绰做赵、魏两家的家臣那是才力有余的，但却不能胜任滕、薛那样的小国的大夫。"假如一定要所谓"廉士"才可以任用，那么齐桓公又怎么能称霸于世呢？当今天下有没有穿着粗布衣服而胸怀谋略却像姜子牙那样在渭水之滨垂钓的人呢？又有没有像陈平那样背着"盗嫂受金"的恶名却没有遇到像魏无知那样推荐他的人呢？你们大家要帮助我发现那些被埋没的人才，只要是有才能的就推荐上来，使我能得到并任用他们。

敕有司取士毋废偏短令

有德行的人，未必有作为；有作为的人，未必有德行。陈平难道有好的德行，苏秦难道守信用吗？然而，陈平辅佐高祖开创了汉业，苏秦救助了弱小的燕国。由此说来，有才能的人有某些缺点和毛病，怎能废弃不用呢！主管官员想明白了这个道理，那么人才就不会被遗漏和埋没，政事也就不会荒废了。

求 逸 才 令

古时候的伊挚、傅说出身微贱，管仲曾是桓公的仇人，但都受到君主重用而使国家强盛起来，萧何、曹参当过沛县小吏，韩信、陈平背着污秽的名声，有被人讥笑的耻辱，但他们最终辅佐高祖成就了帝王大业，名扬千载。吴起贪图当大将，不惜杀妻以取得鲁君信任，又散尽家财求官做，母亲死了也不回家奔丧；然而他在魏国为将时，秦军不敢向东侵犯，在楚国任相时，韩、赵、魏三国不敢向南图谋。现在天下难道就没有德行高尚的人埋没在民间？比如那些果敢勇猛，奋不顾身，遭遇敌人敢于拼死力战的人，和虽为下级官吏，却有着超人的才能和优异的素质，或者可以胜任将军、郡守的人，以及背着污秽的名声，有被人耻笑的行为，或者不仁不孝，却有治国用兵方略的人。你们要将各自所知道的都举荐上来，不得有所遗漏。

选军中典狱令

刑法，是关系众人性命的大事。但是军队中主管刑狱的人往往并非办这种事的人才,却把关系着三军将士生死的大事交给他们掌管,我非常担心。应当选择精通法理的人,让他们主持刑法的执行。

定功行封令

我率领正义之师讨平暴乱,至今已经十九年,所征讨的地方必定胜利,这难道是我一个人的功劳吗?是将士们的功劳啊。现在天下还没有完全平定,我正要与将士们一起去平定它,却独自享受这份功劳,我如何能够安心!要尽快评定各人的功劳,进行封赏。

败军抵罪令

《司马法》规定:"将军临阵退却,处死刑。"所以赵括的母亲,事先请求不要因为赵括战败而受到连累。可见,古代的将军在外面打了败仗,家里的亲眷就要被牵连治罪。自我派遣各位将军出征以来,只是奖赏功劳,不追究失败的罪责,这不符合国家的法典。现在命令:将军带兵出征,打了败仗的要按律治罪,造成失利的要免除官爵。

魏孝文帝

魏孝文帝（467～499），即拓跋宏，亦即元宏。北魏皇帝。公元471年至499年在位。即位时仅五岁，由太皇太后冯氏（即文明太后）临朝听政。冯太后是一位有才略并通晓汉族传统文化的政治家，她在献文帝时就掌握朝廷大权，孝文帝时继续执政，前后当国二十五年，对国家政治经济制度进行了卓有成效的改革，如改革吏治，实行"三长制"和"均田制"等。太和十四年（490）冯太后死，孝文帝亲政，进一步推行汉化改革。太和十七年，他将都城由平城（今山西大同东北）迁至洛阳；十八年，下令禁穿胡服，改行汉族服制；十九年，禁止使用鲜卑语，改说汉话；二十年，改鲜卑姓氏为汉姓，鼓励鲜卑族与汉族通婚；又评定士族门第，加强鲜卑贵族与汉族士族的联合统治；并参照南朝典制，制定官制朝仪，等等。这些改革，对促进北方各族人民的大融合和少数民族的封建化进程，都起了积极的作用。

定考绩明黜陟二诏

本篇选自《魏书·高祖纪》，包括孝文帝延兴二年（472）十二月和太和十八年（494年）九月所颁布的两道诏书。前诏颁发时，孝文帝才六岁，因此实际上是冯太后的旨意。

北魏之初，吏治紊乱，对官吏没有考核制度，不管政绩优劣，皆为六年一升迁。孝文帝即位后，在冯太后主持下，对吏治进行了全面整顿。首先是实行"班禄制"。北魏初期，官吏没有俸禄，"唯取给于民"，于是便出现了两种情况：少数清廉者"家贫布衣，妻子不立"，而多数不法之徒肆无忌惮地搜刮民脂民膏，中饱私囊。对官吏的腐败虽从太武帝时起就不断进行严厉打击，但收效不大。为了堵住腐败之源，冯太后于太和八年决定仿效汉制，实行"班禄"，即发给百官俸禄。俸禄包括土地、谷调、布帛、力役四种，以官品大小定出等差，按时发放。班禄制在冯太后雷厉风行的督导和严刑峻法的配合下得以推行。当时甚至规定，官吏受禄后，贪一绢者处死刑，枉法不论多小亦处死，一时间竟煞住了贪赃之风，出现了"受禄者无不跼蹐（畏缩不安的样子），赇赂殆绝"的新气象。其次是厘定官制。即依魏晋之法，改革官制为九品，并规定每品各分正、从，共十八品，四品以下各品又分上、下阶，共三十阶，从而廓清了北魏原有官制中混乱的部落色彩。再次是调整官吏结构,实行"华夷无别"的原则,广泛吸纳汉族士族和士人进入北魏政权。

本篇收入的两道诏书,则标志着冯太后与孝文帝整顿吏治的又一项内容,即"定考课,明黜陟"。两道诏书的中心内容都是讲官员的考绩及其进退升降问题,共同特色是强调考绩必须注重实际,不能流于形式,而应及时地发现问题,解决问题,起到赏功罚罪的作用。特别是第二道诏书,针对上了经书、自古以来奉行不移的"三载考绩,三考黜陟幽明"存在的弊端,做出了"三载一考,考即黜陟"的决定,以避免造成人才的积压和浪费,尤其难能可贵。史称孝文帝"雄才大略","爱奇好士,情如饥渴",于此二诏可见一斑。

(一)

《书》云:"三载一考,三考黜陟幽明。"顷者已来,官以劳升,未久而代,牧守无恤民之心,竞为聚敛,送故迎新,相属于路,非所以固民志,隆治道也。自今牧守温仁清俭、克己奉公者,可久于其任。岁积有成,迁位一级。其有贪残非道、侵削黎庶者,虽在官甫尔,必加黜罚。著之于令,永为彝准。

(二)

三载考绩,自古通经;三考黜陟,以彰能否。今若待三考然后黜陟,可黜者不足为迟,可进者大成赊缓。是以朕今三载一考,考即黜陟,欲令愚滞无防于贤者,才能不壅于下位。各令当曹考其优劣,为三等。六品以下,尚书重问;五品以上,朕将亲与公卿论其善恶。上上者迁之,下下者黜之,中中者守其本任。

【译文】

(一)

《尚书》上说:"三年考察一次政绩,考察三次后,罢免昏庸的官员,提升贤明的官员。"可是一个时期以来,官员的提升成了安抚的手段,没干多久就有人来接替,州郡长官无体恤民众之心,竞相搜括民财,送旧迎新,接连不断。这不是安定民心、尊崇治道的做法。从现在起,州郡长官温仁清俭、克己奉公的,可以在其任上长久干下去,积年有成绩,官升一级。若有贪残不法、欺凌百姓的,即使任官不久,也一定要加以贬黜、惩罚。把这些在命令中写清楚，永远作为奉行的法则。

（二）

　　三年考察一次政绩，自古在经书上写得明白；考察三次后决定罢免或提升官员，用来表明该官员能干或不能干。现在看来，如果等考察三次后再罢免或提升，那么该罢免的官员不足以为晚，而该进用的官员却被大大拖延了。因此，朕决定从现在起，三年考察一次政绩，考察后就实施罢免或提升，为的是使昏庸、保守的官员不致妨碍贤能的官员，有才能的人不被埋没在低级的职位。尚书台令各主管曹负责考察官员的优劣，分为三个等级。六品以下官员由尚书复查；五品以上官员，朕将亲自与公卿大臣评论其善恶。被评为"上上"的提升，评为"下下"的罢免，评为"中中"的保留其现任官职。

唐 太 宗

唐太宗（599~649），即李世民。唐高祖李渊次子。公元627年至649年在位。自幼聪颖，有文韬武略。隋炀帝大业十三年（617），他审时度势，劝促时任太原留守的父亲李渊趁天下大乱起兵反隋。次年三月，炀帝被宇文化及缢死于江都；五月，李渊称帝，国号唐，建元武德。他任尚书令，封秦王。在起兵反隋及唐初荡平群雄纷争局面、统一全国的过程中，他以卓越的军事指挥才干和非凡的组织能力，使功业和声誉均远远超出其兄太子建成和其弟齐王元吉，从而发展了自己的势力。武德九年（626），他发动"玄武门之变"，杀死建成、元吉，得立为太子；随即迫使高祖交出大权，于次年（627）正月改元贞观，即皇帝位。

唐太宗是中国古代帝王中的佼佼者，其文治武功几乎都达到了中国两千年封建社会的巅峰。在文治方面，他以隋亡为鉴，居安思危，轻徭薄赋，同时任贤纳谏，励精图治。如推行均田制、租庸调法和府兵制度，改革政治制度，加强对地方官吏的考核，修《氏族志》，大兴学校，发展科举制度等，使社会经济呈现出祥和繁荣的景象。史称贞观时期，"主明臣直"，纲纪完备，天下太平，人民安定。唐吴兢描述"贞观之治"曰："官吏自多清谨"，"王公妃主之家，大姓豪猾之伍，皆畏威屏迹，无敢欺侮细民。商旅野次，无复盗贼，囹圄常空。马牛布野，外户不闭"。（《贞观政要·论政体》）。在武功方面，他于贞观四年派名将李靖一举击败东突厥，俘颉利可汗，消除了长期威胁唐王朝北部的边患，统一了大漠南北地区；贞观九年，平定吐谷浑，俘其王慕容伏允；贞观十九年，又派侯君集平定高昌，并在其地设置西、庭二州，建立了安西、北庭都护府，统一了西域大部分地区。与此同时，他还对少数民族实行了较为开明的和亲、羁縻政策，注意保存其部落体制，尊重其习俗，因而受到少数民族的拥护，被尊称为"天可汗"。但太宗晚年亦颇"骄侈放逸"，营建宫室，加重赋役，又用兵高丽，无功而返，未能"终其善"。

任贤求谏二诏

本篇选自《唐大诏令集》，其中《荐举贤能诏》是唐太宗于贞观十八年二月发布的一道要求州县长官荐举贤能的诏书，《令群臣直言诏》是贞观二十年十二月所下的一道命令百官直言进谏的诏书。

重视人才,爱惜人才,千方百计地网罗人才,用好人才,是历史上一切有成就的政治家的共同特点,也是唐太宗建树文治武功的最大奥秘。贞观时期人才之盛,为中国古代社会历代所不及,清初著名学者王夫之曾评论说:"唐多能臣,前有汉,后有宋,皆所不逮。"(《读通鉴论》卷二十)

"唐多能臣",首先归功于唐太宗卓越的人才观和选人、用人方略。关于太宗的人才观和选人、用人方略,这里只能做扼要说明(以下凡引文而未注明出处的均见《贞观政要》):(1)在人才观即认识上,一是把人才的重要性提到了空前的高度。唐太宗认为,"为政之要,唯在得人","致安之本,唯在得人"。他说:"照车十二,黄金累千,岂如多士之隆,一贤之重。此求人之贵也。"(《帝范·任贤篇》)二是不求全责备,用人所长。唐太宗认为,"人才有长短,不必兼通","人之所能,不能兼备。朕常弃其所短,取其所长"。这种把人才看作"为政"、"致安"之本,以及正确对待人才、用人所长的人才观,正是贞观任贤政治的思想基础。(2)在选拔人才上,坚持摒弃"任人唯亲"的庸俗作风,坚持"不问亲仇,唯才行是举"的明智方针。唐太宗说,"朕之授官,必择才行,若才行不至,纵朕至亲,亦不虚授","若才有所适,虽怨仇而不弃"(《旧唐书·房玄龄传》)。纵观太宗朝选人,确实做到了只择才行,不问亲疏,不计资历,不避怨仇,不分地域,诚所谓不拘一格,广搜博求。为了尽得天下人才,他还通过完备的科举制加以网罗,终于使英才荟萃,济济于一朝。(3)在使用人才上,则坚持做到以下三点:一是"知人善任","量才授职","用其所长,舍其所短",使人才各得其所,各尽其才。二是推诚待士,"洞然不疑"(欧阳修语)。唐太宗对"昔仇"魏徵、王珪等人的信任和重用就是最好的说明。三是铨叙考察,严于管理。唐太宗为加强对官吏的考察和管理,制定了严格的标准,每年委吏部或派专员对各级官吏进行考察,分九等"较之优劣,而定其留放"(《旧唐书·职官志二》)。特别是对作为"理乱所系"、亲民之官的都督、刺史和县令,唐太宗更为关注,考核尤严,"常疏其名于屏风,坐卧观之,得其在官善恶之迹,皆注于名下,以备黜陟"(《资治通鉴·唐纪九》)。这种严格的考察和管理,为防止官吏队伍的冗滥,同时也为太宗对臣下用而不疑,提供了重要保证。

"贞观之治"说到底是唐太宗坚持实行任贤政治的结果。史籍表明,即使在贞观后期,尽管太宗已滋长了骄傲自满情绪,朝政已不似前、中期那样清明,尽管当时通过科举取士的办法已相当完备,但他仍时时表现出广求人才的热情。他自贞观十五年起至去世止,八年中四次下诏,命州县"采访"、"求访"、"荐举"、"搜访"贤良才能之士,并将这项工作列为对州县官考课的内容。其中,贞观十七年下诏令地方州县长官荐举贤良、茂才异能之士,由于各州县"举非其人",使他很不满意,随即于贞观十八年再次颁诏,在指示对"举非其人"的举主进行惩罚("罪论仍加一等")的同时,重申了要求州县"依前荐举,皆集今冬。奇伟必收,浮华勿采"的命令。二年连下二诏,华章丽句,文采飞扬,一代英主求贤若渴之情,跃然纸上。

封建帝王的求谏纳谏,是与选贤任能密切联系的一个问题的两个方面。而对唐太宗来说,正是任贤使能、求谏纳谏构成了其任贤政治的全部内容,是其成就"贞观之治"的两大法宝。太宗与魏徵君臣之间的犯颜直谏和从谏如流的故事,历来被史家所乐道。尽管太宗后期亦不免"骄侈放逸",远不似贞观之初那般勤勉自律、虚怀求谏,但作为一代英主,他毕竟未走得太远。特别是他在晚年东征高丽无功而返后,于无限悔恨之中,更不免时时忆及当年魏徵等人直言极谏对国家政治的裨益,并随即颁发了《令群臣直言诏》,以求言匡正己失。

荐举贤能诏

朕遐想千载,旁览九流,详求布政之方,莫若荐贤之典。是以元凯就列,仄微可以立帝功;管隰为臣,中人可以成霸业。朕缅怀曩烈,虚己英奇。断断之士,必升于廊庙;九九之术,不弃于闾阎。犹恐在阴弗和,独善难夺。永言髦杰,无忘鉴寐。是以去夏之中,爰动翰墨,披露丹腑,畴咨海内。尺木既树,思睹游雾之群;云罗宏举,伫降翔庭之翼。而诸州所举十有一人,朕载怀仄席,引入内殿,借以温颜,密访政道,莫能对扬,相顾结舌。朕仍以其未睹阙庭,能无战悚,令于内省,更以墨对。虽构思弥日,终不达问旨。理既乖违,词亦庸陋。岂可饰丹漆于朽质,假风云于决起者哉!宜并放还,各从本色,其举主以举非其人,罪论仍加一等。然则今之天下,犹古之天下也。宁容仲舒、伯起之流,偏钟美于往代;彦和、广基之侣,独绝响于今辰?故其见知也,则平津与乐安并进;其不用也,则敬通与亭伯同悲。淮阴所以兴言,子长所以贻叹。因斯论之,良由俊造难进,或固栖迟之节。牧宰循常,未尽搜扬之道。抚事长息,弥增怃然。令州县依前荐举,皆集今冬。奇伟必收,浮华勿采。无使巴人之调,滥吹于箫韶;魏邦之珍,沉光于汉水。务尽报国之义,以副钦贤之怀。

令群臣直言诏

朕闻尧舜之君，自愚而益圣；桀纣之暴，独智以添愚。故异逆顺于忠言，则殊荣辱于帝道。朕登蹑宇内，字育黔黎，恐一德之或亏，惧小瑕之有累，候忠良之献替，想英俊之徽猷。而谏鼓空悬，逆耳之言罕进；谤木徒设，悻心之论无闻。昔惟魏徵，每显余过。自其逝也，虽过莫彰。岂可独非于往时，而皆是于兹日。故亦庶僚苟顺，难触龙麟者欤？所以虚己外求，披迷内省。言而不用，朕所甘心；用而不言，谁之责也？自斯以后，各悉乃诚，若有是非，直言无隐。

【译文】

荐举贤能诏

朕遥想千年的历史，广览各种学术流派，仔细探求施行政教的方法，都比不上荐举贤能这一方法。所以，八元、八凯（《左传·文公十八年》，高辛氏有才子八人称"八元"，高阳氏有才子八人称"八凯"）就任官职，出身卑微的虞舜可以建立帝王之功；管仲、隰朋担任辅佐，中等资质的齐桓公能够成就霸主之业。朕缅怀先烈，虚心选拔贤能。专诚守一之士，一定提升到朝廷；有一技之长的人，也不弃置于民间。但还是担心有的贤能之士隐居而不愿与我唱和，独善己身，难夺其志。朕常常为才杰之士而难以忘怀，夜不能眠。因此在去年五月挥动翰墨，披露赤心，访求海内贤能之士。尺木已树，盼望着游龙之群；云罗高举，静候着凤凰来降。然而，各州所荐举上来的十一个人，朕满怀求贤礼贤的诚意，把他们引入内殿，和颜悦色地询问为政治国的道理，却没有人能对答阐扬，而是相互观望，不敢进言。朕还以为他们从未到过朝廷，难免胆怯害怕，于是令他们留在宫内，改用书面回答。尽管他们苦思冥想一整天，最终还是不能明白问题的要旨，不仅回答的内容荒谬不合常道，而且词句也很平淡粗鄙。难道能将丹漆涂饰在朽木上面，将机遇给予无远大志向的人吗！应该统统放归原籍，各自从事其原来的职业。其举主由于荐举不得其人，罪加一等。然而，当今的天下，如同古代的天下，难道只容许董仲舒、杨震之流专美于前代，却让朱异、邻诜之辈在今天绝迹吗？当然不是。所以，人才被君主所了解，那么公孙弘和匡衡才能得到提拔；不被君主所任用，那么敬通与崔骃就只能一样含悲而去。淮阴侯雁难兴发后悔之言，太史公遭祸留下喟然之叹。由此看来，确实是由于贤能的人难以得到进用，有的人才坚定了隐居不仕的志节。州县长官又墨守成规，没有想方设法推举人才。朕想到这些，不禁长叹，更增加了失望之情。现令州县长官依旧荐举贤能之士，于今年冬天会集。才能出众者一定录用，华而不实者不予接纳。不要让《巴人》的俗调，混在《箫韶》乐曲中滥吹；也不要将魏国的珍宝，沉没在汉水中失去光泽。务必尽到报效国家的大义，以满足朕推重贤能的情怀。

令群臣直言诏

朕听说尧舜这样的明主，自谦愚昧而愈益圣明；桀纣之类的暴君，自作聪明而更加愚蠢。所以，对待忠言或采纳或拒绝的不同态度，就会导致帝道或荣或辱的不同后果。朕君临天下，养育百姓，唯恐某一方面德行有亏，为细小过失累及无辜，因而期待忠良之臣直言进谏，盼望才俊之士贡献良谋。然而，谏鼓徒然悬挂，逆耳的忠言很少有人进献；谤木白白设置，令人震惊的言论没有听到。过去全靠魏徵每每指明朕的过失，自他去世以后，朕虽有过失却无人指出。难道唯独过去朕有错误，而现在就都正确了？也不过就是百官苟且承顺，不敢触犯龙鳞啊！正因为此，朕虚心请求群臣进谏，帮助朕拨开迷雾，反省自身。你们议兴议革而未被采纳，是朕甘心如此；朕要采纳而你们却不进言，又是谁的过错？自今以后，各位大臣须尽你们的忠诚，如果朕有不对的地方，要直言规谏，不要隐讳。

武 则 天

武则天（624～705），唐高宗皇后，武周皇帝。公元690年至705年在位。名曌，并州文水（今山西文水东）人。十四岁入宫为唐太宗才人，太宗死，入感业寺为尼。旋被高宗复召入宫为昭仪，永徽六年（655）立为皇后。显庆五年（660）开始参与朝政，号天后，与高宗并称"二圣"。弘道元年（683）中宗即位，她临朝称制。次年，废中宗，立睿宗。载初元年（690）废睿宗，自称"圣神皇帝"，改国号为周，改元天授，史称"武周"。神龙元年（705），宰相张柬之等发动政变，拥中宗复位，复唐国号，上武氏尊号曰"则天大圣皇帝"。是年冬卒，谥"大圣则天皇后"。遂以武则天称名后世。

武则天是一位有重大争议的历史人物。她执政四十余年，功过参半。她坚持中央集权，维护国家统一；开创殿试制度，广泛罗致人才；初年颇能任贤纳谏，明察善断。但她重用武氏家族，任用酷吏，屡兴大狱，滥杀唐宗室、朝臣；晚年迷信佛教，穷奢极欲，颇多弊政。

以八科取士诏

本篇选自《文苑英华》卷四六二，是武则天在永昌元年（689）为科举取士而下的一道诏书。

中国古代的用人选官制度，经过历代最高统治者不断的探索，到隋唐时达到一种全新的境界。西周春秋时期，最高统治者按照宗法制的原则用人，主要是依据血缘关系，按等分封，不论贤愚，世卿世禄（后世的任子制度，就是这种宗法制的残余）。战国时期，社会经济和政治处于剧烈的变化之中，宗法制受到破坏，各国统治者为了富国强兵，在优胜劣汰中图存，在用人方面不得不打破等级身份界限，从等级低下或出身寒微的人中大量招募才能之士，或以军功赐爵。两汉时期，用人选官逐渐形成征辟与察举相结合的制度，并以察举制为主。魏晋南北朝时期，废除察举制，改行九品中正制（又称"九品官人法"），由朝廷选任"贤有识鉴"的现任朝官兼任其原籍的州大中正或郡中正，负责察访人才，分九品（自上上至下下九等）品评优劣而定其等级，然后由朝廷据以选授官职。然而，这一制度刚实行不久，便暴露出致命的弊端。由于晋代豪门世族势力强大，中正之职多为其占据，九品中正制实际上成了他们发展势力、操纵政治的工具,所谓"上品无寒门,下品无势族",就是对九品中正制积弊的生动写照(参见本书第二辑刘毅《请罢中正除九品疏》)。因此,隋统一中国后,为了加强中央集权,扩大政权的阶级基础,隋文帝于开皇十八年(598)废除九品中正制,开始实行分科("志行修谨"和"清平干济"两科)取士的办法,令京官五品以上者和地方总管、刺史荐举考生。炀帝大业三年和五年(607、609)又先后两次下诏,令以"十科"和"四科"举人,同时决定设立进士科。进士科的设立,标志着此后延续了一千多年的科举制度的产生。但是,隋朝虽然创立了科举制度,由于并未经常举行考试,隋末更处于战乱之中,这一制度终隋之世很不完备。

到了唐代,科举制度才逐渐完备。这首先应归功于唐太宗,其次就是武则天。唐太宗、武则天为了加强中央集权,限制士族门阀的权势,均大力推行科举制度。唐朝科举的科目不仅比隋朝增加了许多,而且科目设置也更为合理。大体说来,科举考试共分两类:一类为常科,每年举行。具体科目包括秀才、明经、进士、明法、明书、明算,以及一史、三史、开元礼等共十二科,其中主要是进士科和明经科,特别是进士科,尤为社会所看重。一类为制科,由皇帝称制诏提出问题,亲自策问,临时举行。制科科目繁多,王应麟《玉海》说唐代有五十九科,实际尚不止此,其中较重要的为贤良方正直言极谏科、才识兼茂明于体用科等。唐代科举的考生来源也远比隋朝更为广泛,考试内容、方法、时间等都形成了一定之规,考试的透明度也更高。在太宗至武后时期,科举取士可以说基本做到了不论出身门第,不分亲疏远近,公平竞争,公开选拔,只要符合一定的政治条件和身体条件都可以报名应试,中第者都有选官任职的机会。在这样一种状态下的科举制的实行,在较大程度上打破了豪门世族把持政权的一统天下的局面,使大批寒门和中产之家的有志之士,有机会通过竞争参与到国家管理者的队伍之中,从而极大地刺激了民众读书求知的热情,这对改善封建政府的管理工作,促进社会经济的发展,乃至提高中华民族的整体素质,无疑都具有积极意义。

关于武则天在完善科举制过程中的重要作用,有以下几点值得注意:一是实行糊名制度。隋和唐初举人答卷,没有糊名制度,评卷时容易营私舞弊。武则天上台后,改革管理办法,试行糊名制度,使评卷人不能了解答卷人的姓名,因而更有利于人才的公平竞争和选拔;二是开殿试先河。载初元年(即天授元年,690)二月,武则天"策问贡人于洛阳殿,数日方了。殿前试人自此始";三是创立武举科。长安二年(702),武则天首开武举科,由兵部主持,专门选拔军事人才,及第者任以武官;四是开"南选"。武则天在辅佐高宗时已开"南选",称帝后"南选"更盛,从而使岭南、福建等边远地区的人才有了当官的机会。总体看，武则天统治时期也是一个人才辈出的时期，文臣如狄仁杰、姚崇、魏元忠、张柬之、杜景俭，武将如娄师德、裴行俭、唐休璟，以及谏官李昭德、王积善等，可以说都是一时俊杰。这不能不归功于武则天的爱才、重才和善于用人，而且在很大程度上又不能不归功于科举制。从《以八科取士诏》中，我们不难看出武则天当时求贤若渴的心情。

鸾台上之临下，道莫贵于求贤。臣之事君，功岂逾于进善。所以允凝庶绩，式静群方，成大厦之凌云，济巨川之沃日。故周称多士，著美风谣；汉号得人，垂芳竹素。历观前代，罔不由兹。朕虽宵分辍寝，日昃忘食，勉思政术，不惮劬劳，而九域之至广，岂一人之独化！必伫材能，共成羽翼。虽复群龙在位，振鹭充庭，仍恐屠钓或违，迈轴尚隐，未殚岩穴之美，或委邱园之秀。所以屡迥旌帛，频遣搜扬，推荐之道相寻，而虚伫之怀未惬。永言于此，寤寐以之。宜令文武官五品以上，各举所知。其有抱梁栋之才，可以丹青神化；蕴韬钤之略，可以振耀天威；资道德之方，可以奖训风俗；践孝友之行，可以劝率生灵；抱儒素之业，可以师范国胄；蓄文藻之思，可以方驾词人；守贞亮之节，可以直言无隐；履清白之操，可以守职不渝。凡此八科，实该三道。取人以器，求才务适。所司仍具为限程，副朕意焉，主者施行。

【译文】

朝廷对下的管理，在方法上没有比求贤更重要的。臣子侍奉君主，功劳难道有超过荐举贤能的吗？君主就是依靠任用贤才，做好各种工作，谋划四方之事，建成大厦高耸云霄，启迪心志治理天下。所以，周朝号称人才济济，被民谣传颂；汉朝号称得到众多人才，流芳史册。遍观前代的成功，无不由于重视人才。朕虽然废寝忘食，努力思考施政的方法，不辞辛劳，但全国如此广大，岂是一个人治理得了的。必须汇聚才能之士，共同形成左右羽翼。虽然朝廷现在已是众多贤者在位，能者满庭，仍然担心有的隐者也许错过机会，可当大任的贤才尚在隐居，还没有尽享岩穴的美景，或者一心要委身丘园的秀色。所以，朕虽然屡屡远播求贤之意，频频派员寻访，荐举贤能的办法不断出台，而虚己以求，殷殷期待的情怀未能满足。每每想到这一点，朕就难以入眠。应该命令五品以上的文武官员，各人荐举所了解的贤才。若有怀抱栋梁之才，能够担任朝廷重要官职；胸藏用兵的韬略，能够光耀帝室威严；凭借高尚的道德，能够奖励训化风俗；实践孝敬友爱的行为，能够劝勉表率百姓；抱负儒家的学业，能够教导王侯子弟；涵养文采辞藻的思致，能够与辞人并驾齐驱；坚守光明正大的气节，能够直言无隐规谏君主；履行清白无瑕的操守，能够忠于职守尽职尽责。以上这八科，实际具备国体、人事、直言三道。取人要按才能，求才务必适用。有关部门依旧拟定限条和法式，要符合朕的心意，然后由主持考试的官员施行。

唐 玄 宗

唐玄宗（685～762），即李隆基。一称唐明皇。唐高宗与武则天之孙。公元712年至756年在位。公元710年，与其姑太平公主合谋发动政变，杀韦后，奉其父睿宗即位，被立为太子。延和元年（712）受禅即位，改元先天，次年又改元开元。在位前期，励精图治，先后任用姚崇、宋璟、张说、张九龄等为相，革除武周后期以来的弊政，形成了政治安定清明、经济持续发展的局面。史家美称这一时期为"开元之治"，比之于太宗"贞观之治"。在位后期，恣纵奢欲，爱好声色，怠于政事；任用李林甫、杨国忠等执政，官吏贪黩，政治腐败；朝廷武备空虚，边镇节度使拥兵自重，形成割据势力。天宝十四载（755）"安史之乱"爆发，次年攻破长安，他逃往四川；太子李亨（肃宗）即位于灵武，改元至德，尊他为太上皇。至德二载末（758）他回到长安，数年后抑郁而死。唐朝国势从此转向衰败。

重守令四诏

本篇选自《唐大诏令集》，由唐玄宗李隆基的四篇诏敕（敕亦为诏书）组成，依次是：先天二年（开元元年，公元713年）七月发布的《命新除牧守面辞敕》，开元二年正月发布的《简京官为都督刺史诏》，开元八年七月发布的《京官都督刺史中外迭用敕》，以及开元年间发布年月不详的《处分县令敕》。

由于历代文学作品的广泛传扬，唐玄宗即唐明皇，无疑是我国人民最熟悉的封建帝王之一。毋庸讳言，在大多数中下层官吏和平民眼里，唐明皇恐怕主要是一个最后倒了大霉的风流天子形象，人们了解最多的是他与杨贵妃之间的爱情纠葛。然而，唐玄宗又实实在在是一个曾使唐王朝由太宗开创的"贞观治世"走向了"开元盛世"的明君。据史料记载，开元末年，全国户口数较唐初增加了四倍，人口繁盛，生产发展，公仓私廪无不丰实，唐代经济达到了繁荣的顶峰。

同一个唐玄宗，前后期的政绩却判若两人所为，原因是复杂的，其中最重要也是根本的一条，就在于用人。前期的玄宗，任贤纳谏，重视整肃、澄清吏治；后期的玄宗，则任奸信谗，导致吏治腐败不堪。就前期而言，玄宗用人有两个突出的特点，即：重首辅之职，先后任用了姚、宋、张、张等名相；重守令之职，着力加强地方吏治。本篇所选的四道诏敕，就集中体现了玄宗加强地方吏治的思想和做法，归纳起来，有以下三点：

一是重视州县长官之职，精心选拔都督、刺史和县令。唐玄宗认为："自古致理，其在命官，今之所切，莫如守宰。"并说，"今之牧守，古称侯伯，贤者任之，则循良之迹著，不贤者任之，则愁苦之声作。"为此，他多次下诏精择州县长吏，并规定新任命的都督、刺史赴任前必须引见面辞，由其"亲与畴咨，用观方略"，从而促进了地方官吏队伍素质的改善和提高。

二是注重稳定地方官吏队伍，调动州县长官的积极性。唐玄宗认为："与我共理，惟良二千石，久于其政，然后化成。"并说，"久其事则有恒，致用执恒，未闻不至于理也。"为此，一方面，他规定地方官吏"至任之后，宜待四考满，随事褒贬，与之改转"。在此期限内，"非灼然应黜陟者，更无迁易"，以克服"前代以来"因州县官吏任期过短，"但因入考，即有改转"而"颇多侥幸"的弊端，所谓"敦此风俗，冀革苟且"（以上引文凡本篇不见者，另据《刺史令久在任诏》）。另一方面，他下诏实行京官、地方官交流制度，"于京官内简宏才通识、堪致理兴化者，量授都督，刺史等久在外藩，颇有声进状者，量授京官，使出入常均，永为恒式"。特别是还规定"诸司清望官阙，先于牧守内精择，……台郎以下除授，亦于上佐县令中通取"。这些，对抑制历来官场重内轻外的风气，稳定地方官吏队伍，调动州县长官的积极性，无疑有着重要的作用。

三是厉行法制，严明赏罚，切实保证地方吏治清明。唐玄宗认为，州县长官执掌一方，其为政之勤怠善恶关系重大，必须严格管理，加强监察。为此，一方面他下诏加强对州县长官的考绩，所谓询事考言，循名责实，以严格的考核结果作为官吏黜陟的依据，"有善者虽远必举，无能者纵近而废"。另一方面，他还不时派遣按察使巡察州县，后并设置诸道（先为十道，后增至十五道）采访使，就"牧宰无政，不能纲理，吏人有犯，所在侵渔"等进行"采访处理"（另见《置十道采访使敕》），以加强对州县官吏的监察约束。这些措施，又保证了地方政权在中央的严密监察下健康运作。

唐代杰出诗人杜甫曾经吟咏："忆昔开元全盛日，小邑犹藏万家室。稻米流脂粟米白，公私仓廪俱丰实。"（《忆昔》）不难理解，这种"小邑犹藏万家室"、"公私仓廪俱丰实"的盛世景象，正是开元地方吏治清明的生动体现。

命新除牧守面辞敕

敕。自古帝王，莫能独理，爰树侯伯，所以分政，则今刺史而已。盖欲亭之毒之，纳于富；不夭不札，以致和平。朕受天眷命，作人父母，殷鉴远图，罔知攸济。顷者都督刺史，惟良是求，而寂寞厥声，孰副虚想。岂六条察举，未询事以考言；将三载黜陟，不责实而求当。遂令进之则易，吏烦于送迎；退之则难，人务于苟且：非所谓安孤老长子孙之意邪！汉宣由是兴言，刘广为之长叹，诚有旨也。今事谋伊始，邦政维新，俾凝庶绩，思改前弊。自今已后，都督刺史每欲赴任，皆引面辞，朕当亲与畴咨，用观方略。至任之后，宜待四考满，随事褒贬，与之改转。诸州上佐五品已上，应改转限，亦宜准此。夫类其才则适用，久其事则有恒，致用执恒，未闻不至于理也。凡尔在位，可弗勉哉！

简京官为都督刺史诏

朕闻天为大者，孰先于育物，物最灵者，莫甚于爱人。故树之后王，以康兆庶。朕缅鉴前烈，深惟远图，惧德之不修，化之未偃，寅畏夙夜，如临泉壑。然则畴咨命于四岳，黜陟存乎三载，既已百姓为心，非以一人独理。今之牧守，古称侯伯，贤者任之，则循良之迹著，不贤者任之，则愁苦之声作。每冀精于所择，委之俞往，岂时或颓靡，苟且尚多，何吏之殊尤，寂寥不嗣？静言政要，朕用怵然。间岁水旱，周于郡国，仓廪不蓄，闾阎荐饥。加以出摄颇多，冗官增弊，至于处置，皆凭刺举。当于京官内，简宏才通识、堪致理兴化者，量授都督，刺史等久在外藩、颇有声进状者，量授京官，使出入常均，永为恒式。课最超等，必议升迁；循默守常，必加黜免。昭昭赏罚，可不慎欤！昔国侨辅郑，以至和平；曹参相齐，贵于清静。清静则不扰，不扰则和平，和平则不争，不争则知耻。爱费而与休息，除繁而从简易。自当农者归陇亩，蚕者勤纺绩，既富而教，乃克有成，导德齐礼，不远斯复。庶几在位，弘朕此心焉。

京官都督刺史中外迭用敕

敕。刺史古之通侯，公卿国之重任。百揆时叙，必在得贤；万邦咸宁，期于共理。郎官出宰，抑唯前事；方伯登台，闻之往躅。顷来朝士出牧，例非情愿，缘沙汰之色，或受此官，纵使超资，尚多怀耻。亦有朝廷勋旧暂镇外台，却任京都，无辞降屈，且希得入，众以为荣。为官得人，岂合如此。自今已后，诸司清望官阙，先于牧守内精择；都督刺史，却向京官中简授。其台郎以下除改，亦于上佐县令中通取。俾中外迭用，贤良靡遗，庶绩其凝，九功惟允。即宜铨择，以副朕怀。

处分县令敕

敕旨。诸县令等：自古致理，其在命官，今之所切，莫如守宰。朕每属意，尤重此官。有善者虽远必举，无能者纵近而废。固已简取才实，非务官资，事已坦然，天下所见。而浮竞之辈，未识朕怀，俾其宰邑，便为弃地。或以烦碎，而不专意，或以僻远，而不畏法。侵染成俗，妨夺为恒。嗷嗷下人，于何寄命？朕所以寝兴轸念，畏有以济之，故令吏曹精选才干，卿等各膺推择，用简朕心。若能理化有成，声实相副，必有超擢，终不食言。如其谓人不知，唯利是视，欲速负败，两伤身名。智者所图，应不至是。各宜勉励，以副勤属。

【译文】

命新除牧守面辞敕

　　自古以来的帝王，没有能一个人治理国家的，于是封建诸侯、方伯，用以分别管理政事，也就是现在的刺史罢了。封建诸侯、方伯，是为了化育、养成万物，使之进入富庶状态，使人民不遭瘟疫而夭死，达到和平境界。朕受上天眷爱赋予重任，做百姓父母，借鉴前代，远图将来，岂能不知借重他们。但是近来的都督、刺史，本是专门选拔的优秀人才，然而却听不到他们的政声，没有谁能符合朕的心愿。难道是对地方官吏进行六条察举的办法，没有体现"询事考言"的初衷？抑或是"三考黜陟"的古制，没有起到责实求当的作用？于是出现提拔他们就容易，官吏烦于送旧迎新；黜退他们就困难，人们只图苟且偷安。这不是所谓安养孤老长育子孙的搞法。汉宣帝因此发表那一番议论，刘广并为之长叹，实在是有道理的啊！现在朕刚刚开始谋划国事，正要维新国家政治，使各项工作都取得成功，革除以前的弊端。从今以后，每逢有都督、刺史要赴任，都要引见面辞，朕当亲自和他们谈话，以观察他们管理政事的谋略。到任之后，应当等到四考期满，根据他们所做的事情进行褒贬，决定其是否改授转任。

各州长史、司马、别驾等高级佐吏改转的时限，也应当照此办理。选拔有专长的人才就会任用得人，长久担任某项政事就会有长远打算，尽其功用而持之以恒，没听说不能达到治理效果的。所有你们这些在位的人，能不自勉吗！

简京官为都督刺史诏

朕听说天为大的原因，没有什么超过化育万物，地最灵的原因，没有什么超过爱护人类。所以树立君主，来安定天下的人民。朕遥鉴前代开基创业的帝王，深思长远宏图，担心道德之不能修，教化之未能安，日夜怀着敬畏之心，如临深泉巨壑。尧曾就治水和帝位继承问题访问于四方诸侯，舜曾将对官员的降免和提升寄托于三载考绩，既然已经以百姓为心，就不能靠一个人独自治理。现在的都督、刺史，古时候称为诸侯、方伯，由贤者担任这项职务，那么人们明显地表现出奉公守法的景象，由不贤者担任这项职务，那么人们就会发出怨愁悲苦的声音。朕每每希望精心选择贤者，委任他们做都督刺史。难道是因为颓废萎靡，不循礼法的情况太多？不然为什么特别优秀的官吏寥寥无几，后继无人？不切实际地议论施政的要领，朕听了都感到茫然自失。近年来水旱灾害遍于全国各地，仓库里没有积蓄的粮食，人们受到连年灾荒的困扰。加以担任辅佐职务的官吏颇多，冗官现象更增加了弊端，至于处置方面，又全靠刺探举发，不能从根本上解决问题。现在应当从京官内选择宏才通识，能够胜任治平、振兴教化的人，酌量授任都督、刺史，都督、刺史等久在地方、官声政绩很好的，酌量授任京官。使京官、地方官的交流保持均衡状态，这要作为一种永久的制度。政绩考核优等、特别突出的，一定要议叙给予升迁；因循守旧、无所作为的，一定要予以降职和罢免。明白赏罚，能不慎重吗！从前公孙侨辅佐郑国四代君主，使国家赢得和平，曹参为齐国相，治道贵在清静。清静就不会扰民，不扰民就会和平，和平就不会争斗，不争斗就知道羞耻。爱惜费用就会实行与民休息的政策，废除繁苛就会遵从简易的治道。这样，自然就会使耕田的人回归田间，养蚕的人勤于纺织，孔子所说的使人民富裕后再教育他们，才能够有所成就，开发道德，整齐礼义，这种境界就不远了。希望在位的臣僚，弘扬朕的这一心愿。

京官都督刺史中外迭用敕

敕旨。刺史是古代的通侯，公卿是国家的重任。百官承顺，必定在于得到贤者，国家安宁，要靠臣僚的共同治理。郎官出任地方长吏，还是前朝的故事；方伯升任宰辅之职，见之于往昔的史籍。但近来朝廷大臣出任都督、刺史，都不是出自情愿，总认为是被淘汰的一类，才受到这种任命，即使是破格提拔，尚且多怀着蒙受耻辱之心。也有朝廷勋贵功臣暂时出镇外地，调回京都，降格屈尊也不推辞，只要能入朝廷任职，大家就以为荣耀。做官用人，岂应如此！从今以后，朝廷各衙门清望官出缺，先从都督、刺史中精心选拔，都督、刺史，反过来从京官中选择授任；台郎以下官员除授改官，也从州郡高级佐吏、县令中广泛选取。使京官、外官交流使用，贤良人才不致遗漏，各项工作取得成功，六府三事平允、相称。应立即着手铨叙选拔，以符合朕的心愿。

处分县令敕

敕旨。诸位县令等：自古以来国家安定有序，就在于朝廷命官，如今最迫切的，莫过于刺史和县令的任用。朕常常留意，特别重视县令这个官职。有善政的，关系即使疏远一定要提拔；无能力的，纵然关系亲近也要罢废。本来已是选择有才干重实践的人，不一味讲求做官的资格，事情已经明明白白，天下人所共见。但是浮浅而进行仕途投机之辈，却不能体会朕的用心，让他们去做掌管一县的县令，便认为是把他们弃置到那里去了。有的人因为县政烦琐，而不专心留意，有的人因为地处僻远，而不奉公守法。侵蚀传染形成陋俗，妨害侵夺习以为常，可怜贫苦的百姓，身家性命何所寄托？朕所以坐卧不安，深切牵挂，就希望有一种办法来帮助他们。因此，命令吏部精选才干之士，你们各自受到推举选拔，可以检验朕的用心。你们如果能够在治道教化方面有所成就，声名和实际相符，一定会受到越级提升，朕终究不会食言。如果认为自己做事别人不知道，唯利是图，那么很快就会导致失败，身败名裂。聪明人考虑问题，应不至于如此。各位应当自勉自励，不辜负朕的殷勤嘱托。

周 世 宗

周世宗（921～959），即柴荣，后人又称柴世宗。邢州龙冈（今河北邢台）人。五代后周太祖郭威养子。太祖时，官至开封尹兼功德使、判内外兵马事，加开府仪同三司、检校太尉，兼侍中，封晋王。显德元年（954）继承皇位，而不改年号。在位数年间，励精图治，任贤纳谏，改革政治，整顿军事，发展经济，取得了一系列巨大成就。他征伐四方，所向皆捷，西取后蜀四州，南平南唐十三州，北收契丹三州，开疆拓土，威震华夷。他招抚流民，鼓励耕织，兴修水利，均平田租，取消豪门贵族优免特权，减免平民苛敛杂役；并抑制寺院经济，废天下佛寺三千三百三十六座，悉毁铜佛像以济国家之用。他重用人才，不计资历，特别注意从低层和布衣中擢拔英才，同时严惩贪官污吏，澄清吏治；又延请儒学文章之士，考制度，修通礼，议刑统，种种作为皆可为后世法。由于天不假年，他的"十年开拓天下，十年养百姓，十年致太平"的宏愿未能实现，但他的丰功伟业，已为身后北宋统一天下奠定了坚实基础。

求 谏 诏

本篇选自《旧五代史·世宗纪》，是后周世宗柴荣于显德二年（955）六月所下的一道责成臣僚进言规谏的诏书。

周世宗是一位生前叱咤风云、在很短时间内建立起赫赫功业，而身后为历代史家交口称赞的名君。《旧五代史》作者称赞他："不日破高平之阵，逾年复秦、凤之封，江北、燕南，取之如拾芥，神武雄略，乃一代之英主也。加以留心政事，朝夕不倦，摘伏辨奸，多得其理。……驾驭豪杰，失则明言之，功则厚赏之，文武参用，莫不服其明而怀其恩也。"并对他的英年早逝发出了深深叹惋："而降年不永，美志不就，悲夫！"《新五代史》作者说他"为人明达英果，论议伟然，……其英武之才可谓雄杰，及其虚心听纳，用人不疑，岂非所谓贤主哉！"（皆见《世宗本纪》）还有人把他置于一定的历史时空之内，同各朝代君主相比，论定其历史地位。宋《五代史平话》作者认为，在五代之君中，"周世宗为上，唐明宗次之，其余无足称者"。今人陶懋炳著《五代史略》则认为："自唐太宗之后，迄于两宋，帝王中无出柴世宗之右者。"

的确，作为"一代英主"、"贤主"，周世宗的功业在封建社会罕有其四。如果不是"出师未捷身先死",他的"三个十年"的宏图是有可能实现的。正如清王夫之所说:"周主(世宗)之为天子,非郭氏授之,自以死生为生民请命而得焉者也。""其有疾而竟不克者天也,其略则实足以一天下而绍汉、唐者也。"(《读通鉴论·五代下》)而纵观周世宗之"略",不难发现,其成功的原因固然是多方面的,而与历代名君所共同并且不无个性特色的最重要的一点,也就是"善于用人"。世宗之善于用人,大体上表现在任贤、惩骄、肃贪、纳谏四个方面:(1)任贤。周世宗对人才是非常重视的,即位不久,他就颁诏求贤,规定凡"怀才抱器,出众超群"的人才,不论身居何处,现任何职,都要举荐,不计资历,给以重用。他特别重视从下层或布衣中擢拔英才,"有自布衣上书、下僚言事者,多不次进用"。结果,一大批才能之士,如范质、李谷、王溥、景范、魏仁溥、王朴、陶谷、曹彬等,纷纷得到重用。这些人不仅辅佐世宗建功立业,而且多半成为北宋的"佐命功臣"。(2)惩骄。世宗对五代骄将堕兵十分不满,在刚刚即位就进行的高平之役后,他对两位高级将领——侍卫马军都指挥使、夔州节度使樊爱能和侍卫步军都指挥使、寿州节度使何徽等临敌溃逃严惩不贷,"自军使以上及监押使臣(七十余人)并斩之",而"由是骄将堕兵,莫不知惧";他又借此进行整军,从而使"甲兵之盛,近代无比"。(3)肃贪。世宗对贪官污吏深恶痛绝,即位当年,他便把肃贪作为整顿吏治的切入点,大开杀戒。右屯卫将军薛训"坐监雍兵仓,纵吏卒掊敛",被除名流放沙门岛。左羽林大将军孟汉卿"坐监纳厚取耗余",被赐死,有司奏言用刑过重,他回答说:"朕知之,欲以惩众耳!"继而又处斩、流放贪官污吏多人。严厉肃贪,对澄清吏治起了重大作用。(4)纳谏。"虚心听纳,用人不疑"是史家对世宗的一致赞辞。世宗驭下颇能开诚布公,"臣下有过必面折之",绝不胡乱猜疑。同时,他也要求臣下开诚布公,"上章论谏",议兴议革,劝善规过。

《求谏诏》就是柴世宗"虚心听纳"的生动体现。诏书既充分表达了世宗作为伟大政治家的识见、胆略和胸怀,又处处可见他的殷切和真诚。其中引用古人之言"君子大言受大禄,小言受小禄","官箴王阙",把官吏地位、爵禄的升降与言与不言、"大言"与"小言"联系起来,提出在"班行职位之中,迁除改转之际,即当考陈力之轻重,较言事之否臧,奉公切直者当议甄升,临事蓄缩者须期抑退"的用人原则,并对"职居侍从","任处宪纲"的朝廷高级官员特别提出进言规谏的要求,是难能可贵、发人深省的。我们常说批评与自我批评是两个武器,在这篇主要是征求批评的诏书里,这两个武器的作用,都得到了充分的重视和高度的评价。

善操理者不能有全功，善处身者不能无过失，虽尧、舜、禹、汤之上圣，文、武、成、康之至明，尚犹思逆耳之言，求苦口之药，何况后人之不逮哉！

朕承先帝之灵，居至尊之位，涉道犹浅，经事未深，常惧昏蒙，不克负荷。自临宸极，已过周星，至于刑政取舍之间，国家措置之事，岂能尽是，须有未周，朕犹自知，人岂不察。而在位者未有一人指朕躬之过失，食禄者曾无一言论时政之是非，岂朕之寡昧不足与言邪？岂人之循默未肯尽心邪？岂左右前后有所畏忌邪？岂高卑疏近自生间别邪？

古人云："君子大言受大禄，小言受小禄。"又云："官箴王阙。"则是士大夫之有禄位，无不言之人。然则为人上者，不能感其心而致其言，此朕之过也，得不求骨鲠之辞，询正义之议，共申裨益，庶洽太平。朕于卿大夫，才不能尽知，面不能尽识，若不探其言而观其行，审其意而察其忠，则何以见器略之浅深，知任用之当否？若言之不入，罪实在予，苟求之不言，咎将谁执！

应内外文武臣僚，今后或有所见所闻，并许上章论谏。若朕躬之有阙失，得以尽言；时政之有瑕疵，勿宜有隐。方求名实，岂尚虚华，苟或素不工文，但可直书其事，辞有谬误者，固当舍短，言涉伤忤者，必与留中，所冀尽情，免至多虑。诸有司局公事者，各宜举职，事有不便者，革之可也，理有可行者，举之可也，勿务因循，渐成讹谬。臣僚有出使在外回者，苟或知黎庶之利病，闻官吏之优劣，当具敷奏，以广听闻。班行职位之中，迁除改转之际，即当考陈力之轻重，较言事之否臧，奉公切直者当议甄升，临事蓄缩者须期抑退。翰林学士、两省官，职居侍从，乃论思谏诤之司，御史台官，任处宪纲，是击搏纠弹之地；论其职分，尤异群臣，如逐任官内，所献替启发弹举者，至月限满合迁转时，宜令中书门下先奏取进止。

【译文】
善于管理的人不可能得到全功，善于处事的人不可能没有过失，即使是唐尧、虞舜、夏禹、商汤那样最高超的圣王，文王、武王、成王、康王那样最高明的君主，尚且还想听到逆耳的忠言，谋求苦口的良药，何况后人远远比不上他们呢！

　　朕继承先帝的威灵，处于至高无上的地位，研究治道还浅，经历世事未深，常常担心自己昏暗蒙昧，不能担当国家重任。从即皇帝位到现在已一年过去了，至于刑法政令之取舍，国家大事之措置，岂能都正确，难免有不周到的地方，朕自己都知道，别人难道发现不了？但在位的官员没有一个人指出朕的过失，吃国家俸禄的人没有一句话谈到当前政治的是与非。难道是因为朕愚昧无知不值得和朕说？还是因为不肯尽心才缄默不言呢？还是因为左右前后有所畏惧和忌讳呢？还是因为地位有高低、关系有远近而自然产生了隔阂呢？

　　古人说："君子进献立大事之言受优厚俸禄，进献立小事之言受菲薄俸禄。"又说："百官都要规谏天子的过失。"就是说士大夫享有禄位，没有不进言的人。如是，则作为人上之人的帝王，不能感动臣下之心而使他们进言，这是朕的过失，怎么能不期求刚直的规谏，请教正直的议论，君臣共申己见、互受裨益、庶几致天下太平呢？朕对于卿等，才能不可能都了解，面相不可能都认识，如果不探询其言论并观察其行为，审究其意向并考察其忠诚，那么又何以见出你们才能的高低，知道任用得是否得当？如果你们说了，朕听不进去，罪责确实在朕；如果朕请求你们，你们却不说，罪责又将由谁来承担呢？

　　所有内外文武臣僚，今后不论谁有什么见闻，一并允许上章议论进谏。若朕本人有过失，可以尽管批评；政策措施有不足，不应有所隐瞒。正要循名责实，岂为崇尚虚华。如果有人一向不善于作文，尽可直书其事，词句有谬误的，本当不计较所短，言语有触忤的，一定留中不发，朕所希望的是尽情，你们不必多虑。诸位有司局公事的官员，各应尽职，事情有不便行的，革除就是，道理上有可行的，兴办就是，不要一味因循，逐渐酿成错误。臣僚有出使在外回来的，如果有谁了解到百姓的喜和忧，听到官吏的优和劣，应具实陈奏，以广大听闻。同列官员之中，在升迁改任之际，就应当考核其贡献才力的大小、比较其进言论事的得失，奉公尽职、直言敢谏的人应当考虑提拔升职，临事自顾、畏缩不前的人必须贬抑黜退。翰林学士、两省官职居侍从顾问之列，是议论思考直言规谏的所在；御史台官员处在执掌法纪任上，是纠弹过失和犯罪的地方；论其职责与群臣尤其不同，如在任期内有所诤言进谏、启发建言、弹劾举发的，到月限满应当升迁转任时，应令中书门下先行上奏，请示处分。

宋　太　祖

宋太祖（927～976），即赵匡胤。宋王朝的建立者。公元960年至976年在位。祖籍涿州（今属河北），生于洛阳（今属河南）。后周世宗时，以军功屡迁至殿前都点检，深受器重。世宗病死，恭宗即位，他领宋州归德军节度使，掌握兵权。随即发动陈桥兵变，即帝位，改国号宋。即位后，以"杯酒释兵权"的方式，削夺了禁军将领和藩镇的兵权；用各个击破的战略，先后攻灭荆南、湖南、后蜀、南汉、南唐各割据政权；选将驻守北方要地，加强对契丹的防御。同时，进行一系列旨在加强中央集权的改革。改革行政体制，设参知政事为副相，以枢密使掌兵，三司使理财，分散宰相的权力；选派文臣带京官衔出任知府及州、县地方长官，代替军人掌握地方行政；遣诸路转运使分掌地方财政，并监察地方官吏。改革军制，选精壮地方厢兵为中央禁兵，以削弱地方兵力；立更戍法，使兵将互不相知，以防将领拥兵自重。颁布《宋刑统》，以加强中央司法控制权。这些改革措施，消除了造成五代混战割据局面的根源，加强了专制主义中央集权的统治；但重文轻武、偏重防内的方针，却埋下了宋朝"积贫积弱"的祸根。

澄清吏治防患未然三诏

本篇分别选自《宋大诏令集》及《宋实录·太祖实录》，下面依次介绍。

《诫约藩侯郡牧不得令亲随参掌公务诏》是宋太祖于乾德四年（966）为制止地方军政长官任用或放纵亲随人员参掌公务、干预公事而下的一道诏书。本诏提出的是一个极其重要的政治原则问题。宋太祖提出这个问题不是偶然的，而是为了革除五代以来藩镇割据、地方长官任用亲随干预公事的积弊。亲随干预公事，直接造成的后果可能有两个方面：一是亲随倚势擅权，败坏法纪，为害地方和百姓；二是诱使或助长长官的腐败，败坏吏治，败坏政府的声誉。这两个恶果直接影响到朝廷政令的畅达，动摇中央集权的统治基础。因此，它为正在为加强中央集权而奋斗的宋太祖所不容。早在建隆三年（962）十二月，宋太祖就曾针对"五代以来，节度使补署亲随为镇将，与县令抗礼，凡公事专达于州，县吏失职"的积弊，"诏令中书门下：'每县置县尉一员，在主簿之下，俸禄与主簿同。凡盗贼、斗讼，先委镇将者，诏县令及尉复领其事。'"（《续资治通鉴长编·太祖建隆三年》）乾德三年三月，宋太祖又针对"五代以来，领节旄为郡守者，大抵武夫悍卒，皆不知书，必自署亲吏代判，郡政一以委之，多擅权不法"的积弊，"诏诸州长吏或须代判，许任宾席公干者，勿得使用元从人"（《续资治通鉴长编·太祖乾德三年》）。而一年半以后，太祖又就武宁节度使高继冲属下军将高从志干预郡政，贪赃受贿，事败后被纵放宽免一事，下本诏申斥高继冲并训诫诸藩侯郡牧，在重申前诏的基础上，对胆敢违反者提出了严厉的警告（"当置于极典"）。由此可见宋太祖为加强中央集权而整顿、革新吏治一抓到底的精神和决心。

《举主连坐诏》是宋太祖于乾德五年三月为选贤任能中严肃荐举工作所发布的一道诏书。宋太祖为一代清明帝王，开国以后，一直求贤若渴，思得良才，而臣僚荐贤举能不时出现挟私情而忘公义，如此前唐太宗《荐举贤能诏》中所说的那种"举非其人"的情况。因此，他特地下了这道诏书，强调要严肃荐举工作："除授之日，仍列举主姓名"；并重申了自古以来历代明君无不遵行的一项重要政策："举主连坐"，以防范荐举工作中滥竽充数、不负责任的行为和提携私人、结党营私等不正之风，遏制吏治腐败，避免把好事办坏，给国家造成损失。

《举人关食禄之家委中书复试诏》是宋太祖于开宝三年（968）三月科举考试后所发布的一道诏书。本诏发布前，朝廷开科取士，共拔擢进士合格者十人，其中翰林学士承旨、户部尚书陶谷之子陶邴以第六名中第。陶谷入朝谢恩，引起宋太祖注意。"帝谓左右曰：'闻谷不能训子，邴安得登第？'命中书复试，而邴复登第。"（《续资治通鉴·太祖开宝元年》）尽管陶邴无舞弊情事，而宋太祖心中仍不能释然，于是下了这道诏书。诏书言简意赅，既表现了一代名君对科举取士、拔擢真才的高度重视，也体现了他对世禄之家子弟的严格要求和良好愿望。而下诏定制，防患于未然，又是澄清吏治、防止官吏腐败的重要举措。

诫约藩侯郡牧不得令亲随参掌公务诏

朝廷比设宾从，并制掾属，共令参佐，务守诏条。岂可使纪纲之仆，干预公事？向从戒约，尚或因循。近者武宁节度使高继冲元从军将高从志，虽不签簿书，而辄干郡政，果以赃贿，黩我宪章，寻命窜投，尚从矜贷。诸藩侯郡牧其谨守前诏，不得更令亲随参掌公务。如违者，当置于极典。

举主连坐诏

进贤受赏，为官择人，古之道也。朕忧勤政理，寤寐求贤，思得周才,置之著位。凡百执事,各举所知,宜令翰林学士及文班升朝官以上,各于见任、前任藩郡宾幕、京朝官、州县正员中举堪为升朝官一人。除授之日,仍列举主姓名,如或临事乖方,罪状显著,并量轻重连坐。

举人关食禄之家委中书复试诏

造士之选,匪树私恩;世禄之家,宜敦素业。如闻党与,颇容窃吹。文衡公器,岂宜私滥!自今举人,凡关食禄之家,委中书复试。

【译文】

诫约藩侯郡牧不得令亲随参掌公务诏

朝廷让地方设置宾客幕僚以及掾属,令他们共同辅佐长官,但必须遵守诏令条例。难道能允许亲随仆从干预公家事务吗?以前遵从诫约,还大致能够守职。近来武宁节度使高继冲属下原先就跟从他的军将高从志,虽不签署公文,却总是干预郡守政务,终于贪赃纳贿,触犯国家刑律。不久高继冲便命他逃窜,竟还同情宽贷。各位地方长官应当严格遵守先前的诏令,不得再让亲信随从干预公务,如有违反者,就要被处以极刑。

举主连坐诏

举荐贤才受奖赏,做官要选拔人才,这是自古就有的做法。朕忧国忧民勤理政事,日夜都在想着求贤,渴望得到最优秀的人才,安排给他们重要的职位。所有百官,都应举荐自己所了解的人才。命令翰林学士及文班升朝官以上的官员,各人在现任和前任藩侯、郡牧宾客幕僚中,在京官及州县正职官员中,举荐一名能够胜任升朝官的人。在授给被举荐人官职的同时,仍旧把举主姓名开列出来,如今后发现被举荐人行为处事违背国家法度,对举主酌量轻重,实行连带治罪。

举人关食禄之家委中书复试诏

学业有成之士的选拔,不是为了树立私恩;世代官宦之家,应该修习儒业。听说有人结成朋党,偏颇宽容私下吹捧。以文取士授官,岂能滥用私情!从今以后选举人才,凡是涉及官宦之家的,委托中书门下复试。

金 世 宗

金世宗（1123～1189），即完颜雍。本名乌禄，金太祖完颜阿骨打之孙。公元1161年至1189年在位。海陵王（废帝完颜亮）时任东京留守。1161年海陵王大举攻宋，他在辽阳被立为帝，改元大定。即位第五年，与宋达成协议，与民休息。在位期间，勤于政事，得为君之道。如广泛吸收各族官员参政，增损官制，重守令之选，严廉察之责；重农桑之利，广开榷场，放免奴婢等。史称在他统治时期，"群臣守职，上下相安，家给人足，仓廪有余"（《金史·世宗纪》），号为"金之治世"。

责尚书省除授止限资级二谕

本篇选自《金史·世宗纪》，是金世宗晚年即大定二十六年（1186）三月和二十八年十月，批评尚书省除授（即授官）"止限资级"、"拘以资格"的两次面谕。

中国古代的选官制度，历来有选贤任能和资格论两说。就资格论而言，历代又有"年劳法"、"停年格"、"循资格"等说法。据马端临《文献通考·选举考》："年劳之说，自西汉以来有之矣，而未专以此为用人之法。自崔亮之在后魏、裴光庭之在唐，则遂以立法矣。"年劳法大抵产生于西汉中期，主要是按年限、资历选任官吏。年劳法虽名曰"法"，实则并未形成普遍实行之法。直到北魏神龟二年（519），吏部尚书崔亮始制定"停年格"。所谓停年格，即"累日以为劳，计岁以为阶"（龚自珍：《明良论三》），授任官职"不问士之贤愚，专以停解日月为断。虽复官须此人，停日后者终于不得；庸才下品，年月久者灼然先用"（《魏书·崔亮传》）。按停年格用人，"执案之吏以差次日月为功能，铨衡之人以简得老旧为平直"（《文献通考·选举考》），只要按图索骥，找到那些年龄大的、资历深的，就算是完成任务了。当时曾有人批评这种用人之法不合唯贤唯才的标准，崔亮也承认批评有道理，却借口官位竞逐激烈，认为不合"权宜"，停年格竟得以推行。北齐魏收撰《崔亮传》尖锐指出："魏之失才，自亮始也。"隋唐之际特别是唐初，太宗、武后等大都重视人才，选贤任能，吏部选官一般不看资历，"惟视其人之能否，或不次超迁，或老于下位，有出身二十余年不得禄者"。但至玄宗开元十八年（730），侍中兼吏部尚书裴光庭又因为当时"士人猥众，专务趋竞，铨品枉桡"，"奏用循资格",凡官吏"无问能否",一律按其资格,"限年蹑(升)级,毋得逾越。非负谴者,皆有升无降"。"循资格"在"停年格"的基础上,进一步把资格论制度化,官吏只要具备一定资格,不犯罪,便有升无降,因此受到一些无能之辈的欢迎,"其庸愚沉滞者皆喜,谓之'圣书',而才俊之士无不嗟叹"(《资治通鉴·唐纪二十九》)。其后资格论谬种流传,宋代的"磨勘法",元明清三代的"考满法",无不滥觞于此,年资之制遂成为常法。造就了"金之治世"的金世宗,有"小尧舜"之称,当然不是平庸之主。据《金史·世宗纪》载,世宗在位二十九年间,始终非常重视用人问题。他曾仿效汉制修定金国官制,采用唐、宋某些成功经验整顿吏治。同时,对于历代统治者的弊法,他又绝不苟同。对资格论,他便采取了批判、扬弃的态度。金世宗认为,官吏选拔方面存在的主要问题,是选官的部门(尚书省)和长官(宰臣等)思想因循,"止限资级"、"拘以资格","不能随才委使,所以事多不治",并认为"本朝境土之大,岂无其人","外官三品以上,必有可用之人,但无故得进耳"。因此,他反复告诫尚书省及宰臣等:"荐举人才,当今急务也",要求他们不计资级,任人唯贤,"若才行过人,岂可拘以常例";同时,对他们为保守禄位,"不思进用才能",表示了尖锐的批评和极大的愤慨。他在大定二十七年十一月对宰臣们的一次谈话中曾说:"春秋诸国分裂,土地偏小,皆称有贤。卿等不举而已。今朕自勉,庶几致治,他日子孙,谁与共治者乎?"使在场"宰臣皆有惭色"。在金世宗只讲"才行"、不计"资级"的用人思想指导和亲自干预下,金国一些年资较轻的才能之士得到提拔重用,给官吏队伍带来了活力。这也是他治国取得"效验"的重要原因之一。然而,由于当时资格论流毒已深,宰臣等又"思保禄位",他的用人思想未能取得更大效验,以致《金史》作者在"纪赞"中感叹:"然举贤之急,求言之切,不绝于训辞,而群臣偷安苟禄,不能将顺其美,以底大顺,惜哉。"

(一)

卿等在省未尝荐士,止限资级,安能得人?古有布衣入相者,闻宋亦多用山东、河南流寓疏远之人,皆不拘于贵近也。以本朝境土之大,岂无其人,朕难遍知,卿又不举。自古岂有终身为相者。外官三品以上,必有可用之人,但无故得进耳。

(二)

日月资考所以待庸常之人,若才行过人,岂可拘以常例。国家事务皆须得人,汝等不能随才委使,所以事多不治。朕固不知用人之术，汝等但务循资守格，不思进用才能，岂以才能见用，将夺己之禄位乎？不然，是无知人之明也。

【译文】

（一）

你们在尚书省任职不曾推荐人才，只限于按资历级别选官，怎么能得到有才能的人？古代有从平民百姓一下子当到宰相的，听说宋朝也任用了很多从山东、河南流落到那里的偏远的人，这都是用人不拘泥于出身高贵和关系亲近的例子。凭本朝国土这么大，难道没有可用的人才？只是朕难以个个都知道，你们又不肯推荐。自古以来，哪有一个人当一辈子宰相的？地方官中三品以上的，必定有可以任用的人才，只是没有机会得以进用罢了。

（二）

任官授职只进行年限、资历考察，是用来对待平常人的办法，如果一个人的才能、品行高出一般人，怎么能拘泥于常规呢？国家的事情都需要适当的人去办，你们却不能根据一个人的才能授予官职，所以很多事情都没有办好。朕本来不懂得用人的方法，可你们只是按照资历，固守常规，不考虑进用有才能的人，难道是怕有才能的人被任用，将会夺去你们的俸禄和地位吗？不然，就是没有知人之明吧。

明 太 祖

明太祖（1328~1398），即朱元璋。明王朝的建立者。公元1368年至1398年在位。幼名重八，又名兴宗，后改名元璋，字国瑞。濠州钟离（今安徽凤阳东）人。少时入皇觉寺为僧。元至正十二年（1352）参加郭子兴部红巾军，深受器重。至正十五年韩林儿称帝，他被封为副左元帅。龙凤二年（1356），他率众攻克集庆，改其名曰应天（今江苏南京）。后采纳朱升"高筑墙，广积粮，缓称王"的建议，迅速壮大了军力。龙凤七年，被封为吴国公；九年，大败劲敌陈友谅于鄱阳湖，平定江西；十年，自立为吴王；十二年，杀害韩林儿；次年消灭又一劲敌张士诚，随即北伐中原。1368年正月称帝，国号明，年号洪武，定都应天。同年八月，北伐军攻克大都（今北京），元亡。其后逐步统一全国。由于出身贫苦农民，对民间疾苦深切了解，他在即位后采取了一系列有利于社会经济发展的改革措施。如普查户口，丈量土地，奖励农桑，均平赋役，兴修水利，推行屯田，以及禁蓄奴婢，限制僧尼，减轻对工匠的奴役等，使社会经济很快得到了恢复和发展。他还鉴于元朝政治废弛，颁布《大明律》，整肃吏治，以严刑峻法抑制豪强贪吏；废中书省和丞相职，实行三司分治；建立卫所兵制，使"将不专军，军不私将"；又迭兴大狱，从而建立起了高度集中的皇权政治。

戒谕公侯外官二敕

本篇分别选自《明实录·太祖洪武实录》和《皇明诏令》，是明太祖整肃吏治的两道重要诏令。

《铁榜戒公侯》是明太祖于洪武五年（1372）六月为申诫公侯而命工部特制的律令。铁榜，即铸在铁板上的榜文，象征着这道律令像铁一般刚硬，不可更易和变通。

朱元璋铸造铁榜，是对功臣颁赐铁券后采取的又一个大动作。洪武三年十一月，朱元璋鉴于天下已定，遂大封开国功臣为世袭贵族，共封六国公、二十八列侯，并仿汉唐故事，对被封功侯者一律赐给铁券。铁券是帝王颁赐功臣享受一定免罪特权的铁契。据《明史》、《明通鉴》载，朱元璋所颁铁券，其形制如瓦片，分为七等：公为二等，侯为三等，伯为二等，高宽尺寸随等级差别有所不同。铁券外面雕刻受券人履历、蒙恩次数，用以记录其功绩,里面刻着免死减禄的次数,用来防备其再犯过失,每个字都用金镶嵌。每副铁券分左、右两半,左半给功臣,右半藏内府。功臣本人及其子孙如遇犯罪,可持左半与右半勘合,获取免罪。朱元璋颁赐铁券,是对功臣的最高恩宠,目的是为了慰勉功臣,让他们更好地尽忠皇室。但是,这些靠武功暴发起来的公侯却大都不能正确对待。早在朱元璋称帝前,便不时有功臣恃功骄恣、破坏法纪的情况发生,朱元璋大封公侯、颁赐铁券后,这种情况更加严重。某些公侯自恃有皇上颁赐的免死铁券,知法犯法。有的私蓄奴婢,与政府争夺劳动人口,干扰政府的赋役差派;有的纵容豪奴凌暴乡里,鱼肉百姓;有的甚至隐匿奴仆杀人的案件不报。公侯之家的不法行为,制造了新的阶级矛盾,不可避免地影响到封建秩序的稳定。这自然为朱元璋所不许。朱元璋一向认为"元以宽纵失天下",因而他要"济之以猛"。其"猛"的表现之一,就是在对功臣施恩的同时,济之以"威"。洪武四年十一月,朱元璋在与武定侯郭英等人谈话时,就曾告诫他们要"思保身与家"的问题,半年后就命工部铸铁榜,以这种特殊的律令对功臣"戒以保全终始之道"。一个多月后,他又召见诸勋臣,告谕他们"保守之道,惟敬谨而已","敬谨为受福之本,骄恣为招祸之源",只有"不以功大而有骄心,不以爵隆而有怠心",才"能享有荣盛,延及后世"。

始颁铁券以慰功臣之心,继铸铁榜以制功臣之势,恩威并施,这就是朱元璋驾驭功臣之道。考察朱元璋的用心,固然是为了维护自身利益,使江山传之久远,然而对功臣——一批特殊的人才——一再申谕劝诫,不搞不教而诛,而是防患于未然,也不能说不是用人的明智之举。同时,这样做从客观上讲,也是符合社会发展和人民利益要求的。

《戒谕外官敕》是明太祖于洪武二十三年为整顿吏治,而告诫、谕示各级地方官的敕令(即诏书)。

在中国封建社会的开国皇帝中,朱元璋以专杀立威而闻名于史。为了建立和加强中央集权的专制统治,消除一切被认为可能危及皇位和政权基础的因素,他以严刑峻法管理臣下,曾数度大开杀戒。最突出的是:洪武十三年镇压丞相胡惟庸谋反集团案;二十三年借胡惟庸案再兴大狱;二十六年镇压凉国公蓝玉谋逆集团案。朱元璋利用这三次大案,株连公侯大臣,前后共斩杀四万余人,功臣宿将几乎杀戮殆尽。朱元璋株连杀戮功臣,当然是不可取的。但是,他为巩固政权而决心澄清吏治,严惩贪赃枉法,倡行勤政廉政,则不失为值得称道之举。朱元璋出身贫苦,一生自奉俭约,反对奢侈,对官吏贪污更是深恶痛绝,一经发现,决不宽贷。如洪武十八年,户部侍郎郭桓犯坐盗官粮罪,朱元璋怀疑北平布、按二司勾结作案，下令法司拷讯，供词牵连直隶和各行省，直至六部左右侍郎及诸司官吏，下狱定罪达数万人，处死数百人，追赃遍及全国，追赃粮七百万石，中产以上的地主，倾家荡产的不计其数。虽然郭桓案未免株连无辜，而朱元璋惩贪倡廉初衷不改。发布《戒谕外官敕》就是一个很好的说明。敕令明确要求在司府州县建立一种逐级考察监督的机制，即"布政司清府、府清州、州清县、县清里甲，而按察司清布政司"这样一种机制，以打击贪官污吏，尽除奸弊，肃清一方；并对"今之布政司不拿所属贪赃官吏，又不申闻阃茸不才诸不公不法"，以及"布政司至府州皆不异邮亭"的因循故事、不负责任的现象进行了严厉批评，这对于加强各级地方长官的政治责任心，刷新吏治，搞好勤政廉政建设，无疑具有重要作用。

　　朱元璋的许多诏书都由口授，较少文字加工，本敕即带有浓重的口语色彩，颇堪玩味。

铁榜戒公侯

　　朕观古昔帝王之纪及功臣传：其君保恤功臣之意，或有始无终，使忠良股肱不免受祸，诚可悯也；间有聪明圣主，待功臣之心，皎如日月，奸臣不能离间，故君臣得以优游终其天年，在社稷有盘石之安，在功臣之家享富贵无穷，朕甚慕焉；亦有明智之君，欲保全有功，其心切切，奈何跋扈之臣，恃其有功，数作过恶，累宥不悛，不得已而诛戮，此臣下自取之也。

　　又若：主有宽仁之德，臣有忠良之心，然彼各少察断而不明，何也？盖功臣奴隶，倚恃权贵，欺压良善。为臣不能察其所为，致使纵横。刑官执法，具罪以闻。在忠良大臣，必不如是，特奴仆自作之过。其君不能明察大臣之心，将为大臣使之。如是，姑息有功、释而不问者有之，略加戒谕奴仆者有之，又不明白与功臣道其奴仆所作之过，含忍大多。及法司屡奏，却疑大臣欺罔君上，一旦不容，即加残害。此君不明之所致也。当时功臣，虽有忠良之心，却不能检察其下，一有罪责，即怨其君。何也？亦由奴仆之类，在外为非，归则言是。大臣职任朝堂，或优闲元老，加以小人阿谄，少能劝谏。及至奴仆犯罪，法司执问，君命诛其奴仆。大臣不知君上保全之心，便生疑怨，累及其身，往往有之。或是天子念功臣之劳，而免其罪。其奴仆归告大臣曰："君上不能容公，故枉问奴等尔！"大臣一时听信，不自加察，以为必然，遂生猜疑，致遭刑戮。此臣不能检察其下之过也。可谓君臣两失之矣！

朕起布衣，赖股肱宣力，平定天下。既已论功行赏，封为公侯，赐以铁券，颁以重禄，令传子孙，共享太平；尚虑公侯之家奴仆人等，习染顽风，冒犯国典。今以铁榜，申明律令。

朕谕卿等：除亲属别议外，但凡奴仆一犯，即用究治，于尔家无所问；敢有恃功藏匿犯人者，比同一死折罪。尔等各宜谨守其身，严训于家，以称朕保全始终之意。其目有九：

其一，凡内外各指挥、千户、百户、镇抚并总旗、小旗等，不得私受公侯金帛衣服钱物。受者杖一百，发海南充军；再犯，处死。公侯与者，初犯、再犯免罪附过，三犯准免死一次。奉命征讨，与者受者不在此限。

其二，凡公侯等官，非奉特旨，不得私役官军。违者，初犯、再犯免罪附过，三犯准免死一次。其官军敢有辄便听从者，杖一百，发海南充军。

其三，凡公侯之家强占官民山场、湖泊、茶园、芦荡及金银铜场、铁冶者，初犯、再犯免死附过，三犯准免死一次。

其四，凡内外各卫官军，非当出征之时，不得辄于公侯门首侍立听候。违者，杖一百，发烟瘴之地充军。

其五，凡功臣之家管庄人等，不得倚势在乡欺殴人民。违者，刺面，劓鼻，家产籍没入官，妻子徙置南宁。其余听使之人，各杖一百，及妻子皆发南宁充军。

其六，凡功臣之家屯田佃户、管庄干办、火者、奴仆，及其亲属人等，倚势凌民，侵夺田产财物者，并依倚势欺殴人民律，处斩。

其七，凡公侯之家，除赐定仪仗户及佃田人户有名额报籍在官，敢有私托门下、影蔽差徭者，斩。

其八，凡公侯之家，倚恃权豪，欺压良善，虚钱实契，侵夺人田地房屋孳畜者，初犯免罪附过，再犯住支俸给一半，三犯停其禄，四犯与庶人同罪。

其九，凡功臣之家，不得受诸人田土及朦胧投献物业。违者，初犯免罪附过，再犯住支俸给一半，三犯停其禄，四犯与庶人同罪。

戒谕外官敕

敕谕：方今所用布政司、府、州、县、按察司官，多系民间起取秀才、人才、孝廉。各人受职到任之后，略不以《到任须知》为重，公事不谋，体统不行，听信小人浸润，谋取赃私，酷害下民。以此仁义之心，沦没杀身之计日上。一旦系狱临刑，神魂仓皇，至于哀告恳切。奈何虐民在先，当此之际，虽欲自新，不可得矣。如此者往往相继而犯，上累朝廷，下辱父母，悲哀妻子，孰曾有监其非而改过者哉。所有责任，条列备陈于后：

——布政司理治亲临属府，岁月稽求，所行事务，察其勤惰，辩其廉能纲举，《到任须知》内事，一一务必施行。少有汗漫及贪污、坐视恬忍害民者，验其实迹，奏闻提问。设有用心提调，催督宣布条章，去恶安善。倘耳目有所不及，精神有所不至，遗下贪官污吏及无籍顽民，按察司方乃是清。

——府属州治，一体布政司施行。耳目有所不及，精神有所不至，遗下贪官污吏及无籍顽民，布政司方乃是清。

——州临县治，一体府治施行。耳目有所不及，精神有所不至，遗下贪官污吏及无籍顽民，本府方乃是清。

——县察里甲，务要明播条章，去恶安善，不致长奸损良。如此上下之分定，民志有所依，巨细事务，悉有所归。上不紊政于朝廷，下不衔冤于满地，此其治也欤？若耳目有所不及，精神有所不至，遗下无籍奸恶人民，本府州县官方乃是清。

——若布政司不能清府，府不能清州，州不能清县，县不能清里甲，去恶安民，遗下不公不法，按察司方乃是清。

——按察司治理布政司、府、州、县，务要尽除奸弊，肃清一方。耳目有所不及，精神有所不至，巡按御史方乃是清。倘有通同贪官污吏，以致民冤事枉，一体纠治。

——此令一出，诸司置立文簿，将行过事迹，逐一并写。每季轮差吏典一名，赍送管上司查考。布政司考府、府考州、州考县，务从实效，毋得诳惑繁文，因而生事科扰。每岁进呈之时，布政司将本司事迹，并府、州、县各赍考过考迹文簿，赴京通考,敢有坐视不理,有违责任者,罪以重罚。

于戏!今之布政司,不拿所属贪赃官吏,又不申闻阘茸不才诸等不公不法,亦不究问府文到司,并不审其为何,但知递送而已,府亦以州文如此。自布政司至府、州,皆不异邮亭耳。所以不治,为此故也。

【译文】

铁榜戒公侯

朕阅读古代帝王本纪和功臣列传:那些君主保护体恤功臣的心意,有的有始无终,致使忠良大臣不免遭受大祸,实在令人同情;间或有聪明的圣德君主,对待功臣的心意,明明白白如悬日月,奸邪之臣不能进谗离间,所以君臣得以悠闲自得、相安无事直到终其天年,在国家可使政局稳如磐石,在功臣家庭可享受无穷的荣华富贵,朕对此很是羡慕;也有明智的君主,希望保全有功之臣,他的心情也恳挚殷切,无奈那大臣飞扬跋扈,倚仗自己有功,多次犯法作恶,屡受宽免依然不思悔改,君主万不得已而将他们诛杀,这也是做臣下的自取其祸。

又如:君主有宽厚仁爱的德行,臣下有忠诚善良的心肠,但是他们各自缺少察断而不能明白对方的心思,这是为什么呢?大抵因为功臣的奴仆倚仗权势,欺压善良人民,做大臣的不能明察他们的所作所为,致使他们横行霸道。问刑官依法办事,开列罪状奏报君主。对忠良大臣来说,一定不会如此纵容奴仆犯罪,只不过是奴仆自作主张犯下的罪过。那君主不能明察大臣的心思,还认为是大臣唆使奴仆。这么一来,迁就姑息大臣有功,有的采取开释罪过而不加究问的态度,有的采取对犯法奴仆略加训诫了事,但却不明白地告诉功臣他的奴仆所犯的罪过,只是一味包涵、容忍。等到法司一再上奏,却又怀疑大臣欺君罔上,一旦不能容忍,便对大臣加以残害,这是当君主的不能明察所产生的结果。那时的功臣,虽然有忠良之心,却不能检束明察他的奴仆,一旦承受罪责,便埋怨他的君主,这是为什么呢?也是由于奴仆在外做了坏事,回到府中却说做的全是好事。而大臣或是任职朝廷,或是悠闲自得的元老,加之势利小人阿谀奉承,很少能听到劝谏。等到奴仆犯下罪孽,法司拘押审问,君主下令处斩他的奴仆,大臣又不理解君主的保全之心,于是产生怀疑怨恨,积怨渐多,祸及自身,这种情况通常也是有的。有的情况是天子顾念大臣的功劳,而赦免奴仆的罪过,而他的奴仆回府却告诉大臣说:"皇上不能够容忍大人,故而冤屈奴才们罢了!"大臣一时信以为真,又不亲自考察,认为一定是这样,于是便产生猜疑之心,导致犯罪处死的下场。这是因为当大臣不能检束明察他的下人的过错。可以说君主和大臣都有失误的地方啊!

朕起自平民百姓,依靠股肱大臣的努力,平定了天下。现在已经按功劳大小进行了封赏,封为公侯的,赐给铁券,颁给厚禄,使传之子孙,共同享受太平;但又忧虑公侯之家的奴仆人等,沾染顽劣风气,冒犯国家法典。现用铁铸榜文,申明条律法令。

朕明白地告诉各位公侯:除你们的亲属另当别论外,但凡奴仆一旦犯罪,就要追究治罪,对你们家庭并不勘问;胆敢有依仗功劳隐藏犯人的,比照折算等同一次死罪。你们各自应当谨慎守护自身,严肃地教训家人,不要辜负朕保全你们有始有终的心意。其细目有九条:

其一,凡京师与地方各指挥、千户、百户、镇抚以及总旗、小旗等军事官员,不准私自接受公侯赠送的金银布帛衣服钱物。接受的人杖责一百,发往海南充军;再次接受,处以死刑。公侯拉拢贿赂者,初犯、再犯免于处罚,但要作为罪过记录在案,三次行贿算一次死罪,准予从赦免特权中扣除。奉命出征讨伐,给予者、接受者不受此条款限制。

其二,凡公侯等官员,非奉有特旨,不准私自役使官军。违反者,初犯、再犯免于处罚,但要将罪过记录在案,三次犯罪准予从赦免特权中免死一次。其官军军官胆敢随意听从役使者,杖责一百,发配海南充军。

其三,凡公侯之家强行侵占官民的山场、湖泊、茶园、芦荡及金银铜场、铁冶的,初犯、再犯免于处罚,其罪过记录在案,三次违犯,准予从赦免特权中免死一次。

其四,凡京中外地各卫官军,不是出征打仗之时,不得随便在公侯门前站岗听差,违犯者,打一百军棍,发配到烟瘴之地充军。

其五,凡功臣之家的管家人等,不得倚仗权势在乡里欺侮殴打人民。违犯者,受刺面、割鼻的刑罚,家产抄没入官,妻子儿女流放南宁安置。其余听差的人,各打一百大板,连同妻子儿女发配南宁充军。

其六,凡功臣之家的屯田户、管庄差官、火者、奴仆,及其亲属人等,倚仗权势欺凌人民,侵夺田产财物的,一并依照倚势欺殴人民的法律条文,处以斩首。

其七,凡公侯之家,除按规定颁赐的仪仗户及佃田人户已有名额报官登记在册外,胆敢有人户私自依托门下,逃避官差徭役的,斩首。

其八,凡公侯之家,倚恃权势富豪,欺压良民百姓,强迫民户订立空头契约而实际不付分文,侵夺人家田地、房屋、牲畜的,初犯免于处罚,将罪过记录在案,再犯停发俸禄的一半,三次违犯停发俸禄,四次违犯与平民百姓同样治罪。

其九，凡功臣之家，不准接受他人的田地以及那些试图逃避官府差役而投献的物产。违犯者，初犯免于处罚，将罪过记录在案，再犯停发俸禄的一半，三次违犯停发俸禄，四次违犯与平民百姓同样治罪。

戒谕外官敕

敕令：如今所任用的布政司、府、州、县、按察司等官员，大都是从民间起用的秀才、人才、孝廉。各人接受职位到任以后，丝毫不以《到任须知》为重，公事不谋划，规章不贯彻，听信小人谗言，贪赃谋私，残害百姓。以如此的"仁义之心"，一天天沦入到杀身的境地。一旦关进监狱，面临受刑，又吓得魂飞魄散，不知所措，以至于哀告、恳求。无奈他侵害百姓在先，当此之时，虽然想悔过自新，也不可能了。像这样的人，往往是相继而犯，上牵累朝廷，下羞辱父母，妻儿更悲哀，又曾有谁是鉴戒其非而改过的呢？现将所有各级官员的责任，条列备陈于下：

——布政司治理应亲临所属各府，经常考核各府等所做事务，考察他们的勤勉或怠惰，辨明他们的品行与才干。《到任须知》内所规定的事项，务必一一施行。稍有不负责任及贪污、坐视残害百姓而无动于衷的，要查验其确实情况，上奏朝廷，捉拿审问。应当用心指挥协调，督促宣布章法，除恶安良。不全面了解情况，不集中精力查询，使贪官污吏和无籍顽民漏网，这才由按察司负责清理。

——府治理所属各州，与布政司一样施行。不全面了解情况，不集中精力查询，使贪官污吏和无籍顽民漏网，这才由布政司负责清理。

——州治理各县，与府一样施行。不全面了解情况，不集中精力查询，使贪官污吏和无籍顽民漏网，这才由本府负责清理。

——县督察里甲，务必要宣明章法，除恶安良，不致长奸邪威风，损良善利益。如此上下名分得以确定，百姓心志有所依托，巨细事务均有所归。上不会乱朝廷的政纲，下不会使天下人含冤，这大概就是太平之治吧？倘若不全面了解情况，不集中精力查询，使无籍奸恶之人漏网，这才由本府、州、县官负责清理。

——如果布政司不能清理府，府不能清理州，州不能清理县，县不能清理里甲，除恶安民，遗留下不公不法之事，这才由按察司负责清理。

——按察司治理布政司、府、州、县，务必要尽除奸恶弊端，肃清一方。不全面了解情况，不集中精力查询，方才由巡按御史负责清理。倘若有串通贪官污吏，造成民众受冤屈或事实被扭曲，一并纠正处治。

——此令颁布后，诸司应设置文簿，将做过的事情，逐一开列写明。

每季度派吏员典史一名，报送本管上司查考。布政司考府、府考州、州考县，务必讲求实效，不得被繁文所迷惑，因而滋生事端、骚扰下属。每年进呈的时候，布政司要将本司事迹，连同府、州、县上报的考过考绩文簿，一并赴京通考。敢有坐视不理，有违上述责任的，以重罚处罪。

唉！如今的布政司，不拿问所属地区的贪官污吏，又不申报平庸无才的各种不公不法之事，也不追究查询属府文书到司的情况，更不去审查为什么会这样，只知道照收照送而已。府对属州文书也是如此。自布政司至府、州，都与投递信件的邮亭没什么两样。之所以未出现太平之治，就是因为这个缘故啊！

清　圣　祖

　　清圣祖（1662～1722），即爱新觉罗·玄烨。清世祖第三子。公元1661年至1722年在位，年号康熙，世称康熙皇帝（清朝皇帝皆以年号称）。康熙即位时年仅八岁，权臣鳌拜专擅朝政，继续推行圈地，使广大农民被迫流亡；而吴三桂等三藩日益强大，逐渐形成割据势力。康熙六年（1667）亲政，八年一举剪除鳌拜，宣布永停圈地，奖励垦荒；继而下令削藩，至二十年平定三藩的叛乱。二十二年攻灭台湾割据政权，并驻兵屯守，备御西方殖民者的侵略。二十四年起先后两次发起雅克萨反击战，驱逐盘踞在黑龙江流域的沙俄侵略军，遏制了沙俄对华的野心，迫使沙俄于二十八年签订了《中俄尼布楚条约》，确定了两国之间的东段边界。他还三次派兵平定准噶尔部首领里通沙俄发动的叛乱，晚年又派兵入藏镇压藏族少数上层分子勾结准噶尔部的叛乱，从而维护和加强了多民族国家的统一。

　　清圣祖是中国封建社会一位有作为的皇帝。他博学多才，宏谋远虑，励精图治，善于用人。在位期间，重视发展农业生产和治理黄河水患，保证大运河的畅通；又举博学宏儒科，开馆修纂《康熙字典》、《古今图书集成》、《全唐诗》等传世大典，并倡导和钻研自然科学等，对清王朝的经济文化事业和国家统一都有很大贡献。康熙年间，号为"治平"。但他提倡理学，严禁结社，兴文字狱，对清代学术的消极影响也是巨大的。

爱惜人才澄清吏治三谕

　　本篇选自《大清圣祖皇帝实录》，是清圣祖在不同时期颁给臣下的三道谕旨，反映的是这位开明君主的人才和吏治思想。

　　《崇尚宽大爱惜人才谕》是康熙十二年八月颁给吏部等衙门的一道谕旨，表达的是康熙关于爱惜人才的思想。谕旨针对朝廷六部和都察院各衙门以往制定的有关条例存在的弊端和危害性，命令"重加订正"：指导思想是"崇尚宽大，爱惜人才"，"事例简易，易于遵守"；方法是"斟酌情法，删繁从简"；目标是符合于"明作惇大之治"。寥寥一百六十余字，一代名君对于人才的关心和爱护亲切可感。

　　《端本澄源谕》是康熙十九年遍告群臣的一道谕旨，《封疆大臣陛见陈奏谕》是康熙三十七年十月颁给内阁大学士等官员的一道谕旨。前旨强调端本澄源,指出澄清吏治,必须从大官——"大臣"抓起,从身边——"京官"抓起,抓"大臣"带动"小臣",抓"京官"影响"外吏";后旨则强调朝廷封疆大臣即大官要抓大事,要了解官吏的"贤否",关心百姓的疾苦,并且"考察官吏以奖励廉洁为要",汇报事情要"从公敷陈"。前后二旨,一道强调抓重要人物,一道强调抓重要事务,同样表达的是康熙对朝廷重臣的管理思想。同《崇尚宽大爱惜人才谕》一样,这里既讲了指导思想问题,又讲了思想方法、工作方法问题,颇值得玩味借鉴。

崇尚宽大爱惜人才谕

国家致治,首在崇尚宽大,爱惜人才。俾事例简明,易于遵守;处分允当,不致繁苛,乃符明作惇大之治。向来各部衙门俱定有处分条例,已经颁行。但其中款项太多,过于繁密,以致奉行者或以胶执为守法,或以苛索为详明,或例所未载,援引比附,轻重失宜,徒据成规,罔原情理。大小各官,稍有过误,动触文网,虽具才能,弗获展布,深为可惜。著部院各衙门,将见行处分条例,重加订正,斟酌情法,删繁从简,应去应留,逐一分别,详议具奏。

端本澄源谕

朝廷致治,惟在端本澄源。臣子服官,首宜奉公杜弊。大臣为小臣之表率,京官乃外吏之观型。大法则小廉,源清则流洁,此从来不易之理。如大臣果能精白乃心,恪遵法纪,勤修职业,公尔忘私;小臣自有所顾畏,不敢妄行。

封疆大臣陛见陈奏谕

督抚乃封疆大臣,陛见之时,应将有司贤否、小民疾苦,详明陈奏,以裨治理。夫民之苦乐,皆系于官之贤否;官贤则民安,否则民之困苦无所底止矣!是以考察官吏以奖励廉洁为要。今云南贵州总督王继文入觐,并不陈奏及此。如广西提督李林盛,居官甚优,前者陛见,所奏绝无隐讳;问及广西武弁贤否,皆从公敷陈,其言朕皆书而志之矣。

【译文】

崇尚宽大爱惜人才谕

国家达到治平,首先在于崇尚宽大,爱惜人才。使规章条例简单明了,人们易于遵守;凡事处置得当,不至于繁琐苛细,才符合开诚布公、敦厚宽大的政治。向来各部衙门都制定有办事的条例,已经颁布施行。但其中有的款项太多,过于繁琐细致,以致奉行的人有的把不知变通看成守法,有的把吹毛求疵当做详明,有的因条例上没有规定,就援引比照,使轻重失宜,徒然依据成规,实则不近情理。大小官员稍有过失,动不动就触犯法网,即使有才能,也不能得到发挥,甚是可惜。现令六部及都察院各衙门,重新修订现行办事条例,斟酌情与法的关系,删繁就简,应去应留,一一分别,详细计议上奏。

端本澄源谕

朝廷达到治平,只在于端正根本,澄清源头。臣子做官,首先应当奉公守法,杜绝弊害。大臣是小臣的表率,京官是外官的楷模。光大法制臣下就会廉洁,源头清澈水流就会洁净,这是从来不变的道理。如果大臣果真能够纯洁你们的心,严守法纪,勤修职业,公而忘私,那么小臣自然就会有所顾忌,不敢妄为。

封疆大臣陛见陈奏谕

总督、巡抚是坐镇一方的封疆大臣,进见的时候,应该把主管官员的贤与不贤、百姓的疾苦,详细明白地陈述奏闻,以有助于治理。百姓的苦乐,都关系在官吏的贤与不贤上面,官吏贤良百姓就会安居乐业,官吏作恶百姓的困苦就没有尽头了!所以,考察官吏应以奖励廉洁为要务。这次云贵总督王继文入朝进见,并不陈奏关于这方面的情况。像广西提督李林盛,做官很尽职,前些日子进见,所奏闻的事没有一点隐讳;问到他广西武官的贤愚好坏,都能秉公陈述,他的话朕都写下来记着呢。

清　世　宗

清世宗（1678～1735），即爱新觉罗·胤禛。清圣祖第四子。公元1722年至1735年在位，年号雍正，世称雍正皇帝。初封雍亲王。康熙帝去世，他得隆科多、年羹尧之助，夺取帝位。在政治上，他以高压手段对待曾与自己争位的诸皇弟，并将恃功擅权的年羹尧、隆科多治罪；振肃纪纲，修定律例，严惩官吏贪黩等不法行为；兴文字狱，镇压汉族知识分子；建立军机房（后改军机处），削夺诸王对下五旗（正红、镶红、镶白、正蓝、镶蓝）军队的统率权，从而极大地加强了封建皇权。在经济上，他颁布"地丁合一"制度，实行"摊丁入亩"，以保证赋税收入；严惩官吏贪黩，实行耗羡归公制度，整饬社会风气。在对待少数民族问题上，他在西南地区推行"改土归流"，设置驻藏大臣，加强中央对广西、云南、贵州和西藏的管辖，并出兵平定青海和硕特部贵族的叛乱；在西北方面，又镇压了准噶尔部贵族的骚扰。在对外方面，雍正五年（1726）与沙俄订立了《中俄布连特界约》和《中俄恰克图界约》，划定了中俄中段边界。

为政以得人为要谕

本篇选自《清史稿·世宗纪》，是雍正十三年即世宗去世当年三月所下的一道关于地方基层政权建设问题的圣谕。

由于继承皇位不那么光明正大和即位后对诸皇弟进行残酷迫害，两百年来雍正一直是一位有争议、贬多于褒的历史人物。但是，如果我们能排除某些旧观念的羁绊，便不难发现，他实际上也是一位才略过人的明君。其武功颇著，内政、外交均值得称道，在形成"康乾盛世"的过程中，起着承前启后、继往开来的重大作用。而他之所以起到这种作用，十分重要的一点，就在于他注重吏治，从严治政。具体表现在三个方面：一是严厉打击贪官污吏，革除官场贪黩之风；二是严禁朋党，坚决打击和严密防范臣下结党营私、排挤倾陷，力避明末党争之祸；三是选贤任能，汰冗去劣，坚持以实际政绩作为考核、奖惩官吏的标准，切实提高官吏素质。本篇所反映的就属于第三方面的内容。谕旨虽只寥寥数语，却明确无误地体现了雍正帝关于"为政以得人为要"的思想，以及他在处理任人任法的关系中更着重于人、在处理名与实的关系中更着重于实的思想。作为最高统治者的皇帝，对于乡村——中国最基层组织的用人尚且如此重视，他对省府州县长官乃至朝廷重臣的严格要求可想而知。

　　地方编立保甲,必须俯顺舆情,徐为劝导。若过于严急,则善良受累矣。为政以得人为要,不得其人,虽良法美意,徒美观听,于民无济也。

【译文】
　　地方编立保甲组织,必须顺从民意,慢慢进行劝导。如果要求过严过急,善良的人们就要受到伤害。管理政事以得到合适人选为要点,得不到合适人选,即使是好的法规好的意见,也只是徒然好看好听,对老百姓没有什么好处。

清 高 宗

　　清高宗（1711～1799年），即爱新觉罗·弘历。清世宗第四子。公元1736年至1796年在位，年号乾隆，世称乾隆皇帝。在位前期，继父业平定了准噶尔部，消灭了天山南路大小和卓木的势力，又镇压了大小金川土司的叛乱，加强了中央政府在新疆地区的权威。开博学宏词科，访求书籍，完成了《明史》、《续文献通考》等一批重要典籍的编纂；开四库全书馆，编成《四库全书》。同时屡兴文字狱，以加强思想控制。中期以后，政治日渐腐败，又屡屡到处巡游，特别是六次南巡，浪费无度。后二十年信用大贪官和珅，官场、军队腐败之风日炽，土地兼并亦极为严重，各族人民起义此起彼伏，清王朝遂从所谓的"康乾盛世"走向衰落。嘉庆元年（1796）初他禅位于太子（清仁宗），自称"太上皇"，仍主要政，大规模的川楚白莲教起义就在这年爆发。

著大学士等荐举言官谕

　　本篇选自《清实录·高宗实录》，是乾隆七年五月发给内阁的一道圣谕。
　　乾隆前期，高宗意在光大祖、父之业，政治较为清明，凡事欲有所作为，所以才完成了"康乾盛世"一番伟业。这道圣谕便是在此期间发出的。谕中针对乾隆即位以来言官（科道官）队伍不能称职的现状，在申明言官的职责及言官制度变迁的基础上，对大学士、九卿及督抚等高级官员，提出了不拘一格列名举荐自己所深切了解的"有骨鲠之气、质朴之风而复明中外政治者"备选担任言官的要求。

　　朕御极以来，广开言路，虚心纳谏，其言之是者，不次超擢，未是者亦曲予优容。科道官当体朕心，于国家纲纪、政事利弊、官吏贤否、民生休戚，一一据实指陈，方为无忝厥职。乃黾勉尽言者，固不乏人，而或以讦为直务，自诩为名高，而朝廷卒不获其益者，亦复不少。此皆用匪其人，官不称职，朕亦不能辞其咎也。夫言官为风纪所关，若止为身谋，则将来或因以分门树异，或因以植党营私，必至惑人心而摇国是；史册所垂，足为殷鉴。古来谏无专官，故进言之路广，三代以下始设官而责之以言。然如马周、阳城之起布衣而为御史，其事犹可风也。兹特降谕旨，著大学士、九卿择其素所深知其人有骨鲠之气、质朴之风而复明通中外政治者，不拘资格，列名封奏，朕将量加录用焉。其外而督抚于各属员中，有深知灼见，可备绳纠之任者，亦准列名封奏。

【译文】
朕登基以来，一向广开言路，虚心采纳谏言。进谏者中有见解的，朕马上提升他的官职；上书与事实不符的，朕也宽容他们。各科道官应该体谅朕的心意，对于国家的法纪、施政的利弊、官员的贤与不贤、百姓的忧与乐，一一如实地向朕反映，才无愧于你们的官职。现在积极上书反映情况的人固然有，然而以攻击别人为正直、自诩名节高尚、国家从他们的作为中最终得不到任何好处的人，也还不少。这都是因为用错了人，委任了不称职的官员，朕也不能推卸责任。言官制度关系到社会风气、国家纲纪，如果只为自身打算，只图私利，那么将来有的人就会分门树异、结党营私，并且发展到惑乱人心而动摇国家大局。史册上这方面的记载足以作为鉴戒。古时候没有专职谏官，所以可以多方面、多渠道进言。三代以后设立言官，并责成他们上书言事。然而像马周、阳城，转眼之间由普通百姓而被提拔为御史，这种事还是可以学习的。现特下谕旨，命大学士、九卿要选择自己平时深刻了解的，有刚直的品格、质朴的作风，而且又通晓朝野政治的人，不受资历限制，列名推荐上来，朕将酌量加以录用。此外，各总督、巡抚对各自属员中有真知灼见、可供担任监察纠弹之职的人，亦准予列名荐举。

第二辑

名臣奏议

李　斯

　　李斯（？~前208），秦代政治家。战国时楚国上蔡（今河南上蔡西南）人。初为郡小吏，后与韩非同师事儒学大师荀卿，"学帝王之术"。学成后，以六国皆弱，不足以有为，乃西入秦。初为秦相吕不韦舍人，后因劝说秦王政（始皇）兼并六国，被任为客卿，不久升廷尉。秦统一中国后，任丞相。秦始皇死，他为保全禄位，屈从奸宦赵高伪造遗诏，迫令始皇长子扶苏自杀，立少子胡亥为二世皇帝。后为赵高诬陷，被腰斩于咸阳，夷灭三族。

　　李斯在秦破灭六国过程中起过较大作用。统一中国后，他又积极主张废除分封制，倡行郡县制；主张焚《诗》、《书》，废私学，直接导致了秦始皇"焚书坑儒"。他还以"小篆"为标准，整理文字，推动了中国文字的统一。在他的主持下，秦王朝建立起一整套的法令制度，为强化专制主义的中央集权制做出了重要贡献，对天下后世产生了深远影响。但是他的焚书坑儒、严刑苛法、残酷剥削人民等主张，又促使秦王朝很快走向了灭亡。

　　李斯工文。鲁迅曾经评价："秦之文章，李斯一人而已。"又具体指出，"法家大抵少文采，惟李斯奏议，尚有华词。"（《汉文学史纲要》）李斯亦工书，相传泰山、琅玡等刻石均为其手书。著作主要有《谏逐客书》等，散见于《史记》和《古文苑》中。

谏逐客书

　　本篇选自《史记·李斯列传》，是李斯在秦王政十年（前237年）写给嬴政的一封谏书。

　　在秦国由一个被中原各国蔑视的"戎狄"之国逐步走向强大的过程中，各国一些有识人士曾先后入秦效力，发挥过重要作用。战国末期，秦灭六国统一天下之势已见端倪，入秦效力的"客卿"逐渐增多。这就直接威胁到秦宗室大臣的既得利益，引起他们的不安和不满。秦王政十年，韩国派水工郑国到秦国帮助开掘水渠（即郑国渠），借以消耗秦国国力的阴谋败露，秦宗室大臣于是借机发难，以"诸侯来人事秦者，大抵为其主游间于秦耳"为由，请求秦王"一切逐客"。秦王接受了这一请求，下令驱逐包括李斯在内的所有客卿。李斯在离秦之际，愤然上了这封《谏逐客书》。

《谏逐客书》是李斯的代表作。书中首先追溯了秦国先世四代君主重用客卿而成就霸业、民富国强、开疆拓土、蚕食诸侯的历史，说明客卿无愧于秦；接着，列举现实中秦王对自己所喜爱的美色、音乐、珠宝、玉器都可以取自诸侯各国，而对人才却要"非秦者去，为客者逐"，批评其重物轻人，"非所以跨海内、制诸侯之术"；然后又从理论上加以发挥，在阐明纳客与逐客的利害关系基础上，得出了逐客将使秦国"内自虚而外树怨于诸侯"，国家将难有宁日的结论。谏书自始至终紧扣当时秦王最关心的统一天下大业，据事论理，以情动人，通过铺张扬厉、慷慨激昂的反复陈说，终于使秦王认识到，欲成就帝王之业，必须打破地域之见，兼收并蓄，广纳贤才。从而收回成命，并提拔李斯任廷尉。

《谏逐客书》所体现的用人思想，也就是毛泽东所倡导的"搞五湖四海"的用人思想，这无疑是十分卓越的。历代研究秦统一中国历史的学者，大都注意到客卿的历史地位和重要作用。宋代洪迈在其所著《容斋随笔》中，曾以《秦用六国人》为题，认定"卒之所以兼天下者，诸人（指客卿）之力也"。清代洪亮吉也指出：秦统一中国是"喜用别国人"的结果。现、当代许多学者的研究成果也都对此表示认同。从这一点来讲，《谏逐客书》的历史作用和现实意义都是不可低估的。

  臣闻吏议逐客，窃以为过矣。

  昔缪公求士，西取由余于戎，东得百里奚于宛，迎蹇叔于宋，来丕豹、公孙支于晋。此五子者，不产于秦，而缪公用之，并国二十，遂霸西戎。孝公用商鞅之法，移风易俗，民以殷盛，国以富强，百姓乐用，诸侯亲服，获楚、魏之师，举地千里，至今治强。惠王用张仪之计，拔三川之地，西并巴、蜀，北收上郡，南取汉中，包九夷，制鄢、郢，东据成皋之险，割膏腴之壤，遂散六国之从，使之西面事秦，功施到今。昭王得范雎，废穰侯，逐华阳，强公室，杜私门，蚕食诸侯，使秦成帝业。此四君者，皆以客之功。由此观之，客何负于秦哉！向使四君却客而不内，疏士而不用，是使国无富利之实，而秦无强大之名也。

  今陛下致昆山之玉，有随、和之宝，垂明月之珠，服太阿之剑，乘纤离之马，建翠凤之旗，树灵鼍之鼓。此数宝者，秦不生一焉，而陛下说之，何也？必秦国之所生然后可，则是夜光之璧不饰朝廷，犀、象之器不为玩好，郑、卫之女不充后宫，而骏良𫘨𬴊不实外厩，江南金锡不为用，西蜀丹青不为采。所以饰后宫、充下陈、娱心意、说耳目者，必出于秦然后可，则是宛珠之簪、傅玑之珥、阿缟之衣、锦绣之饰不进于前，而随俗雅化、佳冶窈窕赵女不立于侧也。夫击瓮叩缶，弹筝搏髀，而歌呼呜呜快耳者，真秦之声也。郑、卫、桑间、《韶虞》、《武象》者，异国之乐也。今弃击瓮叩缶而就郑、卫，退弹筝而取《韶虞》，若是者何也？快意当前，适观而已矣。今取人则不然，不问可否，不论曲直，非秦者去，为客者逐。然则是所重者，在乎色、乐、珠、玉，而所轻者，在乎民人也。此非所以跨海内、制诸侯之术也。

臣闻地广者粟多，国大者人众，兵强则士勇。是以泰山不让土壤，故能成其大；河海不择细流，故能就其深；王者不却众庶，故能明其德。是以地无四方，民无异国，四时充美，鬼神降福，此五帝三王之所以无敌也。今乃弃黔首以资敌国，却宾客以业诸侯，使天下之士退而不敢西向，裹足不入秦，此所谓"藉寇兵而赍盗粮"者也。

夫物不产于秦，可宝者多；士不产于秦，而愿忠者众。今逐客以资敌国，损民以益仇，内自虚而外树怨于诸侯，求国无危，不可得也。

【译文】

臣听说宗室大臣们议论要驱逐客卿，私下以为这样做是错误的。

从前穆公访求贤才，从西部戎族选拔了由余，从东边宛地赎来了百里奚，从宋国迎回了蹇叔，从晋国招致了丕豹、公孙支。这五位先生，并非生在秦国，但穆公重用他们，因而兼并了二十个小国，于是称霸西戎。孝公采用了卫人商鞅变法的主张，移风易俗，民生因此富足，国家因此富强，百姓乐意为国效力，诸侯表示亲善顺服，战胜了楚、魏的军队，占领了上千里土地，使国家安定强盛。惠王采用张仪的计策，攻占了三川之地，又向西吞并了巴、蜀，向北收得了上郡，向南夺取了汉中，拿下了广大夷族地区，扼制住楚国鄢、郢二都，向东占据了成皋的天险，割取了大片肥沃的土地，终于瓦解了六国"合纵"抗秦的联盟，迫使它们西向服事秦国，功效一直延续到今天。昭王得到范雎相助，废黜穰侯，放逐华阳君,加强了王室的权力,抑制了豪门贵族,蚕食各国的疆土,使秦国奠定了帝王的基业。这四位君主,都是依靠客卿的力量才取得了成功。由此看来,客卿有什么对不起秦国的呢?假使当初四位君主拒绝客卿而不接纳,疏远人才而不任用,这就只会使秦国既不能收到富足的实惠,也不会享有强大的名声。

如今陛下罗致了昆山的宝玉,拥有了随侯珠、和氏璧,悬挂着明月珠,佩戴着太阿剑,乘坐着纤离马,竖立着翠凤作装饰的彩旗,摆设着灵鼍皮制成的大鼓。这几种宝物,没有一种是秦国出产的,但陛下却非常喜爱它们,为什么呢?一定要秦国生长的才能用,那么,夜光璧就不该装饰朝廷,犀角、象牙做的器具就不该供作玩赏,郑、卫两国的美女就不该住进后宫,驮騠骏马就不该关满马厩,江南的铜、锡就不该用作器物,西蜀的丹青就不该用作彩饰。举凡装饰后宫、充满廷堂、娱乐心情、悦人耳目的东西,一定要秦国出产的才能用,那么,嵌有宛珠的簪子、镶有玑珠的耳环、东阿丝绸做的衣服、织锦刺绣做的服饰,就不该进献到您的面前,而那些打扮入时、美好、艳丽、苗条的赵国女子,就不该侍立在您的身边。敲打着陶瓮瓦缶,弹着筝,拍着大腿,呜呜地歌唱呼喊的,才是真正秦国的音乐。郑、卫两国的歌曲,帝舜的《韶虞》,周王的《武象》,都是外国的音乐。如今摒弃敲打瓮缶而欣赏郑、卫之音,不再弹筝而选择了《韶虞》,这样做是为什么呢?不过是图眼前快感,适于观赏罢了。现在用人却不能这样,不管行不行,不论是与非,不是秦国人一概赶走,凡做客卿者尽数驱逐。这样看来,陛下所看重的是美色、音乐、珠宝、玉器,轻视的是民众和人才。这可不是统一天下、制服诸侯的搞法啊!

臣听说,土地广的粮食就多,国家大的人口就众,军队强的将士就勇。这正如泰山不拒绝土壤,所以能形成它的高大;河海不挑剔细流,所以能造就它的深广;王者不驱赶百姓,所以能彰明他的功德。因此,地不分东西南北,民不分本国外籍,四季美好,鬼神降福,这才是五帝三王无敌于天下的根本原因。现在您却抛弃百姓以壮大敌国,驱逐客卿以帮诸侯成就功业,使天下之士望而却步,不敢西向入秦。这就是所谓"借兵器给敌寇、送粮食给强盗"啊!

不出产于秦国的东西,珍贵的很多;不出生在秦国的人才,愿意效忠秦国的也很多。如今驱逐客卿以资助敌国,减少自己的百姓以增加对手的力量,对内搞空了自己,对外在诸侯国树立了仇家,想求得国家没有危险,是不可能的。

董 仲 舒

董仲舒（前179～前104），西汉哲学家，今文经学大师。广川（今河北枣强县东）人。专治《春秋公羊传》。曾任博士、江都易王相和胶西王相。汉武帝诏举贤良文学之士，他献所谓"天人三策"，建议"诸不在六艺之科、孔子之术者，皆绝其道，勿使并进"，为武帝所采纳，开此后两千余年封建社会以儒学为正统的先声。董仲舒亦因此被后人尊为一代儒宗。

董仲舒的学说，表现在哲学思想上，是以儒家宗法思想为中心，杂以阴阳五行说，熔神权、君权、父权、人权为一炉，形成封建神学体系。体系的中心即所谓"天人感应"说。所谓"天人感应"，就是认为天和人相类相通，天能干预人事，人的行为也能感应天，自然界的祥瑞和灾异，表示天对人们的希望和谴责。显然，这是一种旨在为"君权神授"制造理论的神秘学说。董仲舒正是在肯定"天亦有喜怒之气、哀乐之心"和"天人一也"的前提下，将天道与人事牵强比附，以论证"道之大原出于天，道不变，天亦不变"，从而假借天意把封建统治秩序神圣化、绝对化。这种理论当然是为封建统治者服务的。表现在经济思想上，则是他对"富者田连阡陌，贫得亡立锥之地"的阶级矛盾现象较早地进行了揭露，并第一个提出了"限民名田，以澹不足"，"塞并兼之路"的抑兼并主张。这种主张显然又具有一定的人民性。

董仲舒晚年辞官家居，以治学著书为业。其著述集中录存于《汉书》和《春秋繁露》中。

举贤良对策（节选）

本篇选自《汉书·董仲舒传》，为董仲舒《举贤良对策》的第二策。

《举贤良对策》又名《天人三策》，是董仲舒在汉武帝诏举贤良文学之士时三次策问的应对奏疏。其中，第一策以"天人感应"说为依据，阐述了采取儒家德治原则治国的重要性、可行性、基本内容和推行手段；第三策进一步解释"天人感应"说，并通过对夏、商、周三代推行德治原则的具体分析，提出了"天不变，道亦不变"的著名论点，以及"诸不在六艺之科，孔子之术者，皆绝其道，勿使并进"的政策建议。这里所选的第二策，则是首先回答了武帝诏书中提出的以下问题：既然德治原则不同朝代同出于天意，为何虞舜无为而治，周文王却忙得顾不上吃饭？为何周朝以前的帝王在推行德治原则时不重视礼乐等形式，而周朝却非常看重礼乐形式？为何周朝要用各种刑罚来惩治过失和犯罪，而周朝成康时期却有四十多年将刑罚弃置不用，以致监狱空虚，但秦朝又再次采用，并弄得"刑者甚众，死者相望，而奸不息"呢？在一一圆满回答上述提问的过程中，董仲舒已点出了"教化"问题，随之便自然而然地回到"举贤良"这一中心话题，着重阐述了为推行以德治原则治国，必须注意培养人才、用好人才这一重要对策。在培养人才问题上，董仲舒认为，"不养士而欲求贤，譬犹不琢玉而求文采"，而"养士之大者，莫大乎太学"，因此建议"兴太学，置明师，以养天下之士，数考问以尽其才"。在使用人才问题上，董仲舒针对当时朝廷任官不问德才而只按任职时间长短，以致助长官吏怠惰习气，熬年头，混资格，"累日以取贵，积久以致官"，官场廉耻颠倒、贤不肖混杂的状况，以及二千石以上官员子弟可以凭借父兄地位取得官职，即所谓"任子制度"等种种弊端，通过追思"古所谓功者以任官称职为差，非谓积日累久"等，明确提出了"毋以日月为功，实试贤能为上。量材而授官，录德而定位"，即反对论资排辈，实行选贤任能，根据德才授任官职的用人主张；同时，还提出了要求有关主要官员（诸列侯、郡守）荐举贤能，并形成制度（岁贡二人），列为考核"大臣之能"的内容，联系赏罚（所贡贤者有赏，所贡不肖者有罚）的建议。董仲舒的这种为了实施政治主张而十分重视培养、任用人才的思想，无疑是一份宝贵的文化遗产。

臣闻尧受命，以天下为忧，而未以位为乐也，故诛逐乱臣，务求贤圣，是以得舜、禹、稷、契、咎繇。众圣辅德，贤能佐职，教化大行，天下和洽，万民皆安仁乐谊，各得其宜，动作应礼，从容中道。故孔子曰："如有王者，必世而后仁。"此之谓也。尧在位七十载，乃逊于位以禅虞舜。尧崩，天下不归尧子丹朱而归舜。舜知不可辟，乃即天子之位，以禹为相，因尧之辅佐，继其统业，是以垂拱无为而天下治。孔子曰："《韶》尽美矣，又尽善矣"，此之谓也。至于殷纣，逆天暴物，杀戮贤知，残贼百姓。伯夷、太公皆当世贤者，隐处而不为臣。守职之人皆奔走逃亡，入于河海。天下秏乱，万民不安，故天下去殷而从周。文王顺天理物，师用贤圣，是以闳夭、大颠、散宜生等亦聚于朝廷。爱施兆民，天下归之，故太公起海滨而即三公也。当此之时，纣尚在上，尊卑昏乱，百姓散亡，故文王悼痛而欲安之，是以日昃而不暇食也。孔子作《春秋》，先正王而系万事，见素王之文焉。由此观之，帝王之条贯同，然而劳逸异者，所遇之时异也。孔子曰："《武》尽美矣，未尽善也"，此之谓也。

臣闻制度文采玄黄之饰，所以明尊卑，异贵贱，而劝有德也。故《春秋》受命所先制者，改正朔，易服色，所以应天也。然则宫室旌旗之制，有法而然者也。故孔子曰："奢则不逊，俭则固。"俭非圣人之中制也。

臣闻良玉不瑑，资质润美，不待刻瑑，此亡异于达巷党人不学而自知也。然则常玉不瑑，不成文章；君子不学，不成其德。臣闻圣王之治天下也，少则习之学，长则材诸位，爵禄以养其德，刑罚以威其恶，故民晓于礼谊而耻犯其上。武王行大谊，平残贼，周公作礼乐以文之，至于成康之隆，囹圄空虚四十余年。此亦教化之渐而仁谊之流，非独伤肌肤之效也。至秦则不然。师申商之法，行韩非之说，憎帝王之道，以贪狼为俗，非有文德以教训于下也。诛名而不察实，为善者不必免，而犯恶者未必刑也。是以百官皆饰虚辞而不顾实，外有事君之礼，内有背上之心，造伪饰诈，趣利无耻；又好用憯酷之吏，赋敛亡度，竭民财力，百姓散亡，不得从耕织之业，群盗并起。是以刑者甚众，死者相望，而奸不息，俗化使然也。故孔子曰："导之以政，齐之以刑，民免而无耻"，此之谓也。

今陛下并有天下，海内莫不率服，广览兼听，极群下之知，尽天下之美，至德昭然，施于方外。夜郎、康居，殊方万里，说德归谊，此太平之致也。然而功不加于百姓者，殆王心未加焉。曾子曰："尊其所闻，则高明矣；行其所知，则光大矣。高明光大，不在于它，在乎加之意而已。"愿陛下因用所闻，设诚于内而致行之，则三王何异哉！

陛下亲耕藉田以为农先，夙寤晨兴，忧劳万民，思惟往古，而务以求贤，此亦尧舜之用心也，然而未云获者，士素不厉也。夫不素养士而欲求贤，譬犹不琢玉而求文采也。故养士之大者，莫大乎太学；太学者，贤士之所关也，教化之本原也。今以一郡一国之众，对亡应书者，是王道往往而绝也。臣愿陛下兴太学，置明师，以养天下之士，数考问以尽其材，则英俊宜可得矣。

今之郡守、县令，民之师帅，所使承流而宣化也；故师帅不贤，则主德不宣，恩泽不流。今吏既亡教训于下，或不承用主上之法，暴虐百姓，与奸为市，贫穷孤弱，冤苦失职，甚不称陛下之意。是以阴阳错缪，氛气充塞，群生寡遂，黎民未济，皆长吏不明，使至于此也。夫长吏多出于郎中、中郎，吏二千石子弟选郎吏，又以富訾，未必贤也。且古所谓功者，以任官称职为差，非谓积日累久也。故小材虽累日，不离于小官；贤材虽未久，不害为辅佐。是以有司竭力尽知，务治其业而以赴功。今则不然。累日以取贵，积久以致官，是以廉耻贸乱，贤不肖浑殽，未得其真。臣愚以为使诸列侯、郡守、二千石各择其吏民之贤者，岁贡各二人以给宿卫，且以观大臣之能；所贡贤者有赏，所贡不肖者有罚。夫如是，诸侯、吏二千石皆尽心于求贤，天下之士可得而官使也。遍得天下之贤人，则三王之盛易为，而尧舜之名可及也。毋以日月为功，实试贤能为上，量材而授官，录德而定位，则廉耻殊路，贤不肖异处矣。陛下加惠，宽臣之罪，令勿牵制于文，使得切磋究之，臣敢不尽愚！

【译文】

臣听说，尧受天命后，以天下为忧，而不以帝王之位为乐，他杀掉和驱逐了乱臣贼子，着力访求圣贤之人，因此得到了舜、禹、稷、契、咎繇等人才。他们同辅德政，佐理职事，使得教化大行，天下和睦融洽，百姓安仁乐义，各得其所，举动兴作合乎礼义，从容不迫，不偏不倚。所以孔子说："如果有王者兴起，必须三十年才能使仁政大行。"指的就是这种情况。尧在位七十年，这才以禅让的形式传位给虞舜。尧死后，天下不归丹朱而归于舜。舜懂得不能回避，于是即天子位，以禹为相，沿用尧时代的辅佐之臣，继承尧时代的传统和做法，因此，垂手拱衣、无所作为而天下大治。孔子说："《韶》，尽美矣，又尽善矣。"指的就是这种情况。到了商纣王时期，违背天意，糟蹋天物，杀戮贤明智能之士，残害百姓。伯夷、姜太公都是当时的贤人，却隐居不出，不做商纣王的臣子。有官职的人纷纷奔走逃亡，遁入江河湖海偏远之地。天下黑暗混乱，万民不安，所以人们都抛弃商朝而服从了周朝。周文王顺乎天意管理政事，尊圣贤之人为师，于是闳夭、太颠、散宜生等人才汇聚于朝廷；广施仁爱于广大人民，天下归心，在渭水边隐居垂钓的姜太公也起而就三公之位。这个时候，商纣王尚在上位，但已尊卑混乱，百姓流亡，所以文王悲伤痛切，为使人民安定，以致时常忙到太阳偏西还顾不上吃饭。孔子著《春秋》，以春王正月为记事纲目，以记载帝王言行为主线，串联各种事件人物，显示了他作为"素王"（素王是孔子的众多称呼中的一个）而代王者立法。由此看来，奉行德治的帝王们的做法在本质上虽是一样，然而却有劳逸不同之分，原因就在于他们所处的时代不同了。孔子说："《武》，尽美矣，未尽善也。"指的就是这种情况。

臣听说，典章制度和各种色彩的衣服、旌旗之饰，是用以表明尊卑，区别贵贱，并鼓励德行的。所以，孔子受天命著《春秋》首先规定的制度，是更改正朔历法，改变服饰色彩，以便顺应天象。这样，皇宫王室的旌旗制度就有了一定的规范可循。所以孔子说："奢侈则不谦逊，过俭则失之鄙陋。"过俭并不符合圣人的规章制度。

臣听说，良玉不雕琢，因为其本身就润泽美观，用不着再雕刻琢磨，这无异于传说中的达巷党人项橐，不需要学习就知道一切。但是，一般的玉石不加雕琢，就不会有错综华美的花纹；寻常君子不学习，就不能养成高尚的品德。臣听说，圣明的帝王治理天下，让人们在年少时就学习以培养其习性，在年长后则授予一定职位以考察其才干，用爵禄来鼓励其德行，用刑罚来威慑其恶念，所以人民通晓礼义而耻于犯上作乱。周武王实行伟大的义举，讨平了独夫民贼，周公旦制礼作乐以发扬光大武王的功绩，形成"成康盛世"，牢狱不关囚犯达四十余年。这也是不断教化和倡行仁义的结果，并非只是使用刑罚的结果。到了秦朝则不然，师从申不害、商鞅的法术，奉行韩非的学说，憎恶帝王应当遵循的仁义之道，以豺狼似的贪婪为习俗，拿不出可以体现德行的手段以教化训导人民。只讲求名分而不考察实质，为善的人不一定避免获罪，而作恶的人未必受到惩罚。因此，为官都是满口空言假话而不顾实际情况如何，表面上遵守事君的礼节，内心里却怀着背叛的念头，作伪行诈，文过饰非，追逐私利，无耻之尤；又喜欢任用残酷的官吏，征敛赋税没有限度，榨干民脂民膏，百姓只好逃亡在外，无法从事耕织之业，而众多盗贼蜂拥而起。因此，受到刑罚的人很多，还不断有人被杀掉，但作奸犯科的事并未止息，这正是风俗教化造成的。所以孔子说："用政令来引导他们，用刑罚来整顿他们，人们只是暂时免于罪过，却没有廉耻之心。"指的就是这种情况。

如今陛下拥有统一的国家，四海之内莫不顺服，加上广览兼听，集中群臣智慧，发挥各地长处，至高无上的德行得到充分体现，并远施于中原以外的地方。夜郎国、康居国远在异域，也心悦诚服于这种德行和仁义，这是天下太平的结果。然而功德还没有在老百姓身上体现出来，这大概是因为陛下心中还没有考虑到他们吧。曾子说："重视他所听到的意见，就会高明；实践他所明白的道理，就能广大。高明广大不在于别的，就在于有没有这样做的决心而已。"希望陛下能采纳听到的意见，诚心诚意地实践已经明白的道理，那么您的功德与三王（夏禹、商汤、周武王）就没有什么不同了。

陛下亲自行藉田之礼以倡导农业，起早贪黑，为民忧劳，一心借鉴往古，勉力访求贤良之士，这也是尧舜一样的用心，然而没听说有多大的收获，原因就在于一向缺乏对士人的勉励和鞭策。平素不培养士人却想求得贤士，就好像不雕琢玉石却想求得错综华美的花纹。所以，培养士人最重要的，莫过于设立太学。太学是贤士的摇篮，是推行教化的本源。现在以一郡、一诸侯国的众多人口，有的竟找不出一个能应对举贤良策问诏书的人，这就是王道往往断绝的原因。臣希望陛下兴办太学，配备高明的教师，以培养教育天下的士人，再经过多次考试和策问，以尽量发掘他们的才能，那么英明俊杰之士自然就可以得到了。

如今的郡守、县令，是民之师表，是用以秉承君主恩泽而宣扬教化的。所以，师表不贤，君主的圣德就得不到宣扬，君主的恩泽也不能流布。现在官吏既不对下面进行教化训导，又不遵从主上的法度，暴虐百姓，与坏人狼狈为奸，致使贫穷孤弱的百姓含冤受苦，失业流离，很不能称陛下爱民之意。所以，阴阳错乱，怨气充塞，民不聊生，贫穷无助，这都是长吏昏暗造成的后果。长吏大都出身于郎中、中郎，年俸二千石官家子弟选为郎吏，又凭的是富有钱财，不一定是贤者。古代所说的功绩，是以任官是否称职来评定等次，不是以任官时间长短为标准。所以，才能小的人即使任官时间很长，仍离不开小官的位置；才能大的人虽然任官时间不久，也不妨升为辅佐大臣。这样，在职的官员就能尽心竭力，努力做好自己的本职工作，以求建立功绩。现在却不是这样，成了靠熬年头求取尊贵，靠混日子得到升迁。因此，廉耻混乱，贤良与不肖混淆，无法分辨谁优谁劣。愚臣以为，应让各位列侯和食俸二千石的郡守各选择其下属官吏、百姓中的贤良之士，每年推荐两名给朝廷充任宿卫，并以此来考察大臣们的能力，所推荐的人确属贤良之士就对推荐者进行奖励，所推荐的人属于不肖之徒就对推荐者给予处罚。这样一来，诸侯、二千石以上官吏就会尽心求贤，天下贤能之士就会为君主所用了。遍得天下的贤才，那么三王的盛世就容易造成，而尧、舜那样的名声也可以达到了。不以任官时间长短论功绩，而以实际考察官员的贤能为主，根据才能大小授予相应官职，依据品行高下确定相应位置，这样廉耻就会分明，贤与不贤就可以区别了。陛下恩惠有加，宽免臣的罪过，下令进言不受任何拘束，使君臣之间有切磋探讨问题的机会，臣怎敢不将愚见尽情贡献！

诸 葛 亮

诸葛亮（181~234），三国时代政治家、军事家。字孔明，琅琊阳都（今山东沂南南）人。东汉末，隐居邓县隆中（今湖北襄阳城西），胸怀大志，自比为管仲、乐毅，时人称为"卧龙"。建安十二年（207），刘备"三顾茅庐"求教当世之事。他向刘备提出了占据荆、益二州，谋求西南各少数民族统治者支持，东联孙权，北拒曹操，逐步统一中国的建议，即"隆中对"，从此成为刘备的主要谋士。在他的策划下，刘备联孙抗曹，首先取得赤壁之战的胜利，并占领荆州，随之又西进攻占益州，自立为汉中王。曹丕篡汉后，他说服刘备称帝，绍汉统，都成都，自己被任为丞相。刘禅继位后，他被封为武乡侯，领益州牧，政事无论大小，一切由他决定。当政期间，励精图治，选贤任能；建立法制，开诚布公；推行屯田，训练军队；平定西南，怀柔各族；并在大力发展经济的同时，大兴俭约之风，从而在不长的时间内，使蜀国出现了"科教严明，赏罚必信，无恶不罚，无善不显，至于吏不容奸，人怀自励，道不拾遗，强不侵弱，风化肃然"（陈寿：《进诸葛氏集表》）的政治局面，和"田畴辟，仓廪实，器械利，蓄积饶"（《三国志·蜀书·诸葛亮传》裴注引袁准语）的繁荣景象。又数次北伐，争夺中原，使强大于蜀汉的曹魏始终处于守势。蜀汉建兴十二年（234），与魏将司马懿相拒于渭南，病死在五丈原军中，葬定军山，谥曰"忠武"。

诸葛亮是我国妇孺皆知的伟大历史人物，其用兵行师、治国理民，均为世人所称道。历代文人墨客为他写下了无数赞美辞章，并对他的不幸早逝表达了"出师未捷身先死，长使英雄泪满襟"（杜甫：《武侯祠》）的深深叹惋。

诸葛亮工技巧，曾革新连弩，能一发十箭；制作"木牛流马"，有利于山地运输。他亦工文，有《诸葛亮集》传世。

出 师 表

本篇选自《三国志·蜀书·诸葛亮传》。蜀汉建兴五年，诸葛亮出师北伐，临行前给后主刘禅上了这篇流芳千古的奏表。

刘禅是一位昏庸无能的君主，他之所以最终成为亡国之君，就其个人方面讲，重要原因之一是用人错误，即重用奸宦黄皓，使之得专朝政，扰乱朝纲。对于刘禅在用人问题上的暗昧，诸葛亮不可能事先毫无察觉。因此，当远行之际，他谆谆告诫刘禅要"亲贤臣，远小人"。《出师表》以此为核心，讲了四层意思：一是告诫刘禅要认识用人问题的重要性，所谓"亲贤臣，远小人，此先汉所以兴隆也；亲小人，远贤臣，此后汉所以倾颓也"，指出用人是否得当关系到国家兴亡。二是告诫刘禅要实行一视同仁的用人政策，所谓"宫中府中，俱为一体，陟罚臧否，不宜异同"，指出不应该感情用事，使"内外异法"。三是反复劝勉刘禅要"开张圣听"，"咨诹善道，察纳雅言"，不要"塞忠谏之路"。四是具体推荐一批"贞亮死节之臣"，希望刘禅"亲之信之"，并指出：如此"则汉室之隆，可计日而待"。此外，就包括自己在内的人臣的职责和相关的考核处分也做了交待。

《出师表》无疑表现了诸葛亮卓越的用人思想，而全表文情并茂，举一反三的论理，谆谆的告诫，质朴的语言，百转千回的盛情流荡，又酣畅淋漓地表现了这位托孤老臣的无限忠诚和良苦用心，从而使这一优秀思想具有了更加珍贵的价值。刘勰在《文心雕龙·章表》中曾评论此表"志尽文畅，表之英也"。苏轼则评论曰："诸葛孔明不以文章自名，而开物成务之姿，综练名实之意，自见于言语。至《出师表》，简而劲，直而不肆，大哉言乎！与《伊训》、《说命》相表里，非秦汉以来以事君为悦者所能至也。"（《乐全先生文集叙》）

先帝创业未半，而中道崩殂。今天下三分，益州疲弊，此诚危急存亡之秋也。然侍卫之臣不懈于内，忠志之士忘身于外者，盖追先帝之殊遇，欲报之于陛下也。诚宜开张圣听，以光先帝遗德，恢弘志士之气；不宜妄自菲薄，引喻失义，以塞忠谏之路也。

宫中府中，俱为一体，陟罚臧否，不宜异同。若有作奸犯科，及为忠善者，宜付有司，论其刑赏，以昭陛下平明之治，不宜偏私，使内外异法也。侍中、侍郎郭攸之、费祎、董允等，此皆良实，志虑忠纯，是以先帝简拔以遗陛下。愚以为宫中之事，事无大小，悉以咨之，然后施行，必能裨补阙漏，有所广益。将军向宠，性行淑均，晓畅军事，试用于昔日，先帝称之曰能，是以众议举宠为督。愚以为营中之事，悉以咨之，必能使行阵和睦，优劣得所也。亲贤臣，远小人，此先汉所以兴隆也；亲小人，远贤臣，此后汉所以倾颓也。先帝在时，每与臣论此事，未尝不叹息痛恨于桓、灵也。侍中、尚书、长史、参军，此悉贞亮死节之臣，愿陛下亲之信之，则汉室之隆，可计日而待也。

臣本布衣，躬耕于南阳，苟全性命于乱世，不求闻达于诸侯。先帝不以臣卑鄙，猥自枉屈，三顾臣于草庐之中，咨臣以当世之事，由是感激，遂许先帝以驱驰。后值倾覆，受任于败军之际，奉命于危难之间，尔来二十有一年矣。先帝知臣谨慎，故临崩寄臣以大事也。受命以来，夙夜忧叹，恐托付不效，以伤先帝之明。故五月渡泸，深入不毛。今南方已定，兵甲已足，当奖率三军，北定中原，庶竭驽钝，攘除奸凶，兴复汉室，还于旧都。此臣所以报先帝而忠陛下之职分也。

至于斟酌损益，进尽忠言，则攸之、祎、允之任也。愿陛下托臣以讨贼兴复之效，不效则治臣之罪，以告先帝之灵。若无兴德之言，则责攸之、祎、允等之慢，以彰其咎。陛下亦宜自谋，以咨诹善道，察纳雅言，深追先帝遗诏。臣不胜受恩感激！

今当远离，临表涕零，不知所言。

【译文】

先帝开创统一大业还没完成一半，就半路上去世了。现在天下分成三国，我们益州疲困，这真是到了十分危急、生死存亡的关头。但是，侍卫陛下的大臣们在朝廷里不敢懈怠，忠勇有志的将士们在疆场上奋不顾身，这都是追念先帝对他们的厚恩，想要在陛下身上有所报答。陛下实在应该广开言路，以光大先帝遗下的美德，鼓舞有志之士的志气，而不应该妄自菲薄，说些有失大义的话，从而堵塞忠言进谏之路。

皇宫中的近臣和丞相府的官员都是一个整体，对他们的提升和惩罚、表扬和批评，不应该有不同的标准。如果有营私舞弊、违法乱纪，或者忠诚善良、尽职尽责的人，都应该交给主管部门，按规定对他们进行处罚和奖励，以表明陛下治理国家是公正平允、光明正大的。不应该偏袒徇私，使宫中、府中出现不同的赏罚标准。侍中郭攸之、费祎和侍郎董允等人，都是善良诚实的人，志节忠贞，思想纯正，所以先帝把他们选拔出来，留给陛下使用。臣以为宫中之事，无论大小，都先去跟他们商量，然后再施行，就一定能够防止缺失，弥补疏漏，达到集思广益。将军向宠，性格和善，办事公正，熟悉军事，当初试用他时，先帝称赞他有才能，因此现在大家推举他担任中部督。臣以为军中之事，去跟他商量，就一定能使军队内部团结一致，使才能不同的人各得其所。亲近贤臣，疏远小人，这是前汉兴隆发达的原因；亲近小人，疏远贤臣，这是后汉衰败覆亡的原因。先帝在世的时候，每当与臣谈论起这件事，没有一次不对桓、灵二帝的作为感到叹惜和痛心的。侍中郭攸之、费祎，尚书陈震，长史张裔，参军蒋琬，都是坚贞忠诚、能为节义而死的臣子，希望陛下亲近他们，信任他们，那么汉室的兴旺发达，就为期不远了。

臣本来是一介平民，在南阳隆中过着亲耕自种的隐居生活，只想在乱世中保全性命，不曾想在诸侯争战中扬名显达。先帝不因为臣出身卑微，见识浅陋，屈尊降贵，三次到草庐去看望臣，向臣征询对当时天下大事的看法。臣因此感激先帝知遇之恩，就答应为先帝奔走效劳。后来碰上当阳长坂坡大败，臣于败军之际接受重任，在危难时刻奉命出使东吴，从那时到现在，已经二十一个年头了。先帝知道臣遇事谨慎，所以在临终时把国家大事托付给臣。臣自从接受遗命以来，日夜忧劳，唯恐托付之事不能办好，有损于先帝的知人之明，所以才在五月渡过泸水，深入到荒凉不毛之地。现在南方已经平定，兵器铠甲已经备足，理当嘉奖并统率三军，北上平定中原。兴许竭尽臣平庸鲁钝的才能，可以铲除奸臣曹贼，复兴汉室天下，重返旧都洛阳。这也是臣所用以报答先帝、尽忠陛下的职责和本分。

至于其他事情的斟酌处置，尽忠进言，则是郭攸之、费祎、董允等人的责任。希望陛下把讨伐奸贼、兴复汉室的重任交付于臣，不见成效就治臣的罪，并告知先帝在天之灵；如果没有向陛下提出发扬德行的意见，就要责罚郭攸之、费祎、董允等人的不尽职，并公布他们的过失。陛下自己也应该多考虑国家大事，征询治国的好办法，采纳合理的建议，深切地追思先帝的遗诏。如此，臣将受恩不浅而不胜感激。

现在臣就要远离陛下去北伐了，对着表文忍不住流下泪来，也不知说了些什么。

刘　毅

刘毅（？～285），魏晋之际东莱掖（今山东莱州）人，字仲雄。幼有孝行，长成以好评论人物著名。魏末侨居平阳时，太守杜恕请为功曹，裁汰冗吏百余人，为时人所称道。晋初，历任尚书郎、驸马都尉、国子祭酒、太仆、司隶校尉、尚书左仆射等职。刘毅性情峭直，忠贞朝廷，崇公忘私，在任司隶校尉时，敢于压抑世族豪强，使京师肃然；又大胆批评晋武帝卖官鬻爵的行为，并直陈九品中正制之弊，最早揭示了"上品无寒门，下品无势族"的社会现实。他为官廉洁，一生清贫，为朝野所敬仰。后以光禄大夫致仕。卒赠仪同三司。

请罢中正除九品疏

本篇选自《晋书·刘毅传》，是刘毅上晋武帝论九品中正制损政之弊的一篇奏疏，上疏时间约在咸宁年间（275～280）。

所谓九品中正制，初称"九品官人法"，是汉献帝延康元年即魏黄初元年（220），曹丕称帝前夕采纳尚书陈群建议创立的一种选官制度。魏末司马懿当政，加以增损，遂成"九品中正"定制。其法是：在州、郡设立专职的中正官，由司徒在现任朝廷官员中选择"贤有识鉴者"兼任其原籍的州大中正或郡中正，负责察访本籍的士人，了解其家世阀阅，整理其德才表现，并据此做出简短的总评语，以及按照上上、上中、上下、中上、中中、中下、下上、下中、下下九个等第即"九品"，品第人物。朝廷选任官吏，即以中正品第的情况为依据，按品授职。通常官职尊卑要与等第高下相符，即上品者任高官，下品者任卑职；升官要同时升品，而降品意味着降官。

按曹丕实行九品官人法的初衷，是为了继承其父曹操用人"不计门第"、"唯才是举"的思想，进一步纠正东汉以来任官专重家世阀阅的积弊。但到司马懿定制时，已改变了这种初衷。其后各州郡中正官一律由世族豪门担任，选士原则以家世为重，品第人物不讲德才，不论贤愚，只看门第，以致"上品无寒门，下品无势族"。广大寒门士子仕进之路被严重堵塞，读书报国的积极性受到极大摧残，被迫发出了"贵胄蹑高位，英俊沉下僚"的慨叹。显然，九品中正制已完全沦为巩固世族门阀制度和豪门操纵政权的工具，成为国家肌体的毒瘤和社会前进的桎梏。"夙夜在公"

的刘毅就在这种背景下,上了这道奏疏。奏疏逐条陈述了九品中正制于政治的八大损害,鞭辟入里地剖析了这一弊制对朝政、社风、民情的腐蚀,既立足现实,又思虑深远;加之"言议切直",少有避忌,因而蕴含着一种发人深省、促人猛醒的力量。遗憾的是,晋武帝在接到刘毅这篇奏疏后,虽"优诏(语气宽和的鼓励性诏书)答之",但"竟未实行"。九品中正制之未能废弃,正是西晋之所以乱亡和东晋始终未能振作的一个重要原因。而它之终于革除,已是数百年后隋朝的事情。

臣闻立政者,以官才为本;官才有三难,而兴替之所由也。人物难知,一也;爱憎难防,二也;情伪难明,三也。今立中正,定九品,高下任意,荣辱在手。操人主之威福,夺天朝之权势。爱憎决于心,情伪由于己。公无考校之负,私无告讦之忌。用心百态,求者万端。廉让之风灭,苟且之俗成。天下汹汹,但争品位,不闻推让,窃为圣朝耻之。

夫名状以当才为清,品辈以得实为平。安危之要,不可不明。清平者,政化之美也;枉滥者,乱败之恶也,不可不察。然人才异能,备体者寡。器有大小,达有早晚。前鄙后修,宜受日新之报;抱正违时,宜有质直之称;度远阙小,宜得殊俗之状;任直不饰,宜得清实之誉;行寡才优,宜获器任之用。是以三仁殊途而同归,四子异行而均义。陈平、韩信笑侮于邑里,而收功于帝王;屈原、伍胥不容于人主,而显名于竹帛。是笃论之所明也。

今之中正,不精才实,务依党利;不均称尺,务随爱憎。所欲与者,获虚以成誉;所欲下者,吹毛以求疵。高下逐强弱,是非由爱憎。随世兴衰,不顾才实。衰则削下,兴则扶上;一人之身,旬日异状。或以货赂自通,或以计协登进。附托者必达,守道者困悴。无报于身,必见割夺;有利于己,必得其欲。是以上品无寒门,下品无势族。暨时有之,皆曲有故。慢主罔时,实为乱源。损政之道一也。

置州都者,取州里清议,咸所归服,将以镇异同,一言议。不谓一人之身了一州之才,一人不审,便坐之。若然,自仲尼以上,至于庖牺,莫不有失,则皆不堪,何独责于中人者哉!若殊不修,自可更选。今重其任而轻其人,所立品格,还访刁攸。攸非州里之所归，非职分之所置。今访之，归正于所不服，决事于所不职；以长谗构之源，以生乖争之兆，似非立都之本旨，理俗之深防也。主者既善刁攸，攸之所下而复选以二千石，已有数人。刘良上攸之所下，石公罪攸之所行，驳违之论横于州里，嫌仇之隙结于大臣。夫桑妾之讼，祸及吴楚；斗鸡之变，难兴鲁邦。况乃人伦交争而部党兴，刑狱滋生而祸根结。损政之道二也。

本立格之体，将谓人伦有序，若贯鱼成次也。为九品者，取下者为格，谓才德有优劣，伦辈有首尾。今之中正，务自远者，则抑割一国，使无上人；秽劣下比，则拔举非次，并容其身。公以为格，坐成其私。君子无大小之怨，官政无绳奸之防。使得上欺明主，下乱人伦。乃使优劣易地，首尾倒错。推贵异之器，使在凡品之下；负戴不肖，越在成人之首。损政之道三也。

陛下践阼，开天地之德，弘不讳之诏，纳忠直之言，以览天下之情；太平之基，不世之法也。然赏罚，自王公以至于庶人，无不加法。置中正，委以一国之重，无赏罚之防。人心多故，清平者寡，故怨讼者众。听之则告讦无已，禁绝则侵枉无极，与其理讼之烦，犹愈侵枉之害。今禁讼诉，则杜一国之口，培一人之势，使得纵横，无所顾惮。诸受枉者抱怨积直，独不蒙天地无私之德，而长壅蔽于邪人之铨。使上明不下照，下情不上闻。损政之道四也。

昔在前圣之世，欲敦风俗，镇静百姓，隆乡党之义，崇六亲之行，礼教庠序以相率，贤不肖于是见矣。然乡老书其善以献天子，司马论其能以官于职，有司考绩以明黜陟。故天下之人退而修本，州党有德义，朝廷有公正，浮华邪佞无所容厝。今一国之士多者千数，或流徙异邦，或取给殊方，面犹不识，况尽其才力！而中正知与不知，其当品状，采誉于台府，纳毁于流言。任己则有不识之蔽，听受则有彼此之偏。所知者，以爱憎夺其平；所不知者，以人事乱其度。既无乡老纪行之誉，又非朝廷考绩之课，遂使进官之人，弃近求远，背本逐末。位以求成，不由行立；品不校功，党誉虚妄。损政之道五也。

凡所以立品设状者，求人才以理物也，非虚饰名誉，相为好丑。虽孝悌之行，不施朝廷；故门外之事，以义断恩。既以在官，职有大小，事有剧易，各有功报，此人才之实效，功分之所得也。今则反之，于限当报，虽职之高，还附卑品；无绩于官，而获高叙。是为抑功实而隆虚名也。上夺天朝考绩之分，下长浮华朋党之士。损政之道六也。

凡官不同事，人不同能；得其能则成，失其能则败。今品不状才能之所宜，而以九等为例。以品取人，或非才能之所长；以状取人，则为本品之所限。若状得其实，犹品状相妨，系絷选举，使不得精于才宜。况今九品，所疏则削其长，所亲则饰其短；徒结白论，以为虚誉。则品不料能，百揆何以得理，万机何以得修？损政之道七也。

前九品诏书，善恶必书，以为褒贬，当时天下，少有所忌。今之九品，所下不彰其罪，所上不列其善，废褒贬之义，任爱憎之断，清浊同流，以植其私。故反违前品，大其形势，以驱动众人，使必归己。进者无功以表劝，退者无恶以成惩。惩劝不明，则风俗污浊，天下人焉得不解德行而锐人事？损政之道八也。

由此论之，选中正而非其人，授权势而无赏罚，或缺中正而无禁检，故邪党得肆，枉滥纵横。虽职名中正，实为奸府，事名九品，而有八损。或恨结于亲亲，猜生于骨肉，当身困于敌仇，子孙离其殃咎。斯乃历世之患，非徒当今之害也。是以时主观时立法，防奸消乱，靡有常制。故周因于殷，有所损益。至于中正九品，上圣古贤皆所不为，岂蔽于此事而有不周哉！将以政化之宜，无取于此也。自魏立以来，未见其得人之功，而生仇薄之累。毁风败俗，无益于化。古今之失，莫大于此。愚臣以为宜罢中正，除九品，弃魏氏之弊法，立一代之美制。

【译文】

临政治国的人以任用人才为根本。任用人才有三难，而国家的兴衰由此来决定。人物难以了解，这是一；个人爱憎难以防止，这是二；真情假象难以分辨，这是三。如今设立中正官，确立按九个等次品第人物，选拔官吏，品第高下任随其意，荣辱大权把握在手，操持着君主才有的威福，强行着朝廷赋予的权势。爱与恨、真与假都取决于他们自己。在公，不必担心朝廷派人来考察检验；在私，不用顾虑有人揭发隐私。人们千方百计挖空心思地谋求个人的私利。廉洁谦让的风气没有了，蝇营狗苟的习俗形成了。天下人喧扰不安，只知争品位高低，未听说有谁谦让，臣私下为圣明的朝代感到耻辱。

填写人物才、德的"状"，以与人物的实际才能相称为"清"；品第人物列出的辈目，以与实际情况相符为"平"。这是关系到国家安危的大事情，不能不明白。"清平"是政治教化美好的象征，"枉滥"是国家混乱衰败的恶兆，不可不明察。然而人才各有所能，全才是很少的；人的才能有大有小，贵显有早有晚。一个人过去德行鄙薄，后来修身向善，就应当受到"日新其德"的好报。坚持正义，但违逆了时尚，应当有质朴率直的美称；气度远大，但有小毛病，应当得到非同一般的评价；任性直率，不作表面文章，应当有清正务实的赞誉；美德不多，但才能优秀，应当得到因才授职的任用。所以，商末的微子、箕子、比干，殊途而同归；战国的孟尝、平原、信陵、春申，行为不同而均合于道义。陈平、韩信在家乡被人嘲笑受人侮辱，但在帝王那里却立下了大功；屈原、伍子胥不能被君主所容，却扬名于史册。这都是被评论所明示的。

如今的中正官，不精察人物的才能实绩，只根据朋党的利益行事；不用同一尺度衡量人才，只按照自己的爱憎行事。对自己想给好处的人，搜集些虚假情况就予以美誉；对自己想淘汰的人，却吹毛求疵。品第高下追随家世的强弱，判断是非随顺自己的爱憎。追随家世盛衰，不顾才能实绩。家世衰落便削入下品，家世兴盛则列为上品；同一个人，几天之中可以写出才、德不同的评语。那些求官的士子，或者以贿赂打通关节，或者靠用计谋向上爬；会攀附请托者必定发达，坚守道义者则困顿不堪。无所报答于中正官，必定被剥夺做官的机会；私下给予中正官好处，肯定可以满足其欲望。所以，列入上品的无寒门子弟，列为下品的无势族出身。即使有时有个别情况，也都另有缘故。怠慢君主，欺骗世人，实在是引起祸乱之源。这是九品中正制损害政治的表现之一。

在各州设立大中正官，是为了选取州里公众舆论归心的人，以此来镇住不同意见，统一言论。不是想靠一个人去了解一州的人才，有一个弄不清楚，就要受处罚。如果这样，从孔子往上，直到伏羲氏，便没有一个人会没有失误。那么，既然都不能胜任，为什么又独独要求中人之才担此重任呢？如果确实干不好，自然可以重新选任。如今朝廷重视其职位，却轻忽其人选。中正官以所立品格去访问刁攸，刁攸不是州里众望所归的人，也不是职掌选拔人才的官员，现在访问他，让他去统一对他不信服的人的意见，越出本职去决定事情，那就只会助长谗言构陷的事端，滋生争斗。这似乎不是设立大中正的本旨和整肃风俗应当慎重防范的做法。主事的大中正既重用刁攸，刁攸所选中而又被选任二千石的官员已有数人。刘良要把刁攸选中的人推荐上去，石公要追究刁攸的所作所为，互相驳难、指责的言论充斥于州里，大臣之间因此而生嫌结仇。春秋时，因吴、楚边境上两个采桑妇人的争讼，酿成了两国交兵的大灾难；鲁国因臣下斗鸡引起的争斗，导致了国君出走，公室一蹶不振。何况因品第人物之争而结成朋党，刑狱增加而结下祸根。这是九品中正制损害政治的表现之二。

本来建立品第人物标准的体制，是要按照人与人之间尊卑高下的次序，像用柳条串鱼那样把人才排列出来。设立九品，取同品人物中家世、品状最差者作为这一等次的标准，是因为人的才德有优劣，伦辈有首尾。如今的中正官，自视清高虑远的，往往有意抬高标准，压抑一方人才，使之没有人能列入上品；品质恶劣与下面勾结的，则又往往压低标准，不按才德优劣选拔荐举，以并包兼容其自身。公开讲是按照标准办事，实际上坐谋其私利。君子无大材小用的怨恨，官府无制约作奸的防范。这就使得中正官上可以欺罔明主，下可以搞乱人伦。于是使优劣错位，首尾颠倒。把宝贵非凡的人才，压制在一般人物之下；使不肖之徒，高居于完美无缺的人才之上。这是九品中正制损害政治的表现之三。

陛下登基，开张天地无私之德，发布征求直谏之诏，采纳忠诚正直之言，以观览天下的情势，奠定太平的基业，建立非凡的法度。但是在赏罚方面，从王公大臣直至平民百姓，没有不用法来约束的。唯独设立中正官，委以一州、郡选才重任，却没有赏罚的防范措施。人心多变故，能清静平和的人少，所以因怨诉讼的人多。听任这类诉讼，则告状的人就会没完没了；禁止这类诉讼，侵害冤枉士人又会无休无止。权衡之下，承受办理诉讼的烦劳，总比纵容侵枉士人要好。如今禁止诉讼，堵住了一国人的嘴，培植了一个人的势力，使得他肆行强横，无所忌惮。那些受到冤枉的士子正直的本性受到压抑，唯独不能蒙受天地无私之德，总是因奸邪之人主持铨选而被埋没。使圣上的光明不能下照，下面的真情不能上达。这是九品中正制损害政治的表现之四。

以前在圣明君主的时代，想使风俗敦厚，百姓安定，推重乡党正确的意见，崇尚六亲亲爱的行为，礼乐教化和学校教育相率进行，贤才与不肖之徒便分得清楚了。不过，还要由乡老记录其善行以献给天子，司马评论其才能以授予官职，有司再考察政绩以确定升降。所以，天下之人退而修养根本，州党有德义，朝廷有公正，浮华邪佞之徒无处容身。如今一个州郡的士子多至千人，有的流落异地，有的来自他乡，连人都不认识，何况全面了解其才干能力呢！而中正官对知道与不知道的人，在写品状时，便从官府里获取赞誉，从流言中听取毁谤。如果他只信任自己，便会有不认识的人被埋没；只听信别人，又会有来自这方面或那方面的偏见。对自己所知道的人，会因个人爱憎而失去公平；对自己所不知道的人，又会因听信别人而乱了法度。既没有乡老记录其德行的荣誉，又没有朝廷考察政绩的内容；于是使得进取官职的士人，舍近求远，舍本逐末。官位靠营求得到，不是靠行为成就；品级不是靠考校功绩，而是靠同党吹捧作假。这是九品中正制损害政治的表现之五。

大概之所以要立品设状，是为了求取人才以治理百姓，不是为了图虚假名誉，互相说好道丑。虽然有人有孝顺友爱的品行，不一定能用于朝廷；所以家门以外的事，要以大义为重，不徇私情。既然已经做了官，职务有大小，事务有难易，各有其功果和酬报，这是任用人才的实效，也是建立功绩分内所应得的。现在则正好相反，按照规定年限应当给予的酬报，虽然政绩好，却附在下品；没有任何政绩，反而获得高的奖叙。这等于抑制功劳实绩而推崇虚名。对上侵夺了朝廷考绩的职分，对下助长了浮华朋党之士的气焰。这是九品中正制损害政治的表现之六。

各种官职要处理的政事不相同，各人的才能也不相同；职位能够发挥人的才能就会成功，发挥不了人的才能就会失败。如今分品级不说明何种才能适宜何种官职，而只是分成九个等次。按品级取人；或者会所用非其人才能之所长；按评语取人，则会受到所定品级的限制。如果评语写得符合实际，还会出现品与状相妨的情况，影响官员选举，使之不得精深专一地发挥人的才能。何况现在的九品之法，中正官对所疏远的人就少说他的长处，对所亲近的人则掩饰他的短处。徒然写下无凭无据的结论，做些虚假的赞誉，那么品级就不能准确反映人的才能。百官的职事怎么能管理好，纷繁的政事又怎么能办得好呢？这是九品中正制损害政治的表现之七。

以前关于实施九品之法的诏书，要求对每个人物的善恶都要写明，作为褒贬的依据，当时天下之人很少有所顾忌。如今的评定九品，列为下品不表明其过失，列入上品不列举其善行，废弃褒贬的本意，任凭个人爱憎决断，将品行高洁者与品格卑劣者混为一谈，以培植其私党。所以，他们有意违背以前的品级规定，壮大自己的势力，以此驱使众人，使之不得不归附自己。受提拔者没有功劳以表明朝廷鼓励什么，被黜退者没有过恶以表明朝廷惩罚什么。奖惩不明，则风俗污浊，天下人怎能不放松德行修养而锐意人事关系呢？这是九品中正制损害政治的表现之八。

由此可见，选任中正官而找不到合适的人，授给他们权势却没有相应的赏罚措施，或者中正官缺员而没有禁忌检查，所以奸邪之党得以肆意胡为，横行霸道。虽然职务名曰"中正"，实际上是奸邪当权；事体名为九品，却有八种损害。或者在亲人之间结下仇恨，在骨肉之间产生猜疑，自身困于敌对和仇恨之中，子孙也会遭其祸殃。这真是经历几世的祸患，不仅是当今的祸害。因此，历来君主观时立法，防奸消乱，并没有一成不变之制。所以周制沿袭殷制，而有所损益。至于九品中正制，古代的圣君贤相都没有这么做，难道是没考虑到这方面的问题而有所疏忽吗？是因为他们要借助于政治教化的大义，而不屑于采取这种办法啊！九品中正制从曹魏设立以来，没有看到它在选拔人才方面的好处，反而滋生了人与人相互仇恨、风俗浇薄的积弊。伤风败俗，无益于教化，古今治国之失，莫大于此。愚臣以为，应该撤销中正官，废除九品制，抛弃曹魏的不良做法，建立现代的完美制度。

魏　　徵

魏徵（580~643），唐初政治家。字玄成，巨鹿（今属河北）人，后移居相州内黄（今河南内黄西）。少孤贫，而通涉群书，尤属意纵横之说。曾出家为道士。隋末参加瓦岗起义军。唐高祖武德元年（618），李密败，降唐。次年被窦建德所俘，任为起居舍人。武德四年，建德败，复入唐，任太子洗马，在太子建成和齐王元吉与秦王世民兄弟之间争夺权力的斗争中，始终站在太子一边出谋划策。武德九年，李世民发动"玄武门之变"，杀死建成、元吉，不久即帝位，是为唐太宗。太宗素重魏徵的为人和才学，对之十分器重。魏徵因得以连获擢升，初拜谏议大夫，封巨鹿县男，旋擢尚书右丞。贞观三年（629）迁秘书监，参与朝政，晋爵郡公。贞观七年任侍中，并参决尚书省滞讼。太宗以能任贤纳谏著称于世，魏徵则以犯颜直谏、面折廷争报答明主。他前后陈谏二百余事，以"兼听则明，偏听则暗"、"水能载舟，亦能覆舟"开导太宗，劝其以隋亡为鉴，"居安思危，戒奢以俭"，"任贤受谏"，"薄赋敛，轻租税"，为造就"贞观之治"做出了重要贡献。其谏言多存于唐吴兢著《贞观政要》一书。他还奉诏总撰，由令狐德棻、孔颖达等分别修撰梁、陈、齐、周、隋五代史，并亲自撰写了《隋书》"序论"和梁、陈、齐各书"总论"，因而有"良史"之称。累加左光禄大夫，封郑国公。贞观十年辞相，拜特进，仍知门下省事。病逝后，太宗亲为撰写碑文，谥曰"文贞"。世称魏郑公，又称魏文贞公。

论御臣之术疏

本篇选自《贞观政要·论择官》，是一代诤谏名臣魏徵于贞观十四年上唐太宗李世民的一道奏疏。

在中国封建帝王中，唐太宗无疑是罕有的佼佼者。贞观前期，他鉴于隋亡的教训，颇能居安思危，以国家的长治久安和繁荣昌盛为念，任贤纳谏，轻徭薄赋，明德慎罚，专心致"治"，从而使惨遭隋末长期战乱破坏的一片废墟，迅速地展现出勃勃生机。但随着唐王朝统治基础的稳固和国民经济的发展，进入贞观中期后，他便也渐渐"骄奢自溢"，开始放纵自己的奢欲。表现在政治上，就出现了用人不善、赏罚不明，致使朝纲废弛、官场混乱等问题。为了制止这种势头的蔓延，贞观十年后，已经辞相任特进（唐时为文散官第二阶，正二品。颇类似于今之所谓退居二线）的魏徵，不顾个人安危，一再上书谏诤。贞观十一年，魏徵先后连上四道《论时政疏》，谏太宗鉴"隋氏乱亡之源"，戒一己奢靡之欲，积其德义，居安思危，近君子而远小人，免蹈"覆车之辙"。其中，《再论时政疏》即著名的《谏太宗十思疏》。贞观十三年，魏徵又应诏陈上著名的《十渐不克终疏》，对照贞观初年的种种善政，略举太宗"骄奢自溢"的十种表现，批评其不能"善始克终"，对太宗震动很大，他称赞魏徵之疏"词强理直"，并将其刻于屏风之上，朝夕观瞻。本篇《论御臣之术疏》（篇名为本书编著者所加），则是魏徵紧接《十渐不克终疏》后，专为用人问题上太宗的一篇名疏。本疏紧扣太宗"用人不善，赏罚不明"这一主题，深入地阐述了自己对审查、考核、使用官吏的主张，言辞恳切，设身处地。其中引用刘向《说苑》关于"人臣之行，有'六正''六邪'"的大段议论，以及其对"国家思欲进忠良，退不肖，十有余载矣，徒闻其语，不见其人"之原因的深刻剖析，皆可谓用心良苦的"至理名言"，即令今日读之，尤有惊心动魄、振聋发聩之效，也就难怪当时"书奏，太宗甚嘉纳之"了。

　　臣闻知臣莫若君，知子莫若父。父不能知其子，则无以睦一家；君不能知其臣，则无以齐万国。万国咸宁，一人有庆，必藉忠良作弼，俊义在官，则庶绩其凝，无为而化矣。故尧、舜、文、武见称前载，咸以知人则哲，多士盈朝，元、凯翼巍巍之功，周、召光焕乎之美。然则四岳、九官、五臣、十乱，岂惟生之于曩代，而独无于当今者哉？在乎求与不求、好与不好耳！何以言之？夫美玉明珠，孔翠犀象，大宛之马，西旅之獒，或无足也，或无情也，生于八荒之表，途遥万里之外，重译入贡，道路不绝者，何哉？盖由乎中国之所好也。况从仕者怀君之荣，食君之禄，率之以义，将何往而不至哉？臣以为与之为忠，则可使同乎龙逢、比干矣；与之为孝，则可使同乎曾参、子骞矣；与之为信，则可使同乎尾生、展禽矣；与之为廉，则可使同乎伯夷、叔齐矣。

　　然而今之群臣，罕能贞白卓异者，盖求之不切、励之未精故也。若勖之以公忠，期之以远大，各有职分，得行其道；贵则观其所举，富则观其所养，居则观其所好，习则观其所言，穷则观其所不受，贱则观其所不为；因其材以取之，审其能以任之，用其所长，掩其所短；进之以六正，戒之以六邪，则不严而自励，不劝而自勉矣。故《说苑》曰："人臣之行，有六正六邪。行六正则荣，犯六邪则辱。何谓六正？一曰萌芽未动，形兆未见，昭然独见存亡之机、得失之要，预禁乎未然之前，使主超然立乎显荣之处，如此者，圣臣也。二曰虚心尽意，日进善道，勉主以礼义，谕主以长策，将顺其美，匡救其恶，如此者，良臣也。三曰夙兴夜寐，进贤不懈，数称往古之行事，以厉主意，如此者，忠臣也。四曰明察成败，早防而救之，塞其间，绝其源，转祸以为福，使君终以无忧，如此者，智臣也。五曰守文奉法，任官职事，不受赠遗，辞禄让赐，饮食节俭，如此者，贞臣也。六曰家国昏乱，所为不谀，敢犯主之严颜，而言主之过失，如此者，直臣也。是谓六正。何谓六邪？一曰安官贪禄，不务公事，与世浮沉，左右观望，如此者，具臣也。二曰主所言皆曰善，主所为皆曰可，隐而求主之所好而进之，以快主之耳目，偷合苟容，与主为乐，不顾其后害，如此者，谀臣也。三曰内实险诐，外貌小谨，巧言令色，妒善嫉贤，所欲进，则明其美、隐其恶，所欲退，则明其过、匿其美，使主赏罚不当，号令不行，如此者，奸臣也。四曰智足以饰非，辩足以行说，内离骨肉之亲，外构朝廷之乱，如此者，谗臣也。五曰专权擅势，以轻为重，私门成党，以富其家，擅矫主命，以自贵显，如此者，贼臣也。六曰谄主以佞邪，陷主于不义，朋党比周，以蔽主明，使白黑无别、是非无间，使主恶布于境内、闻于四邻，如此者，亡国之臣也。是谓六邪。贤臣处六正之道，不行六邪之术，故上安而下治。生则见乐，死则见思，此人臣之术也。"《记》曰："权衡诚悬，不可欺以轻重；绳墨诚陈，不可欺以曲直；规矩诚设，不可欺以方圆；君子审礼，不可诬以奸诈。"然则臣之情伪，知之不难矣。又设礼以待之，执法以御之，为善者蒙赏，为恶者受罚，安敢不企及乎？安敢不尽力乎？

国家思欲进忠良，退不肖，十有余载矣，徒闻其语，不见其人，何哉？盖言之是也，行之非也。言之是，则出乎公道；行之非，则涉乎邪径。是非相乱，好恶相攻。所爱虽有罪，不及于刑；所恶虽无辜，不免于罚。此所谓爱之欲其生，恶之欲其死者也。或以小恶弃大善，或以小过忘大功。此所谓君之赏不可以无功求，君之罚不可以有罪免者也。赏不以劝善，罚不以惩恶，而望邪正不惑，其可得乎？若赏不遗疏远，罚不阿亲贵，以公平为规矩，以仁义为准绳，考事以正其名，循名以求其实，则邪正莫隐，善恶自分。然后取其实，不尚其华，处其厚，不居其薄，则不言而化，期月而可知矣。若徒爱美锦，而不为人择官，有至公之言，无至公之实，爱而不知其恶，憎而遂忘其善，徇私情以近邪佞，背公道而远忠良，则虽夙夜不怠，劳神苦思，将求至理，不可得也。

【译文】

　　臣听说，了解臣子的莫过于君主，了解儿子的莫过于父亲。父亲不了解他的儿子，就不能使一家人和睦相处；君主不了解他的臣子，就无法使普天下得到治理。天下都安宁，君主有善政，必定依靠忠良作辅弼。贤能的人在朝做官，各种事情就都会办好，君主从容安静就能使民风淳化。所以尧、舜、文王、武王被前代所称颂，都是因为了解臣子而显得英明，众多贤士充满朝廷。八元、八凯辅佐舜建立巍巍功业，周公、召公辅佐周王焕发绚丽光彩。那么，尧时的"四岳"，舜时的"九官"、"五臣"，周武王时的"十乱（乱，治也）"这样的贤臣，难道只生长在过去的朝代，而唯独今天没有吗？在于君主访求不访求、喜好不喜好罢了。为什么这样说呢？那美玉、明珠、孔雀、翡翠、犀角、象牙、大宛的汗血马、西夷国的猛犬，有的没有脚，有的没有感情，都出产在八方荒远之地，路途遥远在万里之外，异国的人在长途跋涉中要经过辗转翻译才能到达中国进贡，可是道路上的进贡者仍然络绎不绝，这是为什么呢？是由于中国喜好这些东西啊。何况为官的人想的是君主给予的荣华，吃的是君主给予的俸禄，用大义来统御他们，要达到什么目标而不能达到呢？臣以为，对他们讲"忠"，就可以使他们成为龙逄、比干那样的忠臣；对他们讲"孝"，就可以使他们成为曾参、子骞那样的孝子；对他们讲"信"，就可以使他们成为尾生、展禽那样守信的人；对他们讲"廉"，就可以使他们成为伯夷、叔齐那样廉洁的人。

　　然而现在一班大臣，很少有忠贞廉洁、才能卓越的人，这大概是对他们要求不严格、磨砺不精细的缘故吧。如果用大公无私、忠心为国来勉励他们，用远大理想来要求他们，使他们各司其责，就能施行自己的主张。显贵时要观察他所举荐的人，富有时要观察他所蓄养的物，安居时要观察他所喜好的事，学习时要观察他所说的话，贫困时要观察他所接受的东西，卑贱时要观察他所不愿干的事。按照他们的才来选择，审查他们的能来任用，用其所长，避其所短。以"六正"来勉励他们，以"六邪"来告诫他们，那么不严厉督责也能自励，不加以劝导也能自勉了。所以《说苑》说："臣子的行为，有'六正'和'六邪'之别。实践'六正'就光荣，犯了'六邪'就耻辱。什么是'六正'？一是苗头还未萌生，征兆还未显露，就能独具慧眼地看到存亡的机缘、得失的关键，预先把祸患消灭在未形成之前，使君主高高立于尊荣显贵的地位，这样的臣子，就是圣臣。二是尽心竭力操劳国事，每天进献好的意见，用礼义来劝勉君主，用良策来启迪君主，君主有美政就顺势促成，君主有失误就及时匡正，这样的臣子，就是良臣。三是早起晚睡，荐举贤能不懈怠，经常称引往古前贤的行为处事，用来激励君主的意志，这样的臣子，就是忠臣。四是明察事情的成功与失败，提早防备并设法补救，堵塞漏洞，切断祸源，转祸为福，使君主始终没有忧愁，这样的臣子，就是智臣。五是奉守典章法度，任官主事，不接受馈赠，不追求俸禄，辞让赏赐，饮食节俭，这样的臣子，就是廉臣。六是君主昏庸，国家遭乱，所作所为不阿谀奉承，敢于触犯君主的威严，当面议论君主的过失，这样的臣子，就是直臣。以上六种，总的叫做'六正'。什么是'六邪'呢？一是安于做官，贪图俸禄，不务公事，随波逐流，遇事左顾右盼，毫无主见，这样的臣子，就是备位充数的臣子。二是君主说什么他都说好，君主干什么他都说对，暗中搜求君主所喜好的东西而奉献上去，借此使君主欢心，苟且迎合图保自身，让君主享受一时的欢乐，根本不管这样做以后的祸害，这样的臣子，就是阿谀奉承的臣子。三是内心奸险邪恶，外表却小心谨慎，花言巧语一副讨好的脸色，骨子里却妒贤嫉能；想要推荐某个人，就宣扬那人的长处，掩盖那人的短处，想要排斥某个人，就彰显那人的过失，隐瞒那人的优点，使得君主赏罚不当，号令不行，这样的臣子，就是奸臣。四是智谋足以掩饰过错，诡辩足以进行游说，在内离间骨肉之亲情，对外给朝廷添乱子，这样的臣子，就是谗臣。五是独揽大权，专横跋扈，轻重倒置，结党营私，以使自家富有；擅自假传圣旨，以使自己尊贵显耀，这样的臣子，就是贼臣。六是用花言巧语谄媚君主，使君主陷于不义；结党营私，以蒙蔽君主的眼睛，使君主黑白不分、是非混淆，使君主的过失流传于国内、传播于四邻，这样的臣子，就是亡国之臣。以上六种，总的叫做'六邪'。贤臣坚持'六正'之道，不奉行'六邪'之术，所以朝廷安定而天下治理。这种人在世时被百姓喜爱，去世后被百姓怀念，这就是做臣子的方法。"《礼记》上说："秤悬挂在那里，不可以用轻重去欺骗它；绳墨摆放在那里，不可以用曲直去欺骗它；规和矩陈设在那里，不可以用方圆去欺骗它；君子明悉礼义，不可以用奸诈去诬罔他。"既然这样，那么臣子的情真情伪，了解他们就不难了。再加上制定"礼"来对待他们，执行法律来约束他们，为善的人蒙受赏赐，作恶的人受到惩罚，他们怎敢不上进呢？怎能不尽力呢？

　　国家想要提拔忠良的人、黜退无才无德的人，已经十多年了，但只是听到这种议论，却不见忠良被进用、不肖被黜退，这是什么原因呢？原来说的话是对的，做的事却是错的。说得对，就是出自于公道；做得错，就是走上了邪路。正确与错误互相混淆，喜好与憎恶互相矛盾。君主所喜爱的人即使犯了罪，也不会受到刑法处治；君王所憎恶的人即使没有过失，也不免受到惩罚。这就是所谓喜爱他，就希望他活着；憎恶他，就盼着他死去。或者是因为一个人有小缺点就抹杀他的大优点，或者是因为一个人有小过失就忘了他的大功劳。这就是所谓君主的赏赐不可以无功而求取，君主的惩罚不可以有罪而避免。赏赐不用来鼓励为善，惩罚不用来惩治邪恶，却希望人们去邪行正不迷乱，那可能吗？如果赏赐不遗漏疏远有功的人，惩罚不偏袒亲近贵幸的人，把公平作为衡量是非的标准，将仁义作为区别善恶的准绳，通过考课、考绩来确定官吏的名分，按照所任职务来责求官吏的实绩，那么奸邪和正直就都无从隐瞒，是善是恶自然分清了。然后选拔那些有真才实学的，不抬举那些作风浮华的，安置那些忠厚的，扬弃那些浅薄的，那么不必张扬而天下淳化，只需一年时间就可看出效果了。如果只爱说漂亮话，并不为百姓选择好官吏，有大公无私之言，无大公无私之实，爱一个人就看不到他的奸恶，恨一个人就忘记他的善行，屈从个人感情而亲近邪恶，违背公正原则而疏远忠良，那么即使从早忙到晚，劳神费心，苦苦思虑，想求得天下大治的政治局面，也是不可能的。

张柬之

张柬之（625～706），唐襄州襄阳（今湖北襄阳）人，字孟将。中进士后任清源县丞。唐武则天永昌元年（689），于六十四岁时应贤良方正科策试，在一千多名对策者中名列第一，被擢升为监察御史。不久，出为合州、蜀州刺史，荆州大都督府长史。武周长安年间（701～704），经名相狄仁杰、姚崇推荐，召为凤阁鸾台（中书门下）平章事、凤阁侍郎（即拜相）。神龙元年（705），乘武则天病，首谋发动政变，诛张昌宗、张易之，迫使武则天退位，迎回中宗，恢复李唐王朝。以功擢天官尚书，封汉阳郡公。旋即为武三思排挤诬陷，进封汉阳郡王而罢知政事，遂自请出为襄州刺史。次年，贬为新州（今广东新兴县）司马，愤恨而死。

对贤良方正策（节选）

本篇选自《全唐文》，是张柬之在永昌元年应制科——贤良方正科考试所做的答卷。因这次考试由武则天亲自命题策问，故本书将张柬之的答卷视同奏议，聊备一格。

永昌元年的贤良方正科策试，武则天制策的全文是："朕闻体国经野，取则于天文；设官分职，用立于人纪。名实相副，自古称难，则哲之方深所不易。朕以薄德，谬荷昌图，思欲追逸轨于上皇，拯群生于季俗，澄源正本，式启维新。俾用人委能，靡失其序，以事效力，各得其长。至于考课之方，犹迷于去取；黜陟之义，尚惑于古今。未知何帝之法制可遵？何代之沿革斯惠？此虽戋戋束帛，每贲于邱园；翘翘错薪，未获于英楚。并何方启塞，以至于兹？伫尔深谋，朕将亲览。"张柬之的这份答卷，开头部分为例行的歌功颂德的虚文，故略去，这里节选的是其有实质内容的两项对策。对策一围绕策问中关于选贤任能这一中心话题，对朝廷政治进行了猛烈抨击，指出当时选官，多以门资擢授，或以勋阶莅职，莫计清浊，无选艺能，以致造成为官者"蹈瑕履秽，不顾廉耻，抵网触罗，覆车相次"的严重后果，从而得出结论："陛下有三皇之人，无三皇之吏也。"对策二则在上述分析的基础上，建议武则天遵孔子之教，循"虞帝之三考黜陟、周主之六廉察士"，有所沿革，而"期于不滥"。作者批评的矛头直指最高统治者，行文看似平和而机锋甚锐，颇有警世骇俗的力度。据《太平广记》引《定命录》载，张柬之"应制试被落，则天怪中策人少，令于所落人中更拣。有司奏：'一人策好，缘书写不中程律，故退。'则天览之，以为奇才。召入问策中事，特异之，即上第。"由于这段曲折，尽管这份答卷文字并非上乘，却为历代人士所瞩目。

制策曰："思欲追逸轨于上皇，拯群生于季俗，澄源正本，式启维新。"臣闻善言古者，必考之于今；善谈今者，必求之于古。臣窃以当今之务而稽之往古，以往古之迹而比之当今，以为三皇神圣，其臣不能及，故于阙见之。陛下刊列格，正爱书，攸本业，著新诫，建总章以申严配，置法甒以济穷冤，以前圣所不能为，非群臣之所及也。今朝廷之政，上令下行，如身之使臂，臂之使手。百僚师师，罔不咸义。此群臣之所能奉职也。《书》曰："元首明哉，股肱良哉，庶事康哉。"故臣以为陛下有三皇之位，而能隆三皇之业也。臣以今之刺史，古之十二牧也。今之县令，古之百里君也。有官联焉，有社稷焉，可谓重矣。任非其材，其害亦重矣。昔周宣王欲训其人，问于樊仲曰："吾欲训人，诸侯谁可者？"仲曰："鲁侯肃恭明神，敬事耆老，必咨于故实，问于遗训。"乃立之。晋之名臣亦言，舍人、洗马，一时之高选，台郎、御史，万邦之俊哲，若出于宰牧，颂声兴矣。由此言之，则古牧州宰县者，不易其人也，自非惠训不倦，动简天心者，未可委以五符之重，百里之寄。今则不然，多以门资擢授，或以勋阶苴职，莫计清浊，无选艺能。负违圣诫，安肯肃恭明神？轻理慢法，安肯敬事耆老？取舍自便，安能求之故实？举措纵欲，安能问之遗训？异一时之高材，非万邦之俊杰。于是多其仆妾，广其资产，齿角两兼，足翼双备，蹈瑕履秽，不顾廉耻，抵网触罗，覆车相次。孔子曰："既得之，患失之。苟患失之，无所不至矣。"故臣以为陛下有三皇之人，无三皇之吏也。

制策曰："俾用才委能，靡失其序，以事效力，各得其长。至于考课之方，犹迷于去取；黜陟之义，尚惑于古今；未知何帝之法制可遵？何代之沿革斯衷？"臣闻皇王之制，殊条共贯，虽有改制之名，无不相因而立事。孔子曰："殷因于夏礼，所损益可知也；周因于殷礼，所损益可知也。其或继周者，虽百世可知也。"然则虞帝之三考黜陟，周王之六廉察士，虽有沿革，所取不殊，期于不滥而已。陛下取人之法甚明，考绩之规甚著。臣以为犹舟浮于水，车转于陆，虽百王无易也。今邱园已贲，英楚云集，启塞之路，岂愚臣所能轻云也。谨对。

【译文】

制策上说："一心想追寻古代帝王非凡的法度，从末世风俗中拯救芸芸众生，正本清源，变法维新制度。"臣听说善于讲古的，一定要考察今天的现实；善于谈今的，必然要探求往古的历史。臣私下拿当今的政务对照往古的历史，又将往古的经验来比照当今的现实，认为三皇是圣明的，他们的臣僚就无法相比，所以讲一些片面的看法。陛下刊定各种法规，订正审判文书，整治农桑之业，撰写新的教令。修建总章之堂，必尊奉先父，配祀于天地；设置投诉箱，以救助蒙冤受屈的臣民，这是前代圣人所没有做过的事，不是群臣能比得上的。如今朝廷的政事，上令下行，就像身体指挥臂膀，臂膀指挥双手。百官相互学习效法，个个都是贤能之人，这是群臣能够奉公守法的原因。《尚书》说："皇上圣明啊，大臣贤能啊，诸事安宁啊！"所以臣以为陛下有三皇的尊位，是能够兴盛三皇的帝业的。臣以为当今的州刺史，就是古代（尧舜时）十二州的州牧；当今的县令，就是古代封地百里的诸侯。有众官治事，有类似古代封君立社坛、稷坛的统治区域，应当说责任重大了。如果任用的人不称职，它的危害也就严重了。从前周宣王希望教诲他的臣民，问樊仲说："我打算设'训人'教诲臣民，诸侯中谁可以担当此任？"樊仲回答说："鲁侯严肃恭敬天神，尊敬侍奉老者，颁布和施行法令，一定要咨询历史上的故事，打听先王留下什么训诫。"于是就任用了鲁侯。晋朝的名臣也说，朝廷的舍人、洗马是一个时代以高才入选的官吏，尚书郎、御史是全国才智出众的人士，如果让这些人出任刺史，那么颂扬之声就会兴起了。从这点来说，古代管州管县的人，对他们是不会轻易变动的。如果不是爱护百姓，诲人不倦，一举一动都牢记帝王旨意的人，不可以委以州、县长官的重任。现在却不是这样，大都凭门第资格选拔官吏，或按功勋品级委任官职，不考察品德的清浊，不选择才能的高低。违背圣人训诫的人，怎么肯严肃恭敬天神？轻慢道理法则的人，怎么肯恭敬侍奉老者？政事取舍只凭主观决断的人，怎么能探求历史的经验？举止措置随心所欲的人，怎么能求教前人留下的训诫？这些人既不同于古代以高才入选的官吏，也不是各地才智出众的人才，因此只知道大量招纳仆役妾婢，广置田宅资产，齿、角兼而有之，腿、翅双双齐备，只向污秽之处奔走钻营，不顾廉耻，违法乱纪，看到前面翻车仍要一意孤行。孔子说："已经得到了权力，就会担心失去它。如果成天担心失去权力，就会无所不用其极了。"所以陛下是有三皇抱负的人，但却没有三皇手下那样的官吏。

　　制策上说："任用才能之士，不失掉其次序，按政事需要效力，各发挥其专长。至于官吏考课的方法，还不明白哪些该取，哪些该去？官吏的升降和处分，还迷惑于古今的政策哪些为是，哪些为非？不知道哪位帝王的法令制度可以遵循？哪个朝代的变革比较恰当？"臣听说古代帝王的制度，虽然具体条款不同，但却共同贯穿着一条主线。虽有改制之名，却没有不沿袭继承就能建立的事业。孔子说："殷朝沿袭夏朝的礼仪制度，所废除的、所增加的，是可以知道的；周朝沿袭殷朝的礼仪制度，所废除的、所增加的，也是可以知道的。那么，假定有继承周朝而当政的人，就是以后一百代，也是可以预先知道的。"那么虞舜帝规定的三年一考，经过三次考绩后决定官吏升降，周天子制定的用"六廉"（廉善、廉能、廉敬、廉正、廉法、廉辨）标准考核官吏政绩，虽然具体条文有所沿革，但所采取的原则并无不同，都希望各级官吏不要冗滥罢了。陛下选拔人才的方法十分英明，考核官吏的规定十分明确。臣以为这就好像船航行在水面，车轮转动在陆地，即使传到一百代也不会更改。现在接纳隐士的地方已装饰一新，各地英才云集朝廷，但说到开拓选拔贤才的途径，难道是愚臣所能轻率议论的吗？以上是臣恭敬的回答。

张 九 龄

张九龄（673~740），唐韶州曲江（今属广东）人。字子寿。武则天长安二年（702）中进士，任右拾遗。历仕武后、中宗、少帝、睿宗、玄宗五朝，开元二十一年（733）官至中书侍郎、同中书门下平章事，迁中书令。他为官清正，处事平允，善于知人，有一代贤相之称。他主张不循资格用人，并建议设十道采访使，访求人才，考察官吏政绩。开元后期，玄宗怠于政事，他常上章论谏，极言得失。曾谏阻拜李林甫为相，谓其恐异日为社稷之忧；又曾力主诛安禄山，谓不诛其后必为患。安史之乱中玄宗迁蜀，思其先见，为之流涕。开元二十四年为李林甫所谮，罢相家居。工诗，诗风清淡，格调刚健，为一时之冠。卒谥"文献"。有《曲江集》传世。

重守令疏

本篇选自《新唐书·张九龄传》，是张九龄任右拾遗时上唐玄宗李隆基的一道奏疏，时间约在开元四年。

本书在第一辑唐玄宗《重守令四诏》的内容提示中，曾对开元年间重视地方吏治的情况做了较为详细的介绍，这里要补充说明的是，当时的做法和成功固然与玄宗的英明睿智及其在开元时期的励精图治密切相关，同时也是姚崇、宋璟、张说、张九龄等几代贤相精忠辅佐的结果。特别是张九龄，在劝谏玄宗改革吏治、重视地方官吏队伍建设方面贡献尤多。本篇《重守令疏》虽然是远在九龄拜相前的奏疏，而据《新唐书·选举志》载，本疏上奏后，玄宗"于是下诏择京官有善政者补刺史。岁十月，按察使校殿最，自第一至第五，校考使及户部长官总核之，以为升降，凡官不历州县，不拟台省。已而悉集新授县令宣政殿，亲临问以治人之策，而擢其高第者。"可见，本疏对即位不久的玄宗和开元吏治产生了多么巨大和深远的影响。

乖政之气，发为水旱。天道虽远，其应甚迩。昔东海枉杀孝妇，天旱久之。一吏不明，匹妇非命，则天昭其冤。况六合元元之众，县命于县令，宅生于刺史，陛下所与共治，尤亲于人者乎！若非其任，水旱之𤻪，岂唯一妇而已。今刺史，京辅雄望之郡，犹少择之，江、淮、陇、蜀，三河大府之外，稍非其人。繇京官出者，或身有累，或政无状，用牧守之任，为斥逐之地。或因附会以忝高位，及势衰，谓之不称京职，出以为州。武夫、流外，积资而得，不计于才。刺史乃尔，县令尚可言哉？盱庶，国家之本，务本之职，乃为好进者所轻，承弊之民，遭不肖所扰，圣化从此销郁，繇不选亲人以成其敝也。古者刺史入为三公，郎官出宰百里。今朝廷士入而不出，其于计私，甚自得也。京师衣冠所聚，身名所出，从容附会，不勤而成，是大利在于内，而不在于外也。智能之士，欲利之心，安肯复出为刺史、县令哉？国家赖智能以治，而常无亲人者，陛下不革以法故也。臣愚谓欲治之本，莫若重守、令，守、令既重，则能者可行。宜遂科定其资：凡不历都督、刺史，虽有高第，不得任侍郎、列卿；不历县令，虽有善政，不得任台郎、给、舍；都督、守、令虽远者，使无十年任外。如不为此而救其失，恐天下犹未治也。

又古之选士，惟取称职，是以士修素行而不为侥幸，奸伪自止，流品不杂。今天下不必治于上古，而事务日倍于前，诚以不正其本而设巧于末也。所谓末者，吏部条章，举赢千百，刀笔之人，溺于笔墨，巧吏滑徒，缘奸而奋。臣以谓始造簿书，备遗忘耳。今反求精于案牍，而忽于人才。是所谓遗剑中流，锲舟以记者也。凡称吏部能者，则曰自尉与主簿，繇主簿与丞，此执文而知官次者也，乃不论其贤不肖，岂不谬哉！夫吏部尚书、侍郎，以贤而授者也，岂不能知人。如知之难，拔十得五，斯可矣。今胶以格条，据资配职。为官择人，初无此意，故时人有平配之诮，官曹无得贤之实。

臣谓选部之法，敝于不变。今若刺史、县令精核其人，则管内当选者，使考才行，可入流品，然后送台，又加择焉，以所用众寡为州县殿最，则州县慎所举，可官之才多，吏部因其成，无庸人之繁矣。今岁选乃万计，京师米物为耗，岂多士哉？盖冒滥抵此尔。方以一诗一判，定其是非，适使贤人遗逸，此明代之阙政也。天下虽广，朝廷虽众，必使毁誉相乱，听受不明，事则已矣。如知其贤能，各有品第，每一官缺，不以次用之，岂不可乎？如诸司要官，以下等叨进，是议无高卑，唯得与不尔。故清议不立，而名节不修，善士守志而后时，中人进求而易操也。朝廷能以令名进人，士亦以修名获利，利之出，众之趋也。不如此，则小者得于苟求，一变而至阿私；大者许以分义，再变而成朋党矣。故于用人不可不第其高下，高下有次则不可以妄干，夫下之士必刻意修饰，而刑政自清，此兴衰之大端也。

【译文】

　　国家政治乖谬混乱，就会出现水旱灾害。天道虽远，但总在很近处报应。从前东海郡冤杀一名孝妇，引发长久天旱。一个官吏断事不明，使平民妇女死于非命，上天就要为她昭雪冤屈，何况普天下广大百姓的身家性命都寄托在县令、刺史身上，在与陛下一道治理天下的臣子中，还有比他们更接近百姓的吗？如果他们不能胜任职守，那么导致水旱灾害，又岂是冤杀一个孝妇可比呢。现在朝廷任用刺史，在京城四辅地区以及属于"六雄"、"十望"的一些重要州郡，还能略加选择，而在江、淮、陇、蜀，河内、河南、河东三大府以外的地区，就颇有些用非其人了。由京官出任的，有的因犯有过失，有的因没有善政，就安排做刺史郡守，作为贬斥放逐之地。有的人因依附权贵而窃居高位，一旦势力衰败，便说他不胜任京职，外放为州官。至于武夫和署衙吏员，熬够一定年头就能混到刺史，根本不考虑才能。刺史都这样，县令更不用提了。百姓是国家的根本，治理根本的职位却被那些贪图仕进的人所轻视，蒙受弊政之害的百姓，又被无德无能的官吏所侵扰，圣明的教化也就从此消失、淤塞，这都是不慎重选择亲民之官所造成的后果呀！古时候常以刺史入朝任三公，郎官出外任县令。如今朝中官员只想入而不愿出，他们从个人利益考虑，甚是得意。京城是达官显贵聚集、能够升迁出名的地方，只要按部就班，巴结上司，不须勤勉卖力，就能成功。大利在于在朝中为官而不在于在外任职。有才能的人，为欲利之心，又怎么肯外放做刺史、县令呢？国家依靠有才能的人治理，却没有有才能的人愿意做亲民之官，这是陛下没有用法令来改变现状的缘故。臣以为，使国家得到治理的根本，莫过于重视刺史、县令。刺史、县令得到重视，那么有才能的人才会愿意去干。当前应当重新规定官吏任职的资格：凡没有做过都督、刺史的，即使在科举考试中名列高第，也不能担任侍郎、列卿；没有做过县令的，即使有良好的政绩，也不能充任郎官、给事中、中书舍人；都督、刺史、县令，即使关系疏远的，也不让他们在外地任职超过十年。朝廷如果不采取这些措施来补救过失，恐怕天下还是得不到治理的。

　　再者，古代选拔官吏，只取其是否称职，所以士人平素就注重修养德行而不图一时侥幸。这样，奸邪伪诈自然没有，官吏等级也不混杂。现在天下不一定比上古治理得好，但事务却比以前成倍增加，实在是不端正其根本而在末节上玩花样啊。所谓末节，吏部的条例规章，动不动搞得成百上千，文书小吏沉溺于舞文弄墨，狡猾之徒因弄奸使巧而奋起。臣以为起初制造簿册文书，是为了防备遗忘。现在反而向文书中寻求精良，而忽视人才本身。这就是所谓"遗剑中流，刻舟以记"的搞法啊。大抵称赞吏部能干的人，就说他从尉到主簿、从主簿到丞都很清楚，这是按照文簿来了解任官的等级，却不根据其贤与不贤，岂不荒谬！吏部尚书、侍郎，是因为贤能才授任的，怎能不了解他们。如果说了解人很困难，那么选拔十个人，选准了五个，这该可以了吧。现在却拘泥于法规条文，按照资历配备官职。做官选拔人才，本意并非如此，所以现时人们有"平配"的讥诮，官署没有得到贤能的实惠。

　　臣以为吏部选拔人才的方法，弊病在于一成不变。现在如果刺史、县令精心考核人才，就所管辖范围内每年应当选拔的人，先考察其才能品行，可进入官吏的品类，然后送尚书省，尚书省再加以筛选，根据最后所选定任用人数的多少，确定州县工作的名次。那么，州县对所荐举的人就会慎重，可授予官职的人才就多了。吏部利用州县的成果，就不会有很多庸才参加遴选了。现在每年参加吏部遴选的人以万计，京城的粮食、物品为之大量消耗，难道会有这么多人才吗？原来是滥竽充数才导致如此。吏部遴选人才以一首诗、一篇策论来定是非，只能使贤才遭受埋没，这是清明时代政治的失误。天下虽然广大，朝廷虽然人多，却一定要让毁誉混淆，不明白如何听从，事情也就办不下去了。如果知道某些人贤能，各自的才能又有高下之别，每一个官位空缺时，却不按他们才能的高下来任用，这难道能行得通吗？假如各部门的要职让才能下等的人充任，那么人们的议论就不会谈才能的高下，而只谈论得志与否了。因此，社会上公正的舆论就不可能建立，人们对名誉、节操就不怎么讲究，有道德的人会因坚守志向而落后于时人，中等资质的人会因追求仕进而改变操守。朝廷如果能凭好的名声而进用人才，那么士人也就会修养名声而获得利益。利益的出现，正是众人所追求的。如果不这样，那么，从小的方面讲，用不正当的追求就能得利，一变将会导致偏私；从大的方面讲，离开道义的行为一旦得到认可，再变就会导致结党营私。所以，在用人时不能不依才德而定其高下，高下有次序，官位就不可以非分求取，天下的士人一定会刻意修养自身，而刑罚与政令也就自然公正了。这可是国家兴衰的关键所在啊。

陆　　贽

　　陆贽（754～805），唐代政治家。字敬舆，苏州嘉兴（今浙江嘉兴南）人。代宗大历八年（773）中进士，并先后登博学宏词和书判拔萃两科。曾任尉南县尉、监察御史等职。德宗即位（779），任翰林学士，参与机谋。建中四年（783），泾原节度使朱泚发动兵变，占领长安并称帝。德宗仓皇逃往奉天（今陕西乾县），再逃至梁州（今陕西汉中）；其间诏书日数百件，大半出自贽手，史称陆贽"挥笔起草，思如泉涌"，时人号为"内相"，比之于汉代贾谊。贞元八年（792）任中书侍郎、同平章事。十年冬被谗罢相，次年贬为忠州别驾。居忠州十年，畏谤闭门谢客，人不识其面，亦不著书。死于贬所，谥曰"宣"，故世称陆宣公。陆贽代德宗起草的诏书和他的奏议，今存《翰苑集》二十二卷，又有《陆宣公奏议》十卷，则是专取《翰苑集》中的奏议编成。权德舆序《翰苑集》，称赞其中诏书"无不曲尽事情"，"中于机会"。苏轼《乞校正陆贽奏议进御札子》，认为陆贽的奏议"聚古今之精英，实治乱之龟鉴"。其奏议在写作技巧上多用排偶，条理精密，文笔流畅，为后世所宗。

驾幸梁州论进献瓜果人拟官状

　　本篇选自《翰苑集》，是陆贽于兴元元年（784）二月在唐德宗李适由奉天逃往梁州途中所上的一篇奏状。

　　朱泚称帝后，朔方军李怀光与之通谋，已经逃至奉天的德宗被迫再度逃往梁州。途中，有人进献瓜果。德宗十分欢喜，欲酬封其人爵位。陆贽时任翰林学士、考功郎中，随侍左右，于是奏谏德宗不能因"野人微情"而酬以"天下之公器"，指出这种做法"起端虽微，流弊必大"，建议改"以钱帛为赐"。李适虽是一位轻躁妄动、刚愎自用的昏君，但当时正当信用陆贽之时，所以他虽然辩称封爵只是虚名，无损于事，而最终还是接受了陆贽的建议。

　　这篇奏状全文仅一百二十六字，却表达了一个十分重要的用人思想，即为君上者绝不能滥用职权，把官爵作为酬赏"微情"的工具。作者把爵位提到"天下之公器"、"国之大柄"的高度来分析"馈献酬官"的危害性，持论公允，见识远大，因而具有一种令最高统治者不得不敬慎折服的力量。

伏以爵位者，天下之公器，而国之大柄也。唯功勋、才德所宜处之；非此二途，不在赏典。恒宜慎惜，理不可轻；轻用之，则是坏其公器，而失其大柄也。器坏则人将不重，柄失则国无所恃。起端虽微，流弊必大。缘路所献瓜果，盖是野人微情。有之不足光圣猷，无之不足亏至化。量以钱帛为赐，足彰行幸之恩；馈献酬官，恐非令典。谨奏。

【译文】

臣以为，官爵是天下公共的器物，是国家的大权所在。只有建立了功勋和有才能、德行的人，才应该被予以官舜；除了这两条途径，都不在奖赏规定之内。素常应当慎用它、珍惜它，按理不可以轻易使用；轻易使用它，那就是损坏了公共的器物，而丧失了国家的权柄。公器损坏了，人们将不再看重它；权柄丧失了，国家就会无所依凭。开端即使微小，流弊一定很大。沿途所奉献的瓜果，都是老百姓的小意思。有了它，不足以光大圣明的谋略；没有它，不至于损害美好的教化。酌情用钱币布帛作为赏赐，已足以表明皇上行幸的恩惠。若因为奉献瓜果就以官爵酬答，恐怕不是好办法。谨此奏闻。

论朝官阙员及刺史等改转伦序状

本篇选自《翰苑集》，是陆贽于贞元十年（794）任宰相时上唐德宗的一篇论述用人问题的奏状。

唐德宗是一位有始无终、好谀多疑、忌才寡恩，从而导致唐王朝迅速走向衰落的昏君。王夫之著《读通鉴论》称："唐德宗之初政，举天宝以来之乱政，疾改于旬月之中，斥远宦寺，闲制武人，慎简贤人以在位，其为善也，如日不足，……乃不一二年而大失其故心，以庇奸臣、听谗贼，而海内鼎沸，几亡其国。"并进一步指出，"德宗始召叛臣之乱，中徇藩镇之恶，终授宦竖之权，树小人之党，其不君也足以亡，而不亡者，幸也。""然而卒为后世危亡之鉴者，论者以为好疑之过，是已。"笔者读唐史，亦深以为德宗之失，就在于"好疑"而已。"躁愎猜忌"正是对德宗性格入木三分的刻画。身居宰相之职的陆贽也正是鉴于"上性猜忌，不委任臣下，官无大小，必自选而用之，宰相进拟，少所称可；及群臣一有谴责，往往终身不复收用；好以辩给取人，不得敦实之士；艰于进用，群材滞淹"（《资治通鉴·唐纪五十》）的现状，写下了这篇旨在释德宗之疑的奏状。奏状以历代兴衰治乱为鉴，指陈时弊，条分缕析、环环相扣地导出了作者关于用人的"七患"、"三术"理论。所谓"七患"，是指在用人问题上的"不澄源而防末流"、"不考实而务博访"、"求精太过"、"嫉恶太甚"、"程试乖方"、"取舍违理"、"循故事而不择可否"等七种表现。"七患"概括了德宗用人之失的方方面面，而其中心贯穿着一个"疑"字。所谓"三术"，是指核才驭吏的三种方法，即："拔擢以旌其异能"、"黜罢以纠其失职"、"序进以谨其守常"。"三术"参酌了古今用人的成败得失，其中心突出了一个"用"字。作者在论述这"七患""三术"、一"疑"一"用"之际，提出了一系列见解卓越的观点。如通过强调"耀乘之珠，不能无颣；连城之璧，不能无瑕"，引圣人之教诲，举前史之得失，提出了"弃瑕录用者，霸王之道；记过遗才者，衰乱之源"的观点；进而以"巧梓顺轮桷之用，故枉直无废材"为譬，指出对"中人以上"者，"苟区别得宜，付授当器，各适其性，各宣其能，及乎合以成功，亦与全才无异"，提出了明主用人"但在明鉴大度，御之有道而已"的观点，等等，都是十分精辟的。而奏状在驳斥所谓议者关于官吏"宜久于其任"和"官无其人则阙"的老生常谈时，更把批评的矛头直接指向德宗本人及"先圣"，通过对官吏的考核、任期进行辩证的论述，深刻地剖析了德宗"睿察太深，宸严太极"的危害性，从而使这一谏诤更具有促使人主警醒的作用。

遗憾的是，好疑成性的唐德宗并没有接受陆贽奏状所提出的用人思想和建议。然而这丝毫无损于这篇奏状的史鉴价值。《四库全书总目》评论陆贽奏议曾有言："其文虽多出一时匡救规切之语，而于古往今来政治得失之故，无不深切著明，有足为万世龟鉴者，故历代宝重焉。"本书所选的陆贽的两篇奏状，前状谏德宗要"慎惜"公器，不可轻以爵位酬进献，失之于滥；本状谏德宗要爱惜人才，不可"艰于进用"，失之于吝；这谏"滥"谏"吝"之际，实"有足为万世龟鉴者"，值得我们揣摸玩味。

  右。臣闻于《经》曰："济济多士，文王以宁。"又曰："无旷庶官，天工人其代之。"盖谓士不可不多，官不可不备，敦付物以能之义，阐恭己无为之风，此理道得失之所由也。夫圣人之于爱才，不唯仄席求思而已，乃复引进以崇其术业，历试以发其器能，旌善以重其言，优禄以全其操。岁月积久，声实并丰，列之于朝则王室尊，分之于土则藩镇重。故《诗序》太平之君子，能长育人才;《书》比梓人之理材,既勤朴斫,惟施丹臒;《礼》著造士;《易》尚养贤。盖以人皆含灵,唯所诱致。如玉之在璞,抵掷则瓦石,追琢则圭璋。如水之发源,壅阏则污泥,疏浚则川沼。

是以书籍所载,历代同途:祚属殷昌,必时多隽乂。运钟衰季,则朝乏英髦。当在衰季之时,咸谓无人足任;及其雄才御宇,淑德应期,贤能相从,森若林会。然则兴王之良佐,皆是季代之弃才。在季而愚,当兴而智,乃知季代非独遗贤而不用,其于养育奖励之道亦有所不至焉。故曰人皆含灵,唯其诱致。汉高禀大度,故其时多魁杰不羁之材。汉武好英风,故其时富瑰诡立名之士。汉宣精吏能,故其时萃循良核实之能。迨乎哀、平、桓、灵,昵比小人,疏远君子,故其时近习操国柄,嬖戚擅朝权。是知人之才性,与时升降,好之则至,奖之则崇,抑之则衰,斥之则绝,此人才消长之所由也。

臣每于中夜,窃自深惟朝之乏人,其患有七:不澄源而防末流,一也;不考实而务博访,二也;求精太过,三也;嫉恶太甚,四也;程试乖方,五也;取舍违理,六也;循故事而不择可否,七也。

夫多少相缪,非嘉量不平;轻重相欺,非悬衡不定。用之苟不得其道,则主者实病,而权量无尤。故按名责实者,选吏之权量也。宰相者,主权量之用也。宰相之主吏,犹司府之主财。主吏在序进贤能,主财在平颁秩俸。假使用财失节,则司之者可以改易,而秩俸不可以不颁。主吏乖方,则宰之者可以变更,而贤能不可以不进。其行甚易,其理甚明。顷者命官颇异于是,常以除吏多少准量宰相重轻。宰相承宠私,则援引虽滥而必进;宰相见疏忌,则拟议虽当而罕俞。是使群才仕进之穷通,唯系辅臣恩泽之薄厚,求诸理道,未谓合宜。夫与夺者人主之利权,名位者天下之公器,不以公器徇喜心,不以利权肆忿志,不以寡妨众,不以人废官。或其〔此处有脱误〕阻执事而拥群材:所谓不澄源而防末流之患也。

经曰:"无以小谋乱大作,无以嬖人嫉庄士。"盖务大者不拘于小累,谋小者不达于大猷。嬖者或行异于庄,庄者必性殊于嬖。理势相激,宜其不同。进贤授能,谅君子之事;遏恶扬善,非小人所能。君子以爱才为心，小人以伤善为利；爱而引之则近党，伤而沮之则似公；近党则不辨而遽疑，似公则不核而先信。是以大道每隳于横议，良才常困于中伤，失士启谗，多由于此：所谓不考实而务博访之患也。

夫人之器局，有圆方大小之殊。官之典司，有难易闲剧之别。名称有虚实之异，课绩有升降之差。将使官不失才，才不失离，在乎制法以司契，择人而秉钧。制之不得厥中，则其法可更，而其契不可乱也。择之不当所任，则其人可去，而其秉不可夺也。如或事多错杂，任靡适从，而但役智以求精，劳神而救弊，则所救愈失，所求愈粗。故《书》曰："元首明哉，股肱良哉，庶事康哉。元首丛脞哉，股肱惰哉，万事堕哉。"倾之辅臣，鲜克胜任，过蒙容养，苟备职员，致劳睿思，巨细经虑。每有阙官须补，或缘将命藉才，宰司慎择上闻，必极当时妙选。圣情未惬，复命别求。执奏既不见从，则又降择其次。如是至于再，至于三，所选渐高，所得转下。或断于独见，罔徇佥谐；或擢自旁求，不稽会议；权衡失柄，进取多门，等差不伦，声实相反：此所谓求精太过之患也。

臣闻耀乘之珠，不能无颣；连城之璧，不能无瑕。矧伊有情，宁免愆咎。仲尼至圣也，犹以五十学《易》无大过为言。颜子殆庶也，尚称不远而复，无祗悔为美。况自贤人以降，孰能不有过失哉？珠玉不以瑕颣而不珍，髦彦不以过失而不用。故玄元之教曰："常善救人，则无弃人。"文宣亦云："赦小过，举贤才。"齐桓不以射钩而致嫌，故能成九合之功。秦穆不以一眚而掩德，故能复九败之辱。前史序项籍之所以失天下曰："于人之功无所记，于人之过无所遗。"管仲论鲍叔牙不可属国曰："闻人之过，终身不忘。"然则弃瑕录用者，霸王之道；记过遗才者，衰乱之源。夫登进以懋庸，黜退以惩过，二者迭用，理如循环。进而有过则示惩，惩而改修则复进，既不废法，亦无弃人，虽纤芥必惩则才用不匮。故能使黜退者克励以求复，登进者警饬以恪居。上无滞疑，下无蓄怨，俾人于变，以致时雍。陛下英圣统天，威庄肃物，好善既切，计过亦深，一抵谴责之中，永居嫌忌之地。夫以天下士人，皆求宦名，获登朝班，千百无一。其于修身励行，聚学莅官，非数十年间势不能致。而以一言忤犯，一事过差，遂从弃捐，没代不复，则人才不能不乏，风俗不能不偷：此所谓嫉恶太甚之患也。

臣闻："君子约言，小人先言。""君子之道暗然而日章，小人之道的然而日亡。"孔子曰："始吾于人也，听其言而信其行；今吾于人也，听其言而观其行。"又曰："举直错诸枉，则民服；举枉错诸直，则民不服。"然则举措不可以不审，言行不可以不稽。呐呐寡言者未必愚，喋喋利口者未必智，鄙朴忤逆者未必悖，承顺惬可者未必忠。故明主不以辞尽人，不以意选士。凡制爵禄，与众共之。先论其材，乃授以职。所举必试之以事，所言必考之于成。然后苟妄不行，而真实在位矣。如或好善而不择所用，悦言而不验所行，进退随爱憎之情，离合系异同之趣，是犹舍绳墨而意裁曲直，弃权衡而手揣重轻，虽甚精微，不能无谬：此所谓程试乖方之患也。

天之生物，为用罕兼。性有所长，必有所短，材有所合，亦有所暌。曲成则品物不遗，求备则触类皆弃。是以巧梓顺轮桷之用，故枉直无废材；良御适险易之宜，故驽骥无失性。物既若此，人亦宜然。其于行能，固不兼具。前志所谓千年一圣、五百年一贤者，才难不其然乎！夫唯圣人方体全德，贤之为用犹有未周。且以未周之才，弥五百年而有一，造次求备，曷由得人？若夫一至之能，偏禀之性，则中人以上，迭有所长。苟区别得宜，付授当器，各适其性，各宣其能，及乎合以成功，亦与全才无异。但在明鉴大度，御之有道而已。帝王之盛，莫盛唐虞；臣佐之盛，莫盛稷禹。稷禹之比，无非大贤，然犹各任所能，不务兼备。故《尚书》序尧舜命官之美，自稷、禹、咎、益以降，凡二十二人，所命典司不逾一职，用能平九土，播百谷，敷五教，序五刑，礼乐兴和，蛮夷率服，洎鸟兽鱼鳖亦罔不宁。盖由举得其人，任得其所，鉴择职授，审之于初，不求责于力分之外，不沮挠于局守之内。是以事极其理，人尽其材，君垂拱于上，臣济美于下，功焯当代，名施无穷。及其失也，则升降任情，首末异趣。使人不量其器，与人不由其诚，以一言称惬为能，而不核虚实；以一事违忤为咎，而不考忠邪。其称惬，则付任逾涯，不思其所不及；其违忤，则责望过当，不恕其所不能。是以职司之内无成功，君臣之际无定分：此所谓取舍违理之患也。

今之议者多曰内外庶官，久于其任；又曰官无其人则阙之。是皆诵老生之常谈，而不推时变，守旧典之糟粕，而不本事情，徒眩聪明，以挠理化。古者人风既朴，官号未多，但别愚贤，匪论资序，不责人以朝夕之效，不计事以尺寸之差，不以小善而褒升，不以一眚而罪斥。故《虞书》："三载考绩，三考黜陟幽明。"是则必俟九年方有进退。然其所进者，或自侧微而纳于百揆，虽久于任，复何病哉！汉制：部刺史秩六百石，郡守秩二千石，刺史高第者即迁为郡守，郡守高第者即入为九卿，从九卿即迁为亚相、相国。是乃从六百石吏而至台辅，其间所历者三四转耳。久在其任，亦未失宜。近代建官渐多，列级逾密。今县邑有七等之异，州府有九等之差；同为省郎，即有前中后行、郎中、员外五等之殊；并称谏官，则有谏议大夫、补阙、拾遗三等之别；泊诸台寺，率类于斯；悉有常资，各须循守。若依唐虞故事，咸以九载为期，是宜高位常苦于乏人，下寮每嗟于白首。三代为理，损益不同，岂必乐于变易哉？盖时势有不得已也。至如鲧堙洪水，绩用靡成；犹终九年，然后殛窜。后代设有如鲧之比者，岂复能九年而始行罚乎？臣固知其不能也。行罚欲速，而进官欲迟，以此为稽古之方，是犹却行而求及前人也。

顷者臣因奏事，论及内外序迁，陛下乃言："旧例居官岁月皆久，朕外祖曾作秘书少监，一任经十余年。"董晋将顺睿情，遂奏云："臣于大历中曾任祠部、司勋二郎中，各经六考。"陛下之意，颇谓宜然。以臣蠢愚，实有偏见。凡征旧例，须辨是非，是者不必渝，非者不必守。况于旧例之内，自有舛驳之异哉？先圣之初，权臣用事，其于除授，类多徇情。有一月屡迁，有积年不转。迨至中岁，君臣构嫌，姑务优游，百事凝滞。其于选授尤所艰难，始以颇僻失平，继以疑阻成否，至使彝伦阙叙，庶位多淹。是皆可惩，曷足为法！

夫核才取吏有三术焉：一曰拔擢以旌其异能；二曰黜罢以纠其失职；三曰序进以谨其守常。如此则高课者骤升，无庸者亟退，其余绩非出类，守不败官，则循以常资，约以定限。故得殊才不滞，庶品有伦。参酌古今，此为中道。而议者暗于通理，一概但曰宜久其任，得非诵老生之常谈，而不推时变者乎？夫列位分官，缉熙帝载，匪唯应务，兼亦养才。是以职事虽有小大闲剧之殊，而俱不可旷缺者，盖备于时而用耳。故《记》曰："天子以《驺虞》为节，乐官备也。"唯经邦赞国之任，则非有盛德不可以居。故《记》曰："设四辅及三公，不必备，惟其人。"议者昧于明征，一概但曰官无其人则阙，得非守旧典之糟粕，而不本事情者乎？

今内外群官考深合转，陛下或言其已有次第，须且借留；或谓其未著功劳，何用数改。是乃循默者既以无闻而不进，著课者又有成绩而见淹。虽能否或差，而沉滞无异。人之从宦，积小成高。至于内列朝行，外登郡守，其于更历，多已长年。孜孜慎修，计日思进，而又淹逾考限，亟易星霜，顾怀生涯，能不兴叹。殊异登延之议，且乖劝励之方。

夫长吏数迁，固非理道，居官过久，亦有弊生。何者？时俗常情，乐新厌旧。有始卒者，其唯圣人。降及中才，罕能无变。其始也砥砺之心必切，其久也因循之意必萌，加以盈无不亏，张无不弛，天地神化，且难常全，人之所为安得皆当。是以分分而度，至丈必差；铢铢而称，至钧必谬。莅职既久，宁无咎愆。或为奸吏所持，或坐深文所纠，偶以一跌，尽隳前功，至使理行不终，能名中缺，岂非上失其制，而推致以及于斯乎？故圣人爱人之才，虑事之弊，采其英华而使之，当其茂畅而奖之，不滞人于已成之功，不致人于必败之地。是以锐不挫而力不匮，官有业而事有终。此理之中庸，故书以为法。迁转甚速，则人心苟而职业不固；甚迟，则人心怠而事守浸衰。然则甚速与甚迟，其弊一也。陛下俯徇浮议，谓协典谟，久次当进者，既曰务欲且留；缺员须补者，复曰官不必备，则才彦何由进益，理化孰与交修？此所谓循故事而不择可否之患也。

伏惟陛下忧勤务理，梦想思贤，体陶唐、有虞聪明之德以敷求，法太宗、天后英迈之风以拔擢。然而得人之盛尚愧前朝，厎乂之功未光当代，良以七患未去，三术未行；而又睿察太深，宸严太峻，常人才器，曷副天心。故虽获超升，亦骤从黜废。人物残瘁，抑斯之由。而议者莫究致弊之端，但思革弊之策，反以广于进用为情故，以梗于除授为精详，以避谤为奉公之诚，以摘瑕为选士之要。乃至称毁纷糅，美恶混并，凡有迁升，必遭掎摭。圣德广纳，不时发明，小人多言，益敢阴诈，以是眩惑，目无全人。进用之意转疑，汲引之途渐隘，旧齿既凋败几尽，下位或滞淹罕升。故令官序失伦，人才不长，资望渐薄，砥砺浸微，高卑等衰，殆不相续。

臣以窃位，属当序才，惧旷庶官，亟黩宸扆。昧识不足以周物，微诚不足以动天，徒勤进善之心，转积妨贤之罪，惭惶交虑，焚灼盈怀。凡除吏者，非谤刺之所生，必怨咎之所聚，宰臣获戾，多起于兹。屡屡上干，何所为利。但以待罪钧辖，职思其忧，兼迫于感恩愿效之诚，不得不冒昧言之耳。其于裁择用舍，惟陛下图之。谨奏。

【译文】

臣见《诗经》上说："人才济济共辅佐，文王因此得安宁。"《尚书》上讲："不要使百官旷废职守，上天命定的工作，人应当代替完成。"这就是说，贤良之士不可不多，官吏不可不齐备，倡导使万物发挥作用的意义，阐发谦恭端正无为而治的风气，这才是治国之道得失的根由。古代圣人对于人才的爱惜，不仅是侧身而坐以示渴求，而且要延请任用以尊崇他们的术业，一再进用以发挥他们的才干，表彰良善以推重他们的主张，给予厚禄以保全他们的节操。日积月累，这些贤良之士的声誉和经验都会增加，把他们安排在朝廷上做官，就会提高王室的尊严；把他们分配到地方上任职，就会加强对地方的领导。所以《诗序》上说，太平盛世的国君，能重视培育人才。《尚书·梓才》把国君量才为政比作木匠治材为器，要像木匠那样勤于对原木加工修整，并涂上好的颜料；《礼记》彰明学业有成就的人；《易经》崇尚培养贤才。这些都是认为人人都有潜在的才能，只有善于诱导，才能使之发挥出来。好比美玉掩藏在璞石之中，弃掷就会如同瓦砾石头，雕琢就会成为贵重玉器；好比河水的源头，堵塞就会形成污泥，疏浚就会使河沼畅通。

所以书籍记载，历代同一个道理：国运昌盛的时候，必然会涌现许多有才德的人；国运衰败的时候，朝廷就缺乏才智杰出之士。当国运衰败时，大家都说无人能够担当重任；到了雄才大略的君主统治天下时，品德高尚的人应运而生，贤能之士相继出现，人才济济犹如森林。然而兴业之君优秀的辅佐，都是末代弃而不用的人才。在末代时人就愚笨，当兴盛时人就聪明，可见末代不仅是遗弃贤才不用，在对人才的培养、奖励方面也有不周到的地方。所以说，人人都有潜在的才能，唯有诱导才能发挥出来。汉高祖天赋大度，所以当时聚集了许多壮伟豪杰、才行高远而难以驾驭的人才。汉武帝崇尚英风，所以当时涌现了许多瑰伟雄奇、特立独行而要建功立名的贤士。汉宣帝精于治吏，所以当时荟萃了许多尽职守法、言行一致并取得治绩的良吏。到了哀帝、平帝和桓帝、灵帝，亲近小人，疏远贤才，所以当时佞幸之人操纵国政，嬖幸外戚独揽朝权。可见，人的才能随时代而升降。爱好它就会来到，奖掖它就会增长，压抑它就会衰退，排斥它就会绝灭，这就是人才消长的根由。

臣常在夜深人静时思考，朝廷缺乏人才，其病因有七个方面：一是不澄清源泉而防患于末流；二是不考核实绩而偏重于泛泛查访；三是对人的优点要求过高；四是对人的过失嫉恨太甚；五是用人的程式法度不当；六是对人的取舍悖理；七是因循旧说而不问其可否。

多少不均，不是量器不公平；轻重不实，不是天平不确定。如果使用器具不得其法，那是使用者的毛病，而不是权衡本身的差错。所以根据名分责求实绩，是选拔官吏的标准。宰相的职责在于考察官吏。宰相掌管官吏，好比司府官员掌管钱财。掌管官吏在于按次第选拔、任用贤能之士，掌管钱财在于公正地颁发官吏的俸禄。假使用财失去节制，那么掌管钱财的官吏可以改换，而官员的俸禄不可以不发。管理官吏违背正道，那么宰相可以更换，而贤能之士不可以不提拔。这样做很容易，这个道理也很明白。近来任命官吏却不是这样，常以除授官吏的多少来衡量宰相的轻重。宰相受宠幸偏私，那么推举虽滥而必定进用；宰相被疏远疑忌，那么拟议虽当也很少有明白话，这样就使众多人才在仕途上的困窘与通达，维系于辅佐之臣所受恩泽的薄或厚，从道理上讲，不能算是适宜的。授予或削夺官职，是人主的权利。名和位为天下人所共用，不以公用之物迎合个人的喜好，不拿利益权力助长个人的恣志，不因少数人妨害多数人，不因个人原因旷废官职。……这就是所谓不澄清源泉而设防于末流的祸患。

《礼记》上说："不可以用小臣之谋而败坏大臣所做之事，不要因宠幸之人的毁誉而疏远正直庄敬之士。"做大事的人不要受小事的牵累，计较小事的人不可能有宏大的谋略。帝王宠幸狎昵之人的行为不同于正直庄敬之士，正直庄敬之士的性情必定有别于宠幸狎昵者。道理与情势相矛盾，二者理应不同。进用贤能，是信实君子的事情；抑恶扬善，不是小人所能做得到的。君子以爱惜人才为本心，小人借伤害好人谋利益。爱惜和引荐人才则近于结党，中伤和压抑君子却好似公正。近于结党则不加辨别就骤然遭到怀疑，貌似公正则不加核实就率先受到信用。所以正理总是被歪理所毁坏，良才常常被中伤所困扰。失去贤良之士，谗言便开始流行，原因多由于此，这就是对官员不考察实绩而偏重于泛泛查访的祸患。

人的才干和器量，有圆方、大小的不同。官吏的主管部门，有难易、闲忙的差别。名声称誉有虚实的差异，考绩后有官职升降的区别。要使官府不失掉人才，人才升降不失去次序，在于制定法度并保守信用，选择适当的人执掌国政。制定的法度不能正中目标，这个法度就可做更改，而国家的信用不可以乱；选用的官吏不能胜任，这个官员就可以革除，而这个职位的权力不可剥夺。如果他不能胜任的原因很多并且错综复杂，去留无法决断，就只有发挥其智慧以求胜任，劳苦其精神以克服缺陷，结果必然是所克服的缺陷愈多，所求取胜任的可能性就愈大。所以《尚书》上说："君主圣明，则臣子贤良，而诸事皆安；君主事必躬亲，烦琐细碎，则臣子懈怠，而万事皆废。"近来的辅佐之臣，很少有能胜任的，过多的受到宽容豢养，苟且偷安白占着职位，以致有劳陛下圣明之思，大小都要考虑。每当有出缺官员需要补充，或者根据命令荐举人才，主管部门审慎地挑选后上奏，必定极尽当时最佳人选。圣上感到不满意，又命令另外选择。主管部门上奏既不被听从，便又降格以选其次。这样一而再，再而三，要求得越高，得到的反而才能越低。有的决断于一人之见，未求得众人的认同；有的不通过正当途径选拔，不考察公众的议论；权衡失去依据，进取多种门道，等第差别没有次序，声名与实际相反：这就是对人的优点要求太高的祸患。

臣听说，名贵的珍珠不能没有缺点，价值连城的璧玉不能没有瑕疵。况且人是有情之物，岂能没有过失。孔子被尊为至圣，还以五十岁学《易》无大过立言；颜回近于圣人，还以"失之为远，能爱于善，无大悔"为美，何况自贤人以下，谁能没有过失呢？珍珠美玉不因为有瑕疵而不珍贵，贤士不因为有过失而不被任用。所以玄元皇帝教导说："总是善于做到人尽其才，就没有被遗弃之人。"文宣王也说："不计较小过错，才能举荐到贤才。"齐桓公不因管仲射中过自己的衣带钩而记恨他，所以成就了九合诸侯、一匡天下的霸业；秦穆公不因孟明视等人一次过失而掩盖其德行，所以能雪洗大败所受到的侮辱。《汉书·郦食其传》叙述项羽之所以败亡时说："对别人的功绩没有记住，对别人的过错不能遗忘"；管仲在谈鲍叔牙不可托付国事时，说他"听到别人的过错，终身不忘记"。这就意味着不计较贤能之士的过失而录用他，是成就王霸之业的途径；计较过失而遗弃人才，是导致衰败、动乱的根源。提拔重用以勉励立功，罢黜辞退以惩戒过错，两者交替使用，如循环往复之理。进用后又有了过错就给予惩罚，惩罚后又改正了就重新提拔，既不废弃法度，也不遗弃人才，即使小的过错必受惩罚，而人才的使用也不会匮乏。所以，要使被贬黜的人克己自励以求改过从善，被提拔的人受到警戒以谨慎任职。上面不存有疑忌，下面不蓄积怨恨，使官员都在向好处变，以达到平和。陛下英明圣武，统御天下，威武庄严使万物肃然起敬，喜爱良善既迫切，计较过错也很深，一旦被置于受谴责之列，便永远处于遭嫌忌之地。天下的读书人都追求功名，但获得进入朝班的，千百人中难有一个。他们修养身性、砥砺德行、钻研学业，没有数十年时间根本不可能做官，却因为一句话忤犯皇帝，一件事出现差错，就被革职免官，终身不得起复，那么人才就不可能不缺乏，风俗就不可能不浮薄：这就是对人的过失嫉恨太甚的祸患。

臣听说："君子常常说得很少，小人则是先说而后做。""君子之道深藏不露却日益彰明，小人之道显露无遗却日益消亡。"孔子说："起初，我对于他人，听了他说的话，就相信他做的事；现在，我对于他人，听了他说的话，还要观察他做的事。"又说："把正直的人提拔到邪恶的人上面，老百姓就会服从；把邪恶的人提拔到正直的人上面，老百姓就会不服气了。"因此，提拔任用人不能不审查，对人的言行不能不核实。沉默寡言的人未必愚笨，喋喋不休的人未必聪明，直率莽撞忤逆人主的人未必有悖乱之心，承颜阿顺、投人主所好的人未必有忠良之心。所以，英明的君主不以言辞看一个人，不以个人意志选任官吏；凡制定爵位与俸禄，要与朝臣共同商量；用人先论证他的才干，再授给他官职；对所提拔的人一定要以办事来进行测试，对其所说的话一定要以政绩来进行考核。这样，苟且虚妄的人就不能行其道，而有真才实学的人就可以在位了。喜好良善却不选择应当任用的人，喜欢听他说的话却不检验他的行动，进退官员凭个人的爱憎之情，离合维系于自己的兴趣，这就好比舍弃墨绳而凭意识裁定木材的曲直，丢掉衡器而用手揣摩物品的轻重，即使十分精细，却不可能不出差错：这就是用人的程式法度不当的祸患。

天生万物，各有其用。性能有所长，必有所短；材质有所合，也有所背。委曲求全，那么所有物品没有可丢掉的；求全责备，那么一切东西都会被抛弃。因此，聪明灵巧的木匠根据做车轮和方橼的需要选用木材，故不论是弯的还是直的都不是废材；技术高超的驭手适应道路险易的需要驾驭车马，故不论是劣马还是良马都不失本性。物尚且如此，人也应该这样。一个人的行为能力，原本不是全方位的。前代史志说一千年出一个圣人，五百年出一个贤者，人才难道不是这样的吗！只有圣人才能才德两全，贤人还有不周全的地方。以这种不全之才，满五百年才出一个，轻率地求全责备，怎么能得到人才？若取其某一方面的才能，某一方面的禀性，那么资质中等以上的人，都各有所长。若能对其禀性特长区别得宜，授任与其才能相当的官职，使各适其性、各展其能，大家合作以成就事功，也和得到全才没有什么区别。但这就需要国君明察大度、驾驭有方。帝王之兴盛，没有超过唐尧、虞舜时代的；臣佐之兴盛，没有超过后稷、大禹时代的。后稷、大禹等人都是大贤，然而还各按其所长任职，而不是让一个人什么都干。所以《尚书》在叙述尧舜知人善任的美德时，自稷、禹、咎、益以下共二十二人，所任命他们掌管的部门不超过一个职务，因此才能平服九州之地，播种百谷，布施五教，制定五刑，礼乐兴和，蛮夷臣服，直到鸟、兽、鱼、鳖也无不安宁。这都是因为人才选拔得当，任得其所；鉴别选择、授予官职，从一开始就十分审慎，不求责于官吏的能力名分之外，不阻挠于官吏的职守权限之内。因此事尽其理，人尽其才，国君无为而治于上；臣子继承前人，成全其美于下。功业光耀于当代，美名传播于永远。一旦选拔用人的法度失误，则官吏的升降任凭个人感情，该先该后凭不同兴趣。任使不衡量其才能，授予不由于其忠诚，因一句话称心快意就以为有能力，而不考核是虚是实；因一件事违拗冒犯就追究其罪责，而不考察是忠是奸。称心快意，授任官职就不着边际，不考虑其能力所不及；违拗冒犯，责罚寄望就失之过当，而不宽恕他确有所不能。因此就使官吏在职守之内无法取得成功，君臣之间没有一定名分：这就是对官吏取舍违背常理的祸患。

现时议论的人多说，朝廷内外百官，任职时间太长；又说，官位无适当人选就先缺着。这些都是念叨的老生常谈，而不推究时势变化，保守旧制度的糟粕，而不根据事和情，徒自炫耀聪明，以干扰治理和教化。古时候民风淳朴，官号不多，只要分别愚贤，不论资历辈分，不以朝夕之功责求于人，不以微小差错计较于事，不因有一点小善就褒奖提升，不因有一个小过就惩罚斥逐。所以《虞书》上说："每三年考核一次政绩，经过三次考核，提拔贤明者，罢免昏庸者。"这样，官员必须等到九年才会被提拔或罢免。而那些得到提拔的人，有的从卑微的百姓一跃而成为达官显宦，虽在任长久，又有什么不好呢？汉代制度：部刺史俸禄六百石，郡守俸禄二千石，刺史考绩列入优等的就升为郡守，郡守考绩列为优等的就入朝廷任九寺大卿，从九寺大卿再升御史大夫、相国。这就是说，从食禄六百石的官吏到宰相，其间要经历三四次升迁。即使久于其任，也没有什么不当的。近代设置官职逐渐增多，官员的级别也越来越密。现在县级有七个等级的差别，州府有九个等级的差异；同为省郎，就有前、中、后行和郎中、员外郎五等的区分；同是谏官，就有左右谏议大夫、左右补阙、左右拾遗三等的区别；直到各台各寺，大抵类似于此，都有一定编制，各自必须遵守。若依照唐尧虞舜时的方法，都以九年为期，这就会使高官位上常常苦于缺人，下级官员又常常感叹白首无成。夏、商、周三代的管理制度，或减或增有所不同，难道他们喜欢变来变去吗？是因为时势变化不得已而为之啊！至于说鲧用堵塞的办法治理洪水没有取得成功，还要等到九年后才流放杀掉，后代假设有与鲧一样的失职之臣，哪里还能等到九年以后才施行处罚呢？我本来就知道那样做是不行的。处罚要快，而提拔要慢，用这种态度来学习古人的做法，这就好比往后退着走却希望赶上前人啊。

近来臣因奏事，论述到内外大臣依资序升迁的问题，陛下却说："按旧例官员任职时间都很长，朕外祖父曾做秘书少监，一任就是十几年。"董晋阿顺陛下心情，就上奏说："臣在大历年间曾任祠部郎中和司勋郎中，各经历六次考核。"陛下的意思，颇以为应该这样。以臣愚笨的看法，这实在有偏见。凡是征引援用旧例，须辨明是非，对的不必更改，错的不必遵守。况且在旧例之内，自有彼此错乱、自相矛盾的地方呢？先帝初即位时，权贵大臣当权，授任官职多屈从私情。有的人一个月几次升迁，有的人几年不得升迁。等到中期，君臣之间猜忌不协，大家只知悠闲享乐，许多大事都被搁置不议。对于选官授职，尤其艰难，开始因偏邪不正失去公平，接着因互相怀疑阻挠形不成决议，致使人与人之间的伦理关系和官吏正常升迁的制度遭到破坏，百官大都滞留在低级的职位上，得不到及时提升。这些都是应当惩戒的，何足以效法呢！

考核人才，管理官吏有三种办法：一是提拔官职以表彰他们的优异成绩；二是罢黜官职以追究他们的失职之过；三是依次晋升以勉励他们谨慎供职、循守常规。这样，经考核后，政绩优秀者破格提升；没有政绩者及时黜退；其余政绩虽不突出，但也没有败坏官守的，则依循常例，按规定的守官年限处理。如此就能使有特殊才能的人不被压抑，使百官品位升降有序。参考古今的经验，可以认为这是合乎治国之道的。而那些发议论的人不明白这个道理，一概而论地只说百官应久于其任，岂不正是念叨老生常谈而不推究因时而变的人吗？设置官位，安排官员，光大帝王的事业，不仅是为了应付事务，也还为了培养人才。所以官员的职务虽有大小、闲忙的区别，却都不可或缺，就在于储备官员以随时听用。因此，《礼记·射义》上说："古代天子行射礼时，必奏《驺虞》乐章，以庆祝官员的储备。"只有经邦济国的重任，才非有大德不能担当。故《礼记·文王世子》上说："古代天子设四辅和三公，不一定齐备，只授予称职的人。"发议论的人不知道这样的明证，一概而论地只说官位没有适当人选就空着，岂不是固守旧制中的糟粕，而不依据事理和情势吗？

如今朝廷内外的官员，经过反复考核应该升迁的，陛下或者说他们已有位次，必须暂时留下来；或者说他们没有显著的功劳，何必要多次改官。这就使得那些循规矩、言语少的老实人因默默无闻而得不到进步，又使得那些在考绩中成绩显著的人遭到压抑。即使人们的能力大小有差别，却同样都不能得到升迁。人们做官，从小官做起，到做到朝廷大臣、地方郡守，其间的经历大都要很多年。孜孜不倦地谨慎修行，数着日子想提拔，却又受到考绩时间规定的限制不能逾越，岁月很快流逝，回顾做官的生涯，怎能不产生感叹！这种做法显然不符合引进人才的要求，并且也不是鼓励官吏上进的办法。

主管官吏频繁变动，固然不符合治理之道，做官时间过久，也会有弊病产生。为什么呢？世俗人情，喜新厌旧。有始有终的，唯有圣人。降至中等资质的人，极少有不变的。开始的时候砥砺志节之心很迫切，等到日子一久，因循苟且的念头必然会萌生，加以月满则亏，弓张则弛，天地神化，尚且难以常全，人的作为，怎能事事得当？所以，一分一分地度量，到一丈的时候必有差误；一铢一铢地称量，到一钧的时候必有误差。任职一久，哪能没有失误？或者为奸吏所操持，或者被过于苛刻的法律条文所纠察，偶因一失，尽弃前功，至使治行没有结果，能名中途败坏。难道不是上头废弛了规制，才导致了这样一种结果吗？所以圣人爱惜人的才华，考虑到人在办事时难免出问题，选择他们当中才德美好的人而使用之，当他们勤勉顺利地做好工作时就给予奖励，对已经取得成功的不要不提拔，不要置人于必败之地。如此，锐气不受到挫折，力量就不会匮乏；官吏有事业，事情就能善始善终。这个道理符合中庸的原则，所以写出来作为法度。官吏调动太快，则人心散漫而职业不稳固；太慢，则人心懈怠而事业心渐渐衰退。太快与太慢，其弊病相同。陛下俯就屈从不负责任的议论，说是合乎先王典籍，在位久应当提拔的人，说是职务需要暂且留下；官位缺需要补充，又说官吏不必齐备。那么才德杰出的人如何才能得到提拔，治理教化又与谁一起去做好呢？这就是因循旧说而不问其可否的祸患。

陛下忧劳勤勉，从事治理，做梦都在思念贤良之士，实行唐尧、虞舜的明智仁德以遍求贤能，效法太宗、天后的英迈之风以拔擢真才。然而得到人才的盛况同前朝比尚觉有愧，罗致人才的功绩没能为当代增光。实在是因为七种祸患没有除去，三种办法未能实行，而又明察太深，皇威太严，一般人的才干器量，怎么能符合皇上的心愿？所以有的官员虽获超级提升，又很快被废黜。朝廷人物凋零，或是由于此吧！而那些妄发议论的人不探究造成弊端的原因，只考虑革除弊端的对策，反而以提拔任用的人多为由，以阻挠授任官职为精当周详，以回避诽谤为奉事朝廷的忠诚，以挑小毛病为提拔人才的要项，乃至于毁誉不一、美恶混淆，凡有人升迁，必遭指责。陛下听信指责，不时批评训导，而小人更加多言，益发阴诈，为此眩迷惑乱，眼里没有好人。原有进用官吏的意思转而变成疑惑，拔擢人才的路子逐渐狭隘。老臣凋零衰败几乎没有了，居下位的人有的受压抑很难提升，因而使得任用官吏的秩序失常，人才难于长进，官吏的资历名望日渐浅薄，磨炼自励越来越少，高卑一同衰败，几乎不能相接续。

  臣因备位，职当序进人才，担心众官空缺，屡次冒犯皇上。愚昧的识见不足以周济人物，微小的诚意不足以感动上天，徒有提拔良善之心，反倒积下妨贤之罪，既惭愧又惶恐，忧心如焚，满怀焦虑。凡是除授新的官职，不是引来诽谤讽刺，必是招致怨仇憎恨。宰臣获罪，多由此而起。臣屡次冒犯皇上，到底有什么好处？只因担当重任，职责驱使担忧，加之迫于感激皇恩愿意报效的一片忠诚，不得不冒昧地说这些啊。至于裁判选择，是用是舍，只能请陛下自去谋划了。谨此奏闻。

李 吉 甫

李吉甫（758~814），字弘宪，赵郡（治今河北赵县）人。唐德宗时，以父荫入仕，历任太常博士、驾部员外郎、忠州等地刺史。宪宗即位，任考功员外郎、知制诰，升翰林学士、中书舍人。因参与策划讨平西川节度副使刘辟叛乱，元和二年（807）拜相，任中书侍郎、同平章事。又因策划讨平镇海节度使李琦叛乱，并在一年多时间内平稳调动三十六处藩镇，封赞皇县侯，徙赵国公。不久，自请出为淮南节度使。在淮南三年，兴修水利，疏浚漕渠，颇有政声。六年再次入相，又裁汰冗官冗吏，迫使魏博节度使田弘正听命朝廷，废除京城诸寺庄田、水硙免税特权。九年暴卒，谥曰"忠懿"。

李吉甫深谙时政，前后外放十余年间，对民间疾苦有较深切的了解，对藩镇强横深恶痛绝，为政勤勉，多有建树。曾撰《元和国计薄》十卷和《百司举要》一卷，均佚；传世的《元和郡县志》，体例完善，被历代地理学者奉为名著。

请汰冗吏疏

本篇选自明代杨士奇等编辑的《历代名臣奏议》，是李吉甫再次拜相时上唐宪宗的一篇奏疏。

唐宪宗李纯是中唐时期一位一度很有作为的皇帝，在位期间先后平定刘辟、李琦、吴元济等藩镇的叛乱，其他藩镇也表示归服；对当时政治紊乱和民生疾苦也有所关注。李吉甫的这篇奏疏，就是在这种背景下，针对当时官僚机构重叠、冗官冗吏充斥，官吏俸禄支出造成赋税加重、人民日益贫困的现实，提出了合并州县、省减官吏，并重新衡量和评定官吏俸禄的建议。他的建议被宪宗采纳，当年裁减朝廷内外官员八百零八人，各部九品以下吏员一千七百六十九人，官制有所振举，财政支出也有所减省。

方今置吏不精，流品庞杂，存无事之官，食至重之税。故生人日困，冗食日滥。又国家自天宝以来，宿兵八十余万，其去为商贩、度为佛老、杂入科役者，率十五以上。天下常以劳苦之人三，奉坐待衣食之人七。而内外官仰奉廪者无虑万员，有职局重出、名异事杂者甚众。故财日寡而受禄多，官有限而调无数。九流安得不杂？万务安得不烦？汉初置郡不过六十，而文景几三王。则郡少不必政紊，郡多不必事治。今列州三百，县千四百，以邑设州，以乡分县，费广制轻，非致化之本。顾诏有司博议，州县有可并，并之；岁时入仕有可停，停之。则吏寡易求，官少易治。国家之制，官一品奉三千，职田禄米大抵不过千石。大历时，权臣月奉有至九千缗者，州刺史无大小皆千缗。宰相常衮始为裁限，至李泌量闲剧稍增之，使相通济。然有名在职废，奉存额去；闲剧之间，厚薄顿异，亦请一切商定。

【译文】
  如今设置官吏不精干，流内流外多而杂乱。许多官员无所事事，坐食大量赋税收入。所以，百姓日益贫困，吃公粮的人却越来越多。国家自天宝以来，老兵八十余万，退伍后做商贩、当和尚道士和在衙门里做差役、厮役的，大概占十分之五以上。国家常常是靠占人口十分之三的劳动辛苦之人，来养活十分之七的坐待衣食之人。而朝廷内外官员靠俸禄为生的无疑已有万人。机构重叠，名称不同、职事混杂的现象很普遍。因此，财物日益减少而吃俸禄的人却越来越多，官府有所限度而户调税却征纳无数，九流之人怎能不混杂，国家事务怎能不烦琐？西汉初期，设郡不过六十，而文帝、景帝的治绩几乎赶上夏、商、周三王。可见，郡的数量少，不一定就会出现政务紊乱；郡的数量多，不一定事情就办得好。现在设州三百个、县一千四百个，以一个县的地方设置成一州，以一个乡的人口编制为一个县，耗费巨大而控制不力，这不是达到教化的根本办法。所以，应命令有关部门广泛听取意见，州县能合并的，就合并；每年按时征辟官吏能够停下来的，就停下来。这样，吏员数量少，就容易找到合适的；官员数量少，就容易管理好。国家的制度，一品官每月薪俸三千缗，职田所收的禄米大抵不超过一千石。到大历年间，权贵大臣每月薪俸有达到九千缗的，州刺史不论其州大小，月薪都是一千缗。常衮做宰相时，开始进行裁减、限制。到李泌为相，又酌量事务的清闲与繁重程度，稍微有所增减，使之互相调剂。然而，仍有名义存在而职事已废除、薪俸存在而名额已取消的情形；在任职的清闲与繁重之间，薪俸的优厚与菲薄顿时显出差别来。这些也请一并商量定夺。

范 仲 淹

范仲淹（989~1052），北宋政治家、文学家。字希文，苏州吴县（今属江苏）人。真宗大中祥符八年（1015）中进士。仁宗天圣中（1023~1031）监泰州西溪盐税时，建议重修捍海堰，使滨海泻卤皆成良田，后世称为"范公堰"。后历任府、州通判，太常博士，秘阁校理，右司谏等职。他于谏官任上，直言敢谏，奋不顾身，因反对仁宗废后，被贬为睦州知州，转苏州知州。在苏州任上，率民疏通五条河道，引导太湖水入海，颇著政绩。景祐二年（1035）任天章阁待制，权知开封府事，上任才一月，"京邑肃然称治"。次年，以"言事无回避"得罪执政，被指为朋党，贬知饶州，转知润州、越州。宝元三年（1040），西夏李元昊入侵延州，他被起复为天章阁待制、陕西都转运使，不久以龙图阁直学士与枢密直学士韩琦并为陕西经略安抚副使。仲淹守边数年，号令严明，爱抚士卒。羌人敬之，呼为"龙图老子"；西夏人惧之，相戒不敢犯其境，称"小范老子胸中自有数万甲兵"。庆历三年（1043）四月，与韩琦同升为枢密副使；八月，任参知政事。当时仁宗正信任仲淹及韩琦等，数次命他们奏当世要务，以至手诏督促，开天章阁召对。于是，仲淹于九月上《答手诏条陈十事》，随即着手实施所谓"庆历新政"。庆历新政以整顿、革新吏治为中心，因而不可避免地触犯了朝廷已积重难返的陈规陋习和特权阶层的既得利益，因而遭到守旧派官僚的强烈反对和猛烈攻击，以至于造谣中伤。新政推行仅八个月，仲淹即被迫以防边为名，自请出为陕西河东路宣抚使。五年五月，被正式罢去执政并宣抚使职，降为邠州知州兼陕西四路缘边安抚使。支持新政的宰相杜衍、富弼、韩琦等，也都被指为朋党，相继贬就外任。新政尽废。后又历知邓州、杭州等地。皇祐四年病逝，赠兵部尚书，谥曰"文正"。仲淹少有大志，慨然以天下为己任，且一生"于富贵、贫贱、毁誉、欢戚，不一动其心"。所著《岳阳楼记》中的名句"先天下之忧而忧，后天下之乐而乐"，既是其道德文章的真实写照，也是其砥砺后人的宝贵遗产。著作有《范文正公集》传世。

答手诏条陈十事（节选）

本篇选自《范文正公集》，为范仲淹著名奏疏《答手诏条陈十事》的前半部分。

范仲淹所处的时代，已是北宋王朝的危急存亡之秋。北宋建国之初，宋太祖鉴于"唐季以来，数十年间，帝王凡易八姓，战斗不息"的历史教训，听从谋臣赵普的建议，采取了一系列加强中央集权即皇权的改革措施。主要是：收回兵权，建立调兵权与统兵权分立、以文制武和实行禁军"更戍"的军事体制；分化相权，实行官吏的"官"、"职"、"差遣"分离和强干弱枝的方针，建立事权分散的行政体制；完善科举制，扩大取士科目和名额，广纳士人参政，并推行"特恩"和保任制。在宋初特定的历史条件下，这些改革措施都是必要的，因而很快收到了巨大成效：唐末以来出现的"方镇太重，君弱臣强"、"干弱枝强"的积弊一扫而尽，无论军权、政权、财权等都集中到了皇帝手里，各级军事、行政机构和文臣武将都从根本上失去了威胁皇权的力量。这不仅是北宋王朝相对于五代的一大进步，而且在封建政治制度史上也具有深远的影响。

但是，宋初改革明显地带有那个特定历史时期"矫枉过正"的特征。由于宋太祖的继承者太宗、真宗都没有能够认识到这一改革在新的历史条件下必须进行调整，因而便不得不承受其负面作用所造成的后果：由于兵权分立和实行"更戍法"，使将帅无权，指挥失灵，军队战斗力日益削弱；加上实行养兵政策，把大批饥民拉入军队，不仅破坏了农业生产，更直接造成了兵员膨胀的恶果。由于分化事权，扩大科举取士和推广恩荫制，造成了官僚机构重叠，"官"不称"职"，名不副实，政事紊乱，官吏数量猛增而行政效率低下。这一切，最终导致了仁宗时期的"三冗"（冗兵、冗官、冗费）局面和"积贫积弱"的国势。庆历三年与范仲淹同时应诏奏对的富弼就指出：当时"民力殚竭，国用乏匮，吏员冗而率未得人，政道阙而将及于乱"。（《续资治通鉴长编》卷一四三）

正是在这种形势的驱迫下，宋仁宗才"夙夜忧惧"，"遂欲更天下弊事"（《续资治通鉴长编》卷一四〇），并罢免了吕夷简等一班守旧派大臣，起用范仲淹等一批主张改革的官员。而《答手诏条陈十事》也就应运而生。范仲淹所条陈十事，依次是：明黜陟；抑侥幸；精贡举；择官长；均公田；厚农桑；修武备；减徭役；覃恩信；重命令。史载十事奏后，仁宗"悉用其说"，除修武备一项"辅臣共以为不可而止"，其余各项从庆历三年十月至次年五月均以诏书形式次第颁行全国，成为"庆历新政"的施政纲领。

要而言之，范仲淹所陈十事，基本内容可归纳为整顿吏治、选拔人才、发展经济、加强武备四个方面，而前两方面又可归结为改革用人制度，即本篇所节选的第一至五事的中心思想。围绕这一中心思想，范仲淹集中做了三个字的文章：第一，治理一个"冗"字，即冗官现象。北宋中叶冗官冗吏之多为前朝历代所罕见。范仲淹深刻地剖析了造成冗官现象的社会历史原因,尖锐地指出了冗官问题的种种弊端及其严重危害,并对症下药地开出了治理的良方。这包括两层意思:一是改革官吏考核升迁制度,废止按年资升迁的"磨勘法",严明黜陟,赏功罚罪(过);二是改革恩荫制,控制推恩范围,限制官僚子弟特权,放开选拔英才之路(不"与孤寒争路")。第二,着眼一个"精"字,即精选人才。这也包括两层意思:一是从普遍意义上讲,要改革科举制,着眼于能通经救弊的"经济之才"。为此作者就科举取士的内容、方法以及及第者选官等,提出了一系列具体建议;二是就特殊问题讲,要改革地方官选任办法,着眼于"举择"大批"贤于众者"担当州县重任。作者亦就此提出了具体设想,并强调指出,只有诸道官吏皆得其人,才能"为陛下爱惜百姓,均其徭役,宽其赋敛,各使安宁,不召祸"。第三,注重一个"养"字,即厚禄养廉。作者为此提出的具体办法是整顿职田制度,使之均平。他指出,只有使地方官吏"衣食得足,婚嫁丧葬之礼不废",然后才可以"责其廉节,督其善政;有不法者,可废可诛"。这样,不仅从现实看可以使英才乐于担任州县之任,使百姓受赐,而且从长远看,更是"致化之本"。

应当说,范仲淹围绕"冗"、"精"、"养"三个字所做的文章,即"条陈"的一至五事,基本上体现了范仲淹的用人思想,其中优秀的成分是很多的。这些思想集中地反映了庆历新政力矫时弊的深度,而统筹后五事言之,则又反映了这一改革涉及的广度,这正如曾巩所评论的,其"造于道,尤可谓宏且深,更天下之事,尤可谓详且博"(《上范资政书》)。

由于复杂的历史原因,庆历新政仅实施一年便告夭折,但是这次改革的实践和范仲淹关于改革的思想和主张,在中国改革史上的影响却是深远的。从近期看,它为随之而来的更大的改革运动——王安石变法,做了必要的思想和舆论上的准备,为其扫清了前进路上的许多障碍,王安石变法中关于改革官僚机构、科举制度、俸禄制度等多项措施,都或多或少地受到了庆历新政的启迪。而从长远看,后世有志于改革的封建政治家们亦在一定程度上受到范仲淹的启迪。

我国家革五代之乱,富有四海,垂八十年,纲纪制度日削月侵,官壅于下,民困于外,疆场不靖,寇盗横炽,不可不更张以救之。然欲正其本,必端其末,欲清其流,必澄其源。臣敢约前代帝王之道,求今朝祖宗之烈,采其可行者条奏。愿陛下顺天下之心,力行此事,庶几法制有立,纲纪再振,则宗社灵长,天下蒙福。

一曰明黜陟。《虞书》"三载考绩，三考，黜陟幽明"。我祖宗朝，文武百官，皆无磨勘之例，惟政能可旌者擢以不次，无所称者至老不迁。故人人自励，以求绩效。今文资三年一迁，武职五年一迁，谓之磨勘。不限内外，不问劳逸，贤不肖并进，此岂黜陟幽明之意耶？假如庶僚中有一贤于众者，理一郡县，领一务局，思兴利去害而有为也，众皆指为生事，必嫉之、诅之、非之、笑之，稍有差失，随而挤陷。故不肖者素餐尸禄，安然而莫有为也，虽愚暗鄙猥，人莫齿之，而三年一迁，坐至卿、监、丞、郎者，历历皆是。谁肯为陛下兴公家之利，救生民之病，去政事之弊，葺纲纪之坏哉？在京百司，金谷浩瀚，权势子弟，长为占据，有虚食廪禄待阙一二年者，暨临事局，挟以势力，岂肯恪恭其职！使祖宗根本之地，纲纪日隳。故在京官司，有一员阙，则争夺者数人。其外任京朝官，则有私居待阙，动逾岁时，往往到职之初，便该磨勘，一无勤效，例蒙迁改。此则人人因循，不复奋励之由也。

臣请特降诏书，今后两地臣僚，有大功大善，则特加爵命；无大功大善，更不非时进秩。其理状循常而出者只守本官，不得更带美职。应京朝官在台省、馆阁职任，及在审刑、大理寺、开封府、两赤县、国子监、诸王府，并因保举及选差监在京重难库务者，并须在任三周年，即与磨勘；若因陈乞，并于中书、审官院愿在京差遣者，与保举选差不同，并须勾当通计及五周年，方得磨勘。如此，则权势子弟肯就外任，各知艰难；亦有俊明之人，因此树立，可以进用。如今日已前受在京差遣已勾当者，并听其外任。在京朝官到职勾当及三年者与磨勘，内前任勾当年月日及公程日限，并非因陈乞而移任在道月日，及升朝官在京朝请月日，并令通计。其远官近地劳逸不同，并在假待阙及公程外住滞，或因公事非时移替在道月日，委有司别行定夺闻奏。如任内有私罪并公罪徒已上者，至该磨勘日，具情理轻重，别取进止。其庶僚中有高才异行，多所荐论，或异略嘉谟为上信纳者，自有特恩改进，非磨勘之可滞也。又外任善政著闻，有补风化；或累讼之狱，能辨冤沉；或五次推勘，人无翻讼；或劝课农桑，大获美利；或京师库务，能革大弊，惜费巨万者，仰本辖保明闻奏，下尚书省集议，为众所许，则列状上闻，并与改官，不隔磨勘。或有异同，各以所执取旨，出于圣断。

仍请诏下审官院、流内铨、尚书考功，应京朝官、选人逐任得替，明具较定考绩、结罪闻奏。内有事状猥滥并老疾愚昧之人，不堪理民者，别取进止。已上磨勘考绩条件，该说不尽者，有司比类上闻。如此，则因循者拘考绩之限，特达者加不次之赏，然后天下公家之利必兴，生民之病必救，政事之弊必去，纲纪之坏必葺，人人自励，天下兴治，则前王之业，祖宗之权，复振于陛下之手矣。其武臣磨勘年限，委枢密院比附文资定夺闻奏。

二曰抑侥幸。臣闻先王赏延于世，诸侯有世子袭国，公卿以德而任，有袭爵者，《春秋》讥之。及汉之公卿，有封爵而殁，立一子为后者，未闻余子皆有爵命。其次宠侍大臣，赐一子官者有之，未闻每岁有自荐子弟者。祖宗之朝，亦不过此。自真宗皇帝以太平之乐与臣下共庆，恩义渐广，大两省至知杂御史以上，每遇南郊并圣节，奏一子充京官，少卿监奏一子充试衔。其正郎、带职员外郎并诸路提点刑狱以上差遣者，每遇南郊，奏一子充斋郎。其大两省等官既奏得子充京官，优于庶僚，复更每岁奏荐，积成冗官。假有任学士以上官经二十年者，则一家兄弟子孙出京官二十人，仍按次升朝，此滥进之极也。今百姓贫困，冗官至多，授任既轻，政事不举，俸禄既广，刻剥不暇。审官院常患充塞，无阙可补。臣请特降诏书，今后两府并两省官等，遇大礼许奏一子充京官，如奏弟侄骨肉即与试衔外，每年圣节更不得陈乞。如别有勋劳著闻中外，非时赐一子官者，系自圣恩。其转运使及边任文臣初除授后，合奏得子弟职事者，并候到任二年无遗阙，方许陈乞。如二年内非次移改者，即许通计三年陈乞。三司副使、知杂御史、少卿监已上并同两省，遇大礼各奏荐子孙。其正郎、带馆职员外郎并省府推判官、外任提点刑狱以上，遇大礼合该奏荐子孙者，须在任及二周年方得陈乞。已上有该说不尽者，委有司比类闻奏。如此，则内外朝臣各务久于其职，不为苟且之政，兼抑躁动之心。亦免子弟充塞铨曹，与孤寒争路，轻忽郡县，使生民受弊。其武臣入边上差遣，并大礼合奏荐子弟者，乞下枢密院详定比类闻奏。又国家开文馆，延天下英才，使之直秘庭，览群书，以待顾问，以养器业，为大用之备。今乃登进士高第者，一任才罢，不以能否，例得召试而补之；两府、两省之子弟亲戚，不以贤不肖，辄自乞馆阁职事者，亦得进补。太宗皇帝建崇文院、秘阁，自书碑文，重天下贤才也。陛下当思祖宗之意，不宜甚轻之。臣请特降诏书，今后进士三甲及第者，一任回日，许进陈教化、经术文字十轴，下两制看详，作五等品第，中第一第二等者，即赐召试，试入优等，即补馆阁职事。两府、两省子弟并不得陈乞馆阁职事及读书之类。御史台画时弹劾，并谏院论奏。如馆阁缺人，即委两地举文有古道、才堪大用者，进名同举，并两制列署表章，仍上殿称荐，以免其职。如此，则馆阁职事必无轻授，足以起朝廷之风采，绍祖宗之本意，副陛下慎选矣。

三曰精贡举。臣谨按《周礼》乡大夫之职，其废已久，今诸道学校如得明师，尚可教人《六经》，传治国治人之道。而国家专以词赋取进士，以墨艺取诸科，士皆舍大方而趋小道，虽济济盈廷，求有才识者十无一二；况天下危困，乏人如此，固当教以经济之业，取以经济之才，庶可救其不逮。或谓救弊之术无乃后时，臣谓四海尚完，朝谋而夕行，庶乎可济，安得晏然不救，坐俟其乱哉！臣请诸路州郡有学校处，奏举通经有道之士，专于教授，务在兴行。其取士之科，既依贾昌朝等起请，进士先策论而后诗赋，诸科墨艺之外，更通经旨，使人不专辞藻，必明理道，则天下讲学必兴，浮薄知劝，最为至要。内欧阳修、蔡襄更乞逐场去留，贵文卷少而考较精。臣谓尽令逐场去留，则恐旧人捍格，不能创习策论，亦不能旋通经旨，皆忧弃遗，别无进路。臣请进士旧人三举以上者，先策论而后诗赋，许将三场交卷通考，互取其长。两举、初举者，皆是少年，足以进学，请逐场去留。诸科中有通经旨者，至终场别问经旨十道，如不能命辞而对，则于知举官前，讲说七通者为合格。不会经旨者，三举已上，即逐场所对墨义，依自来通粗施行。两举、初举者，至于终场日，须八通者为合格。

又外郡解发进士、诸科人，本乡举里选之式，必先考其履行，然后取以艺业。今乃不求履行，惟以词藻、墨义取之，加以弥封，不见姓字，实非乡举里选之本意也。又南省考试举人，一场试诗赋，一场试策论，人皆精意，尽其所能，复考较日久，实少舛谬。及御试之日，诗赋文论共为一场，既声病所拘，意思不达，或音韵中有一字之差，虽生平苦辛，即时摈逐；如音韵不失，虽末学浅近，俯拾科级。既乡举之处不考履行，又御试之日更拘声病，以此士人进退，多言命运而不言行业。明君在上，固当使人以行业而进，乃言命运者，是善恶不辨而归诸天也，岂国家之美事哉？臣请重定外郡发解条约，须是履行无恶、艺业及等者，方得解荐，更不弥封试卷。其南省考试之人，已经本乡询考履行，却须弥封试卷，精考艺业。定夺等第讫，进入御前，选官复考，重定等第讫，然后开看。南省所定等第内合同姓名偶有高下者，更不移改。若等第不同者，人数必少，却加弥封，更宣两地参较，然后御前放榜，以为至当。内三人以上者，即于高等人中选择，圣意宣放。其考较进士，以策论高、词赋次者为优等，策论平、词赋优者为次等；诸科经旨通者为优等，墨义通者为次等。已上进士、诸科，并以优等及第者放选注官，次等及第者守本科选限。自唐以来，及第人皆守选限。国家以收复诸国，郡邑乏官，其新及第人权与放选注官。今来选人壅塞，宜有改革，又足以劝学，使知圣人治身之道，则国家得人，百姓受赐。

四曰择官长。臣闻今之刺史、县令，即古之诸侯。一方舒惨，百姓休戚，实系其人。故历代盛时之时，必重此任。今乃不问贤愚，不较能否，累以资考，升为方面。懦弱者不能检吏，得以蠹民；强干者惟是近名，率多害物。邦国之本，由此凋残。朝廷虽至忧勤，天下何以苏息！其转运使并提点刑狱按察列城，当得贤于众者。臣请特降诏书，委中书、枢密院且各选转运使、提点刑狱共十人，大藩知州十人；委两制共举知州十人；三司副使、判官同举知州五人；御史台中丞、知杂、三院共举知州五人；开封知府、推官共举知州五人；逐路转运使、提点刑狱各同举知州五人，知县、县令共十人；逐州知州、通判同举知县、县令共二人。得前件所举之人，举主多者先次差补。仍指挥审官院、流内铨，今后所差知州、知县、县令并具各人历任功过、举主人数闻奏,委中书看详。委得允当,然后引对。如此举择,则诸道官吏庶几得人,为陛下爱惜百姓,均其徭役,宽其赋敛,各使安宁,不召祸。

五曰均公田。臣闻《易》曰:"天地养万物,圣人养贤以及万民。"。此言圣人养民之时,必先养贤;养贤之方,必先厚禄;厚禄然后可以责廉隅、安职业也。皇朝初,承五代乱离之后,民庶凋敝,时物至贱。暨诸国收复,郡县之官少人除补,至有经五七年不替罢者,或才罢去,便入见阙。当物价至贱之时,俸禄不辍,士人家无不自足。咸平已后,民庶渐繁,时物遂贵,入仕多门,得官者众,至有得替守选一二年,又受官阙一二年者。在天下物贵之后,而俸禄不继,士人家鲜不穷窘,男不得婚、女不得嫁、丧不得葬者,比比有之。复于守选待阙之日,衣食不足,求人贷债,以苟朝夕。到官之后,必来见逼。至有冒法受赃,赊贷度日,或不耻贾贩,与民争利。既作负罪之人,不守名节,吏有奸赃而不敢发,民有豪猾而不敢制。奸吏豪民得以侵暴,于是贫弱百姓理不得直,冤不得诉,徭役不均,刑罚不正,比屋受弊,无可奈何,由乎制禄之方有所未至。真宗皇帝思深虑远,复前代职田之制,使中常之士自可守节,婚嫁以时,丧葬以礼,皆国恩也。能守节者,始可制奸赃之类,镇豪猾之人,法乃不私,民则无枉。近日屡有臣僚乞罢职田,以其有不均之谤,有侵民之害。臣谓职田本欲养贤,缘而侵民者有矣,比之衣食不足,坏其名节,不能奉法,以直为枉,以枉为直,众怨思乱而天下受弊,岂止职田之害耶?又自古常患百官重内而轻外,唐外官月俸尤更丰足,簿尉俸钱尚二十贯。今窘于财用,未暇增复。臣请两地同议外官职田,有不均者均之,有未给者给之,使其衣食得足,婚嫁丧葬之礼不废,然后可以责其廉节,督其善政。有不法者,可废可诛,且使英俊之流,乐于为郡为邑之任,则百姓受赐。又将来升擢,多得曾经郡县之人,深悉民隐,亦致化之本也。

【译文】

我们国家消除五代的混乱局面,统一天下快八十年了,纲纪制度却每月每日都在受到侵蚀和削弱。各级政府冗官充塞,人民贫困,边疆不安宁,外寇内盗横行,气焰嚣张,不得不进行改革以拯救这种局面。要纠正事物的末节，必须从端正其根本入手；要使河流清澈，必须从澄清其源头抓起。为臣斗胆研究了前代帝王的治道，考察了本朝祖宗的功业，采纳其中可以实行的部分逐条陈奏，愿陛下顺应天下人的心，大力推行这些措施，那么或许法制就能重新树立，纲纪就能重新振作，宗庙社稷、祖宗在天之灵和天下百姓都要蒙受福泽了。

第一事：严明黜陟。《尚书·舜典》上说："三年考核一次政绩，经过三次考核，罢免昏庸者，提升贤明者。"我们祖宗各朝，文武百官都没有磨勘的成例，只要官员有值得表彰的政绩，就可以不受资序限制得到提升，政绩无所称道的到老也得不到升迁。所以人人都自我勉励，以求取得政绩实效。现在文官三年升迁一次，武官五年升迁一次，称之为"磨勘"。既不分京朝官还是地方官，也不问为政勤劳还是逸豫，贤能者与无才德者一样升迁，这难道是"黜陟幽明"的本意吗？假如众多臣僚中有一个才能出众的人，治理一个郡、一个县或领导一个部门，总是考虑如何兴利去害而有所作为，众人就会指责他出风头，必定嫉妒他、阻挠他、非议他、讥笑他，他要是稍有一点差失，众人就会随之排挤他、陷害他。所以，无才德者总是素餐尸禄，安居其位而无所作为。即使是愚昧无知、鄙陋卑猥、人所不齿之徒，三年升迁一次，稳稳当当做到卿、监、丞、郎的，触目皆是。谁又肯为陛下兴办国家之公利，拯救人民之困苦，去除政事之弊端，整治毁坏之纲纪呢？在京百官中，那些钱谷多、油水大的美差都被有权有势人家的子弟长期占据，有些只领粮米俸禄、待阙一二年的人，等到派遣去一个事务部门，就倚仗势力，又哪里肯恪尽其职！这就使得祖宗根本之地，法制日益毁坏。所以在京各官府衙门，有一个空缺职位，就会有好几个人争夺。那些被派外任的京朝官，则有的住在家中待阙，动辄几年，往往刚刚到职，便已应该磨勘，一无勤政实效，照例得到升迁改任。这就是人人因循苟且，不再奋发自励的原因。

臣请求陛下特降诏书：今后无论在朝廷的官员还是地方官员，有大功大善，就特别给予加官晋爵，无大功大善，绝不给予特别升迁。那些政绩平平而外放的官员，只能保持原官，不能更任美职。所有京朝官，包括在台省、馆阁任职和在审刑院、大理寺、开封府、两赤县、国子监、各王府任职，以及因保举与铨选差遣监管在京各种繁重杂难库藏事务的官吏，都必须任职满二周年，才能参与磨勘。若因陈请并在中书省和审官院自愿担任在京差遣官职者，与保举及选差得官者不同，必须公差合计任满五周年，才能参与磨勘。只有这样，那些权势之家的子弟才肯到地方就任，从而了解到世事的艰难。其中也会有才能出众并贤明的人，因此而有所建树，可以提拔重用。如果是此前已接受在京差遣并已管理了某项事务的官员,暂且按照原先规定的年限磨勘;其余尚未办好交接手续却请求去地方任职的官员,听凭他们外任。在京朝官到职管事满三年者可参与磨勘,其中在前一任上管事的时间及按规定因公在途的时间,和非因陈请而移任在途的时间,及升朝官在京朝见奏对的时间,统统加起来计算。他们之中因任官之地远近与道路难易不同,和休假待阙及在规定期限之外滞留,或因公事不能按时移交在途耽搁的时间,都交付主管部门根据具体情况另行决定上奏。如官员在任期内因私或因公犯罪判处徒刑以上的刑罚,到磨勘时,开列情节轻重,分别决定继续任用或者黜退。百官众僚中有才能卓越、品行异常者,有许多人推荐,或者因为有美计奇谋被皇上看重采纳的,自然有特旨降恩改任升迁,不是磨勘条例可以限制的。再有,出任地方官政绩卓著,有裨益于风俗教化;或者处理疑难案件,能为蒙冤者辨明沉冤;或者办案能做到反复推勘,没有人再翻供;或者鼓励人民从事农桑,获得大好收成;或者监管京师有关库藏事务,能够革除大弊,节省巨额开支的官员,命令其上级机关保举奏闻,再下达尚书省集中评议,为大多数人所认同,就列明事状上奏,并给予改迁官职,不受磨勘条例限制。如果有争议,就把各种不同意见一并上报,由圣上决断。

还要请陛下下诏给审官院、流内铨和尚书考功司,所有京朝官、选人任满替换时,都要具明经考察核实的其政绩或罪过的情况上奏。其中有苟且偷安、滥用职权和老病昏愦的人,不能胜任治理百姓的,一概另作安置。以上磨勘考绩的条件,该说而没有说到的,责成有关主管部门比照类推,拟议上报。这样,因循守职的人就会因考绩而受到限制,才能出众的人就会得到破格奖赏。然后,国家的公益事业必定振兴,百姓的困苦必得解救,政事的弊端必定去除,毁坏的纲纪必得整治,人人奋发图强,国家兴盛太平,那么前代帝王的伟业,祖宗传下的大权,就会在陛下的手中得以振扬。至于武臣的磨勘年限,交付枢密院比照对文职官员的规定,研究决定后上报。

第二事:抑制侥幸。据臣所闻,先王推广恩赏于天下,诸侯可以让世子袭位,公卿则要视德行而任命,如有靠世袭而得到爵位的,寓意褒贬的《春秋》就要讥刺他。到了汉代,公卿中有封爵的,死了立其一子袭爵,没有听说其余的儿子都能袭封的。其次,受宠幸的近侍大臣,赐其一子为官也是有的,但未听说过官员每年都可以自己推荐子弟为官的事。我们祖宗各朝,也不过如此。自从真宗皇帝以天降祥瑞与臣下共庆太平之乐以来,推恩的范围逐渐扩大,中书、门下大两省官至御史台知杂御史以上的官员,每逢南郊祭天大礼和诞圣节,每人可以奏请一子充任京官。各寺、监的少卿监可以奏请一子充任试衔。六部各司郎中、带馆职员外郎以及各

范仲淹 答手诏条陈十事（节选）

路提点刑狱以上的差遣官，每逢南郊大礼，可以奏请一子充任斋郎。其中大两省等官员，既能奏请其子充任京官，优于其他臣僚，又能每年奏荐，因而积久便形成了冗官局面。假如有一个任学士以上官职二十年的官员，那么他一家兄弟子孙能出任京官的就会有二十人，仍然按次序升任朝官，这就使任官冗滥到了极点。如今百姓贫困，冗官却越来越多；授任官职如此轻率，政事自然难以兴举；官吏俸禄开支如此之大，只有加紧盘剥百姓。审官院常常为官吏待阙太多却没有空缺递补而发愁。臣请求陛下特降绍书，今后中书、枢密二府和中书、门下两省官员等，遇到郊祀大礼允许奏请一子充任京官，如果已奏请过兄弟子侄充任试衔，每年诞圣节便不得再陈奏乞请。如果是别有功勋劳绩著称于世，不按常规时间赐其一子为官，系出于圣恩，另作别论。各路转运使和任边防之职的文臣初次任命授职后，应当奏请子弟任职事官的，必须等到上任两年并没有缺任的情况，才能陈请。如果两年内有非常情况改任的，可允许其在任官满三年后陈请。三司副使、知杂御史、少卿监以上官员均视同中书、门下两省官员，遇郊祀大礼各奏荐其子孙。至于正郎、带馆职员外郎，及三司和各路、州、府推官、判官，外任提点刑狱以上的官员，遇郊祀大礼应当奏荐子孙的，必须在任满二周年才能陈奏乞请。以上有该说而没有说到的，交付主管部门比照类推，拟议奏报。这样，朝廷内外大臣就会各自勉力从事其本职，不再只顾眼前，得过且过，并抑制了其急于进取之心。同时，也避免了他们的子弟拥挤在铨选机关，与出身寒微、孤立无援的士子们竞争仕途，避免了官僚子弟到郡县任官而玩忽职守，使老百姓受其祸害。至于武臣到边防上任差遣官，并在遇郊祀大礼应当奏荐子弟的，请下诏枢密院认真研究，比照类推，拟议上奏。还有，国家开设文馆，招揽天下英才，使之入值秘馆，博览群书，以等待皇帝垂询，以涵养器度学业，为将来大用做准备。但现在那些考中进士前几名的，一任才满，不管是否胜任，照例得到召见面试而补授馆阁之职。两府、两省官员的子弟，不论贤愚，只要自己陈请补授馆阁职务，也能如愿以偿。太宗皇帝建崇文院和秘阁，亲自书写碑文，是为了表明重视天下英才。陛下应当深思祖宗的意图，不宜太轻忽急慢。臣请求陛下特降诏书，今后凡是考取进士三甲及第的，第一任期满时，准许他们进呈关于教化、经学、术艺的文章十篇，交内外知制诰审阅批读，分作五个等级品评其优劣，得中第一、第二等的人，即赐召见面试，考试成绩优等的，即补授馆阁职务。两府、两省官员的子弟不得陈请补授馆阁职务和侍读之类的职衔。如果有，御史台要考虑时机弹劾，与谏院一起讨论上奏。如馆阁缺人，就交付中央各部门和地方选举为文有古人节操风仪、才能胜任大用者，进上姓名，一同推举，连同内外知制诰列署的表章，上殿奏荐，决定安排其在馆阁的任职。这样，馆阁职务才不会轻率补授，才足以振兴朝廷的好风气，继承祖宗的遗愿，符合陛下慎选人才的本意。

第三事：精选贡举。据臣谨慎地考察，《周礼》所记载的乡大夫的职事，其废弛已经很久了。现在诸道学校如能请得高明教师，尚可教人学习《六经》，传授治国治民的道理。但国家专门以词赋为标准录取进士，以墨义为标准录取各科，士人都舍弃博学广识，而热衷于词章技艺，这样的人即使挤满朝廷，寻求有才学识见的十个中也找不出一两个来；况且国家正处在危急困难时期，如此缺乏人才，实在应当教授人们一些经世济民的学问，录用一些能够治国安邦的人才，这样或许国家还可以有救。有人以为现在谈救弊的办法岂不是晚了一点，臣以为国家尚且完整，早做谋划而立马行动，差不多还可以济事。怎么能安然不救、坐等天下大乱呢！臣请求命各路州郡有学校的地方，奏荐通经学有道德之士，专作教授职务，务在有所兴作和行动。至于取士的科目，就按照贾昌朝等人的奏请，进士先考策论后考诗赋，诸科考墨义之外，还要考通晓经书大旨，使人们明白不能只专心于辞藻，而必须通达治国的道理和方法。这样，天下讲学的风气必然振兴，轻浮浅薄的人也会知道改正，才是最重要的。其间，欧阳修、蔡襄还请求考一场淘汰一次，推崇考试文卷少而内容精。臣以为现在就全面实行逐场淘汰的办法，恐怕老的考生抵触。他们既不可能立即学好策论，也不可能很快通晓经义，都会忧虑被淘汰，别无仕进之路。因此，臣请求对应进士科考试考过三次以上的人，先考策论后考诗赋，允许将三场考卷一起判改，互相比较取其长。考过两次和初考应试的都是年轻人，有足够的时间学习，请实行逐场淘汰的办法。诸科考试中有通晓经旨的人，到最后一场考试时，另外提问经旨十道，如不能侃侃而对，就以在主考官前答通七道题者算合格。不会经旨的人，就以逐场所对墨义得"通"、"粗"来决定，考过两次和初考者到终场考完，必须得八个"通"才算合格。

还有外地各郡发解来京应进士、诸科贡举的人，根据古代乡举里选的程序，必须先考察其品行，然后才考其技艺学业。现在却不看品行，专门以辞藻、墨义取人，加上采取弥封试卷的办法，看不见考生姓名，实在有违于乡举里选的本意。参加尚书省考试的举人，一场考诗赋，一场试策论，人人精于此道，各尽所能，加上考试时间长，很少发生差错。等到殿试的那天，诗赋文论合在一场考，如果受声调发声限制，就不能准确表达意思。有的人在音韵上哪怕出一个字的错，即使平生如何辛苦治学，也被立即摈弃；如果音韵方面不出错，即使学疏才浅，也能轻易登科及第。乡举里选既已不考察品行，殿试更受到音韵易出差错的限制，因此士人们在能不能考取这个问题上，往往只谈命运好坏而不谈品行学业优劣。圣明君主在上，本来应当使人们凭自己的品行学业而进取，现在却一味谈论命运，这是不辨善恶而归因于天，难道是国家的好事吗？臣请求重新修订外地各郡发解贡士的条例，必须是无恶劣品行，技艺学业及格人，才能被发解举荐，这样就不必再弥封试卷。至于参加尚书省考试的人，已经通过本乡考察品行这一关，却必须弥封试卷，精细考试其技艺学业。待评定等级后，召到殿前，选择官员进行复试，重新评定等级后，再开卷查看。尚书省所定等级与殿试所定等级同姓名者名次稍有差别的，不再改动；若出现等级不同的，人数一定不多，重新弥封，再使两地检验校核，然后在御前放榜公布名单，才是最妥当的。其中前三名就在录入高等的人中选择，根据圣上旨意放榜宣布。报考进士，以策论优秀、词赋稍次为优等，策论一般、词赋优秀为次等；报考诸科，以通晓经典要旨为优等，通过笔试经义为次等。已经考中进士和诸科，均以优等及第者立即放选，注拟授官，以次等及第者依报考科目守选待阙。自唐代以来，科举及第者都必须守选待阙一定年限。本朝立国之初，因收复割据的各小国，郡县普遍缺官，那些刚及第的人才权且不依常例放选授官。现在候选的官员充塞朝廷，应当有所改革，这样又足以劝学，使士人了解修身之道，那么国家就会因此得到人才，百姓也会同时受到恩泽。

第四事：慎择官长。据臣所知，现在的刺史、县令，就是古代的一方诸侯。一方政治的宽缓与惨刻，百姓的喜乐与忧伤，都系在这些人身上。所以历代盛世之时，必定重视这类职位。现在却不问贤愚，不考核能否，只凭其人累积的资考，便升为方面大员。其中的懦弱者不能约束手下的胥吏，使他们得以祸害百姓；强干者又只知贪图功名，通常多是损害别人。国家的根本，由此就衰败残破了。朝廷虽然至忧至勤，国家又怎能得到休养生息！转运使和提点刑狱分别管辖、监察地方，应当选任德才贤于众人者。臣请求陛下特降诏书，委托中书省、枢密院各选举转运使、提点刑狱共十人，大州知州十人；委托内外知制诰共同举荐知州十人；三司副使和判官共同举荐知州五人；御史中丞、知杂侍御史和三院长官共同举荐知州五人；开封府知府和推官共同举荐知州五人；各路转运使和提点刑狱各自同举知州五人，知县、县令共十人；各州知州和通判共同举荐知县、县令共二人。以上各级所举荐的人中，举主多的优先差遣补官。还要命审官院、流内铨，今后要把所派遣去任知州、知县、县令的官员历任的功过及推荐他的举主人数一并上奏，交付中书省审查批示。委托得当的，再让他们接受陛下召见，对答政事。如此举荐选择，各地官吏就可以得到合适人选，他们为陛下爱惜百姓，均平其徭役，宽缓其赋税，使百姓安乐，地方宁静，不招致祸乱。

第五事：平均公田。《易经》上说："天地养育万物，圣人养育贤人以及万民。"这就是说，圣人养育百姓的时候，必定首先养育他们中的贤人。养育贤人的方法，必定是先给他们丰厚的俸禄；给了丰厚的俸禄才能责成他们廉洁奉公，安心本职。皇朝初建时，承续五代乱离之后，民众困苦，物价极贱，到各割据国逐渐平定，郡县之官缺少任命替补的人选，以致有的人任一官五七年也不能替换或罢任，或者刚刚罢任，立即又能补阙。当物价极贱的时候，俸禄发放及时，仕宦之家无不自足。咸平年间以后，人民生齿渐繁，物价于是昂贵，进入仕途的门路也广了，做官的人也多了，以至有换任待选一二年后，又授官待阙一二年的。在天下物价上涨之后，俸禄却不能按时发放，仕宦之家少有不穷困窘迫的。男不能婚、女不得嫁、死无钱葬的情况，比比皆是。那些人在守选、待阙的时候，衣食不足，只好求人借债，以苟且度日。到任之后，债主必然要来逼债，以致他们只得贪赃枉法、挪用公款度日，或者不顾脸面经商贩卖，与民争利。既然已经做了有罪的人，不能保守名节，那么属吏有奸邪贪赃之事就不敢揭发，百姓有强横不法行为就不敢管制，奸吏豪民得以肆意妄为，于是贫弱的百姓就有理无处说，有冤无处申，徭役不均平，刑罚不公正，家家户户受害却无可奈何，根子就在于俸禄制度不完备。真宗皇帝深谋远虑，恢复了前代的职田制度，使中等寻常之士自己可以保守名节，按年龄论婚嫁娶，按礼仪办理丧葬，这都是国家的恩典。能保守名节的官员，才能约制奸邪贪赃之吏，镇压强横不法之徒，法令才能不偏私，百姓才能无冤枉。近来屡屡有臣僚乞请停止实行职田制度，因为这种制度有不公平的议论，有侵犯百姓利益的情况。臣以为恢复职田制度的本意是为了养育贤才，为此而侵犯百姓利益的情况或许是有的，但比之于官员们衣食不足，败坏其名节，不能奉公守法，以直为曲，以曲为直，使百姓怨恨思乱以至于国家衰败，岂止是职田之弊所造成的危害能比得了的！还有，自古以来就常常忧虑百官重视京官而轻视外任，唐代外任官员月俸禄尤其丰厚，主簿、县尉这类低级地方官月俸尚且有二十贯。现在国家财用窘迫，顾不上增加官员俸禄。臣请求让内外两地官员共议外任官员职田之事，有不均平的就使之均平，有未拨给的就拨给他们，使他们丰衣足食，婚嫁丧葬之礼不废。然后就可以责成他们廉洁守节，督促他们力行善政。有不法者，可以罢废，可以诛杀。这样不仅将使卓越者乐于担任郡县之任，使百姓受到恩惠，而且将来提拔官员，也可以多得到一些担任过郡县职务的人，这些人洞察民间隐情，也是达到天下大治的本源。

包　拯

　　包拯（999～1062），字希仁，北宋庐州合肥（今属安徽）人。仁宗天圣五年（1027）中进士，授大理评事、知建昌县，因父母年高，辞官归养近十年，孝名远播。复入仕后，曾任知县、监察御史、三司户部副使、天章阁待制知谏院、龙图阁直学士、河北都转运使等职；历知数州及江宁府、开封府；再迁右谏议大夫、权御史中丞，枢密直学士，权三司使，给事中、三司使，终官枢密副使。卒赠礼部尚书，谥曰"孝肃"。

　　包拯为人忠正峭直，为官清正廉明，执法严峻，断讼明敏，不畏权贵，体恤百姓，是我国历史上著名的清官。《宋史·包拯传》称颂他："立朝刚毅，贵戚宦官为之敛手，闻者皆惮之。人以包拯笑比黄河清。童稚妇女，亦知其名，呼曰'包待制'。京师为之语曰：'关节不到，有阎罗包老。'"包拯事迹长期流传民间，从元代起演为戏文，"包青天"形象极受人民爱戴，至今被视为公正无私的清官典型。著有《包孝肃奏议》十五卷。有宋张田编《包拯集》行世。

乞不用赃吏疏

　　本篇选自《包拯集》，是包拯于庆历四年（1044）任监察御史时上宋仁宗的一篇奏疏。

　　北宋初年，官吏俸禄极其微薄。太宗时，虽几次提俸，如武臣最低职官三班奉职（从八品。其下尚有三班借职，班次亦在防御团练副使之上）的月俸亦仅七百文、驿券肉半斤。当时曾有人在驿舍题诗说："三班奉职实堪悲，卑贱孤寒即可知。七百料钱何日富？半斤羊肉几时肥？"（《宋史事实类苑》卷六三）这个信息传到朝廷，引起进一步重视。真宗、仁宗两朝曾先后大规模提俸，而幕职州县官俸禄仍然偏低。加上当时官繁吏冗，吏治腐败，以致贪污之风盛行。与包拯同时代的王安石，在上仁宗皇帝的"万言书"中曾指出："今官大者，往往交赂遗、营赀产，以免贪污之毁；官小者，贩鬻、乞丐，无所不为。"包拯的这篇奏疏，就是在这种社会背景下写的。作者居官清廉，嫉贪如仇。他曾遗言后人："后世子弟仕宦，有犯赃者，不得放归本家，死不得葬大茔中。不从吾志，非吾子若孙也。"这篇奏疏也体现了作者同样的立场。疏中针对朝廷惩贪不力，以致"贪猥之徒殊无忌惮"，引举先朝令典，请求严惩贪官污吏，并提出了今后对臣僚犯赃抵罪的，永不录用，对犯赃轻的，即使任用，也只能安排无实权职位的建议。

本文主旨在反贪惩贪，倡导廉洁，而不是专讲用人问题，但却从一个侧面提出了一项重要的用人原则，对用人者不无参考价值。加以凛然正气溢于字里行间，用人者乃至一般读者读之均不免肃然起敬，受到教育。

臣闻廉者，民之表也；贪者，民之贼也。今天下郡县至广，官吏至众，而赃污摘发，无日无之。洎具案来上，或横贷以全其生，或推恩以除其衅，虽有重律，仅同空文，贪猥之徒，殊无畏惮。昔两汉以赃私致罪者，皆禁锢子孙，矧自犯之乎？太宗朝，尝有臣僚数人犯罪，并配少府监隶役，及该赦宥，谓近臣曰："此辈既犯赃滥，只可放令遂便，不可复以官爵。"其责贪残、慎名器如此！皆先朝令典，固可遵行。欲乞今后应臣僚犯赃抵罪，不从轻贷，并依条施行，纵遇大赦，更不录用；或所犯若轻者，只得授副使、上佐。如此，则廉吏知所劝，贪夫知所惧矣。

【译文】
臣听说：廉吏，是人民的表率；贪吏，是人民的祸害。当今天下郡县非常广大，官吏也十分众多，而举报官吏贪赃枉法的事，没有一天不在发生。等到将案件呈报上来，有的却被以各种借口给予宽免，而保全了其性命；有的则因朝廷推广恩典，而免除了其罪责。虽有严峻的法律，仅同一纸空文，贪婪鄙贱之徒，绝无畏惧之心。从前两汉时期，由于贪赃营私而犯罪的人，都要限制其子孙不准做官，何况自身犯罪呢？我朝太宗在位时，曾有几个臣僚犯罪，一起被打发到少府监做差役，待到应当赦免他们的时候，太宗对身边的大臣说：这些人已犯了贪赃罪，只能放他们去自谋生路，不可再恢复官爵。太宗就是这样责罚贪官污吏、慎重任官授爵的。这些都是先朝的好制度，本当遵照执行。所以，臣想乞求皇上，今后凡是官吏贪赃枉法犯了罪，一律不得从轻发落，都要依法律条文治罪，即使遇到大赦，也不能重新录用；有的所犯罪行较轻的，也只能再授予副使、上佐之类无实权的官职。这样，廉吏就会得到奖勉，贪者也会有所畏惧了。

王 安 石

王安石（1021～1086），北宋政治家、思想家、文学家。字介甫，号半山，抚州临川（今属江西）人。仁宗庆历二年（1042）中进士，初授签书淮南判官，后历任鄞县知县、舒州通判、群牧判官、常州知州。嘉祐三年（1058）二月，移任提点江东刑狱；十月，调任三司度支判官。就在奉诏入朝就任新职之际，王安石向皇帝献"万言书"，极陈当世之务，力主改革政治与经济。后又历任直集贤院、同修起居注、知制诰、同勾当三班院等职。英宗时，长期居丧和卧病。神宗即位（1067），因久慕安石大名，三月起为江宁知府，九月除翰林学士。熙宁元年（1068）四月，诏以翰林学士越次入对。是年，应诏上《本朝百年无事札子》，重申改革主张，颇与神宗思想吻合。二年，任参知政事（执政），着手实行变法，先后颁行了均输法、青苗法和农田水利法。三年，任同中书门下平章事（拜相）。在此后几年中，又次第推出免疫、市易、方田均税等一项项新法，使一场改革大潮在神州大地上涌动达七八年之久。然而，由于保守派的固执反对，新法推行迭遭阻碍。七年，王安石被迫辞相，次年虽复相，而九年再辞，终于退居江宁（今南京），不问政事。元丰元年（1078）封舒国公，次年改封荆国公，世称王荆公。哲宗元祐元年四月卒，赠太傅，谥曰"文"，故又称王文公。王安石变法是一次以巩固封建皇权为目的，以整顿财政为中心，代表中小地主、中小商人利益的政治改良运动。这次变法尽管只是修修补补地调整一下封建国家机器，但其影响深远，具有重要的历史意义。王安石因此曾被列宁称为"中国十一世纪时的改革家"。《宋史·王安石传》则称赞王安石："以文章节行高一世，而尤以道德经济为己任。"安石在文学上造诣很高，诗、词、文俱佳。他的散文雄健峭拔，为唐宋八大家之一。其中政论文无论长篇还是短制，均以结构严谨、说理透彻、语言朴素简洁、概括性极强见长，历来被奉为政论文的典范。著作有《临川集》、《临川集拾遗》等传世。

上仁宗皇帝言事书

本篇又题作《上皇帝万言书》，选自《临川集》（校以清蔡上翔《王荆公年谱考略》）。王安石上书时间在嘉祐三年。

一般认为，这篇《上仁宗皇帝言事书》，是王安石变法的纲领性文献。

蔡上翔于《王荆公年谱考略》中盛赞此书，以为"秦汉而下，未有及此者"。梁启超著《王安石传》亦称："此文为秦汉以后第一大文。其稍足方之者，惟汉贾生之《陈政事疏》而已"；又曰："此书虽谓公之政见宣言书可也，后世承学之士稍治国闻者，虑无不尝诵公此书。"

王安石上仁宗"万言书"，与范仲淹上仁宗"条陈十事"，相隔十五年。其时，宋王朝冗官、冗兵、冗费的"三冗"局面非但未见改观，"积贫积弱"的国势反而愈加深重，国家已处于风雨飘摇之中。"万言书"通过分析当时形势，论述了"改易更革天下之事"的必要性和紧迫性，并着重提出了解决人才问题乃是改革的关键所在的命题。围绕这一命题，作者从五个方面提出了他关于人才和用人的思想：

一是通过强调"方今之急，在于人才而已"，引孟子的话"徒法不能以自行"，提出了法治固然是当务之急，但制法靠人，行法亦靠人，故法度为本原，而人才为本原之本原的思想；

二是通过追溯自古以来"人才未尝不自人主陶冶而成之者"，提出了陶冶人才的责任应归之于人主的思想；

三是通过论述人才的"教之"与"取之"、"任之"之道，提出了学校当兴，教育内容、取士方法均当兴革，以及官吏当使之久任、专任，"而不一一以法束缚之，而使之得行其意"的思想；

四是通过论述人才的"养之"之道及"因天下之力以生天下之财，取天下之财以供天下之费"的财政原理，提出了厚禄养廉——制定官吏俸禄应"使其足以养廉耻而离于贪鄙之行"，然后才可以"诛其不循礼"，并对贪鄙不法者"裁"之以重刑的思想。

五是通过检讨任子（"官人以世"）制度的流弊和用人专循"资序"的"成俗"，提出了用人应不拘"资序"，量才而任用、考绩而黜陟的思想。

以上五个方面，体现了王安石在当时主张改革应从改革人才的培养、选拔、使用和管理入手的基本思路。"万言书"在表明这一基本思路的同时，对改革的其他内容也做了设计，这就是：以改革理财为中心，实现富国强兵。富国，就要改善理财。作者认为，国家财政困难，"公私常以困穷为患"，是因为"理财未得其道，而有司不能度世之宜而通其变"，若"诚能理财以其道而通其变"，则公私困穷的状况就会改变。强兵，就要改变"天下学士以执兵为耻"的习俗，加强武备教育，并于边疆宿卫之任"严其教，高其选"，以成"威天下、守国家之具"，等等。

"万言书"通篇贯穿着作者的忧患意识和改革理想。全书立意高远而充满正气，行文切直而少有避讳，语言峭拔、犀利，雄辩滔滔，具有一种不可抗拒的力量。然而，这样一篇"秦汉以后第一大文"，却未能引起经历过"庆历新政"而当时已意气消磨的仁宗皇帝的应有重视。直到十年后神宗即位，王安石以理财为中心的改革思想和主张才得到认同，并在神宗的支持下付诸实施。而王安石关于改革官制的思想和主张，在他推行变法的过程中却基本上未能或未来得及触及。直到他罢政后，神宗才针对宋初过度加强中央集权所出现的弊端，仿照《唐六典》制定的职官制度，推行了新的寄禄官阶，颁行了新的官制条例，并大力进行了精简机构和人员的工作，史称"元丰改制"。元丰改制，可以说是对王安石变法的匹配和继续。这次改制虽然也不彻底，但它对矫治当时的官制混乱、消除机构臃肿和冗员充斥、节省冗费，无疑起了重要作用。

臣愚不肖，蒙恩备使一路，今又蒙恩召还阙廷，有所任属，而当以使事归报陛下。不自知其无以称职，而敢缘使事之所及，冒言天下之事，伏维陛下详思而择其中，幸甚！

臣窃观陛下有恭俭之德，有聪明睿智之才，夙兴夜寐，无一日之懈，声色狗马、观游玩好之事，无纤芥之蔽，而仁民爱物之意，孚于天下，而又公选天下之所愿以为辅相者，属之以事，而不贰于谗邪倾巧之臣。此虽二帝三王之用心，不过如此而已，宜其家给人足，天下大治。而效不至于此，顾内则不能无以社稷为忧，外则不能无惧于夷狄，天下之财力日益困穷，而风俗日益衰坏，四方有志之士，諰諰然常恐天下之久不安。此其故何也？患在不知法度故也。

今朝廷法严令具，无所不有，而臣以谓无法度者，何哉？方今之法度，多不合乎先王之政故也。孟子曰："有仁心仁闻，而泽不加于百姓者，为政不法于先王之道故也。"以孟子之说，观方今之失，正在于此而已。

夫以今之世，去先王之世远，所遭之变，所遇之势不一，而欲一一修先王之政，虽甚愚者，犹知其难也。然臣以谓今之失，患在不法先王之政者，以谓当法其意而已。夫二帝、三王，相去盖千有余载，一治一乱，其盛衰之时具矣。其所遭之变，所遇之势亦各不同，其施设之方亦皆殊，而其为天下国家之意，本末先后，未尝不同也。臣故曰：当法其意而已。法其意，则吾所改易更革，不至乎倾骇天下之耳目，嚣天下之口，而固已合乎先王之政矣。

虽然，以方今之势揆之，陛下虽欲改易更革天下之事，合于先王之意，其势必不能也。陛下有恭俭之德，有聪明睿智之才，有仁民爱物之意，诚加之意，则何为而不成，何欲而不得？然而，臣顾以谓陛下虽欲改易更革天下之事，合于先王之意，其势必不能者，何也？以方今天下之人才不足故也。

臣尝试窃观天下在位之人，未有乏于此时者也。夫人才乏于上，则有沉废伏匿在下，而不为当时所知者矣。臣又求之于闾巷草野之间，而亦未见其多焉。岂非陶冶而成之者非其道而然乎？臣以谓方今在位之人才不足者，以臣使事之所及，则可知矣。今以一路数千里之间，能推行朝廷之法令，知其所缓急，而一切能使民以修其职事者甚少，而不才、苟简、贪鄙之人，至不可胜数。其能讲先王之意以合当时之变者，盖阖郡之间，往往而绝也。朝廷每一令下，其意虽善，在位者犹不能推行，使膏泽加于民。而吏辄缘之为奸，以扰百姓。臣故曰：在位之人才不足，而草野间巷之间亦未见其多也。夫人才不足，则陛下虽欲改易更革天下之事，以合先王之意，大臣虽有能当陛下之意而欲领此者，九州之大，四海之远，孰能称陛下之旨，以一一推行此，而人人蒙其施者乎？臣故曰：其势必未能也。孟子曰："徒法不能以自行。"非此之谓乎？然则方今之急，在于人才而已。诚能使天下之才众多，然后在位之才可以择其人而取足焉。在位者得其才矣，然后稍视时势之可否，而因人情之患苦，变更天下之弊法，以趋先王之意，甚易也。今之天下，亦先王之天下，先王之时，人才尝众矣，何至于今而独不足乎？故曰：陶冶而成之者，非其道故也。

商之时，天下尝大乱矣。在位贪毒祸败，皆非其人，及文王之起，而天下之才尝少矣。当是时，文王能陶冶天下之士，而使之皆有士君子之才，然后随其才之所有而官使之。《诗》曰："恺悌君子，遐不作人？"此之谓也。及其成也，微贱兔罝之人，犹莫不好德，《兔罝》之诗是也，又况于在位之人乎？夫文王惟能如此，故以征则服，以守则治。《诗》曰："奉璋峨峨，髦士攸宜。"又曰："周王于迈，六师及之。"言文王所用，文武各得其才，而无废事也。及至夷、厉之乱，天下之才又尝少矣。至宣王之起，所与图天下之事者，仲山甫而已。故诗人叹之曰："德輶如毛，维仲山甫举之，爱莫助之。"盖悯人才之少，而山甫之无助也。宣王能用仲山甫，推其类以新美天下之士，而后人才复众。于是内修政事，外讨不庭，而复有文武之境土。故诗人美之曰："薄言采芑，于彼新田，于此菑亩。"言宣王能新美天下之士，使之有可用之才，如农夫新美其田，而使之有可采之芑也。由此观之，人之才，未尝不自人主陶冶而成之者也。

所谓陶冶而成之者，何也？亦教之、养之、取之、任之有其道而已。

所谓教之之道，何也？古者天子诸侯，自国至于乡党皆有学，博置教导之官而严其选。朝廷礼乐刑政之事，皆在于学。士所观而习者，皆先王之法言德行治天下之意，其材亦可以为天下国家之用。苟可以为天下国家之用者，则无不在于学。此教之之道也。

所谓养之之道，何也？饶之以财，约之以礼，裁之以法也。何谓饶之以财？人之情，不足于财，则贪鄙苟得，无所不至。先王知其如此，故其制禄，自庶人之在官者，其禄已足以代其耕矣。由此等而上之，每有加焉，使其足以养廉耻，而离于贪鄙之行。犹以为未也，又推其禄以及其子孙，谓之世禄。使其生也，既于父子、兄弟、妻子之养，婚姻、朋友之接，皆无憾矣；其死也，又于子孙无不足之忧焉。何谓约之以礼？人情足于财而无礼以节之，则又放僻邪侈，无所不至。先王知其如此，故为之制度。婚丧、祭养、燕享之事，服食、器用之物，皆以命数为之节，而齐之以律度量衡之法。其命可以为之，而财不足以具，则弗具也；其财可以具，而命不得为之者，不使有铢两分寸之加焉。何谓裁之以法？先王于天下之士，教之以道艺矣，不帅教，则待之以屏弃远方终身不齿之法；约之以礼矣，不循礼，则待之以流、杀之法。《王制》曰："变衣服者，其君流。"《酒诰》曰："厥或诰曰：'群饮，汝勿佚。尽执拘以归于周，予其杀！'"夫群饮、变衣服，小罪也；流、杀，大刑也。加小罪以大刑，先王所以忍而不疑者，以为不如是，不足以一天下之俗而成吾治。夫约之以礼，裁之以法，天下所以服从无抵冒者，又非独其禁严而治察之所能致也；盖亦以吾至诚恻怛之心，力行而为之倡。凡在左右通贵之人，皆顺上之欲而服行之，有一不帅者，法之加必自此始。夫上以至诚行之，而贵者知避上之所恶矣，则天下之不罚而止者众矣。故曰：此养之之道也。

所谓取之之道者，何也？先王之取人也，必于乡党，必于庠序，使众人推其所谓贤能，书之以告于上而察之。诚贤能也，然后随其德之大小、才之高下而官使之。所谓察之者，非专用耳目之聪明，而私听于一人之口也。欲审知其德，问以行；欲审知其才，问以言。得其言行，则试之以事。所谓察之者，试之以事是也。虽尧之用舜，亦不过如此而已，又况其下乎？若夫九州之大，四海之远，万官亿丑之贱，所须士大夫之才则众矣，有天下者，又不可以一一自察之也，又不可以偏属于一人，而使之于一日二日之间，考试其行能而进退之也。盖吾已能察其才行之大者以为大官矣，因使之取其类以持久试之，而考其能者以告于上，而后以爵命、禄秩予之而已。此取之之道也。

所谓任之之道者，何也？人之才德，高下厚薄不同，其所任有宜有不宜。先王知其如此，故知农者以为后稷，知工者以为共工，其德厚而才高者以为之长，德薄而才下者以为之佐属。又以久于其职，则上狃习而知其事，下服驯而安其教，贤者则其功可以至于成，不肖者则其罪可以至于著，故久其任而待之以考绩之法。夫如此，故智能才力之士，则得尽其智以赴功，而不患其事之不终、其功之不就也。偷惰苟且之人，虽欲取容于一时，而顾僇辱在其后，安敢不勉乎？若夫无能之人，固知辞避而去矣。居职任事之日久，不胜任之罪，不可以幸而免故也。彼且不敢冒而知辞避矣，尚何有比周、谗谄、争进之人乎？取之既已详，使之既已当，处之既已久，至其任之也又专焉，而不一一以法束缚之，而使之得行其意，尧舜之所以理百官而熙众工者，以此而已。《书》曰："三载考绩，三考黜陟幽明。"此之谓也。然尧舜之时，其所黜者则闻之矣，盖四凶是也；其所陟者，则皋陶、稷、契，皆终身一官而不徙。盖所谓陟者，特加之爵命、禄赐而已耳。此任之之道也。

夫教之、养之、取之、任之之道如此，而当时人君又能与其大臣，悉其耳目心力，至诚恻怛思念而行之，此其人臣之所以无疑，而于天下国家之事，无所欲为而不得也。

方今州县虽有学，取墙壁具而已，非有教导之官、长育人才之事也。唯太学有教导之官，而亦未尝严其选。朝廷礼乐刑政之事，未尝在于学。学者亦漠然自以礼乐刑政为有司之事，而非己所当知也。学者之所教，讲学章句而已。讲说章句，固非古者教人之道也。而近岁乃始教之以课试之文章。夫课试之文章，非博诵强学穷日之力则不能；及其能工也，大则不足以用天下国家，小则不足以为天下国家之用。故虽白首于庠序，穷日之力以帅上之教，及使之从政，则茫然不知其方者，皆是也。

盖今之教者，非特不能成人之才而已，又从而困苦毁坏之，使不得成才者，何也？夫人之才，成于专而毁于杂。故先王之处民才，处工于官府，处农于畎亩，处商贾于肆，而处士于庠序，使各专其业而不见异物，惧异物之足以害其业也。所谓士者，又非特使之不得见异物而已，一示之以先王之道，而百家诸子之异说，皆屏之而莫敢习者焉。今士之所宜学者，天下国家之用也，今悉使置之不教，而教之以课试之文章，使之耗精疲神，穷日之力以从事于此。及其任之以官也，则又悉使置之，而责之以天下国家之事。夫古之人，以朝夕专其业于天下国家之事，而犹才有能有不能，今乃移其精神，夺其日力，以朝夕从事于无补之学，及其任之以事，然后卒然责之以为天下国家之用，宜其才之足以有为者少矣。臣故曰：非特不能成人之才，又从而困苦毁坏之，使不得成才也。

又有甚害者。先王之时，士之所学者，文武之道也。士之才，有可以为公卿大夫，有可以为士。其才之大小、宜不宜则有矣，至于武事，则随其才之大小，未有不学者也。故其大者，居则为六官之卿，出则为六军之将也；其次则比、闾、族、党之师，亦皆卒、两、师、旅之帅也。故边疆、宿卫，皆得士大夫为之，而小人不得奸其任。今之学者，以为文武异事，吾知治文事而已，至于边疆、宿卫之任，则推而属之于卒伍——往往天下奸悍无赖之人。苟其才行足以自托于乡里者，未有肯去亲戚而从召募者也。边疆、宿卫，此乃天下之重任，而人主之所当慎重者也。故古者教士，以射、御为急，其他技能，则视其人才之所宜而后教之，其才之所不能则不强也。至于射，则为男子之事。苟人之生，有疾而已，苟无疾，未有去射而不学者也。在庠序之间，固当从事于射也。有宾客之事则以射，有祭祀之事则以射，别士之行同能偶则以射，于礼乐之事，未尝不寓以射，而射亦未尝不在于礼乐、祭祀之间也。《易》曰："弧矢之利，以威天下。"先王岂以射为可以习揖让之仪而已乎？固以为射者武事之尤大，而威天下、守国家之具也。居则以是习礼乐，出则以是从战伐。士既朝夕从事于此而能者众，则边疆、宿卫之任，皆可以择而取也。夫士尝学先王之道，其行义尝见推于乡党矣，然后因其才而推之以边疆、宿卫之事，此古之人君所以推干戈以属之人，而无内外之虞也。今乃以夫天下之重任，人主所当至慎之选，推而属之奸悍无赖、才行不足自托于乡里之人，此方今所以谡谡然常抱边疆之忧，而虞宿卫之不足恃以为安也。今孰不知边疆、宿卫之士不足恃以为安哉？顾以为天下学士以执兵为耻，而亦未有能骑射行阵之事者，则非召募之卒伍，孰能任其事者乎？夫不严其教，高其选，则士之以执兵为耻，而未尝有能骑射行阵之事，固其理也。凡此皆教之非其道故也。

方今制禄，大抵皆薄。自非朝廷侍从之列，食口稍众，未有不兼农商之利而能充其养者也。其下州县之吏，一月所得，多者钱八九千，少者四五千；以守选、待除、守阙通之，盖六七年而后得三年之禄，计一月所得，乃实不能四五千，少者乃实不能及三四千而已。虽厮养之给，亦窘于此矣。而其养生、丧死、婚姻、葬送之事，皆当出于此。夫出中人之上者，虽穷而不失为君子；出中人之下者，虽泰而不失为小人；唯中人不然，穷则为小人，泰则为君子。计天下之士，出中人之上下者，千百而无十一，穷而为小人、泰而为君子者，则天下皆是也。先王以为众不可以力胜也，故制行不以己，而以中人为制，所以因其欲而利道之，以为中人之所能守，则其志可以行乎天下，而推之后世。以今之制禄，而欲使士之无毁廉耻，盖中人之所不能也。故今官大者，往往交赂遗、营资产，以负贪污之毁；官小者，贩鬻、乞丐，无所不为。夫士已尝毁廉耻以负累于世矣，则其偷惰取容之意起，而矜奋自强之心息，则职业安得而不弛，治道何从而兴乎？又况委法受赂、侵牟百姓者，往往而是也。此所谓不能饶之以财也。

婚丧、奉养、服食、器用之物，皆无制度以为之节，而天下以奢为荣，以俭为耻。苟其财之可以具，则无所为而不得，有司既不禁，而人又以此为荣。苟其财不足而不能自称于流俗，则其婚丧之际，往往得罪于族人亲姻，而人以为耻矣。故富者贪而不知止，贫者则强勉其不足以追之。此士之所以重困，而廉耻之心毁也。凡此所谓不能约之以礼也。

方今陛下躬行俭约，以率天下，此左右通贵之臣所亲见。然而其闺门之内，奢靡无节，犯上之所恶，以伤天下之教者，有已甚者矣。未闻朝廷有所放绌，以示天下。昔周之人，拘群饮而被之以杀刑者，以为酒之末流生害，有至于死者众矣，故重禁其祸之所自生。重禁祸之所自生，故其施刑极省，而人之抵于祸败者少矣。今朝廷之法所尤重者，独贪吏耳。重禁贪吏，而轻奢靡之法，此所谓禁其末而弛其本。然而世之识者，以为方今官冗，而县官财用已不足以供之，其亦弊于理矣。今之入官诚冗矣，然而比诸前世置员盖甚少，而赋禄又如此之薄，则财用之所不足，盖亦有说矣。吏禄岂足计哉？臣于财利，固未尝学，然窃观前世治财之大略矣，盖因天下之力，以生天下之财，取天下之财，以供天下之费。自古治世，未尝以不足为天下之公患也，患在治财无其道耳。今天下不见兵革之具，而元元安土乐业，人致其力，以生天下之财，然而公私常以困穷为患者，殆亦理财未得其道，而有司不能度世之宜而通其变耳。诚能理财以其道而通其变，臣虽愚，固知增吏禄不足以伤经费也。方今法严令具，所以罗天下之士，可谓密矣。然而亦尝教之以道艺，而有不帅教之刑以待之乎？亦尝约之以制度，而有不循礼之刑以待之乎？亦尝任之以职事，而有不任事之刑以待之乎？夫不先教之以道艺，诚不可以诛其不帅教；不先约之以制度，诚不可以诛其不循礼；不先任之以职事，诚不可以诛其不任事。此三者，先王之法所尤急也，今皆不可得诛；而薄物细故、非害治之急者，为之法禁，月异而岁不同，为吏者至于不可胜记，又况能一一避之而无犯者乎？此法令所以玩而不行，小人有幸而免者，君子有不幸而及者焉。此所谓不能裁之以刑也。凡此皆治之非其道也。

方今取士，强记博诵而略通于文辞，谓之茂才异等、贤良方正；茂才异等、贤良方正者，公卿之选也。记不必强，诵不必博，略通于文辞，而又尝学诗赋，则谓之进士；进士之高者，亦公卿之选也。夫此二科所得之技能，不足以为公卿，不待论而后可知。而世之议者，乃以为吾尝以此取天下之士，而才之可以为公卿者常出于此，不必法古之取人然后得士也。其亦蔽于理矣。先王之时，尽所以取人之道，犹惧贤者之难进，而不肖者之杂于其间也。今悉废先王所以取士之道，而驱天下之才士，悉使为贤良、进士，则士之才可以为公卿者，固宜为贤良、进士，而贤良、进士亦固宜有时而得才之可以为公卿者也。然而不肖者，苟能雕虫篆刻之学，以此进至乎公卿；才之可以为公卿者，困于无补之学，而以此绌死于岩野，盖十八九矣。夫古之人有天下者，其所以慎择者公卿而已。公卿既得其人，因使推其类以聚于朝廷，则百司庶府无不得其人也。今使不肖之人幸而至于公卿，因得推其类聚之朝廷，此朝廷所以多不肖之人，而虽有贤智，往往困于无助，不得行其意也。且公卿之不肖，既推其类以聚于朝廷；朝廷之不肖，又推其类以备四方之任使；四方之任使者，又各推其不肖以布于州郡。则虽有同罪举官之科，岂足恃哉？适足以为不肖者之资而已。其次九经、五经、学究、明法之科，朝廷固已尝患其无用于世，而稍责之以大义矣。然大义之所得，未有以贤于故也。今朝廷又开明经之选，以进经术之士。然明经之所取，亦记诵而略通于文辞者则得之矣，彼通先王之意而可以施于天下国家之用者，顾未必得与于此选也。其次则恩泽子弟，庠序不教之以道艺，官司不考问其才能，父兄不保任其行义，而朝廷则以官予之，而任之以事。武王数纣之罪，则曰："官人以世。"夫官人以世而不计其才行，此乃纣之所以乱亡之道，而治世之所无也。又其次曰流外，朝廷固已挤之于廉耻之外，而限其进取之路矣，顾属之以州县之事，使之临士民之上。岂所谓以贤治不肖者乎？以臣使事之所及，一路数千里之间，州县之吏出于流外者，往往而有，可属任以事者殆无二三，而当防闲其奸者皆是也。盖古者有贤不肖之分,而无流品之别。故孔子之圣,而尝为季氏吏,盖虽为吏,而亦不害其为公卿。及后世有流品之别,则凡在流外者,其所成立,固尝自置于廉耻之外,而无高人之意矣。夫以近世风俗之流靡,自虽士大夫之才,势足以进取,而朝廷尝奖之以礼义者,晚节末路,往往怵而为奸,况又其素所成立,无高人之意,而朝廷固已挤之于廉耻之外,限其进取者乎?其临人亲职,放僻邪侈,固其理也。至于边疆、宿卫之选,则臣固已言其失矣。凡此皆取之非其道也。

方今取之既不以其道,至于任之,又不问其德之所宜,而问其出身之后先;不论其才之称否,而论其历任之多少。以文学进者,且使之治财;已使之治财矣,又转而使之典狱;已使之典狱矣,又转而使之治礼。是则一人之身,而责之以百官之所能备,宜其人才之难为也。夫责人以其所难为,则人之能为者少矣。人之能为者少,则相率而不为。故使之典礼,未尝以不知礼为忧,以今之典礼者未尝学礼故也;使之典狱,未尝以不知狱为耻,以今之典狱者未尝学狱故也。天下之人,亦以渐渍于失教,被服于成俗,见朝廷有所任使,非其资序,则相议而讪之。至于任使之不当其才,未尝有非议者也。且在位者数徙,则不得久于其官,故上不能狃习而知其事,下不肯服驯而安其教;贤者则其功不可以及于成,不肖者则其罪不可以至于著。若夫迎新将故之劳,缘绝薄书之弊,固其害之小者,不足悉数也。设官大抵皆当久于其任,而至于所部者远、所任者重,则尤宜久于其官,而后可以责其有为。而方今尤不得久于其官,往往数日辄迁之矣。

取之既已不详,使之既已不当,处之既已不久,至于任之则又不专,而又一一以法束缚之,使不得行其意。臣故知当今在位多非其人,稍假借之权,而不一一以法束缚之,则放恣而无不为。虽然,在位非其人而恃法以为治,自古及今,未有能治者也。即使在位皆得其人矣,而一一以法束缚之,不使之得行其意,亦自古及今未有能治者也。夫取之既已不详,使之既已不当,处之既已不久,任之又不专,而一一以法束缚之,故虽贤者在位,能者在职,与不肖而无能者,殆无以异。夫如此,故朝廷明知其贤能足以任事,苟非其资序,则不以任事而辄进之;虽进之，士犹不服也。明知其无能而不肖，苟非有罪为在事者所劾，不敢以其不胜任而辄退之；虽退之，士犹不服也。彼诚不肖无能，然而士不服者，何也？以所谓贤能者任其事，与不肖而无能者亦无以异故也。臣前以谓不能任人以职事，而无不任事之刑以待之者，盖谓此之。

夫教之，养之，取之，任之，有一非其道，则足以败乱天下之人才，又况兼此四者而有之！则在位不才、苟简、贪鄙之人，至于不可胜数，而草野闾巷之间，亦少可任之才，固不足怪。《诗》曰："国虽靡止，或圣或否。民虽靡膴，或哲或谋，或肃或艾。如彼泉流，无沦胥以败。"此之谓也。

夫在位之人才不足矣，而闾巷草野之间，亦少可用之才，则岂特行先王之政而不得也，社稷之托，封疆之守，陛下其能久以天幸为常，而无一时之忧乎？盖汉之张角，三十六方同日而起，而所在郡国，莫能发其谋。唐之黄巢，横行天下，而所至将吏，无敢与之抗者。汉、唐之所以亡，祸自此始。唐既亡矣，陵夷以至五代，而武夫用事，贤者伏匿消沮而不见，在位无复有知君臣之义、上下之礼者也。当是之时，变置社稷，盖甚于弈棋之易，而元元肝脑涂地，幸而不转死于沟壑者无几矣！夫人才不足，其患盖如此，而方今公卿大夫，莫肯为陛下长虑后顾，为宗庙万世计，臣窃惑之。昔晋武帝趣过目前，而不为子孙长远之谋，当时在位，亦皆偷合苟容，而风俗荡然，弃礼义，捐法制，上下同失，莫以为非，有识固知其将必乱矣。而其后果海内大扰，中国列于夷狄者，二百余年。伏惟三庙祖宗神灵所以付属陛下，固将为万世血食，而大庇元元于无穷也。臣愿陛下鉴汉、唐、五代之所以乱亡，惩晋武苟且因循之祸，明诏大臣，思所以陶成天下之才，虑之以谋，计之以数，为之以渐，期为合于当世之变，而无负于先生之意，则天下之人才不胜用矣。人才不胜用，则陛下何求而不得，何欲而不成哉？夫虑之以谋，计之以数，为之以渐，则成天下之才甚易也。

臣始读《孟子》，见孟子言王政之易行，心则以为诚然。及见与慎子论齐鲁之地，以为先王之制国，大抵不过百里者，以为今有王者起，则凡诸侯之地，或千里，或五百里，皆将损之至于数十百里而后止。于是疑孟子虽贤，其仁智足以一天下，亦安能毋劫之以兵革，而使数百千里之强国，一旦肯损其地之十八九，比于先王之诸侯？至其后观汉武帝用主父偃之策，令诸侯王地悉得推恩封其子弟，而汉亲临定其名号，辄别属汉；于是诸侯王之子弟各有分土，而势强地大者，卒以分析弱小。然后知虑之以谋，计之以数，为之以渐，则大者固可使小，强者固可使弱，而不至乎倾骇变乱败伤之衅。孟子之言不为过，又况今欲改易更革，其势非若孟子所为之难也。臣故曰：虑之以谋，计之以数，为之以渐，则其为甚易也。

然先王之为天下，不患人之不为，而患人之不能；不患人之不能，而患己之不勉。何谓不患人之不为，而患人之不能？人之情所愿得者，善行、美名、尊爵、厚利也，而先王能操之以临天下之士，天下之士有能遵之以治者，则悉以其所愿得者以与之。士不能则已矣，苟能，则孰肯舍其所愿得，而不自勉以为才？故曰：不患人之不为，患人之不能。何谓不患人之不能，而患己之不勉？先王之法，所以待人者尽矣，自非下愚不可移之才，未有不能赴者也。然而不谋之以至诚恻怛之心，力行而先之，未有能以至诚恻怛之心，力行而应之者也。故曰：不患人之不能，而患己之不勉。陛下诚有意乎成天下之才，则臣愿陛下勉之而已。

臣又观朝廷异时欲有所施为变革，其始计利害未尝熟也。顾一有流俗侥幸之人，不悦而非之，则遂止而不敢为。夫法度立，则人无独蒙其幸者，故先王之政，虽足以利天下，而当其承弊坏之后、侥幸之时，其创法立制，未尝不艰难也。以其创法立制，而天下侥幸之人亦顺悦以趋之，无有龃龉，则先王之法，至今存而不废矣。惟其创法立制之艰难，而侥幸之人不肯顺悦而趋之，故古之人欲有所为，未尝不先之以征诛，而后得其意。《诗》曰："是伐是肆，是绝是忽，四方以无拂。"此言文王先征诛而后得意于天下也。夫先王欲立法度，以变衰坏之俗而成人之才，虽有征伐之难，犹忍而为之，以为不若是，不可以有为也。及至孔子，以匹夫游诸侯，所至则使其君臣捐所习，逆所顺，强所劣，憧憧如也，卒困于排逐。然孔子亦终不为之变，以为不如是，不可以有为。此其所守盖与文王同意。夫在上之圣人莫如文王，在下之圣人莫如孔子，而欲有所施为变革，则其事盖如此矣。今有天下之势，居先王之位，创立法制，非有征诛之难也。虽有侥幸之人不悦而非之，固不胜天下顺悦之人众也。然而一有流俗侥幸不悦之言，则遂止而不敢为者，惑也。陛下诚有意乎成天下之才，则臣又愿断之而已。

夫虑之以谋，计之以数，为之以渐，而又勉之以成，断之以果，然而能成天下之才，则以臣所闻，盖未有也。

然臣之所称，流俗之所不详，而今之议者以谓迂阔而熟烂者也。窃观近世士大夫，所欲悉心力耳目以补助朝廷者有矣。彼其意，非一切利害，则以为当世所不能行。士大夫既以此希世，而朝廷所取于天下之士，亦不过如此。至于大伦、大法、礼义之际，先王之所力学而守者，盖不及也。一有及此，则群聚而笑之，以为迂阔。今朝廷悉心于一切之利害，有司法令于刀笔之间，非一日也，然其效可观矣。则夫所谓迂阔而熟烂者，惟陛下亦可以少留神而察之矣。

昔唐太宗贞观之初，人人异论，如封建彝之徒，皆以为非杂用秦汉之政，不足以为天下。能思先王之政开太宗者，魏文正公一人尔。其所施设，虽不能尽当先王之意，抑其大略，可谓合矣。故能以数年之间，而天下几致刑措，中国安宁，蛮夷顺服，自三王以来，未有如此盛时也。唐太宗之初，天下之俗犹今之世也。魏文正公之言，固当时所谓迂阔而熟烂者也，然其效如此。贾谊曰："今或言德教之不如法令，胡不引商、周、秦、汉以观之？"然则唐太宗之事，亦足以观矣。

臣幸以职事归报陛下，不自知其驽下无以称职，而敢及国家之大体者，诚以臣蒙陛下任使，而当归报。窃谓在位之人才不足，而无以称朝廷任使之意，而朝廷所以任使天下之士者，或非其理，而士不得尽其才，此亦臣使事之所及，而陛下之所宜先闻者也。释此不言，而毛举利害之一二，以污陛下之聪明，而终无补于世，则非臣所以事陛下惓惓之义也。伏惟陛下详思而择其中，天下幸甚！

【译文】

　　臣愚昧无才,承蒙皇恩充任一路使职,现又承恩召回朝廷,有所安排和嘱托,理当把任职情况向陛下做个汇报。臣不自量力,非要斗胆根据本职所涉及的范围,冒昧地议论天下大事。恭请陛下仔细考虑之后,择取其中有用的部分,臣将感到荣幸之至!

　　臣私下观察,陛下有谦恭节俭的品德,有聪明睿智的才能,早起晚睡处理政务,没有一天松懈过;声色犬马、游玩享乐之类的事,丝毫没有沾染过;而爱护百姓、爱惜财力的心肠,则为天下人所信服,又能秉公选拔天下众望所归的人辅佐朝政,把国家大事委托给他们,并不因谗邪奸诈之人的离间便加以怀疑。即使尧、舜、禹、汤、文、武这些古代杰出帝王的用心,也不过如此而已。按理百姓应该家给人足,天下太平了。然而,实际效果却不是这样。现在,对内不能不为国家安危忧虑,对外不能不惧怕敌国侵略,国家的财力日益困乏,社会风俗日益败坏,各地有志之士,时常忧心忡忡地担心天下不能长久安定下去。这是什么原因呢?祸根就在于不知道法度的缘故。

　　如今朝廷法制严密,政令完备,无所不有,而臣却认为没有法度,为什么呢?因为现在的法度,大都不符合先王的政治。孟子说:"有仁爱的心肠和仁爱的名声,而恩泽却不能施于百姓,这是因为他管理国家没有效法先王之道的缘故。"按照孟子的说法,观察当今的失误,正在这个问题上。

　　现在的时代,离先王的时代已经久远了,所遭遇的变化、所面临的形势都不一样,而想要一一修习先王的政治,即使是最愚蠢的人,也知道那是很难的。然而臣认为当今的失误,祸根在于不效法先王的政治,是指应当效法他们的指导思想。从尧、舜到禹、汤、文、武,前后相距约一千多年,或是治世,或是乱世,都有过兴盛和衰落的时候。他们所遭遇的变化、所面临的形势各不相同,他们所采取的方法措施也都不一样,但他们治理国家的指导思想,本末先后,却没有什么不同。所以臣说,应当效法他们的指导思想。效法他们的指导思想,我们的改革就不至于使天下人震惊,惹天下人非议,因为,这原本已符合先王的政治了。

　　即便如此,以当今的形势推断,陛下虽然想要改革国家的政治,使之合乎先王的思想,其结果必定不可能。陛下有谦恭节俭的美德,有聪明睿智的才能,有爱护百姓、爱惜财力的心肠,又真诚地想实践先王的思想,那么还有什么事情干不成,有什么愿望达不到呢?然而臣却还是认为,陛下虽然想要改革国家的政治,使之合乎先王的思想,其结果必不可能。为什么呢?因为当今天下人才不足。

臣曾经私下观察在位的人，感到从来也没比现在更缺乏人才了。上面缺乏人才，那么肯定有人才被压抑，埋没在下面，而未为朝廷所发现。于是臣又深入到民间搜求，却也不见有多少人才。这难道不是因培养造就人才不得其法，才导致这种情况的吗？臣认为，当今在位的人才不足的情形，从臣在外任职所接触的范围就可以看出来。现在一路数千里之间，能够推行朝廷的法令，懂得法令的缓急，无论什么情况、什么时候都能使百姓各安其业的官员很少，而没有才干、苟且因循、贪婪卑鄙的人却多得不可胜数。至于能够熟知先王的治国思想，用以阐明当今时代变化的人，一郡之中往往找不到一个。朝廷每下一道命令，意图虽然很好，但在位的人不能推行，不能使皇上的恩泽加于百姓。相反，下面的官吏又总是借法谋私，骚扰百姓。所以臣说：在位的人才不足，而民间的人才也不见多。人才不多，那么陛下虽然想要改革国家政治，使之合乎先王的思想，大臣中虽然也有能领会陛下意图并愿意接受这个任务的人，但是国家这么大，地域这么辽阔，谁又能完全符合陛下的旨意，使每一项法令在所有地方都能得到推行，使百姓人人都能得到改革的好处呢？所以臣说：其结果必不可能。孟子说："只有法令是不够的，法令不能自己推行。"说的不就是这个意思吗？由此看来，当务之急，就在于人才了。如果真能使天下人才众多，那么各个职位就可以从中挑选合适的人来补足，在职官员都是有才之士，然后注意观察形势的可否，并根据人民的憎恶和疾苦，来变更天下的弊法，以符合先王的思想，这就很容易做到了。现在的天下，还是先王时的天下，先王的时代，人才是很多的，何至于今天反倒不足了呢？所以说，这是陶冶造就人才不得其法的缘故。

殷商之时，天下曾经大乱，当权的人贪婪狠毒，祸害社会，都是不称职的。到周文王兴起的时候，天下的人才是很少的。当时，文王能够培养造就天下的读书人，使他们都成为有德有才的人，然后根据他们才能的大小，委任他们官职。《诗经》上说："和乐平易的君子，为何不培育新人？"说的就是这个意思。等到文王成就大业的时候，连卑贱低微的捕兔人，都没有不崇尚道德的。《兔罝》篇反映的就是这种情形。更何况在位为官的人呢！文王惟其能够如此，所以他从事征伐就能制服敌人，护卫疆土就能使国家太平。《诗经》上说："手捧宝玉，仪表堂堂；才俊之士，位置适当。"又说："文王出征，六军随行。"说的是文王用人，文武都能各尽其才，因而没有办不好的事情。等到周厉王时，任用荣夷公执政，天下大乱，人才又少了。到周宣王继位后，能同他一起谋划天下大事的，仅仲山甫一人而已。所以，诗人感叹道："道德轻如鸿毛，只有仲山甫举着它，没有人能够帮助他。"这是忧虑人才匮乏，叹息仲山甫得不到帮助啊。宣王能任用仲山甫，以仲山甫为楷模，培养、提高天下的读书人，而后人才又多了起来。于是，对内修明政治，对外讨伐不臣服的诸侯，重新恢复了文王、武王时的疆土。所以，诗人赞美说："采摘芑菜，到新田里去，到熟地里去。"说的就是宣王能培养天下读书人，使之新美，使朝廷有可用之才，这就如同农夫能造出新美之田，使自己有可采之菜一样。由此看来，人的才干，无不是由君主陶冶造就的。

所谓陶冶造就人才，是什么意思呢？也就是在教育、培养、选拔、任用人才方面都要讲究方法罢了。

所谓教育人才的方法，是指什么呢？古代的天子、诸侯，从国都到乡村，都办有学校，普遍设置并严格挑选任教的官员。朝廷的礼仪、乐制、刑罚、政治等，都列入学校的课程之内。学生所看所学的，都是先王的礼法、言论、德行和治理天下的教导，这样教育出来的人才，就可以为国家所用。如果不能为国家所用，就不对其施教。如果可以为国家所用，就没有不曾在学校接受教育的。这就是教育人才的方法。

所谓培养人才的方法，是指什么呢？就是饶之以财，约之以礼，裁之以法。什么叫饶之以财？人之常情，财用不足的时候，就会变得贪鄙，用不正当的方法去获取，甚至无所不为。先王懂得这个道理，所以制定俸禄，从普通百姓到官府当差的，给他的俸禄足以代替他耕作所得的收入。由此自下而上，按官职等级，逐级增加俸禄，使他们足以涵养廉耻而不齿于贪婪卑鄙的行为。这样做还觉得不够，又将俸禄推广延续到给他们的子孙，称为世禄。这样，做官者在世的时候，对于供养父母兄弟妻子儿女或接待亲友，都不会感到遗憾；死后，子孙的生计也不会有不足之忧。什么是约之以礼？人之常情，财用富足而不用礼仪来节制，就会放荡奢侈，无所不为。先王懂得这个道理，所以制定了专门的制度。婚丧、祭祀、养育、宴请等活动，穿的、吃的、用的器皿等等，都按官爵等级加以节制，并统一规定了各种具体的标准。按等级可以享受某种规格的待遇，而财力不足以达到其标准，就不强求齐备；按财力可以齐备某种规格所需要的一切，但按等级不准这样做的，就不能有一丝一毫的增加。什么叫裁之以法？先王对于天下的读书人，都是以道德才艺教导他们，如果不遵循教导，就用贬斥到远方，终身不予录用的办法来对付他；已经用礼法来约束他们了，如果不服从约束，就用流放、杀头的办法来对付他。《王制》上说："改变衣服样式的人，要处流刑。"《酒诰》上说："天子发布文告说：'你们不要放纵，不准聚众饮酒，否则全部抓起来送到王都，我将杀了他们。'"聚众饮酒、改变衣服样式，是小罪，流放、杀头，是大刑。对小罪处以大刑，先王忍心这样做且毫不迟疑的原因，是认为不这样做，就不足以统一天下的风俗，从而成就治世。约之以礼，裁之以法，天下的人所以服从而不冒犯，不是仅靠法禁森严和管理周密就能实现的，还要靠我们以最诚挚恳切的心，身体力行来引导他们。凡是在君主左右的达官贵人，都应该顺从君主的意图，依照礼法行事，有哪一个不遵循的，法律的制裁就必须从他开刀。君主以至诚的态度推行礼、法，达官贵人也知道不做君主所厌恶之事，那么天下不施用刑罚便知道节制的人就会多起来。所以说，这就是培养人才的方法。

所谓选拔人才的方法，是指什么呢？先王选拔人才，必定从乡村中，从学校里，让众人推荐他们认为贤能的人，书面报告被推荐者的情况，由君主加以考察。如果真是贤能者，就根据他们德行的高低、才能的大小而授官任用。所谓考察，不是专靠耳聪目明，仅仅听信一个人的意见。要审知他的品德，就查访他的行为；要审知他的才能，就考察他的言论。了解到他的言行后，就拿办理具体事务来试验他。所谓考察，就是试用他办事。即使是尧任用舜，也不过如此而已，又何况其他的人呢！至于九州之广大，四海之辽远，各级官吏数以万计，所需要的人才是很多的，君主不可能对这些人一一亲自考察，也不可能将此事只托付给某一个人，让他在一两天之内，对这些人的德行才能进行考核，并决定对其提升或贬黜。但是我们已经能从中发现其德才最突出的人，让他们做大官，再由他们去对同类的人进行长期的试用，并考核出其中的优秀者推荐给君主，尔后再授予他们官爵、俸禄就行了。这就是选拔人才的方法。

所谓任用人才的方法，是指什么呢？人的才和德，有高低厚薄之分，他所担任的职位，有适宜的，有不适宜的。先王了解这种情况，所以让懂得务农的人做农官，让懂得做工的人做工师；其中，德厚才高的人被任为长官，德薄才低的人被任为助手和属吏。又因为一个人长期担任某一职务，那么上司就能熟悉他，了解他的政绩，下属就能驯服，接受他的教化；是贤者，他的功业就可以成就；是不贤者，他的罪过就可以充分暴露。所以，总是让官员长期担任某一职务，并用考绩的办法加以考察。这样做，聪明能干的人就能充分发挥他们的才智去建功立业，而不必担心自己做的事没有结果，功业不能成就。苟且因循的懒人即使想取悦于一时，但是顾忌杀戮之辱会随之而来，也不敢不努力工作。至于那些无能的人，自己也知道应该辞职避祸了；因为他居官任职的时间长了，不能胜任的罪责，就无可幸免了。这些人不敢冒险，知道辞职避祸，哪里还会有结党营私、阿谀奉承、争着向上爬的人呢？选拔既严格，使用又得当，任期又长久，任用他就信任他，不一一用法纪去约束他，而使他能够按自己的意志行事。尧、舜之所以能够治理百官，办好各种事业，用的就是这种办法。

《尚书》上说:"三年考核一次政绩,考核三次后,罢免昏庸的官员,提升贤明的官员。"说的就是这码事。尧、舜的时代,他们所罢免的人都知道了,就是浑敦、穷奇、梼杌、饕餮四凶;所升迁的人则是皋陶、稷、契,这三个人都是终身任一官而不曾调动的。所谓升迁,也只是特别提高他们的爵位和俸禄罢了。这就是任用人才的方法。

教育、培养、选拔、任用人才的方法大抵如此。而当时的君主又能亲近其大臣,尽心尽力,以至诚同情的态度,三思而后行事,这样就使做臣子的无所顾虑,而对于天下国家之事,也就没有什么想做而不能做的了。

当今各州县虽然都设有学校,但不过只有几间校舍罢了,并没有专事教育的官员和长期培养人才的安排。只有太学才有专事教导的官员,但也不曾经过严格挑选。朝廷的礼、乐、刑、政方面的知识,都没有在学校里开设,学生对此也很淡漠,认为这些是有关部门的事,不是自己所应当了解的。老师所教的,只是讲说文章的章句而已。讲说章句,本来就不是古人教育人的好办法。近年来才开始讲授科举考试的文章,而那些科试的文章,不去日夜攻读和强记是学不会的。等到科试文章学会做了,大而言之,不足以治理天下国家;小而言之,不足以为天下国家所用。所以,即使在学校里熬白了头,夜以继日地接受教育,等到让他去从政时,却茫然不知该如何着手的人比比皆是。大概现在的教育,不仅不能使人成才,反而还会加以摧残,使人想成才而不可得。为什么呢?因为人的才能成于专一,而毁于驳杂。所以,先王安排人才时,把工匠安排在官府作坊里,把农民安排在田间,把商人安排在市场里,把士人安排在学校里,使他们各自专心于其职业,而不能接触其他事物,恐怕其他事物会妨害他们的专业。对于读书人,除了不让他们接触其他事物,而且还要专门教给他们先王之道,对于诸子百家的异端学说,一概摒弃,不敢让他们学习。当今读书人所应该学习的,是治理天下国家的实用知识。现在把这些知识全部搁置起来不予讲授,而拿科试文章来教他们,使他们耗费精神,一天到晚埋头于其中,等到授给他们官职以后,又把这些知识全部丢在一边,只要求他们处理天下国家之事。古代的人,日夜专心致志地管理天下国家之事,其中才能还有胜任和不胜任的区别。现在却转移他们的精力,剥夺他们的时间,整天要他们埋头于无益的学问之中,等到任用他们的时候,又突然责成他们管理天下国家之事,其才能完全能够胜任者当然就很少了。臣所以说,这种教育方法不仅不能使人成才,还是对人才的摧残和毁坏,使人想成才而不可得。

还有更糟糕的。先王之时,读书人文武兼学,这样培养出来的人才,有的可以任公卿大夫,有的可以任一般官吏。从他们的才能大小看,称职与否都是有的，但是对于武事，则无论才能大小，没有不学习的。所以，他们当中才能大的，居朝廷内可以任六官之长，统兵在外可以做六军之将；才能较差的，则可以在地方上任比、闾、族、党之"师"，也可以在军队中做卒、伍、师、旅之"帅"。因此，那时守卫边疆、警卫官廷，都由士大夫担任，而平民百姓则不得求其任。现在的读书人，都认为文武是两码事，我知道习文就可以了，至于守卫边疆、警卫官廷的重任，则推给行伍之人——往往是社会上奸诈、凶悍、无赖之徒。这些人，如果其才德能在本乡本土站得住脚，是绝不肯离开亲人应征入伍的。守卫边疆、警卫官廷，这是天下的重任，是君主所应当慎重考虑的事。所以，古代培养学生，都把射箭、驾车当作必修课，其他技能则根据各人的素质是否适宜而后施教。如果素质不相宜，就不勉强他学。至于射箭，则是男子汉的本分。男子一生，有残疾就算了；如果没有残废，没有放弃射箭不学的。在学校里，本来就应当学习射箭。有外交活动时会用到射箭，有祭祀活动时会用到射箭，在礼仪、庆典活动中，没有不包括射箭的；而射箭也没有不穿插在礼仪、庆典和祭祀活动之中的。《易经》上说："弓箭是利器，凭借它可以威震天下。"先王难道是把射箭当作学习打躬作揖之类的礼仪活动吗？他们原本认为射箭是军事上最重要的技艺，是威慑天下、守卫国家的手段，平时可以通过射箭来操演礼乐，战时就凭借射箭去征伐敌人。读书人既然早晚练习射箭而且精通者很多，那么守卫边疆、警卫官廷的人选就可以从中选拔了。读书人曾学过先王的思想，他们的品行节义又受到乡党的推崇，然后根据其才能托付以守卫边疆、警卫官廷的重任，这就是古代君主之所以把武备托给属下，却能没有内忧外患的原因。现在竟把天下的重任，君主应当非常慎重对待的人选，推托给奸诈、凶悍、无赖、德才都在家乡站不住脚的人，这就是今天人们忧心忡忡，常常为边疆担忧、害怕警卫之士不足以依靠的原因。现在谁不知道守卫边疆、警卫官廷的人不足以依靠以保平安呢？但又认为，天下读书人都以领兵为耻，而且他们当中也没有精于骑射、行军布阵的人，那么，不从行伍中招募，谁又能担当这类重任呢？不严格教育，不高标准选拔，那么，读书人以领兵为耻，不愿学习骑射和行兵布阵之事，自然也有其道理。所有这些，都是教育不得其法的缘故。

当今制定的官员的俸禄，大都偏低。若不在朝廷侍从之列，家庭人口稍多的官员，没有不兼营农商以从中获利才能养家糊口的。其下面州县的官吏，一月的俸禄，多者八九千钱，少者四五千钱，把守选、待除、守缺的时间通通计算在内，往往六七年间才得三年俸禄，平均每月所得，竟实际不足四五千，少者还不到三四千。即使是供养仆役，这点钱也感到不够。而官吏一家养生送死、婚姻往来等项都要从这里面开支。品行在中等以上的人,即使穷困也不失为君子;品行在中等以下的人,即使安泰也仍然是小人。唯有品行中等的人不是这样,穷困时成为小人,安泰时变成君子。通观天下士人,品行在中等以上和以下的,千百人中不到十分之一;而穷困时为小人、安泰时君子的人,则天下到处都是。先王认识到民众不能用强力制服,所以制定衡量人品行的标准不是从自己出发,而是以中等人为出发点,根据他们的愿望,因势利导,认为只要中等人能做到,那么先王的意志就能在天下通行,并推广到后世。按照现在的俸禄制度,却想使士人不丧失廉耻之心,这是一般中等品行的人所不能做到的。所以,现在当大官的,往往接受贿赂、馈赠,经营资产,以致背上贪污的坏名声;当小官的,便做买卖,索要财物,无所不为。士人已经丧失廉耻,负罪于世了,他们就会萌生苟且之心,而奋发自强之心就会泯灭,那么他所担当的事业又怎能不废弛,清廉的政治又从何而兴呢?更何况枉法受贿、侵夺百姓财产的官吏比比皆是。这就是所谓不能饶之以财的结果。

  婚丧、奉养、吃穿、器用之类,都没有制度可用来进行节制,而天下之人又多以奢侈为荣,以俭朴为耻。只要财力能达到,几乎没有什么不能办到,有关部门既然不加禁止,人们就会以此为荣了。如果财力不足,事情不能办得符合习俗,那么他在办理婚丧等事时,往往就会得罪宗族亲戚,人们也就会以此为耻了。所以,富者贪得无厌,贫者则勉强自己去和这些人攀比。这就是士人深陷贫困,廉耻之心尽失的原因。所有这些,正是所谓不能约之以礼的结果。

  现在陛下亲自厉行节俭,以为天下人做表率,这是陛下身边的达官显贵们亲眼所见的。然而他们在私宅之内,奢侈浪费并无节制,仍然干着陛下所厌恶之事,败坏天下的教化,有的已到非常严重的地步,但是并没有听说朝廷要放逐、罢免谁,以儆示天下。从前周朝的人,拘拿聚众饮酒的人并处以死刑,认为酗酒成风会带来祸患,甚至会导致很多人丧生,所以要用重刑来禁止祸患产生的根源。以重刑禁止祸源,所以施行刑法极省简,而人们遭到祸败的也很少。现在朝廷的法令,最严厉的只是对贪官污吏的惩治。重刑禁止贪官污吏,而轻刑对待奢侈浪费,这就是所谓禁止末节而放松了根本。然而,社会上有见识的人则认为,现在官吏太多,朝廷财用已不足以供给,这也是不明道理的说法。现在的官员确实过多,然而比前朝设置的官员少多了,他们所得的俸禄又如此之薄,那么财用之所以不足,也就另有说法了。官吏的俸禄何足计较呢?臣对于财政经济本来不曾学过,但私下却研究过前世理财的大致情况,大抵是因天下之力,以生天下之财,取天下之财,以供天下之费。自古以来治理国家,不曾把财用不足视为天下的公患，患在理财无方。现在天下没有战乱，百姓安居乐业，人们各尽其力，来为社会生产财富，可是国家和个人却经常以穷困为忧，恐怕还是因为理财不得其法，主管部门又不能审时度势，制定出应变策略的缘故。如果能够以正确的方法理财，并且善于变通，臣虽愚笨，也会明白增加官吏的俸禄，不至于造成财政经费困难。当今法令严格完备，用来对付天下的士人，可以说是够严密的了。但是，如果能以道德技艺来教导他们，还需要用惩治不遵循教导的刑法来对付他们吗？如果能以制度来约束他们，还需要用惩治不遵循礼仪的刑法来对付他们吗？如果能以一定的职事委任他们，还需要用惩治玩忽职守的刑法来对付他们吗？不先用道德技艺教导他们，当然就不能以不遵循教导的罪名惩罚他们；不先用制度约束他们，当然就不能以不遵循礼法的罪名惩罚他们；不先按职务责任任用他们，当然就不能以玩忽职守的罪名惩罚他们。这三种罪名，是先王之法所特别重视的，现在却都不能加以惩罚；而一些小事情、小问题，并非妨害治国要务的，却立法令禁止，而且每月变、每年改，甚至连官吏都记不胜记，又怎能要求人们一一避免而不触犯呢？这就是法令之所以被轻视而不能执行，小人犯法往往可以幸免，君子反而会不幸触犯法令的原因。这就是所谓不能裁之以刑了。所有这些，都是治理不得其法的结果。

现在选拔人才，记性好、背书多，略通文辞，称为茂才异等、贤良方正；考取茂才异等、贤良方正的，就是公卿的人选。记性不一定很强、背书不一定很多，略通文辞，而又曾学过诗赋的，叫做进士；进士中的优秀者，也是公卿的人选。其实从这两科中所选拔的人才，不足以担任公卿之职，这是不必论说就可知道的。但是社会上发议论的人，却认为我们曾用这种办法选拔天下人才，而才能可以胜任公卿的人也往往是用这种办法选择出来的，所以不必效法古代那种选取人才的办法。这种说法也是不明道理的。先王之时，用尽了各种选择人才的办法，还担心贤者难以被发现，而不贤之人反而混杂其间。现在完全废弃了先王选取人才的办法，而驱使天下的有才之士都去做贤良、进士。结果，士人有才能可以做公卿的，固然应该是贤良、进士，而贤良、进士科目也本应有机会发现才能可以做公卿的人。但是，有些不贤之人，只要擅长雕虫小技，也能借此混入公卿的行列之中；而有公卿之才的人，却被无用的学问所困扰，十有八九郁郁不得志屈死在山野之间。古代的君主，他们所慎重选择的，只是公卿而已。公卿的人选得当，就让他们推举与自己同类的人聚集于朝廷，那么政府各个部门也就不会得不到合适的人选了。现在却让无德无才的人侥幸当上公卿，他们因而得以推举与自己同类的人聚集于朝廷，这就是朝廷多有无德无才之人，而即使有德才兼备的人，也往往因孤立无援，不能按照自己的意志行事。而且，公卿无德无才，就会推举与自己同类的人聚集于朝廷；朝廷中无德无才的人，又会推举与自己同类的人充任各方的任使；各方的任使，又会推举与自己一样无德无才的人到各州郡做官。那么，朝廷虽然有推举不当则举官同罪的法令，又哪里靠得住呢？只能被无德无才之人利用罢了。其次，九经、五经、学究、明法等考试科目，朝廷本来已经为它们无益于国家而忧虑，因而只是稍微要求通晓经书的大义。然而通晓经书的大义，也没有能使人变得比过去贤明多少。如今朝廷又开设明经科考试，以选择经术之士。可是以明经科取士，也只是使能记诵经书、略通文辞的人可得到功名，那些通晓先王的思想，并能将其用于治理国家的人，却未必能够入选。再次，那些享受父母庇荫的子弟，学校不教他们道德技艺，主管部门不考察他们的才能，父兄不保证他们的品行，而朝廷却授给他们官爵，任用他们做事。周武王列举商纣王的罪状，就说："官人以世。"任用官吏只看家世，而不论其才能和品行，这是商纣时之所以天下大乱以至亡国的原因，而在政治清明的盛世是看不到的。又其次是流外官。朝廷本来已经把他们排除在讲究廉耻之列以外，并且限制了他们的进取之路，却又把州县的事务交给他们，使他们凌驾于一般士人和百姓之上，这难道是用贤者来治理不肖者吗？就臣任使职所看到的，一路数千里之间，州县之吏出身于流外的，往往很多，能够托付办事的，恐怕不到十分之二三，而须加防范、不使其作奸犯科的，却到处都是。古时候，官吏只有贤与不贤的区分，没有流品内外的区别。所以像孔子那样的圣人，也曾做过季孙氏的家臣，但虽然做过家臣，也没妨碍他后来成为鲁国的公卿。到了后世，才有了流品内外之别。这样，凡是在流品之外的，他要成功立业，就已将自己置于廉洁知耻者的行列之外，而根本不考虑使自己成为高尚之人了。由于近世风俗颓败，萎靡不振，自身虽有做官之才，其势足以进取，而且朝廷也曾用礼仪奖励过的人，到了晚年，也往往为利所诱而犯罪，何况那些从要成功立业时就不存高尚之心，而且朝廷本来就排除在廉耻行列之外，限制其进取的人呢？这种人当了官，放纵任性，邪恶奢侈，乃是必然之理。至于守卫边疆、警卫官廷人员的选拔，臣已经指出过这方面的失误了。所有这些，都是选择人才不得其法的结果。

　　如今选择人才已是不得其法，委任官吏又不问其品德是否适宜，而只问其哪一年科考，什么出身；不问其才干是否相称，而只论其历任过多少职务。凭文章录取当官的人，却要他去理财；已经让他去理财了，又转而让他掌管刑狱；已经让他掌管刑狱了，又转而派他主持礼仪事务。于是，以一人之身，却以百官所应具备的才能苛求他，这真是人才难当啊！拿难以做到的事情苛求一个人，去干他干不了的事，那么能干的人就很少了。

能干的人少了，那么人们就会互相观望，谁也不会干了。所以，让他掌管礼仪，他不会以不懂得礼仪为忧，因为现在掌管礼仪的人都是不曾学习过礼仪的；让他掌管刑狱，他不会以不懂得刑狱为耻，因为现在掌管刑狱的人都是不曾学习过刑狱的。天下的人也已经逐渐习惯于不受教育，沉溺于旧的风俗，看到朝廷任命官员不是按照其资历顺序，就议论纷纷，冷嘲热讽。至于任官不得其才，却不曾有人非议。而且，官员调动频繁，不能长期担任某一职务，所以做上司的不能熟悉并了解他所做的事情，做下属的也不肯听从和安心于他的教诲；贤能的人，其功业不可能成就，无德无才的人，其罪行也不会十分显露。至于迎新送旧的辛劳，中断公文簿册的弊病，本来害处不大，就不值得一一列举了。设置官员大抵都应当让他长期担任某一职务，而至于那些管辖范围大、担负责任重的，就更应当让他长期担任这一职务，然后才能责成他有所作为。可是现在却不能让他们长期担任某一职务，往往是到任没有几天就调动了。

　　选拔人才已是不做全面考察，使用人才已是很不得当，安排官吏任期已是十分短暂，至于任用职务又不专一，却又一一用法令束缚他，使他不能按照自己的意志行事。臣很清楚，如今在位的官员大多不是适当的人选，稍微给予他们一点儿权力，而不一一用法纪束缚他们，他们就会放纵自己，无所不为。虽然如此，如果在位的官员不是适当的人选，却想靠法纪约束来治理国家，从古到今，还没有能够治理得好的。即使在位的都是适当的人选，而仍一一用法令束缚他们，使他们不能按自己的意志行事，也是从古到今，没有能够治理得好的。选拔人才已是不做全面考察，使用人才又很不得当，官吏任期已十分短暂，任用职务又不专一，却又一一用法令束缚他，那么，即使是贤者在位，能者在职，与不贤而又无能的人恐怕也没有什么不同。这样，朝廷本来明明知道某人贤能足以胜任某个职务，但只要他资历不够，就不敢因为能够胜任而提拔他；即使提拔了，士人也不服气。明明知道某人既无能又不贤，但只要他没有犯罪，没被有关部门弹劾，也就不敢因为不胜任就贬斥罢退他；即使罢退了，士人也不会服气。有的人确实不贤而又无能，但是人们为什么不服气呢？因为所谓贤能的人担任某项职务，与不贤而无能的人并没有什么区别。臣在前面所说的只任人以职务，而没有针对玩忽职守的刑罚来惩办他，说的就是这个意思。

　　教育、培养、选拔、任用，有一个环节不得其法，就足以毁掉天下的人才，又何况这四个环节都有问题呢！那么，在位的官吏中，没有才能、苟且、因循、贪婪、卑鄙的人多到不可胜数，而民间也少有可用之才，就不足为怪了。《诗经》上说："国家虽然不大，有的圣明，有的贤德。民众虽然不多,有的明哲,有的善谋,有的严肃,有的干练。就像那流泉一样清澈明亮,不要使之污浊腐败。"说的就是这个意思。

在位的人才不足,而民间也少可用之才,那么岂止是推行先王的政治不可能,国家的重托、疆土的守卫,陛下又怎能长久地存有侥幸之心,而没有一时之忧呢?东汉的张角,三十六方人马同日起事,所有郡国没有能发现他们预谋的;唐代的黄巢,横行天下,所到之处,没有敢与之抗衡的。汉、唐之所以灭亡,祸患就是从这里开始。唐朝灭亡以后,衰落直至五代,武夫专权,贤者隐匿退避,不肯用世,在位官吏不再有懂得君臣之义、上下之礼的人。那个时候,改朝换代比棋局的变化还容易,而百姓肝脑涂地,能够幸而不致辗转死在荒山野岭的人寥寥无几!人才不足造成的祸患,就是如此严重。而现在的公卿大臣,没有谁肯替陛下瞻前顾后,为国家的长治久安着想,臣私下实感困惑。从前晋武帝只顾眼前,不为子孙做长远打算,当时在位的大臣也都迎合君上苟且偷安,致使风俗败坏,抛弃礼义,丢掉法制,从上到下失去正常状态,没有人认为这是错的,有识之士已经预知将来必生大乱。而其后果然天下大乱,中国与夷狄同列二百余年。臣以为,太祖、太宗、真宗三代祖宗神灵之所以把江山托付给陛下,原是为了能万年享受祭祀,而使百姓永远受到皇恩的庇荫。臣希望陛下能以汉、唐、五代之所以乱亡为镜子,以晋武帝苟且因循而引致天下大乱为鉴戒,明白地诏告大臣,让他们思考如何培养和造就人才。熟虑计谋,制定规划,心中有数,逐步实施,以便适应当前形势的变化,而又不违背先王的愿望。这样,天下的人才就用不完了。人才用不完,那么陛下还能要求什么而得不到,还想做什么而做不成呢?熟虑计谋,制定规划,心中有数,逐步实施,造就国家需要的人才就很容易了。

臣起初读《孟子》时,见孟子说王道容易推行,心里以为真是这样。后来读到他与慎子辩论齐、鲁两国的国土面积,他认为先王封建诸侯国,国土大抵不超过方圆百里;认为后来有称王天下者兴起,那么凡诸侯之地,有的方圆千里,有的方圆五百里,都应该把它们削减至几十里、百把里才行。于是便怀疑孟子虽贤,他的仁德智慧虽足以统一天下,但怎么能不使用武力,便能使疆域达几百里、千把里的大国一下子就愿意减少其领地的十分之八九,而与先王制下的诸侯国相等呢?到后来看到汉武帝用主父偃的计策,令诸侯王都要将王国的土地"推恩"分封给他们的子弟,而由朝廷亲临其地,定其名号,使之分别直属中央。于是诸侯王的子弟各人都有了自己的封地,而原先势力强、土地广的诸侯,终于因分封而变得弱小了。这才明白,熟虑计谋,制定规划,心中有数,逐步实施,就能使大的变小,强的变弱,而不至于出现恐慌动乱,导致败亡。孟子的言论不为过分,更何况如今要实行改革,面对的形势也不像孟子所讲的那样困难。臣所以说:熟虑计谋,制定规划,心中有数,逐步实施,事情就很容易办成了。

然而先王治理天下,不患人之不为,而患人之不能;不患人之不能,而患己之不勉。什么叫不患人之不为,而患人之不能?人情所希望得到的,是善行、美名、高官、厚利,而先王能操纵这些以对付天下的士人。士人有能遵循先生的意旨治理好国家的,就把他所希望得到的东西全部给予他。士人没有能力就罢了,如果有,谁又肯舍弃他所希望得到的东西,而不去努力施展自己的才能呢?所以说,不患人之不为,而患人之不能。什么叫不患人之不能,而患己之不勉?先王招揽使用人才的办法,是很完备的,除非愚笨到不可改变的人,没有不能进取的。但是,如果君主不以至诚之心,殚精竭虑,身体力行,率先垂范,就不会有以至诚至善之心,身体力行、积极响应的人。所以说,不患人之不能,而患己之不勉。陛下果真有意于要培养造就天下的人才,那么臣希望陛下努力去做就是了。

臣又观察到,朝廷往时曾希望有所作为而实行变革,但由于开始对于利害的考虑不够成熟,所以一见有因循守旧、侥幸取巧的人不满意而加以非难时,就停止下来而不敢实行了。一般来说,法令制度一旦建立,那么人们就不会有单独得到好处的。所以,先王的政治虽然足以使天下人得利,但当其处于乱世,许多人心存侥幸取巧的非常时期,他要创法立制,未尝不是艰难的啊!如果先王创法立制时,天下那些投机取巧的人都能心悦诚服地顺从遵守,没有抵触,那么先王制定的法规,至今都会保存下来而不会废弃了。就是因为创法立制的艰难,而投机取巧的人又不肯顺服地遵守,所以古人要想有所作为,无不是先对反对者加以征讨诛伐,尔后才能成功的。《诗经》上说:"于是讨伐,于是冲击,于是杀绝,于是斩尽,全国之内因此没有谁敢不服从。"这说的是,文王先进行征讨诛伐,尔后才能在天下推行他的政治主张。先王要建立法度,借以改变衰败的风俗而使人们成才,虽然有进行征讨诛伐的艰难,仍然要坚持做下去,认为不如此就不可能有所作为。到了孔子的时候,一个人周游列国,所到之处,就要求那里的君臣捐弃他们所习惯的,反对他们所顺从的,加强他们的薄弱之处,他往来奔走,到处被人们排斥驱逐,终于陷入困境。然而,孔子也始终没有改变初衷,认为不如此就不能有所作为。他所坚持的原则,大致与文王是相同的。处在上位的圣人,没有谁比得上文王,处在下层的圣人,没有谁比得上孔子,而想要有所作为、实行变革,那么事情大概也就只能这样做。现在陛下掌握着天下大势,据有先王的地位,创法立制,是不会有进行征讨诛伐的艰难的。即使有投机取巧的人不高兴而站出来反对，但绝不会比顺从拥护的人更多。然而，一听到因循守旧、侥幸取巧的人说出不赞成的话就停止改革而不敢有所作为，原因还是指导思想不明确、不坚定啊。陛下果真有心要培养造就天下的人才，那么臣希望陛下赶快决断就是了。

熟虑计谋，制定规划，心中有数，逐步实施，而又能勉励他们去取得成功，根据结果来判断是否任用，这样还不能造就天下的人才，据臣所知，是从来没有过的。

然而臣所称道的，是世俗之人所不审详的，而现在的议论者又认为是迂阔的陈词滥调。臣私下观察，近世以来的士大夫，愿意尽心竭力来辅佐朝廷的大有人在。但他们想到的，无非是权宜之计，从长计议就认为是当世所不能推行的。士大夫既然都这样迎合世俗，朝廷从天下士人那里所得到的，也不过如此了。至于君臣父子关系、国家法纪、礼仪仁义等重大问题，这些先王所致力学习和坚持的东西，他们是顾及不到的。一旦涉及这些问题，他们就群聚而讥笑，认为是迂阔而不切实际。现在朝廷专心于权宜之计，主管部门把它们写入法令条文之中，也不是一天两天了，而其效果如何也可以看清楚了。那么，所谓迂阔的陈词滥调，陛下也可以稍加留神，考察一番了。

从前唐太宗贞观初年，人们都对太宗的改革表示异议。如封德彝之流都认为如不综合运用秦、汉的政策，就不能治理好天下。能够考虑先王的政治并开导太宗的，只有魏徵一个人而已。他所设计推行的政策，虽然未能完全符合先王之意，但按其大要，可以说是相符的。所以能在数年之间就使天下大治，几乎不用刑法，国内安定，蛮夷顺服，出现了自禹、汤、文武以来不曾有过的鼎盛时期。唐太宗初年，天下风俗与当今之世差不多。魏徵的言论在当时也被称为迂阔的陈词滥调，然而其效果竟如此显著。贾谊说："现在有人说用道德教化不如用法令，为什么不拿商、周、秦、汉的事实来看看呢？"那么唐太宗的事迹，也足以借鉴了。

臣荣幸地借述职之便向陛下做了上述报告，不知自己平庸不称职，却斗胆议论国家的大政方针，因为臣承蒙陛下的任用，应当有所回报。臣私下认为，在位的官员中人才缺乏，不能满足朝廷对他们的期望，而朝廷任用天下士人的办法，有些又不尽合理，因而士人不能各尽其才，这也是臣职责范围所涉及，而陛下所应当首先了解的。如果撇开这些大事不谈只是粗略地列举出一两件具体事情的利害，那就玷污了陛下的耳目，而最终无益于国家，这也不符合臣用以侍奉陛下的诚恳、深切的心意。恭请陛下仔细考虑臣以上的意见，择取其中有用的部分，那么，天下的人们就万分幸运了。

张　浚

张浚(1097～1164),字德远,宋代汉州绵竹(今属四川)人。北宋政和年间中进士,累任至太常寺卿。金兵南侵陷汴京,欲立张邦昌为帝,张浚逃入太学,不肯署状。南宋高宗初,因勤王复辟有功,于建炎三年(1129)除知枢密院事。又因力主抗金,建议经营川陕以保东南,出为川陕宣抚处置使。绍兴四年(1135)再任枢密,次年拜相,除尚书右仆射、同中书门下平章事,重用岳飞、韩世忠等抗金名将。秦桧执政后,被贬斥外放近二十年。绍兴三十一年,金主完颜亮大举攻宋,重被起用,封魏国公。孝宗隆兴元年(1163),以枢密使都督江淮军马,挥师北伐,因将领不和,符离集之战失利,再次被主和派排挤去职。张浚志在恢复,终身不主和议,功虽不就,人称其忠。卒谥"忠献"。著有《中兴备览》等。

论内重外轻之害有八疏

本篇选自《历代名臣奏议》,是张浚上宋高宗关于论述在用人问题上内重外轻之害的奏疏。张浚认为,当今"治民之官少得其人",根本原因在于"内重外轻",废弃了祖宗之法。所谓"内重外轻",即重用在朝廷内即中央各部门任职的官员,使他们轻而易举地获得升迁的机会,几年间即可位居要职;而轻视在朝廷外即各级地方任职的官员,使他们"无进身之望",自暴自弃。奏疏从八个方面一一列举了用人内重外轻的危害性,揭露了当时朝廷内官员援引攀附,分门户,立朋党;州县官吏贪污自谋,不顾廉耻等官场丑恶现象;进而提出了循序渐进地改变"内重外轻"的政策建议,即:"徐徐开理之,事事而正之,磨以岁月,治道可复也。"封建王朝的"内重外轻"现象,从汉代起可以说代代如此,从来没有很好解决过。这种现象不仅不利于封建君主亲民治民的需要,而且也违背了"明主之吏,宰相必起于州部,猛将必发于卒伍"(韩非子语)的古训,自古以来是用人者不可等闲视之的重大原则问题。张浚针对当时几乎积重难返的内重外轻之弊所做的分析是详尽中肯的,所提出的建议也是有见地的,美中不足的是未展开议论。

臣前日亲奉王音训谕,以谓有天下国家者,凡以为民,今刺史、县令之官,未尽得人,令臣选择。臣私自喜,幸仰庆陛下酌见治道之原，顾虽愚庸，愿窃有献。

当今治民之官少得其人者，无它，盖因内重外轻，祖宗之法尽废故耳。流落于外者，身不获用；经营于内者，积岁得美官。此治道之所以分，而斯民之所以不被其泽。臣请一二而数之：稍有时望，躐序而迁，虽无实效及民、忠言补上，而身已富贵矣。此其一也。大臣取人，假借拔擢英豪之说，曾未逾时，便居待从，进用如此，孰不归心？故其所言所为，求报于人主者少，求附于大臣者多。此其二也。士大夫一居州县，遂无进身之望，贪污自谋，不顾廉耻。此其三也。受知于大臣，其身速化，惴然惟惧斯人之去也。毁誉由此而不公，议论由此而不移，分门户，立朋党，无不至焉。此其四也。富贵可以幸得，名位可以巧取，其修身必不专，其为学必不笃，罔上卖交，惟利是视，风俗何自而厚哉？此其五也。所用之人既非素望，夷狄之所轻侮，天下之所愤疾。此其六也。不历民事，利害不明，诏令之行，职事之举，安能中理？此其七也。一岁屡迁，官不修职，其视公家之务，殆如传舍。此其八也。

夫内重外轻，其害于天下百姓，且不便于国家之计如此，可不思所以变其道耶？虽然，骤然行之，人情骇愕，是非共起，无益于事，惟徐徐而理之，事事而正之，磨以岁月，治道可复也。

【译文】

臣前日敬受皇上谕旨，认为治理天下国家的人，一切都应为了百姓，如今知州、知县等地方长官，未能全部选任合适的人，命令为臣加以选择。为臣私自欢喜，庆贺陛下能认真考虑到治国之道的根本。臣虽然愚昧、平庸，私心还是愿意有所贡献。

当今治理百姓的官职很少得到合适的人选，其原因没有别的，就因为内重外轻，祖宗之法都被废弃了。在州、县任职的官员，终身难以得到晋升的机会；在朝廷内任职的官员，只要几年便可得到一职美官。这是治国之道之所以被分割，而百姓之所以没有受到恩泽的原因。臣请求一一列举如下：稍有名望的官员，常常超越班次而升迁，虽然没有实际政绩给老百姓，没有进献忠正之言有补于皇上，而其身已经富贵了。这是第一。大臣录用人才，假借提拔英才豪杰之说，还没过多久，便位居侍从，像这样提升，谁能不归心于大臣？所以，得到提拔的人们的所言所行，很少是报效君主的，更多是攀附于大臣的。这是第二。士大夫一旦被安排任州、县之官，便没有了晋升的希望，于是贪污自谋，不顾廉耻。这是第三。由于受到大臣的赏识重用，他才得以迅速晋升，于是从心底里惟恐这个人被罢职而去，诋毁赞誉由此而不公允，议论由此而带着偏向，分门户，立朋党，无所不为。这是第四。富贵可以侥幸得到，名位可以投机取得，他们必然不会专心修身，不会勤奋学习。欺骗皇上，互做交易，眼里只看到名利，要使风俗淳厚，何从谈起？这是第五。所用之人既然不是向来有名望的，就会引来异族的鄙视和欺侮，天下人也会感到愤慨。这是第六。不经历管理百姓的实践，不明白政务的利害，在执行诏令和处理政务的过程中，又怎么能够合乎道理呢？这是第七。一年之内屡次升迁，为官不能恪守其职，他们对待公家的事情，如同住客栈的往来行人。这是第八。

内重外轻，对天下百姓的危害以及对国家大政的影响，已经到了这个地步，能不考虑改变的对策吗？虽说如此，突然加以改变，人们会感到惊骇和愕然，是是非非的意见一起冒出来，对事情没有好处，只有慢慢地疏导，从每件具体事抓起，一一加以匡正，经过较长的岁月，祖宗的治国之道便可以恢复了。

许　衡

许衡（1209～1281），宋元之际学者。字仲平，号鲁斋。河内（今河南沁阳）人。幼有异质，七岁入学授章句，即能问其旨义。长成后，嗜学如饥渴，于经传子史、礼乐、名物、星历、兵刑、食货、水利等无不涉猎，而尤以讲习程朱理学为务。元世祖忽必烈为亲王时，他任京兆提学，于关中大兴学校。世祖即位后，召为国子祭酒。至元三年（1266）命议事中书省，参与制定朝仪官制。后因谏阻任命权臣阿合马任枢密院总领而不被采纳，谢病请归。八年复出为集贤殿大学士兼国子祭酒，以儒家六艺为教学内容，循循善教，卓有成效，学者尊称为"鲁斋先生"。十三年领太史院事，与太史令郭守敬共同主持修订《金大明历》，成《授时历》一书。卒赠光禄大夫、司徒，谥曰"文正"。著作有《鲁斋遗书》等。

论时务五事疏（节选）

本篇选自《历代名臣奏议》，是许衡于至元二年议事中书省时给元世祖忽必烈的著名上书。当时世祖任命安童为右丞相，命许衡协助安童管理中书省务。于是许衡五次上疏，就时事、政务五件大事提出了自己的看法。这里所节选的是"五事"中的第二、三事，中心思想是论述用人问题。其中第二件事专就中书省而言。许衡认为，中书省政务事务不胜其烦，而其"大要"在用人、立法二者，只要抓住这二者，选贤任能，人法相维，就能不烦不劳，上安下顺。为此，他提出了关于用人、立法的若干具体建议，并指出用人、立法成败的关键在于君主的委任是否得当和执政者是否得人。

第三件事则主要是在"为君难"的话题下，对君主进言：一是劝诫君主要知践言之难，从而"以修身为本，凡一事之来，一言之发，必求其所以然与其所当然，不牵于爱，不蔽于憎，不因于喜，不激于怒，虚心端意，熟思而审处之"；二是劝诫君主要注意辨别"人之情伪"，不要让个人的爱憎、喜怒被小人所利用。要"以知人为贵，用人为急"，且只要"用得其人"，就可以不受蒙蔽和欺骗；三是劝诫君主要知任贤之难，从而做到"任贤勿贰，去邪勿疑"；四是劝诫君主要明辨奸邪之人"用心险"、"用术巧"，从而为清除隐患保持高度警惕，绝不能姑息养奸；五是劝诫君主要以诚爱下，赏罚公道，一言一动"举可以为天下法"，一赏一罚"举可以合天下公"等等。许衡认为，以上几点都是"为君难"的具体内容。并认为，修德、用贤、爱民三者是治理国家的根本，抓住这个根本，则国家大治"可必"，舍弃这个根本，则国家之治，"万不能也"。

　　本篇所表述的许衡的用人思想，具体而详明，从总体上看，在当时是可取的，在今天也仍然不失其借鉴意义，同时在写法上采取引古证今的手法，多用比喻，善用比喻，说理深入浅出，透彻精辟，文字朴实而不失锋芒，读之更具有一种亲切感人的力量。

　　其二曰：中书管天下之务，固不胜其烦也。然其大要在用人、立法二者而已。近而譬之发之在头，不以手理，而以栉理；又譬之食之在器，不以手取，而以匕取。手虽不能自为，而能用夫栉与匕焉，是即手为之也。上之用人，何以异此？若有司宜欲躬役庶务，将见日勤日苦，而日愈不暇矣。古人谓得士者昌，自用者小，意正如此。夫贤者识治之体，知事之要，与庸人相悬，盖十百而千万也。布之周行，百职具举，宰执总其要而临之，不烦不劳，此所谓省也。然人之贤否未能灼知其详，固不敢用；或已知其孰为君子、孰为小人，复畏首畏尾，患得患失，坐视其弊而不敢进退之，徒曰知人，而实不能用人，亦何益哉？人莫不饮食也，独膳夫为能致气味之美；莫不观日月也，独术者为能步亏食之数。得法与不得法，固难一律论。有马不能习，必借人乘之；有玉不能治，必求玉人雕琢之。小物尚尔，况堂堂天下神器，可使不得法者为耶？古人谓"为山必因丘陵，为下必因川泽"，意正如此。夫治人者，法也；守法者，人也。人法相维，上安下顺，而宰执优游廊庙之上，不烦不劳，此所谓省也。里巷之谈，动以古为诟戏，不知今日口之所食，身之所衣，皆古人遗法而不可违者。岂天下之大，国家之重，而古成法反可违邪？真亦弗思甚矣。

　　用人立法，今虽未能遽如古昔，然已仕者便可颁降俸给，使可养廉，未仕者且当宽立条格，俾就叙用，则失职之怨，少可舒矣。外设监司纠察污滥，内专吏部考定资历，则非分之求，渐可息矣。再任三任，抑高举下，则人才爵位，略可平矣。舍此则堆积壅塞，参差谬戾，苟延岁月，莫知所期。俸给之数，叙用之格，监司之条例，先当拟定。至于贵家世袭，品官任子，驱良抄数之便宜，续当议之，亦不可缓也，此其大凡。要须深探古人所以用人立法之意推而行之，则何难见之有？若夫得行与不得行，在上之委任者何如；而能行与不能行，又在执政者得人不得尔。此非臣之所能及也。

其三曰：民生有欲，无主乃乱。上天眷命，作为君师，必与之聪明刚断之资，重厚包容之量，使首出庶物，而表正万邦，此盖天以至难任之，非予之可安之地而娱之也。尧舜以来，圣帝明王莫不兢兢业业，小心畏慎，日中不暇，未明求衣，诚知天所畀至难之任，初不可以易心处。知其为难而以难处，则难或可易；不知为难而以易处，则他日之难有不可为者矣。孔子谓人之言曰："为君难，为臣不易。"则其说所由来远矣。为臣不易，臣已告知安童；至为君之难，尤陛下所当专意者，臣请举其切而要者款陈于后。

人君不患出言之难，而患践言之难。知践言之难，则其出言不容不慎矣。昔刘安世见司马温公，问尽心行己之要可以终身行之者。公曰："其诚乎？"刘公问："行之何先？"公曰："自不妄语始。"刘公初甚易之，及退而隐括日之所行，与凡所言自相掣肘矛盾者多矣。力行七年而后成，自此言行一致，表里相应，遇事坦然，常有余裕。臣按刘安世一士人也，所交者一家之亲也，一乡之众也，同列之臣不过数十百人而止耳，然以言行相较，犹有自相掣肘矛盾者，况天下之大，兆民之众，事有万变，日有万机，而人君以一身一心酬酢之，欲言无失，岂易能哉？故有昔之所言而今日不记者，今之所命而后日自违者，可否异同，纷更变易，纪纲不得布，而法度不得立，臣下虽欲黾勉而竟无所持循，徒汩没于琐碎之中，卒于无补。况因之为弊者，又日新月盛而不可遏，在下之人疑惑惊眩，且议其无法无信一至于此也。无他，至难之地，不以难处而以易处故也。苟从古者《大学》之道，以修身为本，凡一事之来，一言之发，必求其所以然与其所当然，不牵于爱，不蔽于憎，不因于喜，不激于怒，虚心端意，熟思而审处之，虽有不中者，盖鲜矣。奈何为人上者，多乐舒肆；为人臣者，多事容悦。容悦本为私也，私心盛，则不畏人矣；舒肆本为欲也，欲心炽，则不畏天矣。以不畏天之心，与不畏人之心感合无间，则其所务者皆快心事耳。快心，则口欲言而言，身欲动而动，又岂肯兢兢业业以修身为本，一言一事熟思而审处之乎？此人君践言之难，所以又难于天下人也。

人之情伪，有易有险，险者难知，易者易知。易知者，虽谈笑之顷，几席之间，可得其底蕴；难知者，虽同居共事，阅月穷年，犹莫测其意之所向。虽然，此特系夫人之险易者然也。又有众寡之辨焉，寡则易知，众则难知。难知非不智也，用智分也；易知非多智也，合小智而成大智也。故在上之人难于知下，而在下之人易于知上，其势然也。处难知之地，御难知之人，欲其不见欺也，盖难矣！昔包孝肃刚正峭直，号为明察，有编民犯法当杖脊，吏受赇，与之约曰："今见尹，必付我责状，汝第呼号自辩，我与汝分此罪，汝决杖，我亦决杖。"既而包引囚问毕，果付吏责状，囚如吏言，分辩不已。吏人厉声呵之曰："但受脊杖出去，何用多言？"包谓其恃权，捽吏于庭，杖之十七，特宽囚罪，止从杖坐，以沮吏势，不知乃为所卖，卒如素约。臣谓此一京尹耳，其见欺于人，不过误一事，害一人而已，人君处亿兆之上，所操者予夺、进退、赏罚、生杀之权，不幸见欺，以非为是，以是为非，其害可胜既耶？人君惟无喜怒也，有喜怒则赞其喜以市恩，鼓其怒以张势；人君惟无爱憎也，有爱憎则假其爱以济私，藉其憎以复怨。甚至本无喜也，诳之使喜；本无怒也，激之使怒；本不足爱也，强誉之使爱；本无可憎也，强短之使憎。若是，则进者未必为君子，退者未必为小人，予者或无功，而夺者或有功也。以至赏之罚之，生之杀之，鲜有得其正者。人君不悟日在欺中，方伏若曹摘发细隐，以防天下之欺；欺而至此，欺尚可防耶？大抵人君以知人为贵，以用人为急，用得其人，则无事于防矣。既不出此，则所进者争进之人耳、好利之人耳、无耻之人耳。彼挟诈用术，千蹊万径，以蛊君心，于此欲防其欺，虽尧舜不能也。

贤者以公为心，以爱为心，不为利回，不为势屈，置之周行，则庶事得其正，天下被其泽。贤者之于人国，其重固如此也。然或遭时不偶，务自韬晦，有举一世而人不知者；虽或知之，而当路之人未有同类，不见汲引，独人君有不知者。人君虽或知之，召之命之，泛如厮养，而贤者有不屑就者；虽或接之以貌，待之以礼，而其言不见信用，有超然引去者；虽或信用，复使小人参于其间，责小利，期近效，有用贤之名，无用贤之实，贤者亦岂肯尸位素餐，徒费廪禄，取讥诮于天下也。虽然，此特论难进者然也，又有难合者焉。人君位处崇高，日受容悦，大抵乐闻人之过，而不乐闻己之过，务快己之心，而不务快民之心。贤者必欲匡而正之，扶而安之，使知尧舜之正、尧舜之安而后已，故其势难合。况奸邪佞幸，丑正恶直，肆为诋毁，多方以陷之，将见罪戾之不免，又可望庶事得其正，天下被其泽邪？自古及今，端人雅士所以重于进而轻于退者，盖以此尔。大禹圣人，闻善即拜，益诫之曰："任贤勿贰，去邪勿疑。"贰之一言在大禹犹当警省，后世人主宜如此哉？此任贤之难也。

　　奸邪之人，其用心险，其用术巧。惟险也，故千态万状而人莫能知；惟巧也，故千蹊万径而人莫能御。人君不察，以谄为恭，以讦为公，以欺为可信，以佞为可近。喜怒爱恶，人主故不能无然，有可者，有不可者，而奸邪之人一于迎合，窃其势以立己之威，济其欲以结主之爱，爱降于上，威擅于下，大臣不敢议，近亲不敢言，毒被天下而上莫能知，此前人所谓城狐也，所谓社鼠也。至是而求去之，不已难乎！虽然，此由人主不悟，误至于此，犹有说焉。如宇文士及之佞，太宗灼见其情，而竟不能斥；李林甫妒贤嫉能，明皇洞见其奸，而卒不能退。邪之惑人有如上者，可不畏哉！

　　上以诚爱下，下以忠报上，有感必应，理固宜然。然考之往昔，有不可以常情论者。禹抑洪水以救天下，其功大矣；启贤，能敬承继禹之道，其泽深矣。然一传而大康，才畋于洛，万姓遂仇而去之，吁可怖也。汉高帝起布衣，天下之士，云合景从，其困荥阳也，纪信至捐生以赴急，人心之归可见矣。及天下已定，而相聚沙中有谋反者，此又何邪？窃尝思之，民之戴君，本于天命，初无不顺之心也，特由使之失望，使之不平，然后怨望生焉。禹、启爱下既如赤子矣，民之奉上亦如父母矣。今大康尸位，以逸豫灭厥德，非所以为父母也，是以失望。秦楚残暴，故天下叛之；汉政宽仁，故天下归之。今高帝用爱憎行诛赏，非所以为宽仁也，是以不平。推是二者，参校古今，凡有恩泽于民而民怨且怒者，莫不类乎此也。大抵人君即位之始，多发美言，诏告天下，天下悦之，冀其有实；既而实不能副，遂怨心生焉。一类同等，无大相远。人君特以己之私好，独厚一人，则其不厚者已有疾之之意，况厚其有罪，而薄其有功，岂得不怒于心耶？失望之怨，不平之怒，郁而不解，虽曰爱之，恶在其为爱之也？必如古者《大学》之道，以修身为本，凡一言也，一动也，举可以为天下法；一赏也，一罚也，举可以合天下公。则亿兆之心，将不求而自得，又岂有失望不平之累哉？奈何此道不明，为人君者不喜闻过，为人臣者不敢尽言，合二者之心，以求天下之心，则其难得也固宜。

……　……

此六者，难之目也。举其要，则修德、用贤、爱民三者而已，此谓治本。治本立，则纪纲可布，法度可行，治功可必。否则爱恶相攻，善恶交病，生民不免于生火，以是为治，万不能也。

【译文】

其第二件事是说，中书省掌管天下的事务，本来不胜其烦，然而其关键在于用人和立法两件事而已。就近打个比方，发长在头上，不用手梳理，而用梳子梳；又譬如食物盛在器皿里，不用手去抓，而用勺子取。手虽然不能自己去梳去抓，却可以通过使用梳子和勺子来达到目的，这就是手在做了。皇上之用人，与这有什么不同？要是主管官员总是想应当亲自处理日常事务，就将一天一天地辛勤劳苦，而一天比一天地忙得不可开交。古人所谓得到贤能之士国运就昌盛，亲自劳作则效果不大，意思正是如此。贤能之士懂得治理国家的根本，知道处理事情的要点，他们和平庸的人相差悬殊，差距十倍百倍甚至千倍万倍。对贤能之士分别授以官位，使各种官职俱得其人，由宰相总领其大要而统率之，不用烦心，不须操劳，事情就会取得成效，这就是所谓省心省力。然而，对人的好坏、贤愚，没有透彻深切的了解，固然不敢轻易任用；但有时候是已经了解了谁是君子，谁是小人，还是畏首畏尾，患得患失，眼睁睁地看着那些弊端，该任用的不敢任用，敢罢免的不敢罢免，徒有知人之名，而实际上仍是不会用人，这对国家又有什么好处呢？人没有不吃饭的，但只有厨师才能做出味道鲜美的菜肴；人没有不看太阳月亮的，但只有天文家才能测算出日月亏蚀的规律。得法与不得法，本来难以一概而论。有马而不能练习骑，必然要借他人来驾驭；有玉而不会加工，必定要请玉工来雕琢。小事情尚且如此，何况堂堂天下神圣政权，能让不懂得治道的人来管理吗？古人说："筑高台一定要凭借丘陵，挖深池一定要依循川泽。"意思正是如此。治理要依靠法，守法的是人，人与法相维系，在上者安定，在下者和顺，而宰相在朝廷上从容自得，不用烦心，不须操劳，这就是所谓省心省力。街头巷尾的闲谈，动不动拿古时候的事情作为笑料，殊不知，今天我们嘴里吃的、身上穿的，都是古人流传下来的不可更改的东西。如今天下之大、国家之重，古人成熟的规章制度反而可以违反了吗？如果这样，也未免太不动脑筋了。

任用人才，制定法度，现在虽然还不能立即做得都像古代那样，但有些事情还是可以做到的，譬如对于已经在官的人，就应当给他们比较优厚的俸禄，从而培养他们廉洁的品德；对于还没有做官的人，应当暂且放宽有关任职的条件，使他们尽可能得到任用，那么由于不能做官而产生的怨恨就可以稍微缓解。在地方上设置监察机构，督察查处那些贪官污吏和不称职的官吏；在朝廷内专门设置吏部，研究制定官吏任职的资格和条件，那么非分的要求就逐渐可以止息了。经过两个或三个任期的考察，位高而不称职的就降下来，位低而能力强的就提上去，那么人才和他的爵位就大体上可以相称了。舍弃这些办法，就会出现冗官冗员堆积壅塞，人才的任用高下不当，官员们一个个苟且因循，空耗岁月，没有人知道该追求些什么。因此，俸禄供给的数目，铨叙任官的条件，监司工作的条例，应当先行拟定。至于贵族之家世袭爵位，有品级官员保任其子弟任职，以及驱口、良民抄掠数量以多少为宜，都应当接着议定，也不可拖延。这是大致的情况。重要的是必须深入研究古人用人、立法的本意，然后加以推广并实行之，那么还有什么不能明白的呢？至于能行与不能行，在于皇上委任的是什么样的人，以及执政者是否是合适的人选。这就不是臣所能论及的了。

其第三件事是说：百姓生来就有各种各样的欲望，没有领导就会出乱子。上天眷念生命，造就了君主，必定要赋予他们聪明果断的天资，宽厚包容的气量，使他们成为众人中的佼佼者，以他们为表率来治理国家，这是上天把最困难的职责任务交付他们，而不是给他们安逸的位置让他们娱乐。所以，自尧舜以来，圣明的帝王没有一个不是兢兢业业、小心谨慎的，白天顾不上休息，夜里天不亮就起床，实在是因为知道上天所给予他们的是最困难的任务，原本就不能以轻率的态度来对待。认识到它的难度，而以对待困难应有的态度来处置，那么困难或许会变得容易；认识不到它的难度，而以轻率的态度来对待，那么日后的困难就会难到不可解决的地步。孔子对人说过："做君主难，做臣子不容易。"这种说法由来已久。做臣子不容易，臣已经对安童说了，至于做君主的难处，尤其是陛下所应当专心留意的，臣请求就其中切要的方面逐条陈述于下。

　　君主不担心没有机会说话，而担心诺言难以实践。如果知道实践诺言之难，那么他说话的时候就不得不谨慎了。从前刘安世拜见司马温公，询问尽心做人可以终身奉行的关键。温公说："大概是诚实吧？"刘公问："首先应当怎么做？"温公说："从不乱说话做起。"刘公起初认为做到这一点很容易，等到他每天回家闭门检讨一天的行为，才发现与自己所说的话不一致，自相矛盾的地方太多了。他这样做了七年之后才取得成功，从此言行一致，表里如一，遇事坦然，常常游刃有余。臣想刘安世只是一个读书人，他所交往的不过是一家的亲友、一乡的人众，同列的大臣也不过几十百把个人而已，然而言行相较，尚且有自相矛盾的地方，何况天下之大、人民之众，事情千变万化，一天要处理的政务千头万绪，君主以一身一心来应付他们，想要言而无失，难道轻易便能做到吗？因此就会有以前说过的话而现在记不起来了的，有今天发布的命令而日后自己违背了的，赞成与反对，相同与不同，纷纷繁繁变更不定，纪纲不能展布，法制不能建立，大臣们虽然想要勤勉做事，然而却无所依循，只能徒然地埋没在琐碎的事务之中，始终于事无补。况且因此而产生的弊病，又日甚一日而不可遏止，在下面的人疑惑惊惶，议论朝廷无法度无信用竟到了这种地步。这不为别的，就为身处最困难的地位，却没有对待困难应有的态度，反而当做容易的事情来对待。假如遵从古人在《大学》中所阐述的道理，以修身为本，凡做一件事、说一句话，必定探求其之所以这样及其必然这样的原因，不为爱心而受牵累，不因憎恶而受蒙蔽，不以喜怒而激动，虚心诚意，深思熟虑而审慎处之，即使有不符合实际情况的，也是很少的。无奈做君主的多喜欢安逸放纵，做臣下的多喜欢逢迎取悦。逢迎取悦原本为私心，私心过盛，就不会敬畏他人；安逸放纵原本为私欲，欲心炽烈，就不会敬畏上天。以不敬畏上天之心与不敬畏他人之心，感应投合至于无间，那么他们所做的就是些快心之事；快心，则嘴想说就说，身想动就动，又岂肯兢兢业业以修身为本，每说一句话、做一件事，都深思熟虑而审慎处之呢？这就是君主实践诺言的困难，又比天下人更难的缘故。

　　人的性情的真伪，有阴险和平易之分，阴险的人难以了解，平易的人容易了解。容易了解的人，即使谈笑之际，茶饭之间，就能够摸清他的底细。而难以了解的人，即使和他同居共事，经月历年，仍然无法揣测他的用心。尽管这样，这也只是就人的阴险、平易而言。除此之外，又有人多人少的区别，人少了就易于了解，人多了就难以了解。难以了解不是因为不聪明，而是因为智慧被分散使用了；易于了解不是因为特聪明，而是因为把小智慧合成了大智慧。所以，在上位的人难以了解下属，而在下位的人易于了解上司，这是他们所处地位不同的必然结果。一个人处于难以了解人的地位，管理着难以了解的人，想要不受欺骗是很难的。当年包拯刚正、严明，号称"明察"，有一个平民犯法应受杖脊之刑，小吏接受了贿赂，和他相约说："今天见到长官，一定会叫我责打你，那时你只管呼喊，为自己辩解，这样我便可与你分担罪责。你受杖刑，我也受杖刑。"不久包拯令人带上犯人，问话完毕，果然吩咐小吏责打，犯人按照小吏说的，为自己辩解不停。小吏便厉声呵斥他说："只管打一顿脊杖就出去，何必多说？"包拯因此认为小吏倚仗权势，就把他当庭揪翻，打了十七杖，特例宽免了对犯人的罪责，只让他受杖刑，以打击小吏的气焰。包拯却不知道其实是被他们骗了，事情的发展却跟他们先前约定的一样。臣认为，包拯不过是个京兆尹罢了，他被人欺骗，不过是误断一件事、损害一个人而已。国君处于亿万人民之上，所拥有的是予夺、生杀、进退、赏罚的大权，如果不幸被人欺骗，以非为是，以是为非，是非颠倒，其危害能禁受得起吗？国君除非没有喜怒，只要有喜怒，就会有人赞成他的喜来获取自己的恩庞，鼓动他的怒来扩大自己的权势。国君除非没有爱憎，只要有爱憎，就会有人假借他的爱来谋取私利，借助他的憎来报复仇怨。甚至国君本来没有什么可喜的，有人也会哄骗让他高兴，本来没有什么可怒的，有人也会刺激使他恼怒；本来某人不值得爱，有人却极力赞美他让国君去爱，本来对某人没有什么恨，有人却极力诋毁他使国君去恨。由此看来，受到任用的未必都是君子，被黜退的未必都是小人，给予了权力的可能并无功劳，而被剥夺了权力的可能还有功劳，以至于赏罚、生杀等事，都很少有做得公正的。如果君主不能觉悟到每天生活在欺骗中，还要相信那些人能揭发隐情，以防止自己受天下人蒙蔽，为了防止受蒙蔽而被欺骗到如此地步，欺骗和蒙蔽还防备得了吗？一般说来，国君应以知人为贵，以用人为急务。如果用人得当，那么就不必防备别人了。如果不这样去做，那么所亲近的只能是争官的人、逐利的人、无耻的人罢了。这些人仗着他们善于行欺诈、弄权术，千方百计地蛊惑君主的心。在这种情况下，想要不受欺骗，即使是尧舜也不能够啊！

贤能的人以公为心，以爱为公，不为私利而动心，不为权势而屈服，把他们安排到仕宦的行列中，那么众多的事务就会处理得当，天下人就会受到他的恩泽。贤能的人对于人民和国家，其重要性本来就是这样的呀！然而，有的贤能的人生不逢时，便一心一意韬光养晦，隐身匿迹，以至满世界的人没有一个知道他的，即使有人知道，但当权的人当中没有同类的，不得被引荐，独独剩下国君不得而知。或者国君虽然知道了，把他征召到朝廷，委任他一定的官职，但并不真正重视他，只当作一般人看待，那么贤能的人有可能不屑于前来屈就；或者国君虽然按照应有的礼貌和礼节接待贤能的人，但却不相信、不采纳他们的建议和主张，有的贤能的人也只好超然地辞去；或者国君虽然在表面上也很信用，却在行动上又使小人参与其间，追求微小的利益，看重眼前的效益，有用贤之名，无用贤之实，贤能的人又岂肯居其位而不尽职，白白浪费国家俸禄，被天下人所讥笑呢！虽然如此，这只是说贤能的人难以被任用的情况，还有君主与贤能的人难以合拍的情况呢！国君处在很高的地位，每天都受到别人的巴结逢迎，大都乐于听说别人的过错，而不喜欢听别人说自己的过错；务必要使自己心里痛快，而不一定要使百姓快乐。贤能的人对此一定会进行匡正和批评，扶助君主并使之地位稳固，直到使他们懂得尧舜是怎样求得公正、求得安定而后罢休，所以贤能的人与君主上述错误的做法势必难以合拍。更何况那些奸邪、谄媚而受到宠幸的人丑化、憎恶正直的人，肆意诋毁，多方陷害，贤能的人将不免于罪责的惩罚，又怎能期望他们公正处理各种事务，使天下之人都受到他们的恩泽呢？从古到今，正直高尚的人之所以对做官非常慎重而却轻易退隐，大概就是这个缘故吧。大禹是古代的圣人，听到善言善行就拜首以示敬意，伯益还告诫他说："任用贤人要信任，去除邪恶不能迟疑。"这句话在大禹那里还应当作为警语反省，后世的君主是否也应该这样呢？这就是任用贤能很难的道理啊！

奸邪的人，他们用心险恶，手段巧妙。因为用心险恶，所以他们做出的各种姿态没有人能够理解；因为手段巧妙，所以他们施展的各种诡计没有人能够防御。国君不能明察，把巴结奉承看作恭敬，把发人隐私看作公正，把欺诈哄骗看作可以信任，把花言巧语看作可以亲近。喜怒爱憎之情，君主固然不会没有，但有正常的，有不正常的，而奸邪之人一味迎合，窃取君主的权势来树立自己的威望，满足君主的欲望来拴住君主的恩宠。上面有君主对他们的垂爱，他们便在下面专横弄权，大臣们不敢议论，宗室近亲不敢批评，流毒遍于天下而君主不知道，这就是前人所说的城墙洞的狐狸、土地庙的老鼠啊。事情弄到这个地步想要除去他们，不是已经很困难了吗！虽然如此，这只是君主不觉悟才错到这个地步，还算有个说法。但像宇文士及这样的邪佞之臣，唐太宗对他是看得很清楚的，却终究不能罢斥；李林甫妒贤嫉能，唐明皇也是洞悉他的奸诈的，却最终不能黜退。奸邪之迷惑人竟有到这个程度的，难道还不可怕吗！

君主以诚心爱护臣下，臣下以忠心报效君主，有感必应，按道理本应如此。但是考察以往的历史，也有不能以常理而论的。禹治理洪水以拯救天下人民，他的功劳巨大，启贤德能庄敬继承禹的传统，他的恩泽深广，然而启仅仅传了一世到太康，就因为荒唐游乐，不理民事，刚刚去洛水北岸打猎，百姓便因仇恨而抛弃了他，实在令人叹息且感到可怕。汉高帝由平民起家，天下之士纷纷响应并追随他，当他被围困在荥阳时，纪信不惜捐弃生命来解救危急，可见是人心所向！但到天下平定后，却有一些人相聚在沙滩上谋划叛乱，这又是为什么呢？臣私下考察过这个问题，认为百姓拥戴君主是出自天命，起初并没有不顺从之心，只是由于某种原因使他们没有指望，使他们感到不平，后来才产生了怨恨失望。禹、启爱护百姓如同爱护自己的儿子，百姓侍奉他们也如同侍奉自己的父母。而太康坐在君主的位置上却不为百姓办事，放纵淫乐，丧失其德，不像为民父母的样子，因此百姓失望。嬴秦和项楚残暴，所以天下人背叛了他们。汉王政治宽厚仁爱，所以天下归心。而后来汉高祖根据个人爱憎施行赏罚，不是宽仁政治应有的作为，因此众将感到不平。推衍这两件事并比较古今事变，可以看出，凡是先前对百姓有恩泽而后来人们却怨恨恼怒，没有一件不是与这两件事相类似的。大抵君主刚即位时，都要向天下人许下美好的诺言，天下人又都会为此感到高兴，希望君主有实际行动，但后来实际行动与诺言不相符合，于是抱怨之心便产生了。大家的情况相同，差也差不了很远，但君主却按照自己的偏爱独独厚待一人，那么那些没有受到厚待的人便已有了嫉恨他的意思，何况厚待的是有罪过的人而薄待的是有功劳的人，怎么会不令人愤怒在心呢？失望的抱怨，不平的愤怒，都积在心中而不能化解，君主即使在嘴上说爱他们，可是这种所谓"爱他们"又表现在哪里呢？因此，一定要像古时候《大学》中说的那样去做，以修身为本，但凡一言一动，都可以为天下人效法，一赏一罚，都可以合天下人公心。那么亿万百姓的心，将不必刻意求取便能自然得到，又怎么会有失望不平的麻烦呢？无奈很多人不明白这个道理，做君主的不爱听别人批评自己的过失，做臣子的不敢把心里话都说出来，这两种心理融合在一起，要想得到天下人的心，那本来就应当是很困难的。

……　……

　　以上这六个方面，是为君难的具体内容，举其要点，即修德、用贤、爱民三方面而已，这就是所谓"治本"。治本抓住了，那么纪纲就可以发布，法制就可以施行，也就一定会取得好的治绩。否则，被宠爱的人与被憎恶的人互相攻击，好人与坏人互相指责，百姓不可避免地处在水深火热之中，用这种办法治理国家，是万万行不通的。

张　居　正

张居正（1525~1582），明代政治家。字叔大，号太岳。湖广江陵（今湖北荆州）人。二十三岁中进士，嘉靖朝由翰林院编修官任至侍讲学士领翰林院事。穆宗隆庆元年（1567）入阁，任礼部尚书兼武英殿大学士。神宗即位（1572）后，他与宦官冯保合谋，逐高拱，代为首辅，幼主临朝，政事都由他主持，前后当国十年。其时军政败坏，财政破产，农民起义此起彼伏，危机严重。他以"得盗即斩"的手段加强镇压，并进行了一系列重大改革。执行考成法，提高行政效率；整顿吏治，裁汰冗员；清丈土地，在全国范围内推行"一条鞭法"；整理财政，紧缩支出；用名将戚继光加强国防，用潘季驯主持治理黄淮，都收到了成效。万历十年病故，赠上柱国，谥曰"文忠"。不久，为中官张诚和某些守旧外官所攻讦，官阶谥号尽削，家产被抄，子弟被革职远戍。时人海瑞称张居正"工于谋国，拙于谋身"（见谈迁《国榷》卷七一），其实正是对张氏忠心为国的高度评价。著作有《张文忠公全集》、《张太岳集》等不同版本行世。

陈六事疏（节选）

本篇选自《张居正集》，为张居正于隆庆二年上穆宗朱载垕的著名的《陈六事疏》的一部分。《陈六事疏》所陈六事为：省议论，振纲纪，重诏令，核名实，固邦本，饬武备。这六事，紧紧围绕当时政治、经济、军事三大方面的腐败现象，述其危害，论其矫正，认识深刻独到，方策切实可行，可以说是抓住了时弊要害的一个改革纲领，关系到国家盛衰的根本大计。疏上，穆宗认为所论"深切时务"（《明史纪事本末·江陵柄政》），可见张居正对于发动一场伟大的社会变革早已深思熟虑。所以，一旦大权在手，他便不失时机地开展了一场既雷厉风行又稳妥扎实的改革运动。

本篇"核名实"是"六事"的第四事，专论用人的问题。作者针对当时朝廷用人方面存在的"乏才之叹"，以及"官不久任，事不责成，更调太繁，迁转太骤，资格太拘，毁誉失实"，"名与实爽"等等弊病，提出了"世不患无才，患无用之道。如得其道，则举天下之士，唯上之所欲为，无不应者"的卓越见解，以及以"综核名实"，"用舍进退，一以功实为准"的整顿吏治的基本原则和具体方法。作者认为：任官授爵必须慎重，必须在实践中严格考核，根据实绩判断人的"才器"，因才授任。不要只看重名声，不要拘泥于资格，不要轻信他人的毁誉，不要掺杂个人的情感，不要以一时一事判定人的一生；同时，还要注意官吏任职的相对稳定性。这些思想，都是十分可贵、值得效法的。

核名实。臣闻人主之所以驭其臣者，赏罚用舍而已。欲用舍赏罚之当，在于综核名实而已。臣每见朝廷欲用一人，当事者辄有乏才之叹。窃以为古今人才不甚相远，人主操用舍予夺之权，以奔走天下之士，何求而不得？而曰世无才焉，臣不信也。惟名实之不核，拣择之不精，所用非其所急，所取非其所求，则上之爵赏不重，而人怀侥幸之心。牛骥以并驾而俱疲，工拙以混吹而莫辨，才恶得而不乏，事恶得而有济哉？

臣请略言其概：夫器必试而后知其利钝，马必驾而后知其驽良。今用人则不然。称人之才，不必试之以事；任之以事，不必更考其成；及至偾事之时，又未必明正其罪。椎鲁少文者，以无用见讥；而大言无当者，以虚声窃誉。倜傥伉直者，以忤时难合；而脂韦逢迎者，以巧宦易容。其才虽可用也，或以卑微而轻忽之；其才本无取也，或以名高而尊礼之。或因一事之善，而终身借之以为资；或以一动之差，而众口訾之以为病。加以官不久任，事不责成，更调太繁，迁转太骤，资格太拘，毁誉失实。且近来又有一种风尚：士大夫务为声称，舍其职业，而出位是思。建白条陈，连篇累牍，至核其本等职业，反属茫昧。主钱谷者不对出纳之数，司刑名者未谙律例之文。官守既失，事何由举？凡此皆所谓名与实爽者也。如此，则真才实能之士何由得进，而百官有司之职何由得举哉？故臣妄以为世不患无才，患无用之之道。如得其道，则举天下之士唯上之所欲为，无不应者。

臣愿皇上慎重名器，爱惜爵赏，用人必考其终，授任必求其当。有功于国家，即千金之赏、通侯之印，亦不宜吝；无功于国家，虽嚬笑之微、敝袴之贱，亦勿轻予。仍乞敕下吏部：严考课之法，审名实之归。遵照祖宗旧制，凡京官及外官三、六年考满，毋得概引复职，滥给恩典，须明白开具称职、平常、不称职以为殿最。若其功过未大显著未可遽行黜陟者，乞将诰敕勋阶等项，酌量裁与，稍加差等，以示激劝。至于用舍进退，一以功实为准。毋徒眩于声名，毋尽拘于资格，毋摇之以毁誉，毋杂之以爱憎，毋以一事概其平生，毋以一眚掩其大节。在京各衙门佐贰官，须量其才器之所宜者授之，平居则使之讲究职业，赞佐长官；如长官有缺，即以佐贰代之，不必另索。其属官有谙练故事、尽心官守者，九年任满，亦照吏部升授京职，高者即转本衙门堂上官。小九卿堂官品级相同者，不必更相调用。各处巡抚官果于地方相宜，久者，或就彼加秩，不必又迁他省。布、按二司官如参议久者，即可升参政，佥事久者，即可升副使，不必互转数易，以滋劳扰。如此，则人有专职，事可责成，而人才亦不患其缺乏矣。此外如臣言有未尽者，亦乞敕下该部，悉心讲求，条列具奏。伏乞圣裁。

【译文】

核名实。臣听说，君主之所以能驾驭他的大臣，无非凭借其赏罚、用舍的权力。要想使用舍、赏罚得当，就在于综核名实罢了。臣常常看到，朝廷打算任用一个人，当权者往往有人才缺乏之叹。臣私下以为，古今人才相差不是很多，君主操纵用舍、予夺之权以驱使天下的士人，何求而不得？却说世上没有人才，臣不相信。只不过名实不核，拣择不当，以致所任用的不是他所急需的，所选取的不是他所要求的，朝廷的爵位赏赐不重，而人们怀有侥幸之心。牛和马并排驾车，会搞得都很疲劳；技艺高超的乐师和笨拙的人混在一起吹奏，无法辨别优劣。这样，人才怎么会不缺乏，事情怎么会办得好呢？

臣请求简略地叙述其大概：器必经试用而后才能知其利钝，马必经驾驭而后才能知其良劣。如今用人却不是这样。称赞人的才干，却不要他做事加以检验；任用人去做事，却不考核事情的成败；等到事败了，又未必明正其罪。嘴笨不善辞令的人被讥笑为无用，漫无边际说大话的人以虚名窃取荣誉，豪爽刚直的人因不合时宜而遭到排斥，阿谀逢迎的人因巧于钻营而官运亨通。有的人才能虽然可以任用，却因地位卑微而被轻视忽略；有的人才能本无可取，却因名气大而被尊敬礼遇。有的人因一件事情办好了，而终身借此以为资本；有的人因一个行动失误了，便遭到众人毁谤，看成大毛病。加以官吏任期短，做事不考成，更调太频繁，迁转太急促，资格太拘泥，毁誉失真实。而且近来又有一种风尚，士大夫千方百计猎取名声，不务正业，超越本职之外用心计。他们向皇上提建议，上条陈，连篇累牍，至于查问其本职业务，反而茫然无知。管钱谷的人回答不出开支的数目，管刑名的人不熟悉法律条文。官员不能恪尽职守，国家的事情靠谁去办？凡此种种，都是所谓名与实相悖。如此，则有真才实能的人怎么能够得到进用，而百官有司的职事怎么能够办好呢？所以臣大胆地认为，世上不患无才，患没有正确的用人之道。如果掌握了正确的用人之道，那么全天下的士人就都会按皇上的意愿去做，没有不响应的。

臣希望皇上慎重对待名器，爱惜官爵赏赐，用人一定要考核其实绩，任官一定要力求得当。对有功于国家的人，即使是千金之赏、公侯之印，也不必吝惜；对无功于国家的人，即使是一个笑脸、一条破裤子，也不轻易给予。还乞请皇上命令吏部，严肃考课之法，审查名实之归，遵照祖宗旧制，凡京官及外官三年或六年任满考绩时，不得一概续任复职，滥给恩典，必须明白开列称职、平常或不称职，以区别上下。如果其功过未十分显著，不便骤然降免或提拔，请将其诰敕、勋爵等项酌量裁减或增加，稍加等级差别，以示激励鞭策。至于用或不用，晋升或斥退，一概以实绩为标准。不要迷惑于名声，不要拘泥于资格，不要为世俗的毁誉所左右，不要掺杂个人的情感，不要因一件好事而概括其一生，不要因一次失误而掩盖其大节。在京各衙门的辅佐官员，必须衡量其才能器识适合于哪种官职然后才加以任命，平时则让他们研究本职业务，协助长官；如长官职位有空缺，即以辅佐官员代替，不必另外寻找。其下属官吏中有熟悉办事规则、尽职尽责的人，九年任满，也知照吏部升授京职，职位高的即升为本衙门的堂官。小九卿堂官品级相同的，不必互相调动。各处巡抚官如果确实适合在地方上任职，时间久的，可以提升级别和增加俸禄，不必又调往别的省。布政、按察二司的官员，如参议任职久了，即可升为参政，佥事任职久了，即可升为副使，不必一再互相调动，以增加劳扰。如此，就会人人有专职，事事可责成，也就不担心人才缺乏了。此外如果有为臣没说到的，也乞请命令该部，认真研究，将其意见条列奏闻，请示圣上裁定。

请稽查章奏随事考成以修实政疏

　　本篇选自《张居正集》,是张居正于万历元年上明神宗朱翊钧的奏疏。奏疏的中心内容是整顿吏治,而非专讲用人,但整顿吏治归根到底也是一个如何用人的问题。

　　明代中叶以后,吏治腐败,纲纪不振,诏令不行,封建统治出现全面危机的征兆。吏治腐败的突出表现之一,是官场中严重的官僚作风。言官、部臣皆徒建空言,不求实效;各部门章奏应由六部、都察院审查施行、巡抚巡按勘验的,往往稽留不报,"上之督之者虽谆谆,而下之听之者恒藐藐",一切处于自流状态。张居正认为,这种状态的形成,不是因为机构不备、职责不明,也不是法规、政令不全,而是由于"成宪"废弛,有法不依,检查督责不力。为此,他推出了自己酝酿已久的"考成法",请求稽查章奏,随事考成,并设计了一套具体办法。

　　考成法无疑是张居正关于整顿吏治和用人思想的卓越体现,同时也是其整个改革的一项重大举措。据《明史》记载,明神宗朱翊钧接受了张居正的建议,"自是,政体为肃","治绩炳然"。具体表现在三个方面:首先是扫除了严重的官僚作风,提高了官吏办事效率。考成法实施后,"大小臣工,鳃鳃奉职",朝廷政令下达,"虽万里外,朝下而夕奉行"。其次是整肃了官吏队伍。根据考成法定期考核官吏施政和治事的成效,使朝廷对官吏的德、能、勤、绩可以有较全面的了解,这就为提升优秀者,责罚罢黜苟且、不称职者提供了依据。在张居正主持下,共裁汰冗官冗吏达十分之二三,同时破格起用了一批人才(如名将李成梁、水利专家潘季驯等)担任重要官职,从而提高了官吏队伍的质量。再次是加强了中央集权。按明代制度,内阁只是替皇帝起草诏令、文诰的参谋班子,内受宦官压制,外有言官牵制。内阁、宦官、言官三股势力争权夺势,互相倾轧、利用,造成了政局的长期不稳定。考成法实施后,内阁全面控制了国家行政权和对官吏的考核权,成为实际上的最高权力机构,首辅真正起到了宰相作用,从而有利于加强中央集权。这也是张居正当国十年政局稳定,改革得以顺利进行的根本保证。因此,即使在今天看来,这种考成法也是有积极意义的。

臣等窃闻尧之命舜曰:"询事考言,乃言厎可绩。"皋陶之论

治曰："率作兴事，钦哉！屡省乃成。"盖天下之事，不难于立法，而难于法之必行；不难于听言，而难于言之必效。若询事而不考其终，兴事而不加屡省，上无综核之明，人怀苟且之念，虽使尧舜为君，禹皋为佐，恐亦难以底绩而有成也。

臣等窃见近年以来，章奏繁多，各衙门题覆，殆无虚日。然敷奏虽勤，而实效盖鲜。言官议建一法，朝廷曰可，置邮而传之四方；则言官之责已矣，不必其法之果便否也。部臣议厘一弊，朝廷曰可，置邮而传之四方；则部臣之责已矣，不必其弊之果厘否也。某罪当提问矣，或碍于请托之私，概从延缓。某事当议处矣，或牵于可否之说，难于报闻。征发期会，动经岁月；催督稽验，取具空文。虽屡奉明旨，不曰"著实举行"，必曰"该科记著"。顾上之督之者虽谆谆，而下之听之者恒藐藐。鄙谚曰："姑口顽而妇耳顽。"今之从政者，殆类于此。欲望底绩而有成，岂不难哉！

臣居正当先帝时，曾上便宜六事，内"重诏令"一款，亦尝亹亹言之。随该吏部题覆，欲各衙门皆立勘合文簿，事下各抚按官，皆明立程限，责令完报。然亦未闻有如期令而以实应者。甚者，寝格如初。

兹遇皇上躬不世出之资，励精图治，百执事亦皆兢兢务修其职业，无敢以玩愒弛废者，盖庶几乎"率作兴事"矣。独所谓"考言"、"屡省"者，尚未加之意焉。窃恐致理之道，有未尽也。查得《大明会典》内一款："凡六科每日收到各衙门题奏本状，奉圣旨者，各具奏目，送司礼监交收。又置文簿，陆续编号，开具本状，俱送监交收。"又一款："凡各衙门题奏过本状，俱附写文簿。后五日，各衙门具发落日期，赴科注销。过期稽缓者，参奏。"又一款："凡在外司府衙门，每年将完销过两京六科行移勘合，填写底簿，送各科收贮，以备查考。钦此。"及查见行事例，在六科则上下半年，仍具奏目缴本，在部院则上下半月，仍具手本赴科注销。以是知稽查章奏，自是祖宗成宪，第岁久因循，视为故事耳。

请自今伊始，申明旧章。凡六部、都察院，遇各章奏，或题奉明旨，或覆奉钦依，转行各该衙门，俱先酌量道里远近、事情缓急，立定程期，置立文簿存照，每月终注销。除通行章奏不必查考者，照常开具手本外，其有转行覆勘，提问议处，催督查核等项，另造文册二本，各注紧关略节及原立程限，一本送科注销，一本送内阁查考。该科造册内前件，逐一附簿候查，下月陆续完销。通行注簿，每于上下半年缴本，类查簿内事件有无违限未销。如有停阁稽迟，即开列具题候旨，下各衙门诘问，责令对状。次年春夏季终缴本，仍通查上年未完。如有规避重情，指实参奏。秋冬二季，亦照此行。又明年仍复挨查，必俟完销乃已。若各该抚按官奏行事理，有稽迟延阁者，该部举之。各部院注销文册，有容隐欺蔽者，科臣举之，六科缴本具奏，有容隐欺蔽者，臣等举之。如此，月有考，岁有稽，不惟使声必中实，事可责成，而参验综核之法严；即建言立法者，亦将虑其终之罔效，而不敢不慎其始矣。致理之要，无逾于此。伏惟圣明裁断施行，臣等不胜大愿。

【译文】

臣等听说，尧在任命舜时说过："根据你所谋划之事并考察你的言论，你的意见一定可以取得成功。"皋陶在谈论治理时说过："君主统率臣下兴办事业，要经常检查才能取得成功。"天下之事，不难在立法，而难在有法必行；不难在听取建议，而难在使建议必定出成效。若谋划政事而不考核其结果，兴办事业而不经常加以检查，上头无综核名实的明智，人们就会怀着得过且过的念头，即使尧、舜那样的人做君主，禹、皋陶那样的人为辅佐，恐怕也难以谋划功业并有所成就。

臣等看到，近年来章奏繁多，各衙门题行批复，几乎没有空闲的日子。然而上书陈言虽然很多，却收效甚微。言官建议制定某一法规，朝廷认为可行，于是邮递传达到各地；这样言官的职责就算尽到了，其法是否果真方便适宜却不一定去管它。部臣建议改革某项弊政，朝廷认为可行，于是邮递传达到各地；这样，部臣的职责就算尽到了，其弊是否果真能够革除却不一定去管它。某人犯罪应当捉拿审问，有时却碍于私情请托，一味拖延缓颊。某事应当议决处置，有时却因牵涉不同意见，难于上报奏闻。朝廷征调人力和物资的期限，往往成年累月一拖再拖；催迫督促，检查验收，取得的只是无实质内容的空文。即使屡屡奉到明旨，不是说"着实举行"，就是说"该科记着"。回头看，上面催督的人虽然不倦息，而下面的人却常常不在意。俗话说："婆婆的嘴唠叨不休，媳妇的耳听而不闻。"如今从政的人，就和这差不多。指望造就功业且有所成就，岂不很困难吗？

臣居正在先帝时，曾上《陈六事疏》，其中"重诏令"一款，也曾谈到这件事。随后吏部题行批复，要各衙门都建立勘合文簿，有事下达各巡抚、巡按官，都明确规定期限，责令完成上报。然而也没有听说有按照期限命令并以实际行动响应的人。有些过分点的人还像从前一样，接到命令就扔在一边。

现在遇到皇上自身具有非凡的资质，励精图治，百官也都小心谨慎地修行其职业，没有谁敢玩忽职守，荒废事情。这差不多可以实现"君主统率臣下兴办事业"了。只有所谓"考察言论"、"经常检查"两方面，尚未能引起注意。臣私下担心治理国家太平的办法还有未做到的。查得《大明会典》内有一款规定，"凡六科每日收到各衙门题奏本章文书，奉圣旨的，各开列奏事目录，送司礼监交收。还要设置文簿，陆续编号，开列本章文书，一并送监交收。"又一款规定，"凡各衙门题奏过的本章文书，都要附写文簿。五天后，各衙门开列发落日期，到科注销。过期稽留拖延的，要弹劾。"还有一款规定，"凡在外的司府衙门，每年将办结注销过的两京六科行移勘合文书，填写底稿，送各科收存，以备查考。"及查现行事例，在六科，则需要上下半年时间才开列奏事目录缴本；在部院，则需要上下半月时间才开列手本，到科注销。因此知稽查章奏，原是祖宗成法，但年久荒废，被看成是过时的东西。

请求皇上从现在开始，申明旧的规章。凡六部、都察院受理的各项章奏，或题行"奉明旨"，或批复"奉钦依"，转交各衙门，都要首先酌量道路的远近，事情的缓急，立定程式期限，设立文簿留存备查，每月月终注销。除不必查考的通行章奏，照常开具手本外，其中有转行覆勘、提问议处、催督查核等项内容的，另造文册二本，各注明轻重缓急及原先立定的程式期限，一本送科注销，一本送内阁查考。该科按照册内前件，逐一附簿候查，下月陆续完结注销。通行注销文簿，每隔半年缴本，集中检查簿内事件有无违反期限没有注销的。如果有搁置不办稽留拖延的，即开列题奏候旨，下达各衙门诘问，责令做出解释。次年春、夏季终缴本，仍旧通查一遍上年未完结的情况。如有有意回避重要情节，指实劾奏。秋、冬二季，亦照此行事。到明年仍旧挨个检查，一定要等全部总结注销乃罢。如果是巡抚、巡按官应该陈奏施行的事理，有稽留延迟搁置不办的，由各部检举；各部、都察院注销文册，有宽容隐瞒欺骗蒙蔽的，由六科大臣检举；六科缴本具奏，有宽容隐瞒欺骗蒙蔽的，由臣等检举。这样，月有考察，年有稽查，不仅能使名必符实，事可责成，而且严肃了参奏、勘验、综核名实的法规，即使建议立法的人，也将虑及某法终究不能有成效，而不敢不从一开始就慎重对待。达到国家治平的要领，不过如此。请求皇上圣明裁断施行，臣等不胜大愿。

陈 廷 敬

陈廷敬（1638～1712），字子端，号说岩，清初山西泽州阳城人。顺治十五年（1658）进士。生平好学，少与汪琬以文章切磋，与王士禛以诗唱和，皆能得其深处，而面目各不相同。康熙八年（1669）任日讲官，甚得信用。后历任吏部左侍郎、左都御史等显职。终官文渊阁大学士，兼吏部尚书。在官多所建白，而皆得大体。卒谥"文贞"。著有《尊闻堂集》、《午亭文编》。后人并辑有《陈廷敬集》。

请严督抚之责成疏

本篇选自《康熙政要》，是陈廷敬在康熙二十四年（1685）任左都御史时所上的一道奏疏，中心内容是建议皇帝对封疆大吏督抚之职责加强考察和追究。奏疏揭篇即指出："今天下之事，系于督抚。"在把督抚推上极重要地位的同时，突显出加强对督抚之责成的重要意义。接着，奏疏详细阐述了督抚的职责，提出"督抚之职在察吏安民"，驳斥了"民自犯法耳，与督抚何尤"这种似是而非的错误说法。在明确督抚之职责的基础上，奏疏进一步指出："方今要务，在督抚得人。"并引古证今，阐明了督抚察吏安民，其中又侧重于"教民"的方法。然后，祈请皇帝"特降严纶，通饬督抚，使贤者知勉，而否者知惧。洗涤旧染，专以洁己教吏"，并着重提出了从严议处督抚在保荐府州县官工作中的连带责任的建议，以期实现"朝廷切责督抚，以几刑清政简之风"。

本篇可与本书第一辑清圣祖谕旨参照阅读，更显用意深刻。

今天下之事，系于督抚。督抚之职在察吏安民。若民犯法者多，刑辟不止，恶在其能安民也。察吏之意欲令安民。若民犯法者多，恶在其能察吏也。臣见直省各督抚所上刑狱，章奏繁多。夫督抚之职在安民者，非谓民既犯法，而明于系断之为能尽其职也；谓民未犯法，而严禁令，谨科条，使民迁善远罪，至于刑清政简之为能尽其职也。故督抚之能与不能，视其所治之民而已矣。民之安与不安，视其刑之清与不清、政之简与不简而已矣。直省之刑清，而朝廷之刑清矣。直省之政简，而朝廷之政简矣。

政简刑清，王道之大端也。

或曰民自犯法耳，于督抚何尤？孔子有言："上教之不行，罪不在民也。"故欲使民不犯法，而刑辟衰止，莫先于行上之教。欲行上之教，系惟督抚是问。督抚曰："是将在群吏。"夫吏果廉能，毋敢有加派，毋敢有火耗，毋敢黩货于词讼，毋敢朘削夫富民，然后一意行上之教，而民不罹于刑。今吏或不能，诚有罪焉。然非尽吏之罪也。人苟稍稍知诗书，识道理，一行作吏，谁忍自弃？而今或不能者，非尽吏之欲私肥其家，盖迫于上官耳。上官廉则吏自不敢为贪，上官不廉，则吏虽欲为廉而不可得。吏既不得廉，则凡所为加派火耗、黩货朘削之事，日以曲事上官之不暇，而又何有于行上之教，使民不罹于刑？虽使吏勉强行之，而民习见吏之所为多不法也，曰："是恶能教我，谁其从之？"是教之不行，刑之不止，吏为之也。吏之为之者，督抚使之然也。

方今要务，在督抚得人。为督抚者，既不以利欲动其心，然后能正身以董吏。吏既不复以曲事上官为心，然后能加意于民。向之所为加派火耗、黩货朘削之事，举皆无之。夫然后民可余得其养，养立而后教可行也。至于教民之法，三代盛矣。古今异宜，所贵得其意而神明之，而其大要莫重于读法之令。《周礼》："乡大夫之职，各掌其乡之政教禁令。正月之吉，受教法于司徒，退而颁之于其乡吏，使各以教其所治。"历代以来有讲读律令之法，皆《周礼》之遗意，为教民之要务也。夫欲教民以道，必先信上之令，以实致乎民。管子曰："国之重器，莫重乎令。令重则君尊，君尊则国安。"贾山曰："臣闻山东吏布诏令，民虽老羸癃疾，扶杖而往听之，思见德化之成。"是以人臣敬君之命令，尊之如雷霆之不敢侮。盖以人君之所以为国，鼓舞群下者，恃其命令而已。臣伏读皇上圣谕十六条，颁行已久，彼时虽一经张挂晓谕，而乡村山谷之民，至今尚有未知者。臣近日惟见山东巡抚张鹏有上谕十六则讲义，及臣乡山西宁乡县知县龚应霖讲约书，其实心奉行与否，当俟之事久论定之时。至于一经晓谕，而旋视为具文者，比比皆然。臣所谓信上之令，以实致乎民者，责在有司，而督抚为要矣。臣欲祈皇上特降严纶，通饬督抚，使贤者知勉，而否者知惧，洗涤旧染，专以洁己教吏，吏得一心养民、教民为事。其督抚保荐府州县官也，须要第一条，实填"一本官无加派、无火耗、无黩货词讼、无朘削富民"十九字；第二条，实填"一本官实心奉行上谕，每月吉，聚众讲解乡邨、乡约讲解"二十二字。如保荐不实者，请敕部将保荐之督抚、具揭之司道，并所保荐之官，严议处分；定例不得，仍用常例处分。余条仍旧例开具实迹。凡若此者，所贵督抚知功令之重在此，顾名思义，触目惊心，以导群吏也。而皇上之考察督抚，则以洁己教吏，吏得一心养民、教民为称职，否则罢黜治罪。

圣主在上，坐照如神，自有洞鉴。臣之愚心，惟祈朝廷切责督抚，以几刑清政简之风，故敢献其鄙言，助成王道之治，统冀鉴宥施行。

【译文】

当今天下的事情，关键在于总督和巡抚。总督和巡抚的职责，在于考察官吏，安定百姓。如果百姓犯法的多，刑罚杀戮不止，怎么能够说总督和巡抚能安定百姓呢？考察官吏的目的，是要让他们安定百姓。如果百姓犯法的多，刑罚杀戮不止，怎么能够说总督和巡抚能明察官吏呢？臣见直隶及各省总督和巡抚送上来的刑狱章奏繁多。总督和巡抚的职责在于安民的意思，不是讲百姓犯法后，能明察善断就叫做能尽其职责，而是说百姓还未犯法时，能严明禁令，谨守法度，使百姓向往为善远离犯罪，以至于刑罚不烦、行政简省，才叫做能尽其职责。所以，总督和巡抚之能干与不能干，看他所治理下的百姓就是了。百姓之安定与不安定，看他的刑罚清明与不清明、行政简省与不简省就是了。直隶及各省的刑罚不清，而朝廷的刑罚就不清了。直隶及各省的行政简省，而朝廷的行政就简省了。行政简省、刑罚清明，这是实现王道政治的根本。

有人说，百姓自己犯法，在总督和巡抚方面有何过失？孔子说过："上面的教化之不能施行，罪过不在百姓。"所以，要使百姓不犯法，而使刑罚杀戮不断减少以至于无，莫如首先推行上面的教化。要推行上面的教化，那就只有拿总督和巡抚是问。总督和巡抚会说："这件事要追究各级官吏。"假设官吏果真廉洁效能，不敢在正税之外有加派、火耗，不敢在办理诉讼中贪污受贿，不敢敲诈刻剥富裕民户，并且一心一意推行上面的教化，那么百姓就不会触犯刑法。但是现在官吏中有人不能廉洁，确实有罪。然而并非全是官吏的罪过。一个人假若稍稍知诗书、懂道理，一旦做官吏，谁忍心自弃？而今有的人不能廉洁，不全是这些官吏想私肥其家，大抵还迫于上官的压力。上级官长廉洁,那么下属官吏就不敢贪赃枉法,上级官长不廉洁,那么下属官吏即使想廉洁也不可能。官吏既然不能廉洁,那么他的所作所为无非是加派火耗、贪贿刻剥之事,每天巴结讨好上级官长还来不及,又哪里会去推行上面的教化,使百姓不触犯刑法呢?即使官吏勉强推行教化,而百姓常见官吏的所作所为大多不法,就会说:"这些人哪能教化我,谁会听他们的!"这说明,教化之不能施行,刑罚之不能休止,是官吏造成的。而官吏的作为,是总督和巡抚使他们这样的。

如今重要的事情,在于选择合适的人担任总督和巡抚。做总督和巡抚的人,首先做到了不能以利欲动其心,然后才能端正自己以监督官吏。官吏做到了不再总是想着巴结讨好上级官长,然后才能把心思用到百姓身上。这样,原先所作所为的加派火耗、贪贿刻剥之事,就全都没有了。然后,百姓才能有结余而养活自己,不愁养活自己而后教化就可以施行了。至于教化百姓的方法,三代时做得最好。古今情况不同各有其宜,重要的是得其旨意而变通光大之,而其大要没有比宣讲法令更重要的。《周礼》上说:"乡大夫的职责,是各掌其乡之政教禁令。在正月开始受教法于大司徒,回去向乡吏宣讲,让他们用这些教化其所治理的百姓。"历代以来,有讲读法律政令的法规,都是《周礼》的遗意,是教化百姓的重要任务。教化百姓要有正确的方法,一定要首先立信于上之法令,用实实在在的东西给予百姓。《管子》说:"国家最重要的器物在于法令,法令为重则君主尊贵,君主尊贵则国家安定。"贾山说:"臣听说,山东官吏宣布诏令,百姓即使年老体弱有残疾,扶着拐杖也要去听,希望看到德化的成就。"因此,臣下敬奉君主的命令,尊崇它就像雷霆当顶一般不敢轻慢。大致说来,君主之所以能治理国家、鼓舞臣民的,依仗其命令而已。臣恭敬地拜读皇上圣谕十六条,颁行已久,那时虽然一再张挂晓谕,而乡村山谷的百姓至今尚有不知的。臣近日只见到山东巡抚张鹏有圣谕十六则讲义,以及臣家乡山西宁乡县知县龚应霖讲约书,他们真心奉行与否,当然应等时间长一些才能论定。然而一再晓谕,而转眼就视为空文的,也比比皆是。臣所说的首先立信于上之法令,用实实在在的东西给予百姓,责任在主管部门,而以总督和巡抚为主。臣想祈请皇上特降严旨,通告命令总督、巡抚,使贤者知道勉励,而不贤者知道戒惧,洗涤旧毛病,专心以纯洁自己、教化官吏,使官吏得以一心养民、教民为事。其总督、巡抚保荐州、府、县官,需要填写的第一条,实填"一本官无加派、无火耗、无黩货词讼、无朘削富民"十九字;第二条,实填"一本官实心奉行上谕,每月吉,聚众讲解乡村乡约讲解"二十二字。如有保荐不实的,请敕令吏部将保荐的督、抚,具揭的司、道,以及所保荐之官,严议处分;定例没有的，仍用常例处分。其余各条仍按照旧例开列实迹。之所以像这样，所贵重的是要让督、抚知道功令之重要在此，顾名思义，触目惊心，以教导广大官吏。而皇上之考察总督、巡抚，则以能纯洁自己、教导官吏，使官吏一心养民、教民为称职，否则罢黜治罪。

  圣主在上，坐照如神，自有明鉴。臣的愚心，只祈望朝廷切责总督、巡抚，以实现刑清政简之风，所以才敢奉献其浅俗之言，佐助成就王道之治，一切都希望鉴察、宽宥和施行。

张之洞　刘坤一

张之洞（1837~1909），清末洋务派首领。字孝达，号香涛，晚号抱冰，直隶南皮（今河北宁津）人。同治二年（1863）进士。曾任翰林院侍讲学士、内阁学士等职。1882年（光绪八年）任山西巡抚。1884年中法战争时，升调两广总督，起用冯子材，在广西边境击退法军。又在广东设水陆师学堂，创枪炮厂，开矿务局，立广雅书院，武备文事并举。1889年调任湖广总督，先后开办汉阳铁厂、湖北枪炮厂，设立织布、纺纱、缫丝、制麻四局，创办两湖书院，并筹办芦汉铁路。1894年代刘坤一为两江总督。曾编练江南自强军，设立武备、农工商、铁路、方言、军医诸学堂。1896年回任湖广总督。1898年发表《劝学篇》，认为"中国之祸不在四海之外，而在九州之内"，把当时的资产阶级维新思想斥为"邪说暴行"，提出"旧学为体，新学为用"，以维护封建伦理纲常，反对戊戌变法。义和团运动兴起，他力主镇压，并与两江总督刘坤一倡议东南互保，镇压了两湖反洋教斗争和唐才常自立军起事。1901年响应慈禧太后关于"变法"的命令，与刘坤一联衔会奏变法条陈，连上三折，提出育才兴学、整顿变通朝政、兼采西法等变法意见，企望改变清政府"竭海内之力，百计搜括，但供每年赔款，以冀无事"的局面。这三道奏折，时人称为"江楚三折"。清政府推行的所谓"新政"，基本采纳了他们的建议。1907年，擢升体仁阁大学士，调任军机大臣，兼管学部事务。卒谥"文襄"。有《张文襄公全集》传世。

刘坤一（1830~1902），字岘庄，湖南新宁人。廪生出身。1855年（咸丰五年）率团练在湖南与太平军作战，并转战赣、湘、桂等地。1862年后历任广西布政使、江西巡抚、两广总督。1879年调任两江总督兼南洋通商大臣。中日甲午战争时，任钦差大臣驻山海关，节制关内外陆军百余营，辽河一战，全军溃败。1890年回任两江总督。义和团运动时与张之洞同倡东南互保，后又与之联衔会奏变法条陈三折。有《刘坤一遗集》。

变通政治人才为先折

本篇选自《张文襄公奏稿》，为张之洞、刘坤一"会奏变法条陈第一折"，中心内容是论述用人的一个重要方面——育才问题。作者在奏折中指出，"变通政治人才为先"，"中国不贫于财而贫于人才"，而育才之大端在于变革教育制度。为此，他们"参考古今，会通文武"，筹拟了四条建议：一、设文武学堂；二、改革科举文科考试制度；三、废除武科考试制度；四、鼓励出洋留学。作者认为，以上四条"为求才图治之首务"，四者互相联系不可或缺："盖非育才不能图存，非兴学不能育才，非变通文武两科不能兴学，非游学不能助兴学之所不足。"1901年7月，清政府接受了张刘建议，决定科举废八股，改用策论，命各省州县设立高等、中等、初等学堂，选拔学生出洋留学。1903年，张之洞奉旨会同学部大臣制定了中国第一个正式颁行的近代学制《学务纲要》，史称"癸卯学制"。从此，中国近代教育体系逐步形成。

奏为变通政治人才为先，遵旨筹议奏陈，仰祈圣鉴事。

臣等钦奉光绪二十六年十二月初十日上谕："法令不更，锢习不破，欲求振作，当议更张。著军机大臣、大学士、六部、九卿、出使各国大臣、各省督抚，各就现在情形，参酌中西政要，举凡朝章国故、吏治民生、学校科举、军政财政，当因当革，当省当并，或取诸人，或求诸己，如何而国势始兴，如何而人才始出，如何而度支始裕，如何而武备始修，各举所知，各抒所见，通限两个月详悉条议以闻等因。钦此。"仰见我皇上惩毖多难，必欲扫积习以济时艰，感涕之余，且愧且奋。

臣等尝闻之《周易》："乾道变化者，行健自强之大用也。"又闻之《孟子》："过然后改，困然后作，动心忍性，增益所不能者，生于忧患之枢机也。"上年京畿之变，大局几危，其为我中国之忧患者，可谓巨矣！其动忍我君臣士民之心性者，可谓深矣！穷而不变，何以为国？然则修中华之内政，采列国之专长，圣道执中，洵为至当。惟是中国贫弱废弛之弊，或相沿百余年，或相沿两千余年，一旦欲大加兴革，必须规划周详，确有下手之处，然后气血生而宿疴自去，疣痈决而元气可支。

窃谓中国不贫于财而贫于人才，不弱于兵而弱于志气。人才之贫，由于见闻不广，学业不实；志气之弱，由于苟安者无履危救亡之远谋，自足者无发愤好学之果力。保邦致治，非人无由。谨先就育才兴学之大端，参考古今，会通文武，筹拟四条：一曰设文武学堂，二曰酌改文科，三曰停罢武科，四曰奖劝游学。敬为圣主陈之。

一、设文武学堂。取士之法，自汉至隋为一类，自唐至明为一类，无论或用选举，或凭考试，立法虽有短长，而大意实不相远。汉魏至隋，选举为主，而亦间用考试，如董、晁、邻、杜之对策是也。唐宋至明，考试为主，而亦参用选举，如温造、种放之征召是也。要之皆就已有之人才而甄拔之，未尝就未成之人才而教成之。故家塾则有课程，官学但凭考校。引皆与三代学校之制不合。现行科举章程，本是沿袭前明旧制。承平之世，其人才尚足以佐治安民，今日国蹙患深，才乏文敝，若非改弦易辙，何以拯此艰危！然而中国见闻素狭，讲求无素，即有考求时务者，不过粗加大略，于西国政治未能详举其章，西国学术未能身习其事。现虽举行经济特科，不过招贤自隗始之意，只可为开辟风气之资，而未必遽有因应不穷之具。考《周官》司徒之职，《小戴礼》"学记"之文，大率皆以德行道艺兼教并学，学成而后用之。此外见于经传者，乡国之学皆兼六艺，大夫之职必备九能；《书》《礼》干戈，司成并教；寄象鞮译，《王制》分官；海外《图经》，伯益所传；润色专对，《论语》所重。又按三代之制，庠序之称曰士，卒伍之称亦曰士，实为文武合一，文武并重之明征。若孔子兼通文武，学于四裔，尤圣人躬行垂教之彰彰者。此后汉举使才，唐采回历，隋志经籍多收方言，明初文科亦兼骑射。钦惟我朝康熙年间，测天造炮皆用西人，内府地图创用西法之经纬线，此图所刻铜版，即用东洋铜版之阴阳文。尼布楚界碑兼用三体文字。乾隆年间，《西域同文志》兼列清、汉、蒙古、西番、托忒、回部之书。至于内廷功课，八旗授官，皆系文武兼习。祖宗旧制，洵足为万代法程。

今泰西各国学校之法，犹有三代遗意，礼失求野，或尚非诬。其立学教士之要义有三：一曰道艺兼通；二曰文武兼通；三曰内外兼通。其教法之善有四：一曰求讲解不责记诵；一曰有定程亦有余暇；一曰循序不躐等；一曰教科之书官定颁发，通国一律，大小各学，功有浅深，意无歧异。其考校、进退章程，皆用北宋国学积分升舍之法。才能优绌，切实有据，既不虞试官偏私，亦不至摸索偶误，故其人才日多，国势日盛。德之势最强，而学校之制，惟德最详；日本兴最骤，而学校之数，在东方之国为最多。兴学之功，此其明证。

其学校教法，大率少年者先入小学堂，先教以浅近文理、算法、史事、格致之属。小学堂又分初等、高等两种。小学成后，选入中学堂，所学门类甚多，名曰普通学，如国教、格致、算学、地理、史事、绘图、体操、兵队操、本国行文法、外国言语文字行文法等事，皆须全习。惟外国文字，只兼习一国。无论大小学堂，皆有讲国教一门，皆有学兵队之操场。日本之教科，名曰伦理科，所讲皆人伦道德之事，其大义皆本《五经》、《四书》。普通学毕业后，发给凭照，升入高等学堂，习专门之学。自此以后，文武分途，或文或武听其便，惟文武皆必先习普通。至专门之学，习文事者，名高等学校，英分经、教、法、医、化、工六科，又另设专门农商矿学。法与英略同。德又另设专门工学。日本高等学校亦分六门：一法科，二文科，三工科，四理科，五农科，六医科。每科所习学业，各有子目，其余专门各有高等学校。查日本门目，与中国情形较近。欧美无学不兼讲西教，日本无学不兼讲伦理。习武备者名士官学校，略分地理、战史、战法、军械、测绘、工程、经理、军医八门，兼习外国文字、兵式体操、兵队操、行军操、射的、击刺、乘骑、游水等事。射的即枪炮打靶，击刺即短刀刺枪互击。

习文事者，高等学校毕业后，发给凭照，略如中国举人，分类量能而授以官；其愿再学者，升入大学校，大学校毕业领照者，略如中国进士。习武备者，普通毕业后，先入营练习半年方入士官学校，士官学校毕业后，仍须入营练习三年，方为毕业。第一年学为兵，第二年学为弁，第三年即在营内充弁。其弁亦名下士官。其分际略如中国把总、外委额外。此学毕业后，发给凭照，其国家即用为各军少尉；自少尉以上，皆名士官。大尉、中尉、少尉，略如都司、守备、千总。自官少尉以后，可在本营叙劳升转。若仅由充兵出身者，官至特务、曹长为止。曹长略如把总。仅由士官学校出身者，官至大佐为止。大佐略如副将，中佐、少佐如参游。若欲为大将、中将、少将者，仍须升少佐、中佐后再入陆军大学校三年。习水师者名海军大学校。其海陆大学校体制，与文事大学校同。大将如统兵大臣，中将、少将如提镇。以上所举皆日本官名，取其易晓。各国学制教法，节目虽有小异，用意事事相同。其大、中、小学之年限，无论文武，大率三、四、五年不等，等级渐深者，子目亦渐加多。其东西各国今昔章程微有不同者，大约西繁而东简，西达而东速，昔专一而今变通，如西国马上不放火枪，日本近三年始于马上操枪之类。其学校监督皆用武官为之，以武官于礼节规矩最为谨严详密；文职偶有脱略，武官断不通融。此外国学校教士官人之大略也。

臣等谨参酌中外情形，酌拟今日设学堂办法，拟令州县设小学校及高等小学校。童子八岁以上入蒙学，习识字，正语音，读蒙学歌诀诸书，除《四书》必读外，《五经》可择读一二部，家塾义塾悉听其便，由绅董自办，官劝导而稽其数，每报闻上司可也。十二岁以上入小学校，习普通学，兼习《五经》，先讲解，后记诵，但解经书浅显义理；兼看中外简略地图；学粗浅算法，至开立方止；学粗浅绘图法，至画出地面平形止。习中国历代史事大略、本朝制度大略；习柔软体操。三年而毕业。绅董习之，官考察之。十五岁以上入高等小学校，解经书较深之义理，学行文法，学为策论词章，看中外详细地图；学较深算法，至代数几何止；学较深绘图法，至画出地上平剖面、立剖面、水底平剖面止；习中国历史大事、外国政治学术大略，习器具体操，兼习外国一国语言文字之较浅者。此学必设兵队操场。三年而毕业。官司之，绅董佐之。毕业后，本管府考之，分数及格者给予凭照，作为附生，送入府学校，分数欠者留学。

府设中学校，十八岁高等小学校毕业取为附生者，入中学校习普通学。其有监生世职职衔愿入普通学者亦听，但须酌捐学费，与附生一律教课。其有营弁营兵文理通畅，能解算法绘图，考验有据者，亦准收入。此学温习经史地理，仍兼习策论词章，并习公牍书记文字；学精深算法，至弧三角航海驶船法止；学精深绘图法，至测算经纬度行军图目揣远近斜度止；习中国历史、兵事，习外国历史、律法、格致等学，外国政治条约即附于律法之内；并讲明农工商等学之大略，习兵式体操；兼习外国一国语言文字之较深者；词章一门亦设教习，学生愿习与否均听其便。弁兵入学者专学策论，免习词章。此学亦必设兵队操场。三年而毕业，学政考之，给予凭照，作为禀生，送入省城高等学校。

省城应设高等学校一区，大省容二三百人，中小省容百余人。屋舍不便者，分设两三处亦可，但教法必须一律，非由中学校普通学毕业者不能收入。拟参酌东西学制分为七专门：一经学，中国经学、文学皆属焉；二史学，中外史学、中外地理学皆属焉；三格致学，中外天文学、外国物理学、化学、电学、力学、光学皆属焉；四政治学，中外政治学、外国律法学、财政学、交涉学皆属焉；五兵学，外国战法学、军械学、经理学、军医学皆属焉；六农学；七工学，凡测算学、绘图学、道路、河渠、营垒、制造、军械火药等事皆属焉。共七门，各认习一门，惟人人皆须兼习一国语言文字。此学亦必设兵队操场。至医学一门，以卫生为义，本为养民强国之一大端，然西医不习风土，中医又鲜真传，止可从缓。惟军医必不可缓，故附于兵学之内。并另设农、工、商、矿四专门学校各一区，专以考验实事为主，机器药料试验场皆备，亦三年而毕业。其普通学成愿入此四学者，听。入此四学者，中国经学、文学，皆令温习。无论何学，皆有兵队操场。其习武者专设一武备学校，择普通毕业之禀生愿习武者送入。《四书》、中国历史、策论，人人兼习。其余悉依外国教课之法，并专习一国语言文字。或仿日本并设一炮工学校，专学制造枪炮之法，均三年而毕业。

文学生高等学校毕业后，除农、工、商、矿专门四学另为章程外；此七门学生，学律法者派入交涉局学习实事，名曰练习学生；学兵法者入各营学习实事，亦名曰练习学生；其余五门学生均随其所愿，派入农、工、商、矿等局兼习实事，名曰兼习学生。均以实在局、在营一年为度。农、工、商、矿四专门学，三年毕业后，农学派赴本省外县山乡水乡考验农业，工学派赴本省外省华洋工厂考验制造，商学派赴南北繁盛口岸考验商务，矿学派赴本省外省开矿之山炼矿之厂考验采炼，均名曰练习学生，亦均以实在外出游历练习一年为度。其武学生武备学校毕业后，令入营学习操练一年，半年充兵，半年充弁，以实在营一年为度。合计在学肄业及出外练习，文武各门均四年学成，先由督抚学政考之，再由主考考之。取中者，除送入京师大学校外，或即授以官职，令其效用。大学校学业又益加精，门目与省城所设高等专门学校同。三年学成，会试总裁考之，取中者授以官。此大中小学教法、门目、等级、年限之大略也。

其考用之法，高等小学学成者，本管知府考之；普通中学学成者，学政考之，均不弥封。县送府考，府送学院考，均须详注分数；知府学政考取榜示，亦须注明分数，不准浑论取进。高等专门学成者，督抚学政分文武两途考之，应分几场临时酌定，取者作为优贡，武者作为武优贡。其文事由他途径入普通中学，洎农、工、商、矿四专门学，非由生员者及由普通中学毕业径入四门专学，非由高等学毕业者；其武事由弁兵径送入学，非由生员者，一并准其与考。其优贡所取人数，视本省中额加倍，钦派考官会同督抚、学政，亦分文武两途考之，应分几场临时酌定。考其专门之学及各国语言文字，非优贡不得与考。大率督抚学政所取优贡，即系录送乡试之意。应试人少，且诸学有须面试者，勿庸糊名易书，考中者作为举人；其非由生员出身及非由高等出身者作为副榜。择其中式前半若干名分别送入京城文武大学校。所以止送一半入大学校者，一为京师大学若欲全容天下举人，费用过多，故减半送京以节经费；一为分半就职俾得及时效用，以应目前急需。其有未获送入大学校者及已经送京而不愿入大学校愿就职者，听。其未送大学校而不愿就职自愿留学以待下科者，亦听。就职者，文授以七品小京官及六七品佐贰首领，分部分省候补或充各局委员。武授以守备、千总等官，发营差委。考官照学政例，准带幕友二三人，同考官由外省酌量访求聘委，不拘官阶，亦不必本省人员。

京城设文事大学校，水军、陆军大学校各一，学业又益加精，门目略与省城专门学校同；学成者钦派总裁大臣考之，作为进士，经廷试后，文授以部属、知县等官，武授以都司、守备等官，均令分部分省分标候补；优其序补班次，勿庸归选。如朝廷需用编书、修史、应奉文字之词臣，宿卫禁廷之侍卫，应随时听候谕旨考选，不在科举常例之内。

统计自八岁入小学起，至大学校毕业止，共十七年。计十八岁为附生，二十一岁为廪生，二十五岁为优贡举人，二十八岁为进士，除去出学入学程途考选日期外，亦不过三十岁内外，较之向来得科第者，并不为迟。此大中小学层递考取录用之大略也。

其取中之额，即分旧日岁科考取进学额，以为学堂所取生员之额；分乡会试中额，以为学堂所中举人进士之额。优贡应请新定学堂之额，大率比本省中额加倍而略多。初开办数年，学堂未广，取中尚少，前两科每科分减旧日中额、学额三成，第三科每科分减旧额四成，十年三科之后，旧额减尽，生员举人进士皆出于学堂矣。至日久才多以后，应仿各国章程，视其学业分数以为中额之多少，并可不拘定额，以昭核实而资策励，总须较旧额之数有增无减。此学堂取中额数移拨旧额，日后并不限以定额之大略也。

或谓废八股则人不读经书，不尊圣贤，不宗理学。不知八股始自前明，自汉至宋皆无八股，何以传经卫道代有名儒，忠孝节义史不绝书？即如周、程、张、朱乃理学之宗主，其时未尝有八股也。或谓废八股则人不能为文。不知文章之美者莫如春秋之《左》、《国》，战国之诸子，两汉之马、班，唐宋之八家，其时未尝有八股也。或谓废八股则旧日专攻贴括者无进身之路。不知历来擅长八股诸名家亦必系学瞻才敏、文笔优长之士，其最著者前明如唐顺之、归有光，国朝如韩菼、方苞辈，即不由场屋，岂患无自见之学、登进之阶？故为好时文者，考试策论固属优为，兼习诸学亦非难事。无论少年易于改业，即二十五岁以上至五十岁者，除外国语言、精微算法外，何事不能通晓？若从此三科十年以后不能中式，而又不能改习诸学，则断非有才有志之人，国家取之，何益于用！然此辈仍可为小学中学经书词章之师，其衰老不第而学行尚有可取者，可由督抚学政访察考选，朝廷优予体恤，六十岁以上者，酌给职衔；五十岁以下者，广设其途，分别举贡生员，用为知县佐贰杂职，详见酌改文科专条，似亦足以安宿儒而慰寒畯矣。捐纳既停，即中等儒生岂患无出路哉？此裁减旧日学额中额，仍将从前举贡生员分别录用之大略也。

论外国设学之定法，自宜先由小学校办起，层累而上以至中学、高等学、大学，方为切实有序。惟经费太绌，师范难求，只可剀切劝谕，竭力陆续筹办。若必待天下遍设数万小学、数百中学，然后升之高等学、大学而教之用之，至速亦须十年。时事日棘，时不我待，刻舟胶柱，必致空言误事。今日为救时计，惟有权宜变通，先自多设中学及高等学始，选年力少壮通敏有志之生员迅速教之；先学普通，缓习专门。应各就省城及大府酌量情形，迅速筹办，以资目前之用。取才由粗入精，主法由疏入密，凡事何莫不然。将来小学林立，中学亦多，则循序渐进，取材既裕，而教法亦不劳矣。查三十岁而入官，科名不得为晚；自初学以至学成，十七年而成文武兼备之人才，造就不得为迟。惟事急需才，恐难久待。查日本文武各种学校，皆有速成教法，于各项功课择要加功，于稍缓者量加省减，刻期毕业。应请旨饬出使大臣李盛铎，切托日本文部、参谋部、陆军省代我筹议，酌拟大中小学各种速成教法，以应急需。此权宜救急，先设普通中学暨采访速成教法之大略也。

惟成事必先正名，三代皆名学校，宋人始有书院之名。宋大儒胡瑗在湖州设学，分经义、治事两斋，人称为湖学，并未尝名为书院。今日书院积习过深，假借姓名希图膏奖，不守规矩，动滋事端。必须正其名曰学，乃可鼓舞人心，涤除习气。如谓学堂之名不古，似可即名曰各种学校，既合古制，且亦名实相符。

总之，中华所以立教，我朝所以立国者，不过二帝三王之心法，周公孔子之学术。今宗旨则不悖经书，学业则兼通文武，特以世变日多，故多设门类以教士，取其周知四国，博学无方，正与经传所载三代教士取人之法相合，看似无事非新，实则无法非旧。且经史词章，仍设专门，学人文人皆有自见之路。何得以唐人专考词章之下策、前明八股之俳体，视为儒者正宗哉？臣等所拟以上办法，不过明宗旨、标门类、分等级、计年限、筹出路、除妨碍，举其大略如此。至于详细章程究应如何，斟酌损益之处，应候敕议裁定。此一事为救时首务，振作大端，伏望我皇上思危虑患，饬取日本学校章程，迅速详议，乾断施行。收人心以固国基，四海瞻仰，首在此举矣。

一、酌改文科。科举一事，为自强求才之首务。时局艰危至此，断不能不酌量变通。半年来谘访官绅人士，众论佥同。两广督臣陶模、山东抚臣袁世凯咨来奏稿，言之甚为恳切。改章大旨总以讲求有用之学，永远不废经书为宗旨。拟即照光绪二十四年臣之洞所奏变通科举奉旨允准之案酌办。原奏乃系参酌古今，求实崇正，力驳佞谈新学者之谬论，不过原本旧章力求核实而已。大略系三场先后互易，分场发榜，各有去取，以期场场核实。头场取博学，二场取通才，三场归纯正，以期由粗入精。头场试中国政治、史事，二场试各国政治、地理、武备、农工、算法之类，三场试《四书》《五经》经义。经义即论说考辩之类也。头场十倍中额，二场三倍中额。原奏经礼部通行陕西，有案可查。惟声、光、化、电等学，场内不能试验，拟请删去。此系原本朱子救弊须兼他科目取人之意，欧阳修随场去留、鄙恶乖诞以次先去之法，而又略仿现行府县复试童生、学政会考优贡之章。且可免寒士之候榜艰难，考官之被劳草率，似乎有益无弊，简要易行。

窃惟今日育才要指，自宜多设学堂，分门讲求实学，考取有据，体用兼赅，方为有裨世用。惟数年之内，各省学堂不能多设，而人才不能一日不用；即使学堂大兴，而旧日生员年岁已长，资性较钝不能入学堂者，亦必须为之筹一出路，是故渐改科举之章程以待学堂成就。似此办法，策论乃诸生所能，史学、政治、时务乃三场策题所有，考生断不致因改章而搁笔，科场更可因改章而省费，而去取渐精，学业渐实，所得人才固已较胜于前矣。兹拟将科举略改旧章，令与学堂并行不悖，以期两无偏废。俟学堂人才渐多，即按科递减科举取士之额为学堂取士之额。其颖敏有志者，几已渐次改业归入学堂，其学优而年长者、文平而品端者，尽可宽格收罗，量材录用：或取作副榜多取数名，或令充岁贡倍增其额，或推广大挑每科一次，或挑作誊录令其议叙有资，或举人比照孝廉方正，生员比照已满吏，准其考职，令其入官效用。宜汇总核计以上各途推广录用之数，足以抵每科减额之数，则旧日专习时文者，亦尚有进身之阶。十数年以后，奋勉改业者日多，株守沈论者日少，且仍可为小学堂、中学堂经书词章之师；其衰老者可以优赏给职衔。总之，但宜多设其途，以恤中才之寒畯，而必当使举人进士作为学堂出身，以励济世之人才；只可稍宽停罢场屋试士之期，而不可使空疏无具者永占科目之名。果使捐纳一停，则举贡生员决不患其终无出路。此则兼顾统筹、潜移默化而不患其窒碍难行者也。

一、停罢武科。文武两科并称，而两科之轻重利弊迥然不同。国家任官求才，无论章程如何，总之必用读书明理之士。因近年贴括之士有文无实，故改章以求实学。先略改科举章程以取已有之人才，次广设学堂以教未成之人才，他日专门学成体用兼备，仍是此等读书明理之人。其法小变，其意仍同。若武科则不然，硬弓刀石之拙，固无益于战征，弧矢之利，亦远逊于火器，至于默写武经，大率皆系代倩，文字且不知，何论韬略。以故军兴以来，以武科立功者概乎其未有闻。凡武生武举武进士之流，不过恃符豪霸，健讼佐斗，抗官扰民，既于国家无益，实于治理有害，此海内人人能言之，无待臣等之烦言者也。

或谓武生等可使改习枪炮，不知利器散布民间，流弊太大，实无防察之法，万不可行。或谓武生等可使入武备学堂肄业，不知学堂定法，无论水师陆师，皆必须曾读书通文理，若不识文字者，虽有西师善教，精者不能解，粗者不能记，断无受教之地。或谓武科所以收强梁不驯之人才，不知凡应武试者，大率小康之家子弟，椎鲁游荡，不肯读书，乃使之习武以博科目之荣，其弓马衣装之费较之文生为多，故世俗有"穷文富武"之谚。夫取士求将，本欲得良善守法之士，教以礼义，授以技能，以备干城腹心之用，岂有收罗不逞，加虎以冠？且天下盗贼会匪亦多矣，岂武科所能网罗者哉？今日勇营甚多，其材武有力之辈，皆可容纳，何借武科？或谓古今名将未必尽能知书，不知古之孙、吴、韩、岳、戚继光，今之罗泽南、王鑫、彭玉麟等，何一非学古能文之士？间有不学问而为名将者，多由阅历而来。故兵勇起家，为良将有之，然在今日，正不能与强敌角胜。若应武科者，平日所习与兵事无涉，既不晓枪炮之精，复不谙营阵之法，及取中武科，年龄已长，习气已深，循资数年，即可为参、游、都、守，何所谓阅历哉？查国家官制，武职以行伍为正途，八旗世家无非兵籍。此时讲求兵事，必须武学、西操相资为用，其学堂毕业入营操练精熟者，自必予以出身，浐擢官职，将来内而禁卫，外而将校，皆可于此取之。考拔擢用之法另详专条。若仍以循旧之武科滥厕右职，殊于讲武励才之出路有妨。近年自故督臣沈葆桢以后，中外大臣言武科改章者甚多，盖久已共知其弊。臣等揆之今日时势，武科无益有损，拟请宸断，奋然径将武科小考乡会试等场一切停罢，其旧日之武进士、武举，兵部差官一律发标学习，考察人材，酌量委用补署，不必按资挨次选补实缺。武生年壮有志者，令其讲求武学，以备应募入伍之用，疲老者听其改业。如此，则学堂讲武学者，营弁精操练者，在标有战功劳绩者，登进之途极宽，必皆鼓舞奋兴，而将校皆有实用。此诚自强讲武之一大关键也。

一、奖劝游学。学堂固宜速设矣，然而非多设不足以济用，欲多设则有二难：经费巨，一也；教习少，二也。求师之难，尤甚于筹费。天下州县皆立学堂，数必逾万，无论大学、小学断无许多之师，是则惟有赴外国游学一法。查外国学堂，法整肃而不苦，教知要而有序，为教师者类皆实有专长，其教人亦有专书定法。凡立一学，必先限定教至何等地位，算定几年毕业，总计此项学业共须几年，若干时刻方能教毕，按日排定，每日必作几刻工夫，定为课程，一刻不旷，如期而毕。故成效最确，学生亦愿受教。而教法尤以日本为最善，文字较近，课程较速，其盼望学生成就之心至为恳切。传习易，经费省，回华速，较之学于欧洲各国者，其经费可省三分之二，其学成及往返日期可速一倍。江鄂等省学生在日本学堂者多，故臣等知之甚确。此时宜令各省，分遣学生出洋游学，文武两途及农工商等专门之学，均须分门认习，但须择其志定文通者，乃可派往。学成后，得有凭照回华，加以复试，如学业与凭照相符，即按其等第作为进士举贡，以辅各省学堂之不足，最为善策。此时日本人才已多，然现在欧洲学堂附学者尚数百人，此举之有益可知。并宜专派若干人，入其师范学堂专学师范，以备回华充各小学、中学普通教习，尤为要著。再，官筹学费究属有限，拟请明谕：各省士人如有自备资斧出洋游学得有优等凭照者，回华后复试相符，亦按其等第作为进士举贡。如此，则游学者众而经费不必尽由官筹。盖游学外国者但筹给经费，而可省无数之心力，得无数之人才，已可谓善策矣。若自备资斧游学者，准按凭照优奖录用，则经费并不多筹，尤善之善者矣。

此四条，为求才图治之首务，其间事理，皆互相贯通，互相补益，故先以此四事上陈。盖非育才不能图存，非兴学不能育才，非变通文武两科不能兴学，非游学不能助兴学之所不足。揆之今日时势，幸无可幸，缓无可缓，仰恳宸衷独断、决意施行，其间条目章程自须详议，而大纲要旨无可游移。其有为因循迁就之说者，惟赖朝廷坚持，勿为其所摇夺。其余各条另折奏上。臣等往复商酌，意见一切相同，未便各自具折，转嫌雷同重复，谨合词恭折覆陈。伏祈皇太后、皇上圣鉴。谨奏。

【译文】

本奏为变通政治人才为先，遵旨筹议奏陈，祈请圣上鉴裁事。

臣等敬奉光绪二十六年十二月初十日上谕："法令不更革，陋习便不能破除，要想求得振兴国家，就应当改弦更张。令军机大臣、大学士、六部尚书侍郎、九卿、出使各国大臣、各省督抚，各就现在情形，参考斟酌中西施政纲要，对举凡朝廷典章制度、吏治民生、学校科举、军政财政等各方面，看哪些应当继承应当革除，哪些应当减省应当合并，或者借鉴别人，或者求之于自己，以及怎样才能使国势振兴，怎样才能使人才涌现，怎样才能使财政充裕，怎样才能使武备强大等等，各举所知，各抒己见，限两个月以内详细明确地分条筹议，奏报朝廷。"臣等仰见我皇上直面多难的时局，决心扫除积习以拯救国家艰危的决心，在感激涕零之余，既感到羞愧，又感到振奋。

臣等曾从《周易》中得知："天道的变化，是刚劲自强、奋发进取的大好时机。"又从《孟子》中得知，"有了错误能够改正，陷于困境能够振作，这样还可以震动他的心志，坚韧他的性情，增加他的能力，正是看到忧患促使人奋起图存的关键。"去年京都地区遭受侵略，国家大局濒于危殆，它给我们中国造成的忧患，可以说是十分巨大的，给我们君臣士民造成的心灵震撼，可以说是十分深刻的。陷于困境而不变革，何以治理国家？那么，治理中华的内政，学习各国的专长，谨守圣人之道，坚持中庸原则，实在是最为妥当的办法。只是中国贫弱废弛的积弊，或相沿百余年，或相沿两千余年，一旦要大加兴革，必须规划周详，的确有下手之处，然后才能使气血生而顽疾自去，毒疮溃而元气充沛。

臣等认为，中国的贫困不在于缺少财富而在于缺少人才；中国的软弱不在于兵力弱，而在于志气弱。人才缺乏，是由于见闻不广，学业不切实用。志气弱，是由于苟且偷安者没有身处艰危奋发救亡的长远谋略，自足自满者没有发愤好学的坚强毅力。保卫国家，达到天下大治，没有人才是无法实现的。谨首先就培养人才、兴办学校的大思路，参考古今的经验，会通文武两方面，筹拟四条：一是设立文武学堂；二是酌量改革文科考试制度；三是停罢武科考试；四是奖赏鼓励出国留学。敬为圣主陈奏如下：

一、设立文武学堂

选取官吏的办法，自汉至隋为一类，自唐至明为一类，无论采取选举，还是凭借考试，从立法上看虽各有短长，而大意其实相差不远。从汉、魏至隋，以选举为主，但也兼用考试的办法，如董仲舒、晁错、邹诜、杜预以应诏对策得以任用，便是这种情况。从唐宋至明，以考试为主，但也参用选举的办法，如温造、种放被征召而获任用，便是这种情况。扼要地说，这两种用人的方法都是就已有的人才进行甄别、选拔，而没有对尚未成就的人才进行教育培养而成就之。所以家塾中尚有课程，而官府学校只凭考试，这些都与夏、商、周三代的学校制度不相吻合。现行科举考试章程，本是沿袭明朝的旧制，天下太平的时候，其所选拔的人才尚足以佐治安民，现在国家艰危忧患深重，人才匮乏，文化凋敝，若不改弦易辙，拿什么来拯救这艰危的局面呢？然而中国人见闻一向狭窄，对西学向来缺乏研究，即使有探索时务的人，也不过是粗知大略，对西方国家的政治不能详细列举其情形，对西方国家的学术未能亲身研习其原理。现在虽然举行经济特科考试，不过是招贤从郭隗先生开始的意思，只可用以开创风气，而未必马上就有应付无穷需要的作用。查考《周官》中司徒的职责，《小戴礼·学记》一文的记载，大抵都以德行道艺兼教并学，学成而后才给以任用。此外见于经传的，乡、国之学校教育都兼教六艺，任大夫之职必须具备九种技能；《尚书》、《周礼》及搏击战斗，由司成官员专门讲授；寄象鞮译是《王制》篇中列名的官职；海外图经是伯益所传授；润色专对为《论语》所重视。另外，按照夏、商、周三代的制度，学校的读书人称"士"，当兵的也称"士"，这实际上是文武合一、文武并重的明证。像孔子兼通文武、游学于四方，更是圣人亲身实践垂教后人的光辉典范。此后，汉朝推举出使外域的人才，唐代采用回回历法，《隋书·经籍志》多收方言，明初文科考试兼考骑射。我朝康熙年间，观察天文、铸造大炮都用西方人，皇宫地图首创采用西方标明经纬线的方法，为这份图所刻镂的铜版，还采用了东洋铜版阴阳文的技法。根据尼布楚条约所立的界碑，兼用了三种文字刻写。乾隆年间编成的《西域同文法》，兼列满、汉、蒙古、藏族、托忒族、维吾尔族等多种文字。至于官廷子弟的功课，八旗授任官职，都要文武兼习。祖宗的旧制，实在足以为万代效法。

现在西方各国的学校制度，犹有我国三代学校制度的遗意，"礼失求之于野"，或者不无道理。西方设立学校，教育士子的要义有三点：一是理论技艺兼通；二是文武兼通；三是国内国外兼通。其教育方法的先进有四点：一是讲求理解不强责记诵；二是有规定的课程，也安排自由学习的时间；三是循序渐进而不跳级；四是教科书由官方审定颁发，全国统一，大小各学校，功课内容有深浅，但立意一致。其考试、进退的章程，都是采用我国北宋时国学积分升级的办法。学生成绩的优劣，确实有据，既不担心考官偏向私人，也不至于探索偶尔失误埋没人才，所以他们人才日益增多，国势日益强盛。德国的国势最强，而学校的制度数德国最详备；日本的兴起最迅速，而学校的数量在东方国家中数日本最多。兴办学校的功效，这些是其明证。

　　西方学校的教法，大致是少年先入小学堂，先教给他们浅近的文理、算法、史事、生光化电自然科学之类。小学堂又分初等、高等两种。小学学成后，选入中学堂，中学堂学习的课程很多，名曰普通知识，如国教、自然、算学、地理、史事、绘图、体操、兵队操、本国文字写作、外国语言文字及写作等等，都须全部学习。只是外文只兼习一国文字即可。无论大小学堂，都开设国教一门课，都有学习军事队列的操场。日本的国教科，名曰伦理科，所讲授的都是人伦道德之事，其大义都是依据《五经》、《四书》。普通知识学完之后，发给毕业文凭，升入高等学堂，学习专门知识。从此以后，文武分途，或文或武听其自便，只是文武都必须先学普通知识。至于专门知识，学习文事的，叫做高等学校。英国高等学校中分神学、教育学、法学、医学、化学、工学六科，又另外设立专门的农、商、矿业学校。法国与英国大致相同。德国又另外设立专门的工学院。日本高等学校的科目也分六门：一是法科，二是文科，三是工科，四是理科，五是农科，六是医科。每科所学的内容，各有详细规定。其余的专门知识，各有高等学校教授。考察日本高等学校开设的科目门类，与中国的情形较为接近。欧美没有学校不兼讲西方宗教，日本没有学校不兼讲伦理。学习武备的叫做士官学校，大致分为地理、战史、战法、军械、测绘、工程、经理、军医八门，兼习外国文字、兵式体操、兵队操、行军操、射击、击刺、乘骑、游泳等课。射击即枪炮打靶，击刺即短刀和刺刀枪互击。

　　学习文事的人高等学校毕业后发给文凭，大致如中国的举人，分别其所学专业门类和才能而授以官职；如有愿意继续求学的，升入大学校，大学校毕业拿到文凭的人，大致如中国的进士。学习武备的人，普通中学毕业后，先到军营练习半年才进士官学校。士官学校课程学完后，仍必须到军营练习三年，方才算毕业。在军营的第一年学习当兵，第二年学习做低级军官，第三年便可在营中担任较高官职。他们的官名叫下士官。其等级大致如中国的把总和外委额外。从这个学校毕业的学生，学校发给毕业文凭，其国家即用为各军少尉。自少尉以上的军人都叫士官。大尉、中尉、少尉大致如中国的都司、守备、千总。自担任少尉官职后，可在本军营内按军功升级。若是仅由当兵出身的人，当官只能当到特务、曹长为止。曹长大致如中国的把总。仅由士官学校出身的人，升官只能升到大佐为止。大佐大致如中国的副将，中佐、少佐如参将、游击。若想当大将、中将、少将的人，在升为少佐、中佐之后，仍必须到陆军大学校学习三年。学习水师的叫海军大学校。其海陆军大学校的体制，与文事大学校相同。大将如同中国的统兵大臣，中将、少将如同提督、总兵（镇台）。以上所举出的都是日本的官名，主要是因为其名目较易理解。各国的学制和教法虽在科目设置上稍有差异，但用意事事相同，其大、中、小学的年限，无论文武，大致三、四、五年不等，等级渐渐提高的，具体课程也逐渐加多。东西方各国过去和现在学校章程略微不同的地方，大约西方的繁琐而东方的简略，西方贵通达而东方重速度，过去讲专一而现在求变通。如西方国家士兵在马上不放火枪，而日本士兵近三年开始在马上操枪等。其学校的监督都由武官担任，因其对礼节规矩的要求最为谨严详密，文职偶尔会有疏略，武官则断不通融。这是外国学校培养学子和官员的大致情况。

　　臣等参考酌量中外情形，斟酌拟定开设学堂的办法。拟命令各州县设立小学校及高等小学校，童子八岁以上的入启蒙学校，学习识字，纠正语音，读蒙学歌诀等书，除《四书》必读外，《五经》可选读其中的一两部。办私塾或义塾都听其自便，由乡绅们自己筹办，官府加以督导并统计其数，每年向上司报告即可。十二岁以上入小学校，学习普通知识，兼学《五经》，先讲解，后记诵，只需理解经书中的浅显义理即可。并且，兼学看中外简略的地图，学习粗浅的算术，到开方、立方为止；学习粗浅的绘图法，到学会画出地面平面图形为止；学习中国历代史事大略和本朝制度大略；学习柔软体操。三年后毕业。学校由绅董负责管理，官府负责考察。十五岁以上入高等小学校学习，弄懂经书中较深刻的义理；学习作文法，学习写策论、词章；学看中外详细地图；学较深的算法，到代数、几何为止；学较深的绘图法，到画出地上平面剖面图、立体剖面图、水底平面剖面图为止；学习中国历史大事和外国政治、学术大略；学习使用器具的体操；兼习外国一国较浅的语言文字。这种学校必须设有列队的操场。三年后毕业。学校由官方管理，绅董协助管理。学生毕业后，由本管知府主持考试，考试及格的人发给毕业文凭，作为附生送入府立学校，分数不及格的留校继续学习。

府里设立中学校,十八岁高等小学毕业取为附生的,入中学校学习普通知识。如有监生、世职职衔愿入普通中学学习的允许直接入学,但须酌量捐纳学费,与附生一起听课。如有营弁、营兵文理通畅,能解算术、懂绘图,经考查确实有据的,也准许收入学习。中学校的学生要温习经、史、地理,仍兼学策论、词章,并学作公牍和书记文字;学习精深的算法,学到三角、航海驶船法为止;学习精深的绘图法,到测算经纬度、行军图、目测远近斜度为止;学习中国历史、兵事,学习外国历史、律法、生光化电等自然科学,外国的政治条约即附于律法之内学习;并讲明农、工、商等学科知识的大略;学习兵式体操;兼学一门外国语言文字到较深程度;词章一门也设置,学生愿意学习与否均听其自便。由弁、兵入学者专学策论,免修词章。这种学校也必须设立列队的操场。三年后毕业。由学政主持考试,通过者发给毕业文凭,作为廪生送入省城高等学校。

省城应设高等学校一所,大省的学校可容纳二三百人,中小省可容纳一百余人,房屋不够或不方便的地方,可以分设两三处,但课程和教法必须一致。非由普通中学毕业的不能收入。高等学校开设的科目,拟参酌东西方学制分为七个专业:一、经学,中国经学、文学都属于这个专业;二、史学,中外史学、中外地理学都属于这个专业;三、格致学,中外天文学、外国物理学、化学、电学、力学、光学都属于这个专业;四、政治学,中外政治学、外国律法学、财政学、交涉学都属于这个专业;五、兵学,外国战法学、军械学、管理学、军医学都属于这个专业;六、农学;七、工学,凡测算学、绘图学、道路河渠营垒设计修筑、军械火药制造等都属于这个专业。共七个专业,每人各认学一个专业,只是人人都必须兼学一国语言文字。这个学校也必须设置列队操场。至于医学这一学科,以保养生命为目的,本是关系到养民强国的一个重要学科,但因西医不合中国的风土人情,中医又少有真传,所以只能从缓兴办。只是军医必不可缓,所以将军医学附于兵学之内。并另外设立农、工、商、矿四种专门学校各一所,专以学习考察、实验等实践为主,机器、药料、试验场都必须具备,也是三年毕业。从普通中学毕业后愿入这四类学校的听其自便。入这四类学校的也都须温习中国经学、文学。无论哪一所学校,都要设置列队的操场。对习武的人专门设立一所武备学校,选择普通中学毕业的廪生中愿意习武的人送去学习。《四书》、中国历史、策论,人人都必须学习,其余的都依照外国教课的方法,并专习一国语言文字。或者依照日本设立一所炮工学校,专学制造枪炮的方法,都实行三年毕业。

学习文事的学生从高等学校毕业后,除农、工、商、矿四类专门学校的学生另立章程外,其余七个专业的学生,学习律法的派到交涉局学习实践业务,名曰练习学生;学习兵法的派到各兵营学习实践业务,也叫练习学生;另外五个专业的学生都随其所愿,派到农、工、商、矿等局兼习实践业务,名曰兼习学生。练习、兼习的时间均以实际在局、在营一年为限。农、工、商、矿四个专门学校的学生,三年毕业后,学农学的派赴本省外县山乡、水乡考察体验农业,学工学的派赴本省或外省的中外工厂考察体验制造,学商学的派往南、北方经济繁荣的口岸考察体验商务,学矿学的派赴本省或外省的矿山或炼矿厂考察体验采矿冶炼,他们都名为练习学生,也都以实际外出游历练习一年为限。其武学生由武备学校毕业后,令入兵营操练学习一年,半年当兵,半年当下级军官,以实际在兵营一年为限。合计在学校读书及出外练习的时间,文武各专业都是四年学成,先由督抚、学政对他们进行考试,再由朝廷任命的主考官进行考试,录取的人除送入京师大学校外,也可以立即授以官职,令其为国效力。京师大学校的学生更加精深,其科目与省城所设高等学校相同。三年学成,会试中由朝廷任命的总裁官考试他们,考中的人授以官职。这些是大、中、小学的教法、科目、等级、年限的大致设想。

  对学生考试、录用的方法:在高等小学学成的人,由本管知府负责考试,在普通中学学成的人,由学政负责考试,考卷都不弥封。县送府考,府送学政考时,都须详细注明分数,被知府、学政考试取中放榜公布,也必须注明分数,不准浑浑糊糊取进。高等专门学校学成的,由督抚和学政分文科、武备两科进行考试,应分几场考试临时酌定。取中的人作为优贡,习武者作为武优贡。文科由其他途径直接进入普通中学的,保送到农、工、商、矿专门学校,不是生员出身的人及由普通中学毕业直接进入四类专门学校,不算是由高等学校毕业的人;武科由弁、兵直接进入普通中学,不是生员出身的人,一并准予参加考试。其优贡所取的人数,视本省上次中举人数加倍,由皇上派考官会同督抚、学政,也分文武两科进行考试,应分几场临时商酌决定。考试他们的专门知识和各国语言文字,非优贡不得参加考试。大致说来,督抚、学政所录取的优贡,即录送乡试的意思。应试的人少,且各科有需要面试的,试卷不用糊名重抄,考中的人作为举人,那些不是由生员出身及非由高等学校出身的人作为副榜。选择中举的人中前一半若干名,分别送入京师文武大学校。之所以只送一半人入大学校,一是因为京师大学校若要全部容纳全国的举人,费用过多,所以减半送京以节约经费;二是留下一半就任官职可以使他们及时为国家效力,以应付目前的急需。那些未能被送入大学校的人及已经送京师而不愿入大学校的人,愿意就职,听其自便。没能送入京师大学校而不愿就职,自愿留校继续学习以待下科考试的人,也听便。就任官职的,文职授以七品小京官及六七品佐贰官首领，分到各部或各省候补，或充任各局的委员；武职授以守备、千总等官，发交各军营差遣委任。考官按照对学政的例规，准其携幕友二三人，同考官由外省酌量访求聘任，不拘其官阶，也不必是本省人员。

京城设立文事大学校，水军、陆军大学校各一所，学业更加精深，各门科目大致与各省城的专门学校相同。学成的人由皇上派总裁大臣进行考试，考中者作为进士，经过廷试后，学文的授以部属、知县等官，学武的授以都司、守备等官，均令分部、分省、分标候补，优先排列他们的候补班次，不用归部候选。如果朝廷急需用编书、修史、应奉文字的词臣和宿卫宫禁的侍卫，应随时听候谕旨考取任用，不在科举的常例之内。

根据以上设想，统计从八岁入小学校起，到大学校毕业为止，一共十七年，计十八岁为附生，二十一岁为廪生，二十五岁为举人，二十八岁为进士，除去出学入学路途及考选所花的时间，也不过三十岁左右，与以前取得科第的人相比并不为迟。这是大、中、小学层递考取录用的大致设想。

各级学校的录取名额，即按旧日岁科考取进学名额作为新式学堂所取中生员的名额，按乡试、会试取中的名额作为新式学堂所取中举人、进士的名额。从新式学堂录取的优贡的名额，应大致比本省中举的人数加倍而略多。新式学堂最初开办的几年，因学堂不多，取中的人数尚少，前两次科举考试时每次从原来的中举额和录取入学额中分减三成给新式学堂，第三次科举考试时分减旧额的四成给新式学堂，这样，十年三科之后，旧额减尽，生员、举人、进士便都出于新式学堂了。至日久人才渐多以后，应依照各国的章程，根据学生学业分数为中等的人数多少，并可不限定名额，以表明这样录取符合实际情况，并鼓励努力学习，录取的人数总须比旧额之数有增无减。这是新式学堂取中数额由旧额中移拨而日后并不限以定额的大致设想。

有的人会说，废除了八股文后，人们就不会读经书、不尊圣贤、不宗理学了。殊不知八股文始于明代，自汉至宋都没有八股文，为什么历代都有传经卫道的名儒，忠孝节义之人之事史不绝书？即如周敦颐、程颢、程颐、张载、朱熹都是理学宗主，而他们所处的时代并没有八股文。有的人会说，废除了八股文后，人们就写不好文章了。殊不知文章中向称优美的莫如春秋时代的《左传》、《国语》，战国时代的诸子，西汉的司马迁、东汉的班固，以及唐宋八大家的文章，而他们所处的时代也并没有八股文。有的人会说，废除八股文之后，以前专攻贴括的人将会没有进身之路。殊不知历来擅长八股的名家也必定是学问高深、才思敏捷、文笔优长之士，其中最著名的如明代的唐顺之、归有光，本朝的韩菼、方苞等人，即便不参加科场考试，难道会担心无自我实现的学问和登第进身的机会了吗？所以，能够做好八股文的人，考试策论固然会做得很好，而兼习其他学问也不是什么难事。不用说少年人易于改业，即使是二十五岁以上到五十岁的人，除外国语言文字、精深数学外，又有什么不能通晓呢？若参加这三次考试，十年之后仍然不能中试，而又不能改学其他专业的人，则绝非有才志之士，这样的人国家录取了又有什么用处呢？当然，这些人还可以作为小学的经书、词章课教师，其中年纪衰老却没有及第，而学问、品行尚有可取之处的人，可由督抚、学政访察考选，朝廷从优给予体恤：六十岁以上的，酌情给予职衔；五十岁以下的，广开门路，分别按照其举人、贡生、秀才身份，任用为知县、佐贰杂职等官。具体设想详见酌改文科一条。这样，似乎也足以安慰宿儒和寒俊之士了。停止捐纳以后，即使是学问中等的儒生也不用再担心没有出路了。这是对裁减旧日学制名额而仍将旧日举人、贡生、秀才等分别录用的大致设想。

若按照外国设立学校的一定之法，自然应从小学校办起，层累而上以至中学、高等学、大学，方为切实有序。只是我们经费太缺，师资难求，只能恳切劝导天下士民，竭力陆续兴办各类学校。如果一定要等到全国遍设数万所小学，数百所中学，然后将其学生升入高等学、大学而教育他们、使用他们，最快也需十年。时事日艰，时不我待，刻舟求剑，胶柱鼓瑟，必然导致空言误事。现在为挽救时局考虑，只有权宜变通，先从多设中学及高等学开始，选年少力壮、通达敏捷并有志气的生员迅速进行培养。先学普通知识，缓学专门知识。应就各省城及大府酌量情况，迅速筹办，以供目前之用。取才由粗入精，立法由疏渐密，凡事无不如此。将来小学林立，中学也增多，那时就可循序渐进，取材充裕后，对教法也不用再劳神了。三十岁而进官场，取科名不能算晚。新式学堂的学生从初入学到学成，十七年而成为文武兼备的人才，造就人才不算为迟。只是现在时事急迫，恐怕不能长久等待。查日本的文武各类学校，都有速成教法，对各项功课选择其紧要关键的内容加大功夫学习，对不太急用的知识则酌量减省，限定日期毕业。应请皇上降旨，令出使日本大臣李盛铎恳切请托日本文部省、参谋部和陆军省代我们筹议，酌量拟订大、中、小学各种速成教学法，以应付目前急需。这是对先设立普通中学并采取速成教学方法，以权宜救急的大致设想。

要办成一件事，必须先为其正名。教学机构三代时都叫学校，宋代才有书院之名。但宋代大儒胡瑗在湖州设立学校，分为经义、治事两斋，人称为湖学，并没有名为书院。现在书院积习太深，就读之人不过假借书院名义希图津贴费用，却不守规矩，动辄滋生事端。必须正其名为"学"，才可以鼓舞人心，涤除旧习气。如果认为学堂之名不合古制，似可即名为各种学校，既合于古制，且又名实相符。

总之，中华所用以立教，我朝所用以立国的，不过是尧、舜二帝和禹、汤、文武三王的思想和周公、孔子的学术。现在立学的宗旨就是不违背经书，学业则要求兼通文武，主要因为世事变化越来越多，所以多设科目以教育读书人，取其周知四方、博学无限的意义，正好与经传中所记载的夏、商、周三代教士取人之法相吻合，看似无一事不新鲜，实则无一法非旧有。并且对经、史、词章仍设立专门学科，学人和文人都有自我实现的途径。为什么要以唐代人专考词章之下策、明代八股取士之俳体作为儒者的正宗？臣等所拟以上办法，不过是明确办学宗旨、标明专业门类、划分学校等级、计划学制年限、为旧学学子筹谋出路、为兴办新学扫除障碍，举其大致设想如此。至于详细章程究竟应该如何，斟酌损益之处，应候皇上下旨商议裁定。兴办学校一事，是挽救时局的首要任务和振作国势的重大措施，恳切希望我皇上思危虑患，饬令取回日本学校的章程迅速详议，决断施行。收拢人心以巩固国基，四海瞻仰，在此一举。

二、酌改文科

科举一事，是自强求才的首要任务。时局艰危到如此地步，绝不能不酌量进行变通。半年来，臣等咨询、访问官绅人士，大家意见相同。两广总督陶模、山东巡抚袁世凯送来奏稿，言之甚为恳切。修改考试章程的大意总以讲求有用之学，永远不废弃经书为宗旨。拟即照光绪二十四年臣之洞所奏请变通科举并奉旨允准之案酌情办理。原奏乃是参考斟酌古今的经验，求实崇正，力驳侈谈新学之人的谬论，不过原本旧章，力求核实而已。其办法大致是把以前的三场考试顺序前后互换，分场发榜，各有去取，以期场场核实。头场取博学，二场取通才，三场归于纯正，以期由粗入精。头场考中国政治、史事；二场考各国政治、地理、武备、农、工、算法之类；三场考《四书》《五经》经义。经义即为论说考辨之类。头场考试按最后录取名额的十倍录取，二场考试按最后录取名额的三倍录取。原奏经礼部发往陕西，有案可查。只是声、光、化、电等学科，场内不能实验，拟请删去。这原是根据朱熹关于救弊须兼以其他科目考试取人的本意和欧阳修关于随场去留、先淘汰鄙恶怪诞之人的方法，而又大致依照了现行府县复试童生、学政会考优贡的章程。这样做，可以免除贫寒士子等候发榜期间的艰难和考官的疲劳草率，似乎有益无弊，简要易行。

臣等认为，现在培养人才的要旨，自然应多设学堂，分专业讲求实学，考取有据，体用兼备，才能有益于世用。只是数年之内，各省的学堂还不可能多设，而人才却不能一日不用；即使大兴学堂，而旧日生员年岁已长，资质悟性较迟钝而不能入学堂者，也必须为他们筹谋一个出路，因此应逐渐改革科举考试的章程，以等待兴办学堂取得成就。按照这个办法，策论是诸生所能做的，史学、政治、时务是三场策论题所有的，考生决不致因改革章程而不能参考，科场更可因改革章程而节省经费，而且录取的人逐渐精良，学业逐渐扎实，所得到的人才固然胜出以前。兹拟将科举章程略微修改，令与学堂并行不悖，以期两不偏废。待学堂人才渐多，就按科递减科举取士的名额作为学堂取士之额。其中聪颖敏捷有志的人必已逐渐改业归入学堂，那些学优而年长的人、文才一般而品行端正的人，尽可以放宽标准录取，量才任用，或者取作副榜，多取几名；或者令其充作岁贡生，倍增其名额；或者推广大挑，每科一次；或者挑选充作誊录，使他们有叙议升官的资格；或者举人比照孝廉方正、生员比照已满吏，准其考职，令其进入官府效力。汇总核计以上各种途径推广录用的人数，足以抵上每科减额之数，那么以前专门研习八股文者也还有进身的阶梯。十几年之后，奋发自勉改变学业者日益增多，死守八股和词章自甘沉沦的人越来越少，即使如此，这些人仍然可以做小学堂、中学堂教经书、词章的老师，其中衰老者可以从优赏给职衔。总之，应当多开辟一些途径以关照中等才学的寒俊之士，但必须使举人、进士作为学堂出身，以激励济世的人才；只可以稍微放缓停罢科举考试取士的期限，但不可使学识空疏无实际才能的人永远占有科举之名。如果当真停止捐纳，那么举人、贡生和生员们决不会担心他们最终没有进身的出路。这就是统筹兼顾、潜移默化，而不必担心其受阻难行的办法。

三、停罢武科

文武两科并称，而两科的轻重利弊迥然不同。国家任用官吏、访求人才，无论章程如何，总之必须任用读书明理的人。因近年来走贴括捷径应试的人有文无实，所以改革章程以求取实学之士。先稍微修改科举章程以拔取已有人才，然后广设学堂以培养未成的人才，将来专门科目学成体用兼备，仍然是这些读书明理的人。其方法小有变化，其用意仍然相同。但武科则不然。硬弓、刀、石之笨拙固然无益于征战，弓箭的锐利也远不如火器，至于默写武经大抵都是请人代替，本人文字尚且不识，哪里谈得上韬略。因此自镇压太平军以来，由武科选拔立功的人几乎没有听说过。凡是武生员、武举人、武进士之流，不过是些依仗名号豪霸乡里、包揽诉讼，呈勇好斗、抗官扰民，既于国家无益，实于治理有害，这是海内人人都能说出来的，无须臣等啰唆了。

有人会说可以让武生改学枪炮。殊不知利器散布民间流弊太大，实在没有进行防范、监督的办法，这种意见万不可行。有人会说可以让武生等入武备学堂学习。殊不知学堂有规定，无论水军陆军都必须曾经读书通文理才能入学，如果是连字都不识的，即使有西方来的教师善于施教，精深的不能理解，粗浅的不能记诵，绝无接受教育的余地。有人会说武科就是用以网罗强横不驯的人的。殊不知凡应武科考试的，大都是小康人家的子弟，因生性愚鲁，喜爱游荡，不肯读书，家人才让他们习武以博取科举的荣誉，他们应试时的弓马衣装之费比文生要多，所以世俗有"穷文富武"的谚语。朝廷取士求将，本是要得到良善守法的士子，教以礼义，授以技能，以备作为国家的栋梁使用，岂有收罗不法之徒，给恶虎加冠的道理？况且天下盗贼、会党也很多，岂是武科所能够网罗得了的？现在勇营很多，社会上勇武有力的人都可以容纳，何必借助武科？有人会说古今名将未必都能知书。殊不知古之孙武、吴起、韩信、岳飞、戚继光，今之罗泽南、王鑫、彭玉麟等，哪一个不是学古能文之士？偶尔有不读书而成为名将的人，多是由从军的阅历积累而来。所以兵勇起家为良将的人也有，但在今天的形势下已不能与强敌角逐而取胜。如应武科的人，平日所练习的与兵事无关，既不通晓枪炮的精妙，又不熟悉列营布阵的方法，到武科考试取中，年龄已大，习气已深，按资排辈，数年之后便可成为参将、游击、都司、守备，哪有什么阅历可言呢？查国家官制，武职以行伍为正途，八旗世家都是兵籍。现在讲求兵事必须中国武学与西方操典相资为用，从学堂毕业入营操练精熟的人，自必给以出身，再提拔担任官职，将来内廷的禁卫、驻防的将校，都可以从他们中间选拔任用。考试选择任用的方法另详专条。如果仍然以按照旧式武科滥设重要职位的办法，对讲求武备、激励人才的出路有很大妨碍。近年来从两江总督沈葆桢死后，中外大臣谈论武科改革章程的人很多，因为大家久已共知其弊。臣等揣度现在的时势，武科考试有害无益，拟请皇上亲自决断，将武科的小考、乡试、会试等场全部停罢，把以前的武进士、武举人一律分派到各军营学习，由兵部派官考察其中人才，酌量委用为候补或代理职务，不必按资排辈选补实缺。武生中年壮有志的人，令他们讲求武学，以备应募入伍时用。对疲病年老的武生，听任其改业。这样，在学堂中讲习武学的人、军队低级军官中精于操练的人、在营有战功劳绩的人，提升的途径比较宽，必然鼓舞兴奋，而高级军官都具有实际本领。这诚为自强讲武的一大关键。

四、奖励和鼓励出国游学

学堂固然应当尽快设立，然而不多设便不足以济用，想多设又有两个难题：一是经费庞大，二是教师少。访求教师之难更甚于筹措经费。全国州县都设立学堂，数目必定超过一万，无论大学还是小学，绝对没有那么多的师资，因此只有赴外国游学一个办法可以弥补。据调查，外国学堂校规整肃而不苛苦，教授知识扼要而循序渐进，做教师的人都是务实而学有专长，其教学也都有专用的课本和特定的方法。凡设立一所学校必定先限定教到什么程度，算定几年毕业，总计此项学业共需几年完成，多少时间能够教授完毕，按日排定内容，每日必须工作几刻工夫，定为课程，一刻不旷，如期完成。所以，教学成效稳定，学生也接受教育。而国外的教学尤其以日本的教法为最完善，文字比较切近，课程进度较快，其盼望学生成就之心也至为恳切。我们的学生若派去日本学习，文字翻译学习比较容易，而且经费节省，回国时间快，比派往欧洲各国学习的人可节省三分之二的经费，其学成及往返日期可快一倍。江浙、湖北等省学生在日本学堂的多，所以臣等对这些情况知道得甚为确切。现在应命令各省分别派遣学生出洋留学，文武两类及农、工、商等专门学科都应当分别选择学习，但必须选择志向坚定、文理通达的人才可派往。学成后，拿到文凭回国，由朝廷派员加以复试，如果学业水平与文凭相符，就按他们的名次等级分别作为进士、举人、贡生，以弥补各省学堂的不足，这是最善之策。现在在日本的留学生很多，而在欧洲学堂附学的尚有数百人，这样做的好处可想而知。并且，应专门派遣若干人到他们的师范学堂专学作为教师的知识，以准备回国充任各小学、中学普通教师，这一点更重要。再者，由官府筹集学费终究是有限的，拟请皇上明确降旨：各省士人如果有自备学费出洋留学并获得优等文凭的，回国后复试相符，亦按其名次等级分别作为进士、举人、贡生。这样，出洋留学的就会增多而经费不必都由官府筹办。因为对出国留学者只需筹给经费，便可省去无数的心力，得到无数的人才，已可以说是善策了；若是自筹经费出国留学，朝廷按其所得文凭优奖录用，连经费都不必多筹，就是善策中的善策了。

  这四条，是求才图治的首要任务，其间事理皆互相贯通，互相补益，所以以这四件事上奏。总之，不培育人才便不能图治，不兴办学校便不能育才，不变通文武两科便不能兴学，不奖励鼓励出国留学便不能弥补兴学之不足。揣度现在的时势，既不能图侥幸，也不可再拖延，仰恳圣上独断，决意施行。其间具体条目章程自然应当详加计议，而大纲要旨不应犹豫改变。如有进言因循迁就之说的人，只有仰赖朝廷坚持，不要为其所动。其余各条内容另外具折奏上。臣等反复磋商斟酌，意见全部相同，不便各自具折，以免雷同重复之嫌，谨一并恭折覆陈。伏乞皇太后、皇上圣鉴。谨此奏闻。

第三辑

名家论说

管　子

　　管子，即管仲（？～前645），名夷吾，字仲，又称管敬仲。颍上（颍水之滨）人。齐国内乱中，他追随公子纠与公子小白争位，曾率兵拦截由莒返国的小白，使其不能先回齐国，在乾时之战中，亲自射中小白的衣带钩。后小白得胜即位，是为齐桓公。由于鲍叔牙的推荐，桓公不计前嫌，任管仲为相，尊称为"仲父"。管仲相齐四十年（前685～前645），辅佐桓公大力进行改革，使国力大强；随之以"尊王攘夷"相号召，"九合诸侯，一匡天下"（《论语·宪问》），使桓公成为春秋时期第一个霸主，在中国历史上影响深远。

　　管仲的言论散见于《国语·齐语》、《管子》及相关子、史著作。其中，《管子》一书系托名管仲所撰。历代学者多认为，"《管子》非一人之笔，亦非一时之书"（宋叶适《习学记言序目》卷四五）。《管子》的理论体系约形成于战国中期，其多数篇章出自崇尚管仲的齐稷下学宫学者之手，部分篇章则为秦汉时人所续补。旧本据说有三百八十九篇，经西汉刘向整理编定为八十六篇，后亡佚十篇，现存七十六篇。《管子》的内容庞杂，包含有法、道、名等家的思想以及天文、历数、舆地、经济及农业等知识。书中追述管仲言行的章节，说明管仲的思想和主张乃该书理论体系之滥觞；而出自秦汉时人的手笔，又体现出管仲旗号下后人的思想和主张。因此，可以说管仲其人与《管子》其书既有联系又有区别，二者之间是不能画等号的。这也是本书把《管子》言论不归属于"名臣"而归类于"名家"的原因。

贤者关乎霸业

　　本篇分别选自西汉刘向的《说苑·尊贤》和《管子·立政》，篇目及小标题为选编者所加。在《对桓公问》中，管仲高度评价了贤者对建立霸业的重要作用。他认为，称霸在于知贤，而且能够做到任贤、信贤，不能听信小人的话，以免害贤。也就是说，国君必须充分地信任贤者，大胆地任用贤者，才能使国家强盛，称霸诸侯。其他事情都是次要的问题。而《三本与四固》则具体阐述了关于君主临政视事在用人方面必须重视与解决的几个重大问题。三本，指在用人上的三个根本问题：德、功、能，即德行、功劳、才能必须与地位、俸禄、职能相称。《管子》作者认为，这三个根本问题即三者各自是否相称，决定了国家的治或乱：相称则国治，不相称则国乱。四固，指在用人上的四项基本原则：大德不至仁，不可以授国柄；见贤不能让，不可与尊位；罚避亲贵，不可使主兵；不好本事，不务地利，而轻赋敛，不可与都邑。《管子》作者认为，这四项基本原则是否能慎重掌握，可以决定国家的安危：慎重掌握则国安，否则则国危。"三本"与"四固"，或许正是管仲相齐成就霸业在用人方面正面经验的总结。

对桓公问

桓公问于管仲曰："吾欲使酒腐于爵，肉腐于俎，得毋害于霸乎？"管仲对曰："此极非其贵者耳，然亦无害于霸也。"

桓公曰："何如而害霸乎？"管子对曰："不知贤，害霸也；知而不用，害霸也；用而不任，害霸也；任而不信，害霸也；信而复使小人参之，害霸也。"

桓公曰："善。"

〔汉〕刘向：《说苑·尊贤》

三本与四固

国之所以治乱者三，杀戮刑罚，不足用也。国之所以安危者四，城郭险阻，不足守也。国之所以富贫者五，轻税租、薄敛赋，不足恃也。治国有三本，而安国有四固，而富国有五事。五事，五经也。

君之所审者三：一曰德不当其位，二曰功不当其禄，三曰能不当其官。此三本者，治乱之原也。故国有德义未明于朝者，则不可加于尊位；功力未见于国者，则不可授以重禄；临事不信于民者，则不可使任大官。故德厚而位卑者谓之过，德薄而位尊者谓之失。宁过于君子，而毋失于小人。过于君子，其为怨浅；失于小人，其为祸深。是故国有德义未明于朝而处尊位者，则良臣不进；有功力未见于国而有重禄者，则劳臣不劝；有临事不信于民而任大官者，则材臣不用。三本者审，则下不敢求。三本者不审，则邪臣上通，而便辟制威。如此则明塞于上，而治壅于下，正道捐弃，而邪事日长。三本者审，则便辟无威于国，道涂无行禽，疏远无蔽狱，孤寡无隐治。故曰刑省治寡，朝不合众。

右三本。

君之所慎者四：一曰大德不至仁，不可以授国柄；二曰见贤不能让，不可与尊位；三曰罚避亲贵，不可使主兵；四曰不好本事，不务地利，而轻赋敛，不可与都邑。此四固者，安危之本也。故曰：卿相不得众，国之危也；大臣不和同，国之危也；兵主不足畏，国之危也；民不怀其产，国之危也。故大德至仁，则操国得众；见贤能让，则大臣和同；罚不避亲贵，则威行于邻敌；好本事，务地利，重赋敛，则民怀其产。

右四固。

《管子·立政》

【译文】

对桓公问

桓公问管仲说："我想使酒在酒杯里变坏，牛羊肉腐烂在祭器中，这样做是否有害于霸业呢？"管仲回答说："这当然是很不好的行为，然而也还无害于霸业。"

桓公说："怎么样就会有害于霸业呢？"管仲回答说："不知道谁是贤者，就会有害于霸业；知道谁是贤者却不能用，就会有害于霸业；使用贤者却不给他职权，就会有害于霸业；给了职权却不信任他，就会有害于霸业；信任他却又让小人掣肘他，就会有害于霸业。"

桓公说："说得好。"

三本与四固

国家之所以治或乱，取决于三个方面的问题，只有杀戮刑罚是不管用的。国家之所以安或危，取决于四个方面的问题，只靠城郭险阻是不能固守的。国家之所以贫或富，取决于五个方面的问题，只用轻收租税、薄取赋敛的办法是靠不住的。这就是说，治理国家有"三本"，安定国家有"四固"，而使国家富足则有"五事"——这"五事"乃五项纲领性措施。

君主用人所要审察的问题有三个：一是大臣的品德与他的地位不相称，二是大臣的功劳与他的俸禄不相称，三是大臣的才能与他的官职不相称。这三个问题是国家治乱的根本。所以，德义没有在朝廷中显露出来的人，不可授以尊贵的地位；功劳能力没有在国人面前表现出来的人，不可给予优厚的俸禄；主持政事没有取得人民信任的人，不可让他做大官。所以，德行深厚而地位卑下，叫做用人不当；德行浅薄而地位尊贵，叫做用人失误。宁可对君子使用不当，不可误用小人。对君子使用不当，带来的怨恨浅；误用小人，造成的祸患深。如果有德义没有在朝廷中显露出来就身居高位的人，贤良的官吏就得不到进用；如果有功劳能力没有在国人面前表现出来就享有优厚俸禄的人，勤奋的官吏就得不到鼓励；如果主持政事没有取得人民信任就做了大官的人，有才能的官吏就不会出力。君主只有注重对这三个根本问题的审察，臣子才不敢妄求官禄。如果对这三个根本问题不加审察，那么奸臣就会钻营到君主身边，而君主左右那些受宠的近臣就会专权。如此，在上面君主耳目受到蒙蔽，在下面政令不通，正道被抛弃，坏事就会一天天多起来。如果这三个根本问题审察好了，君主左右那些受宠的近臣就不能专权，道路上就看不到被押解的犯人，与官府疏远的人就不会蒙受冤狱，孤寡无亲的人也不会有冤无处伸了。这样一来，刑罚减少，政务精简，朝廷也就无须经常召集群臣议事了。

以上是"三本"。

君主用人所要慎重对待的问题有四个：一是提倡道德却在实际上没有做到仁的人，不可以授给国家大权；二是见到贤者而不能辞让的人，不可以授予尊贵地位；三是对亲近的和有权势的人该罚不罚的，不可以让他统帅军队；四是对不重视农业，不注重地利，而随意课征赋税的人，不可以封给他都邑。这四条原则是国家安危的根本。所以说，卿相得不到众人拥护，是国家的危险；大臣不协力同心，是国家的危险；军队统帅不足以令人畏惧，是国家的危险；人民不怀恋自己的田产，是国家的危险。因此，提倡道德并能在实际上做到仁，掌握国家大权才能得到众人拥护；见到贤者能辞让，大臣之间才能协力同心；对亲近的和有权势的人该罚则罚，威望才能震慑邻近的敌国；重视农业，开发地利，慎重课征赋税，人民才能怀恋自己的田产。

以上是"四固"。

晏　　子

晏子（？～前500），名婴，字平仲，夷维（今山东高密）人。齐灵公二十六年（前556年）继其父晏弱任齐卿，历仕灵公、庄公、景公三朝，共五十余年。其中，仕景公四十余年，任国相，曾奉命使晋联姻，与叔向议论齐政，预言"姜齐"奴隶主贵族政权终将为田氏所取代。他一生致力于挽救这一政权免遭覆亡，政治立场是保守的。但他又一生谦让自持，老练宽厚，公正无私，尤以节俭力行著称于世，堪称古代政治家的楷模。

《晏子春秋》又称《晏子》，是记述晏子的政治思想和政治活动的一部书。旧题春秋齐晏婴撰，实则系战国时人依托和采缀晏婴言行而作。现存内、外篇共八卷、二百一十五章。《晏子春秋》文笔简练生动，能以浅近的语言阐明深刻的道理，特别善于借助形象来议论，将思想和主张融化于富有故事性、戏剧性的叙事和生动、幽默、机智的对话之中。注释本有清孙星衍《晏子春秋音义》及今人吴则虞《晏子春秋集释》等。

善为国家者举贤官能

本篇由晏子与齐景公的四则对话组成，分别选自《晏子春秋》的《内篇谏下》和《内篇问上》，篇目及小标题为选编者所加。其中，"国有三不祥"借题发挥，通过纠正景公的错误认识，从"有贤而不知"、"知而不用"、"用而不当"三个层面论述了君王任用贤才的重要意义；"治国患夫社鼠猛狗"论述了实行错误的用人政策，用人不当，必然导致恶果；"举贤以临国，官能以敕民"提出了观察、判断贤才的几项标准，强调要听其言观其行，不能盲目听信，一定要亲自选拔；"任人之大略"论述了使用人才的基本原则。

国有三不祥

景公出猎，上山见虎，下泽见蛇。归，召晏子而问之曰："今日寡人出猎，上山则见虎，下泽则见蛇,殆所谓不祥也？"晏子对曰："国有三不祥，是不与焉。夫有贤而不知，一不祥；知而不用，二不祥；用而不任，三不祥也。所谓不祥，乃若此者。今上山见虎，虎之室也；下泽见蛇，蛇之穴也。如虎之室，如蛇之穴，而见之，曷为不祥也！"

《晏子春秋·内篇谏下》

治国患夫社鼠猛狗

景公问于晏子曰："治国何患？"晏子对曰："患夫社鼠。"公曰："何谓也？"对曰："夫社，束木而涂之，鼠因往托焉，熏之则恐烧其木，灌之则恐败其涂，此鼠所以不可得杀者，以社故也。夫国亦有焉，人主左右是也。内则蔽善恶于君上，外则卖权重于百姓，不诛之则乱，诛之则为人主所案据，腹而有之，此亦国之社鼠也。人有酤酒者，为器甚洁清，置表甚长，而酒酸不售，问之里人其故，里人云：'公之狗猛，人挈器而入，且酤公酒，狗迎而噬之，此酒所以酸而不售也。'夫国亦有猛狗，用事者是也。有道术之士，欲干万乘之主，而用事者迎而龁之，此亦国之猛狗也。左右为社鼠，用事者为猛狗，主安得无壅，国安得无患乎！"

《晏子春秋·内篇问上》

举贤以临国，官能以敕民

景公问晏子曰："莅国治民，善为国家者何如？"晏子对曰："举贤以临国，官能以敕民，则其道也。举贤官能，则民与若矣。"公曰："虽有贤能，吾庸知乎？"晏子对曰："贤而隐，庸为贤乎？吾君亦不务乎是，故不知也。"公曰："请问求贤？"对曰："观之与其游，说之与其行，君无以靡曼辩辞定其行，无以毁誉非议定其身，如此，则不为行以扬声，不掩欲以荣君。故通则视其所举，穷则视其所不为，富则视其所不取。夫上士，难进而易退也；其次，易进易退也；其下，易进难退也。以此数物者取人，其可乎。"

《晏子春秋·内篇问上》

任人之大略

景公问晏子曰："古之莅国治民者，其任人何如？"晏子对曰："地不同生，而任之以一种，责其俱生不可得；人不同能，而任之以一事，不可责遍成。责焉无已，智者有不能给，求焉无厌，天地有不能赡也。故明王之任人，谄谀不迩乎左右，阿党不治乎本朝；任人之长，不强其短，任人之工，不强其拙。此任人之大略也。"

《晏子春秋·内篇问上》

【译文】

国有三不祥

　　齐景公出外打猎，上山看见老虎，入泽看见蛇。回朝后，召见晏子并问他说："今天寡人出外打猎，上山就看见老虎，入泽就看见蛇，这大概就是人们所说的不吉祥的兆头吧？"晏子回答说："国家有三种不吉祥的事情，您所说的情况不在其中。国家有贤能的人却不知道，这是一不祥；知道了却不能任用，这是二不祥；任用了却不能信任，这是三不祥了。人们所说的不吉祥，就是指的这些。现在上山见虎，山是虎的老巢呀；入泽见蛇，泽是蛇的洞穴呀！到了虎的老巢，到了蛇的洞穴，而看见了它们，怎么是不吉祥呢！"

治国患夫社鼠猛狗

　　景公问晏子说："治理国家最担心的是什么？"晏子回答说："最担心的是社鼠。"景公说："这是什么意思？"晏子回答说："社庙，是把木板扎缚成墙，再涂上泥巴修建成的，老鼠打洞躲藏在里面。用火熏它怕烧毁了木板，用水灌它怕冲坏了泥巴，这些老鼠之所以不能被杀死，是因为社庙庇护的缘故啊。国家也有这种老鼠，就是国君左右的近臣啊。他们在朝廷内隐善扬恶蒙蔽君主，在朝廷外玩弄权力欺压百姓。不杀他们就会把国家搞乱，要杀他们却被君主庇护着，并且得到厚爱，这些人就是国家的社鼠。有个卖酒的人，他用来装酒的器具很清洁，店门前挂的酒幌子也很长，但他的酒放酸了也卖不出去。他向邻里询问是什么原因，邻人说：'你家的狗太凶猛，别人提着酒壶到酒店来，要买你的酒，狗就迎面扑上去咬人，这就是你的酒放酸了也卖不出去的原因了。'国家也有猛狗，那些专权的大臣就是了。胸怀治国方略的人才，想要求见万乘之尊的君王，而专权的大臣就像猛狗那样扑上去伤人，这些人就是国家的猛狗了。君主左右的近臣是社鼠，专权的大臣是猛狗，君主怎么能不被蒙蔽，国家怎么能没有忧患呢！"

举贤以临国，官能以救民

　　景公问晏子说："君临天下治理百姓，妥善管理国家的办法有哪些?"晏子回答说:"举荐贤者来管理国家,任用能者来治理百姓,这就是治国的方法。举荐贤者任用能者,那么百姓就会事事向善了。"景公说:"虽有贤能的人,我怎么了解他们呢?"晏子回答说:"贤而隐居,怎么称得上贤呢?国君也没有认真地去办这件事,所以不知道啊。"景公说:"请问寻求贤人的方法。"晏子说:"观察他所结交的人,听他说话看他的行为。君主不凭漂亮的言辞判定一个人的品行,不根据别人的诽谤议论判定一个人的好坏,这样人们就不会伪装以窃取声誉,不会掩饰私欲来迷惑君王。所以,当其通达时要看他所创举的事,当其失意时要看他所不为的事,当其富有时要看他是否分财于人,当其贫穷时要看他是否有所不取。上等的士人,不轻易出仕而易于引退;次一等的,易于出仕也易于引退;下等的,急于出仕而绝不愿弃官。用这几条标准来考察录用人,大概就可以了吧。"

任人之大略

景公问晏子说:"古代君临天下治理百姓的君主,他们用人的情况如何呢?"晏子回答说:"土地有不同的性能,但只能选择一种最适宜的作物来种植,要求它什么都能生长是不可能的;人有不同的才能,而只能要求一个人做好某一方面的事,要求他做所有的事都能成功是不可能的。如果要求没有止境,即使智慧者也有令人不满意的时候;如果索取永不满足,即使天地之大也有不能保证供给的时候。所以,贤明的君主用人,不让谄谀之徒留在自己身边,不使阿顺朋党掌握朝廷大权。用人的长处,不用他的短处;用人所擅长的,不用他所不擅长的。这就是用人的要点。"

孔　子

孔子（前551～前479），名丘，字仲尼。春秋末期鲁国陬邑（今山东曲阜）人。中国古代伟大的思想家、教育家和政治家，儒家学派创始人。先世为宋国贵族。少"贫且贱"，及长，做过不起眼的小吏。为学无常师，相传曾问礼于老聃，学乐于苌弘，学琴于师襄。后聚徒讲学，且关心政治。五十岁时做过三个月鲁国司寇。尔后周游列国，前后十三年，宣传自己的政治主张，而终未见用。六十八岁时返鲁，专心于教育，整理了《诗》、《书》等古代文献，并删修了鲁国史官所记《春秋》，形成我国第一部编年体历史著作。相传他先后有弟子三千人，其中著名者达七十余人，这使他的思想和学说在社会上产生了广泛和深远的影响。特别是汉武帝罢黜百家独尊儒术后，孔子学说更成为两千余年封建文化的正统，影响极大。孔子本人则一直被封建统治者奉为圣人。《论语》一书，记述孔子及其弟子的言行，内容涉及哲学、政治、教育、伦理、经济、文化等各个方面，是研究孔子和儒家思想及学说的主要资料。有三国魏何晏《论语集解》，南朝梁皇甫侃《论语义疏》，宋邢昺《论语正义》、朱熹《论语集解》等多种注释本传世。

先有司，赦小过，举贤才

本篇题目为选编者所加，内容分别摘自《论语》的《子路》、《雍也》、《为政》和《先进》四篇，从不同侧面反映了孔子的用人思想。其中：《子路》的一段表明了孔子关于领导人物要起表率作用，要举贤才、善于用人的主张；《雍也》的一段提出了从政者（亦即用人）的三项标准；《为政》的两段提出了考察人才的方法和举贤才的意义；《先进》的一段强调了学习礼乐与用人的重要关系。

仲弓为季氏宰，问政。子曰："先有司，赦小过，举贤才。"曰："焉知贤才而举之？"子曰："举尔所知；尔所不知，人其舍诸？"

《论语·子路》

季康子问："仲由可使从政也与？"子曰："由也果，于从政乎何有？"曰："赐也可使从政也与？"曰："赐也达，于从政乎何有?"曰:"求也可使从政也与?"曰:"求也艺,于从政乎何有?"

《论语·雍也》

子曰:"视其所以,观其所由,察其所安,人焉廋哉?人焉廋哉?"

哀公问曰:"何为则民服?孔子对曰:"举直错诸枉,则民服;举枉错诸直,则民不服。"

《论语·为政》

子曰:"先进于礼乐,野人也;后进于礼乐,君子也。如用之,则吾从先进。"

《论语·先进》

【译文】

仲弓做了季氏的总管,向孔子问政治。孔子说:"给下属带好头,不计较他们的小错误,提拔优秀的人才。"仲弓问:"怎么去识别优秀人才把他们提拔上来呢?"孔子说:"提拔你所了解的人;那些你所不了解的人,别人难道会埋没他吗?"

季康子问:"可以任用仲由管理政事吗?"孔子说:"仲由处事果断,对于管理政事有什么困难呢?"又问:"可以任用端木赐管理政事吗?"孔子说:"端木赐通达事理,对于管理政事有什么困难呢?"又问:"可以任用冉求管理政事吗?"孔子说:"冉求多才多艺,对于管理政事有什么困难呢?"

孔子说:"看一个人所结交的朋友,观察他所经历的道路,了解他所喜欢的事物,那么这个人怎么隐藏得了呢?怎么隐藏得了呢?"

哀公问道:"要怎么做才能使百姓信服呢?"孔子回答说:"把正直的人提拔上来,放在邪曲的人之上,百姓就信服了;若是把邪曲的人提拔上来,放在正直的人之上,百姓就不会信服。"

孔子说:"先学习礼乐而后才做官的,是一般的读书人;先做了官而后学习礼乐的,是卿大夫的子弟。如果要选用人才,那么我主张选用先学习礼乐的人。"

墨　子

　　墨子（约前468～前376），春秋战国之际思想家、政治家，墨家学派创始人，名翟。相传原为宋国人，后长期住在鲁国。曾学习儒术，因不满其繁琐的"礼"而另立新说，聚徒讲学，成为儒家的主要反对派。

　　墨子生活的时代，周朝奴隶主贵族社会的各种宗法制度已被破坏殆尽，平民阶级争取与贵族阶级平等的政治斗争已基本取得胜利。出身于小生产者阶层的墨子，提出了一系列激进的平民革命思想。他主张兼爱、尚贤、尚同、非攻、节用等，生活俭朴，注重实践，强调纪律，富有牺牲精神，在先秦诸子中是最接近平民的。墨学与儒学并称显学，在当时思想界影响很大，但秦汉以后逐渐衰微，几至湮没。前些年墨学又渐呈振兴之势，其在中国古代思想文化史上的价值被认为超过任何一家一派。

　　《墨子》一书，系墨翟弟子及其后学记录、整理墨翟的著作和言行汇编而成，现存五十三篇。《墨子》文章逻辑严密，语言质朴，主于达意，以理服人，在先秦文献中具有重要地位。有清代孙诒让《墨子闲诂》及俞樾、吴毓江等校释本传世。

尚　贤

　　《墨子》中的《尚贤》分上、中、下三篇，这里所选的是上篇的全部和中篇的部分。尚贤主张是墨子学说的重要组成部分。在墨子的思想里，当贵族阶级凭借出身而高处显贵地位的世卿世禄制度失去存在基础后，一视同仁地从全体人民中选举贤能便成为唯一的仕官之途，只有贤能之士才有资格入仕为官和受人尊敬。在本篇里，墨子阐述了如下的观点：（一）贤才乃为政之本。墨子说："尚欲祖述尧、舜、禹、汤之道，将不可以不尚贤。夫尚贤者政之本也。"从而将尚贤使能提高到了治国施政的根本原则的地位。（二）要讲求"众贤之术"。首先，要确立选举贤能的标准。即以德、义、能为标准，所谓"圣王之为政，列德而尚贤"；"不义不富，不义不贵，不义不亲，不义不近"；"有能则举之，无能则下之"。其次，要不论出身、不拘一格选举贤能。即"虽在农与工肆之人，有能则举之"，"举公义，辟（避）私怨"，使"官无常贵，而民无终贱"。再次，要创造吸引和招致贤能的社会环境和条件。即以权位名利相吸引，"必且富之、贵之、敬之、誉之"，"高予之爵，重予之禄，任之以事，断予之令"，使"国之良士""可得而众"。（三）要察能授官，使贤能者能力与职务相称。所谓"圣人听其言，迹其行，察其所能而慎予官。此谓事能。故可使治国者使治国，可使长官者使长官，可使治邑者使治邑"等等。总的看，墨子的尚贤主张，较之孔子的举贤思想不仅在理论上更加系统，而且也更易受到平民百姓的欢迎。

子墨子言曰："今者王公大人为政于国家者，皆欲国家之富，人民之众，刑政之治。然而不得富而得贫，不得众而得寡，不得治而得乱，则是本失其所欲，得其所恶。是其故何也？"子墨子言曰："是在王公大人为政于国家者，不能以尚贤事能为政也。是故国有贤良之士众，则国家之治厚；贤良之士寡，则国家之治薄。故大人之务，将在于众贤而已。"

曰："然则众贤之术将奈何哉？"子墨子言曰："譬若欲众其国之善射御之士者，必将富之、贵之、敬之、誉之，然后国之善射御之士将可得而众也。况又有贤良之士，厚乎德行，辩乎言谈，博乎道术者乎！此固国家之珍而社稷之佐也，亦必且富之、贵之、敬之、誉之，然后国之良士亦将可得而众也。"是故古者圣王之为政也，言曰："不义不富，不义不贵，不义不亲，不义不近。"是以国之富贵人闻之，皆退而谋曰："始我所恃者，富贵也。今上举义不辟贫贱，然则我不可不为义。"亲者闻之，亦退而谋曰："始我所恃者，亲也。今上举义不辟疏，然则我不可不为义。"近者闻之，亦退而谋曰："始我所恃者近也。今上举义不辟远，然则我不可不为义。"远者闻之，亦退而谋曰："我始以远为无恃，今上举义不辟远，然则我不可不为义。"逮至远鄙郊外之臣、门庭庶子、国中之众、四鄙之萌人闻之，皆竞为义。是其故何也？曰：上之所以使下者，一物也；下之所以事上者，一术也。譬之富者，有高墙深宫，墙立既，谨上为凿一门。有盗人入，闭其自入而求之，盗其无自出。是其故何也？则上得要也。

故古者圣王之为政，列德而尚贤。虽在农与工肆之人，有能则举之。高予之爵，重予之禄，任之以事，断予之令。曰：爵位不高，则民弗敬；蓄禄不厚，则民不信；政令不断，则民不畏。举三者授之贤者，非为贤赐也，欲其事之成。故当是时，以德就列，以官服事，以劳殿赏，量功而分禄。故官无常贵而民无终贱。有能则举之，无能则下之。举公义，辟私怨，此若言之谓也。

故古者尧举舜于服泽之阳，授之政，天下平。禹举益于阴方之中，授之政，九州成。汤举伊尹于庖厨之中，授之政，其谋得。文王举闳夭、泰颠于罝罔之中，授之政，西土服。故当是时，虽在于厚禄尊位之臣，莫不敬惧而施；虽在农与工肆之人，莫不竞劝而上意。故士者，所以为辅相承嗣也。故得士则谋不困，体不劳，名立而功成，美章而恶不生，则由得士也。是故子墨子言曰："得意，贤士不可不举；不得意，贤士不可不举。尚欲祖述尧舜禹汤之道，将不可以不尚贤。夫尚贤者，政之本也。"

《墨子·尚贤上》

子墨子言曰："今王公大人之君人民、主社稷、治国家，欲修保而勿失，故不察尚贤为政之本也。何以知尚贤之为政本也？曰：自贵且智者为政乎愚且贱者则治，自愚且贱者为政乎贵且智者则乱。是以知尚贤之为政本也。"

故古者圣王甚尊尚贤而任使能，不党父兄，不偏富贵，不嬖颜色。贤者举而尚之，富而贵之，以为官长；不肖者抑而废之，贫而贱之，以为徒役。是以民皆劝其赏，畏其罚，相率而为贤者，以贤者众而不肖者寡，此谓进贤。然后圣人听其言，迹其行，察其所能而慎予官，此谓事能。故可使治国者使治国，可使长官者使长官，可使治邑者使治邑。凡所使治国家、官府、邑里，此皆国之贤者也。

贤者之治国也，蚤朝晏退，听狱治政，是以国家治而刑法正。贤者之长官也，夜寝夙兴，收敛关市、山林、泽梁之利，以实官府，是以官府实而财不散。贤者之治邑也，蚤出莫入，耕稼树艺，聚菽粟，是以菽粟多而民足乎食。故国家治则刑法正，官府实则万民富。上有以洁为酒醴粢盛以祭祀天、鬼，外有以为皮币，与四邻诸侯交接，内有以食饥息劳，将养其万民，外有以怀天下之贤人。是故上者天鬼富之，外则诸侯与之，内则万民亲之，贤人归之。以此谋事则得，举事则成，入守则固，出诛则强。故唯昔三代圣王尧舜禹汤文武之所以王天下，正诸侯者，此亦其法已。

《墨子·尚贤中》

【译文】

墨子说："现在掌握国家政权的王公大人，都希望国家富足，人民众多，政治清明。然而，国家不是富足而是贫困了，人民不是增多而是减少了，政治不是清明而是混乱了，恰恰失去了他们所希望的，而得到了他们所不希望的。这是什么原因呢？"墨子说："这是因为王公大人治理国家不能做到尊重贤者任用能者。国家得到贤良之士多，治理国家的力量就雄厚；得到贤良之士少，治理国家的力量就薄弱。所以，王公大人最重要的任务，就在于使贤良之士增多而已。"

有人问："使贤良之士增多的办法是什么呢？"墨子说："譬如要想让自己国家善于射箭和驾车的人增多，就必须使这些人富裕起来，高贵起来，使他们受到尊敬，受到赞誉，这之后国家善于射箭和驾车的人就会增多了。何况贤良之士是德行淳厚、言谈得体、博通治国之道的人呢？这些人本来就是国家的珍宝和社稷的良佐，必须使他们富裕起来，高贵起来，尊敬他们，赞誉他们，然后国家的贤良之士也就可以增多了。"因此，古时圣王当政，总是说："不义的人不能让他富裕，不义的人不能让他高贵，不义的人不能与他相亲，不义的人不能与他接近。"这样，国中富贵的人听到了，都私下里商议说："当初我们所倚仗的是富贵的出身，现在君主选拔义士不避出身贫贱的人，那么我们就不能不行义了。"与君主有亲缘关系的人听到了，也私下里商议说："当初我们所凭借的是与君主的亲缘关系，现在君主选拔义士不避关系疏远的人，那么我们就不能不行义了。"与君主接近的人听到了，也私下里商议说："当初我们依靠的是与君主接近，现在君主选拔义士不避平日接近不到的人，那么我们就不能不行义了。"同君主离得远的人听到后，也私下里商议说："当初我们以为同君主疏远没有什么依靠，现在君主选拔义士不避平日接近不到的人，那么我们就不能不行义了。"一直到都城以外远方的臣僚、宫中的卫士、都城的百姓、四方的民众听到后，都争先行义。这是什么原因呢？这是因为君主任用臣下用的是"尚贤"这一种办法，臣下为君主效力是走的"为义"这一条途径。这就好比有钱人家的高墙深宅,墙砌好后只在上面开一个门,有盗贼进来了,只要关上门来搜寻,盗贼就无从出去了。这是什么原因呢?这是因为这家人的家长抓住了"门"这个关键所在。

所以古时圣王当政,任德而尊贤。即使是务农和做工、经商的人,只要有才能就选拔他,给他很高的爵位,给他优厚的俸禄,让他担任重要的职责,赋予他决断的权力。宣布说:爵位不高,民众就不会敬重;俸禄不厚,民众就不会信任;权力不大,民众就不会畏惧。把这三种东西给贤人,不仅是为了赏赐贤人,而是要把事情办成功。所以在当时是,根据德行授官,根据官职授权,根据功劳定赏,衡量功劳而分给俸禄。所以,做官的不会永远富贵,而民众不会永远贫贱;有才能就举用他,没有才能就罢免他。举以公义,避免私怨,说的就是这个意思。

所以,古时候尧把舜从服泽之北拔擢起来,授予他政事,使得天下大治;禹把益从阴方之地拔擢起来,授予他政事,划分了九州;汤把伊尹从庖厨中拔擢起来,授予他政事,使其谋划取得成功;文王把闳夭、泰颠从狩猎者中拔擢起来,授予他们政事,使得西部地区全部服从教化。所以在这几个时期,即使是厚禄尊位的大臣,没有不敬惧而紧张的;即使是务农和做工、经商的人,没有不竞相勉励而崇尚道德的。所以,贤良之士是用来辅佐和传承国脉的。得到了贤士,计谋就不会穷尽,身体就不会劳苦,名声确立而功业成就,美的更加显扬,恶的不会产生,这都是因为得到了贤士啊。因此墨子说道:"得意之时不可不举用贤士,不得意之时也不可不举用贤士。如果想效法尧舜禹汤的治国之道,就不能不尚贤。尚贤是政治的根本所在。"

墨子说:"现在王公大人君临天下,主持社稷,治理国家,希望永久保持而不失,却怎么看不到崇尚贤能是为政的根本呢?何以知道崇尚贤能是为政的根本呢?回答是:由高贵而聪明的人去治理愚蠢而低贱的人,国家就能治理好;由愚蠢而低贱的人去治理高贵而聪明的人,国家就会混乱。因此知道崇尚贤能是为政的根本。"

所以,古代的圣王崇尚贤人且任用能人,不偏私父兄,不偏袒富贵,不宠爱美色。只要是贤人就把他选拔上来,使他富而且贵,让他做官长;对那些不肖的人就惩罚并废黜他,使他贫而且贱,让他做奴仆。因此百姓都互相勉励从君主那里得到奖赏,害怕君主惩罚,互相跟随着成为贤者,所以贤者多而不肖者少,这便叫做"进贤"。然后,圣人便对贤者听其言,观其行，考察他的能力而谨慎地授予官职，这便叫作"事能"。所以，可以任用治国的就让他治国，可以任用为官府长官的就让他做长官，可以任用管理地方的就让他管理地方。凡是任用治理国家、官府、地方的，这些都是国家的贤人。

　　贤者治理国家，早上朝晚退朝，审听刑狱，处理政务，所以国家太平而刑法严正。贤者做长官，睡得晚起得早，征收关、市、山林、川泽的税利，以充实官府府库，所以官府充实而财不分散。贤者治理地方，早出晚归，农耕种植，积蓄豆粟，所以粮食多而人民食用充足。因此，国家太平而刑法严正，官府充实而万民富足。君主能洁治酒食祭礼，去祭祀上帝鬼神，对外能制造皮币，与四邻诸侯交往，对内可以使饥者得食，劳者得息，养育其万民，对外还可以招徕天下的贤人。因此，上则天地鬼神赐富给他，外则诸侯与他结交，内则万民亲附他，贤人归顺他。因此谋事就有得，举事就成功，自守则坚固，出征则强大。所以，先前三代圣王尧、舜、禹、汤、文、武用以统一天下、统率诸侯的办法，就在于此。

孟　子

孟子（约前372～前289），战国时期思想家、教育家。名轲，字子舆。邹（今山东邹县）人。相传他受教于孔子的孙子子思或子思的门人。他亦自命尽得孔门真传，以继承和发扬儒家道统自任，是孔子之后儒家学派的主要代表人物，后世并称之为"孔孟"，并尊其为亚圣。

孟子生当古代社会大动荡、大变革的战国时期，诸侯列国之间、统治阶级内部、统治阶级和被统治阶级之间，矛盾斗争十分尖锐。他既对当时残存的奴隶制政权无所顾惜，对新兴地主阶级的暴行也不赞成。他主张施仁政、行王道，鼓吹"民为贵，社稷次之，君为轻"的民本思想，倡导"恒产论"，坚持小农经济的观点，为社会分工辩护，具有一定的社会进步性。他和孔子一样游说列国，也像孔子一样不被任用。晚年，他和门人万章等著书立说，撰成《孟子》一书。

《孟子》为儒家经典之一。现存七篇（各分上、下），汇集了孟子本人和儒家学派的思想，并旁及同时代的杨朱、告子、许行等人的思想。书中多雄辩，"长于譬喻，辞不迫切，而意已独至"（赵岐语），极富鼓动性和煽动性，对后世散文的写作具有深远的影响。有东汉赵岐《孟子章句》、南宋朱熹《孟子集注》和清焦循《孟子正义》等书并行于世。

为天下得人者谓之仁

本篇题目为选编者所加，内容分别摘自《孟子》的《滕文公上》、《公孙丑上》、《尽心上》、《尽心下》、《告子下》、《梁惠王下》等篇。孟子的用人思想，与先师孔子一脉相承：在主张"亲亲"、"尊尊"的同时，也极力主张尊贤使能，注重选拔和任用人才。或许是当时儒家的局限性，使亚圣在认识上尚未能达到先行者墨子的高度，如他在论述中使用了"如不得已"的字眼；然而，他已充分论述了尊贤的重要性，提出了"为天下得人"比"以天下与人"更难，用不用贤关乎国家兴亡的观点，并提出了在选拔贤才时要听取最广大的人民群众的意见，通过认真考察发现真才的见解，因而已算是十分卓越和难能可贵的。

"尧以不得舜为己忧，舜以不得禹、皋陶为己忧。夫以百亩之不易为己忧者，农夫也。分人以财谓之惠，教人以善谓之忠，为天下得人者谓之仁。是故以天下与人易，为天下得人难。"

《孟子·滕文公上》

孟子曰："尊贤使能，俊杰在位，则天下之士皆悦，而愿立于其朝矣。"

《孟子·公孙丑上》

孟子曰："知者无不知也，当务之为急；仁者无不爱也，急亲贤之为务。尧舜之知而不遍物，急先务也；尧舜之仁不遍爱人，急亲贤也。"

《孟子·尽心上》

孟子曰："不信仁贤，则国空虚；无礼义，则上下乱；无政事，则财用不足。"

《孟子·尽心下》

孟子曰："虞不用百里奚而亡，秦穆公用之而霸。不用贤而亡，削何可得与？"

《孟子·告子下》

（齐宣）王曰："吾何以识其不才而舍之？"

（孟子）曰："国君进贤，如不得已，将使卑逾尊，疏逾戚，可不慎与？左右皆曰贤，未可也；诸大夫皆曰贤，未可也；国人皆曰贤，然后察之；见贤焉，然后用之。左右皆曰不可，勿听；诸大夫皆曰不可，勿听；国人皆曰不可，然后察之；见不可焉，然后去之。左右皆曰可杀，勿听；诸大夫皆曰可杀，勿听；国人皆曰可杀，然后察之；见可杀焉，然后杀之。故曰，国人杀之也。如此，然后可以为民父母。"

《孟子·梁惠王下》

【译文】

孟子说："尧以得不到舜这样的人为己忧，舜以得不到禹和皋陶这样的人为己忧。以自己的百亩田地耕种得不好为忧的，那是农夫。把财物分给别人的叫做惠，把好的道理教给别人的叫做忠，为天下人民物色到贤才的叫做仁。因此把天下让给别人比较容易，为天下人民找到贤才却很难。"

孟子说："尊重贤德的人，使用有才能的人，使杰出的人物都居官任职，那么天下的士子都会高兴，而愿意到那个朝廷谋一官半职了。"

孟子说:"智者没有不知道的,而以当前的重要工作为急务;仁者没有不爱的,而急于先爱亲人和贤者。有尧舜的智慧而不能遍知一切事物,因为他急于知道首要事物;有尧舜的仁德而不能遍爱所有的人,因为他急于爱亲人和贤者。"

孟子说:"不信任仁德贤能的人,国家就会空虚;没有礼义,上下关系就会混乱;没有好的政治,国家的用度就会不充足。"

孟子说:"虞国不用百里奚,因而灭亡;秦穆公重用百里奚,因而称霸。不用贤人就会招致灭亡,即使想苟且图存,又怎么可能呢?"

齐宣王问:"我怎么去识别那些没有才能的人而不用他呢?"

孟子回答说:"国君选拔贤人,如果不得已要把卑贱者提拔到尊贵者之上,把疏远的人提拔到亲近者之上,这种事能不慎重吗?因此,左右亲信之人都说某人好,不可轻信;诸位大夫都说某人好,也不可轻信;全国的人都说某人好,然后去考察他,发现他真有才干,再任用他。左右亲信之人都说某人不好,不要听信;诸位大夫都说某人不好,也不要听信;全国的人都说某人不好,然后去考察他,发现他真不好,再罢免他。左右亲信之人都说某人可杀,不要听信;诸位大夫都说某人可杀,也不要听信;全国的人都说某人可杀,然后去考察他,发现他确实该杀,再杀他。所以可以说,这是全国人杀的。这样,才可以为民父母。"

荀　　子

荀子（约前313～前238），战国时期思想家、教育家、文学家。名况，时人尊为荀卿，后或称孙卿。赵人。他曾游学于齐，三次出任稷下学宫祭酒。后因遭谗去楚国，春申君用为兰陵令。又应聘游秦，见过秦昭王。不久回兰陵，教授弟子并从事著述。李斯、韩非都是他的学生。

荀子属于儒家学派。他对于春秋以来的儒学，有所继承，也有所扬弃，对其他各家学派也都有所批判吸收，从而建立起了自己的思想体系。他治学较广，哲学、政治、经济以至文学，无所不包，是先秦朴素唯物主义思想的杰出代表和先秦学术思想的集大成者。他认为"天行有常，不为尧存，不为桀亡"，反对天命观，坚持无神论，提出了"制天命而用之"的著名论断。他反对"法先王"，主张"法后王"，热烈拥护新兴地主阶级的政治统治。他对许多问题尤其是经济问题的研究，较之孔、孟更加注重实际，更为具体、深入。有人认为，荀子的经济思想标志着封建经济思想进入成熟阶段，代表着先秦经济思想的最高水平。

今传《荀子》三十二篇，基本上出自荀子之手。全书体系严整，始终贯彻了作者的朴素唯物主义思想。书中文章思路绵密，条理明晰，引经据典，不为空谈，文字晓畅，笔力浑厚，对后代议论文写作产生了巨大影响。有唐杨倞注、清末王先谦《荀子集解》等书行世。

王制·君道·致士

荀子关于尚贤使能，重视选拔和任用人才的论述很多，也很卓越，散见于《荀子》许多篇中。本篇所录分别见于《王制》、《王霸》、《君道》、《致士》四篇，新篇名系集合原篇名而有所省略。荀子高度评价了贤能之士对于国家、社会、人民的重要作用，他认为："无土则人不安居，无人则土不守，无道法则人不至，无君子则道不举。故土之与人也，道之与法也者，国家之本作也；君子也者，道法之总要也，不可少顷旷也。得之则治，失之则乱；得之则安，失之则危；得之则存，失之则亡。"而尚贤使能，使贤者得进，能者得官，"若是则万物得宜，事变得应，上得天时，下得地利，中得人和，则财货浑浑如泉源，汸汸如河海，暴暴如丘山，不时焚烧，无所藏之，夫天下何患乎不足也。"（另见《荀子·富国》）为了尚贤使能，荀子坚决反对"世卿世禄"，主张用人不论出身贵贱，不论资排辈,"贤能不待次而举,罢不能不待须而废",并提出了"无德不贵,无能不官,无功不赏"的王者用人准则。至于如何做到和评价尚贤使能,荀子认为,"取人有道,用人有法",即应实行"论德而定次,量能而授官"的用人政策,以及把"人主必将有便嬖左右足信者然后可"、"必将有卿相辅佐足任者然后可"、"必将有足使喻志决疑于远方者然后可"等等作为评价标准。此外,他还提出了招致贤士的所谓"衡听、显幽、重明、退奸、进良之术",并强调用贤不能只听口说,而要见诸行动,否则"无益也"的见解。

请问为政?曰:贤能不待次而举,罢不能不待须而废,元恶不待教而诛,中庸不待政而化。分未定也则有昭缪。虽王公士大夫之子孙也,不能属于礼义,则归之庶人。虽庶人之子孙也,积文学,正身行,能属于礼义,则归之卿相士大夫。故奸言、奸说、奸事、奸能、遁逃反侧之民,职而教之,须而待之,勉之以庆赏,惩之以刑罚,安职则畜,不安职则弃。五疾,上收而养之,材而事之,官施而衣食之,兼覆无遗。才行反时者死无赦。夫是之谓天德,是王者之政也。

……

马骇舆,则君子不安舆;庶人骇政,则君子不安位。马骇舆,则莫若静之;庶人骇政,则莫若惠之。选贤良,举笃敬,兴孝弟,收孤寡,补贫穷;如是,则庶人安政矣。庶人安政,然后君子安位。传曰:"君者,舟也;庶人者,水也。水则载舟,水则覆舟。"此之谓也。故君人者,欲安,则莫若平政爱民矣;欲荣,则莫若隆礼敬士矣;欲立功名,则莫若尚贤使能矣:是君人者之大节也。三节者当,则其余莫不当矣。三节者不当,则其余虽曲当,犹将无益也。孔子曰:"大节是也,小节是也,上君也。大节是也,小节一出焉,一入焉,中君也。大节非也,小节虽是也,吾无观其余也。"

……

王者之论:无德不贵,无能不官,无功不赏,无罪不罚。朝无幸位,民无幸生。尚贤使能,而等位不遗;折愿禁悍,而刑罚不过。百姓晓法皆知夫为善于家而取赏于朝也,为不善于幽而蒙刑于显也。夫是之谓定论,是王者之论也。

《荀子·王制》

人主者，以官人为能者也；匹夫者，以自能为能者也。人主得使人为之，匹夫则无所移之。百亩一守，事业穷，无所移之也。今以一人兼听天下，日有余而治不足者，使人为之也。大有天下，小有一国，必自为之然后可，则劳苦耗瘁莫甚焉；如是，则虽臧获不肯与天子易势业。以是县天下，一四海，何故必自为之？为之者，役夫之道也，墨子之说也。论德使能而官施之者，圣王之道也，儒之所谨守也。传曰："农分田而耕，贾分货而贩，百工分事而劝，士大夫分职而听，建国诸侯之君分土而守，三公总方而议；则天子共己而已矣！"出若入若，天下莫不平均，莫不治辨，是百王之所同也，而礼法之大分也。

百里之地可以取天下。是不虚，其难在人主之知之也。取天下者，非负其土地而从之之谓也，道足以壹人而已矣。彼其人苟壹，则其土地且奚去我而适它！故百里之地，其等位爵服，足以容天下之贤士矣；其官职事业，足以容天下之能士矣；循其旧法，择其善者而明用之，足以顺服好利之人矣。贤士一焉，能士官焉，好利之人服焉，三者具而天下尽，无有是其外矣。故百里之地，足以竭势矣；致忠信，箸忠义，足以竭人矣。两者合而天下取，诸侯后同者先危。《诗》曰："自西自东，自南自北，无思不服。"一人之谓也。

《荀子·王霸》

有乱君，无乱国；有治人，无治法。羿之法非亡也，而羿不世中；禹之法犹存，而夏不世王。故法不能独立，类不能自行，得其人则存，失其人则亡。法者，治之端也；君子者，法之原也。故有君子，则法虽省，足以遍矣；无君子，则法虽具，失先后之施，不能应事之变，足以乱矣。不知法之义，而正法之数者，虽博，临事必乱。故明主急得其人，而暗主急得其势。急得其人，则身佚而国治，功大而名美，上可以王，下可以霸；不急得其人，而急得其势，则身劳而国乱，功废而名辱，社稷必危。故君人者，劳于索之，而休于使之。《书》曰："惟文王敬忌，一人以择。"此之谓也。

……

为人主者，莫不欲强而恶弱，欲安而恶危，欲荣而恶辱，是禹、桀之所同也。要此三欲，辟此三恶，果何道而便？曰：在慎取相，道莫径是矣。故知而不仁，不可；仁而不知，不可；既知且仁，是人主之宝也，而王霸之佐也。不急得，不知；得而不用，不仁。无其人而幸有其功，愚莫大焉。

今人主有六患：使贤者为之，则与不肖者规之；使知者虑之，则与愚者论之；使修士行之，则与污邪之人疑之。虽欲成功，得乎哉！譬之是犹立直木而恐其景之枉也，惑莫大焉。语曰：好女之色，恶者之孽也；公正之士，众人之痤也；修道之人，污邪之贼也。今使污邪之人论其怨贼而求其无偏，得乎哉！譬之是犹立枉木而求其景之直也，乱莫大焉。

故古之人为之不然：其取人有道，其用人有法。取人之道，参之以礼；用人之法，禁之以等。行义动静，度之以礼；知虑取舍，稽之以成；日月积久，校之以功。故卑不得以临尊，轻不得以县重，愚不得以谋知，是以万举不过也。故校之以礼，而观其能安敬也；与之举错迁移，而观其能应变也；与之安燕，而观其能无流慆也；接之以声色、权利、忿怒、患险，而观其能无离守也。彼诚有之者，与诚无之者，若白黑然，可诎邪哉！故伯乐不可欺以马，而君子不可欺以人。此明王之道也。

人主欲得善射，射远中微者，县贵爵重赏以招致之。内不可以阿子弟，外不可以隐远人，能中是者取之，是岂不必得之之道也哉！虽圣人不能易也。欲得善驭速致远者，一日而千里，县贵爵重赏以招致之。内不可以阿子弟，外不可以隐远人，能致是者取之，是岂不必得之之道也哉！虽圣人不能易也。欲治国驭民，调壹上下，将内以固城，外以拒难，治则制人，人不能制也；乱则危辱灭亡可立而待也。然而求卿相辅佐，则独不若是其公也，案惟便嬖亲比己者之用也，岂不过甚矣哉！故有社稷者，莫不欲强，俄则弱矣；莫不欲安，俄则危矣；莫不欲存，俄则亡矣。古有万国，今有十数焉，是无它故，莫不失之是也。故明主有私人以金石珠玉，无私人以官职事业，是何也？曰：本不利于所私也。彼不能而主使之，则是主暗也；臣不能而诬能，则是臣诈也。主暗于上，臣诈于下，灭亡无日，俱害之道也。夫文王非无贵戚也，非无子弟也，非无便嬖也，倜然而举太公于州人而用之，岂私之也哉！以为亲耶？则周姬姓也，而彼姜姓也。以为故邪？则未尝相识也。以为好丽邪？则妇人行年七十有二，𪘀然而齿堕矣。然而用之者，夫文王欲立贵道，欲白贵名，以惠天下，而不可以独也，非于是子莫足以举之，故举是子而用之。于是乎贵道果立，贵名果白，兼制天下，立七十一国，姬姓独居五十三人，周之子孙，苟不狂惑者，莫不为天下之显诸侯，如是者能爱人也。故举天下之大道，立天下之大功，然后隐其所怜所爱，其下犹足以为天下之显诸侯。故曰：唯明主为能爱其所爱，暗主则必危其所爱。此之谓也。

墙之外，目不见也；里之前，耳不闻也；而人主之守司，远者天下，近者境内，不可不略知也。天下之变，境内之事，有弛易齵差者矣，而人主无由知之，则是拘胁蔽塞之端也。耳目之明如是其狭也，人主之守司如果其广也，其中不可以不知也，如是其危也。然则人主将何以知之？曰：便嬖左右者，人主之所以窥远收众之门户牖向也，不可不早具也。故人主必将有便嬖左右足信者然后可，其知惠足使规物，其端诚足使定物然后可，夫是之谓国具。人主不能不有游观安燕之时，则不得不有疾病物故之变焉。如是，国者，事物之至也如泉原，一物不应，乱之端也。故曰：人主不可以独也。卿相辅佐，人主之基杖也，不可不早具也。故人主必将有卿相辅佐足任者然后可，其德音足以镇抚百姓，其知虑足以应待万变然后可，夫是之谓国具。四邻诸侯之相与，不可以不相接也，然而不必相亲也，故人主必将有足使喻志决疑于远方者然后可，其辩说足以解烦，其知虑足以决疑，其齐断足以距难，不还秩，不反君，然而应薄扞患足以持社稷然后可，夫是之谓国具。故人主无便嬖左右足信者谓之暗，无卿相辅佐足任者谓之独，所使于四邻诸侯者非其人谓之孤，孤独而暗谓之危。国虽若存，古之人曰亡矣。《诗》曰："济济多士，文王以宁。"此之谓也。

材人：愿悫拘录，计数纤啬而无敢遗丧，是官人使吏之材也。修饬端正，尊法敬分，而无倾侧之心；守职修业，不敢损益，可传世也，而不可使侵夺，是士大夫官师之材也。知隆礼义之为尊君也，知好士之为美名也，知爱民之为安国也，知有常法之为一俗也，知尚贤使能之为长功也，知务本禁末之为多材也，知无与下争小利之为便于事也，知明制度权物称用之为不泥也，是卿相辅佐之材也。未及君道也。能论官此三材者而无失其次，是谓人主之道也。若是则身佚而国治，功大而名美，上可以王，下可以霸。是人主之要守也。人主不能论此三材者，不知道此道，安值将卑势出劳，并耳目之乐，而亲自贯日而治详，一日而曲辨之，虑与臣下争小察而綦偏能，自古及今，未有如此而不乱者也。是所谓视乎不可见，听乎不可闻，为乎不可成，此之谓也。

《荀子·君道》

衡听、显幽、重明、退奸、进良之术：朋党比周之誉，君子不听；残贼加累之谮，君子不用；隐忌雍蔽之人，君子不近；货财禽犊之请，君子不许。凡流言、流说、流事、流谋、流誉、流诉，不官而衡至者，君子慎之；闻听而明誉之，定其当而当，然后士其刑赏而还与之。如是，则奸言、奸说、奸事、奸谋、奸誉、奸诉莫之试也。忠言、忠说、忠事、忠谋、忠誉、忠诉，莫不明通方起以尚尽矣。夫是之谓衡听、显幽、重明、退奸、进良之术。

……

无土则人不安居，无人则土不守，无道法则人不至，无君子则道不举。故土之与人也，道之与法也者，国家之本作也；君子也者，道法之总要也，不可少顷旷也。得之则治，失之则乱；得之则安，失之则危；得之则存，失之则亡。故有良法而乱者有之矣；有君子而乱者，自古及今，未尝闻也。传曰："治生乎君子，治乱乎小人。"此之谓也。

人主之患，不在乎不言用贤，而在乎诚必用贤。夫言用贤者，口也；却贤者，行也；口行相反，而欲贤者之至、不肖者之退也，不亦难乎！夫耀蝉者，务在明其火、振其树而已；火不明，虽振其树，无益也。今人主有能明其德者，则天下归之若蝉之归明火也。

《荀子·致士》

【译文】

请问怎样治理国家？回答说：贤德有才能的人要破格提拔任用，软弱无能的人要立即罢免，元凶大奸不需要进行教育就应诛灭，平常百姓不要等到刑政有成就应进行教化。名分未定时，就应使贤、不肖像昭穆那样分别上下。即使是王公士大夫的子孙，不能按照礼义行事，就把他们归于普通人一类。虽是普通人的子孙，如果学有文化，品行端正，能按照礼义行事，就把他们归于卿相士大夫一类。所以，对那些胡说八道、鼓吹异端、干不正当的事、有奸邪的才能、到处流窜不安分的人，安置一定的职业并教育他们，给以时间等待他们改过从善，用奖赏来劝勉他们，用刑罚来惩戒他们，安于职守的就留下，不好好干的就赶走。对聋、哑、瘸、断手和身体发育不全的人，国家要收养他们，根据他们的才能安排不同的工作，由官府供给衣食，普遍加以照顾，不要漏掉一个。对那些才能和行为违反时势的人要坚决杀掉，不予赦免。这就叫做"天德"，这就是王者的政治。

马驾车受惊了，坐在车上的君子就会不安于车；百姓受政事惊吓了，居于官位的君子就会不安于位。马惊车了，那么最好让马平静下来；百姓惊政了，那么最好给他们些恩惠。选拔贤良的人，举用忠诚谨慎的人，提倡孝悌，收养孤寡，帮助贫穷的人，如果这样，百姓就会安于政事了。百姓安于政事，然后君子就能安于官位。古书上说："君主是船，百姓是水。水能负载船航行，也能把船掀翻沉没。"说的就是这个道理。所以，统治人民的君主要想安定，那么没有比改善政治、爱护人民更好的了；要想国家繁荣昌盛，那么没有比尊重礼义、敬重有才能的人更好的了；要想建功立名，那么没有比崇尚贤德的人、任用有才能的人更好的了。这是君主的大节。这三节运用得当，那么其他的事情就没有不得当的。这三节运用不当，那么其余的事即使勉强得当，仍然没有什么益处。孔子说："大节做得好，小节也做得好，这是上等的君主。大节做得好，小节有的做得好有的做得不好，这是中等的君主。大节做得不好，小节即使做得好，我也不用看其余的了。"

王者的用人政策：没有贤德的不能使他显贵，没有才能的不能授予官位，没有功劳的不能给予奖赏，没有罪过的不能施以惩罚。朝廷中没有侥幸得到官职的人，百姓中没有侥幸生存的人。尊崇贤人，使用能人，所给予的等级地位恰当而没有差错；制裁奸诈的人，禁止凶悍的人，所施予的刑罚适当而不过分。百姓都明白在家里做好事会在朝廷里得到奖赏，在暗地里干坏事会在众人面前遭受刑罚制裁。这就叫做定论。这便是王者的用人政策。

君主以善于用人为能，普通人以自己能干为能。君主可以役使别人做事，普通人则谁也指挥不了。一个人守护一百亩土地，耕耘收获，穷年累月，因为不能支使别人去做。现在君主一个人兼听天下万机之务，每天要处理的事情并不多，还有空余时间，是因为役使别人去做了。大而治理天下，小而治理一国，如果每件事情都要自己去做才可以，那就没有比这更使人劳苦憔悴的了；如果这样，那么即使是奴婢也不会愿意与天子交换职业。因此，以一人系天下之重，有四海之大，为什么一定要事必躬亲呢？事必躬亲，是劳役人的做法，是墨子的主张。按照人的贤德和才能而授予官职使用他们，这是圣王的做法，是儒者所严格遵守的。古书上说："农民分田耕种，商人分货贩卖，各种工匠分别工种努力去做，士大夫分别职责管理政务，诸侯国的君主各自守卫他们的疆土，三公（周公、召公、内相）各自统领一方，讨论决定一方的大政方针，那么天子垂衣拱手就能治理天下了。"对外如此，对内也如此，天下没有不平均的，没有治理不好的，这是历代君主所共同的，是礼法的大纲。

依靠方圆百里的小国可以取得天下，这话不假，但其困难在于君主要懂得其中的道理。取得天下，并不是说别人会带着土地来跟从你，而是你的治国之道足以统一天下的人心。如果那些人的心被统一了，那么他们的土地怎么可能离开我而到其他国家去呢！所以，方圆百里的小国，其官员的等级爵位及相应的待遇，足以容纳天下的贤能之士；其官员的职位和事业，足以容纳天下有才能的士人；遵循原有的法制，选择其中好的部分而明令施行之，足以顺服贪利之人。贤德之士都招揽过来，才能之士都得到任用，贪利的人都顺服了，这三者具备了，天才的人就都为我所用，没有遗漏在外边的了。所以方圆百里的小国，足以竭尽天下的权势；张扬忠信，显明仁义，足以赢得所有的人民。两者结合就可以取得天下，归顺得晚的诸侯就先遭危亡。《诗》中说："从西到东，从南到北，无所不服。"说的就是统一了天下人的心。

有造成国家混乱的君主，没有必定混乱的国家；有把国家治理得好的人，没有必然把国家治理好的法。后羿的箭法没有失传，但像羿那样善射的人却不是世代都有；禹的治国之法仍然存在，但夏朝却不是世代都有像禹那样的君王。所以法不能单独成立，类推也不能自动发生作用。得到善于治国的人，法就存在，没有善于治国的人，法就消亡。法是治国的开端，君子是执法的本源。所以，有了君子，那么法虽然简省，足以通行天下；没有君子，那么法虽然完备，执行中失去先后秩序，不能应付情况的变化，也必定搞乱国家。不懂得立法的本义，只注重立法的数量，即使条文很多，面对具体事情也必定出现混乱。所以，明智的君主急于得到治国的人才，而昏暗的君主急于得到国家的权势。急于得到治国的人才，君主就能自身安逸而国家太平，功绩大而名声好，上可以称王天下，下可以称霸诸侯；不急于得到治国的人才，却急于得到国家的权势，君主就会自身劳累而国家混乱，功业废而名受辱，国家也必定危亡。所以君主在寻求治国的人才时劳心费力，而在使用人才时就安逸轻松了。《尚书》上说："只有文王谨慎小心，亲自去选择每一个人。"说的就是这个道理。

做君主的，没有哪个不希望强大而厌恶弱小，希望安定而厌恶危险，希望荣耀而厌恶耻辱，这是圣王禹和暴君桀都一样的。要实现以上三种欲望而避免三种厌恶，果真采取什么途径最便捷呢？回答是：在于慎重选择宰相，没有比这个途径更便捷的了。所以聪明而不仁爱不行，仁爱而不聪明也不行，既聪明又仁爱，这是君主的宝贝，是称王称霸的辅佐。不急于得其人，是不聪明；得其人却不任用，是不仁爱。没有其人而侥幸有其功，是再愚蠢不过的了。

当今君主最大的毛病是：让贤能的人为政，却让不贤无能的人去限制他；让聪明的人谋虑政事，却让愚蠢的人去议论他；让品行修养好的人施行政令，却让污秽奸邪的人怀疑他。虽然想成功，可能吗？就好像立了一根笔直的木杆，却担心它的影子是弯曲的，没有比这更糊涂的了。俗话说：美女的姿色，在丑人眼里便是祸孽；公正之士，被庸众视为痛疽；修行道德的人，被污秽奸邪之人当做死对头。现在让污秽奸邪之人评论他们所怨恨的人却要求他们没有偏见，可能吗？就好像立了一根弯曲的木杆却希望它的影子是端直的，没有比这更悖乱的了。

所以，古代的人不这么做。他们选择人有一定的规则，使用人有一定的方法。选择人的规则是参照礼，使用人的方法是等级差别。对他的行为举止，用礼来衡量；对他考虑问题的取舍，用实践来考察；日积月累，用最后的功业来检验。所以，地位卑贱的人不得统治地位尊贵的人，权势轻微的人不得托付重大的责任，愚蠢的人不得谋划聪明人才考虑的问题，因此不管有什么举措都不会出错。所以用礼来衡量，看他是否能安于恭敬；把他放在动荡变化的环境里，看他是否能应变裕如；把他放在安逸享乐的环境里，看他是否能不放荡淫乱；让他接触音乐美色、权势财利、怨愤恼怒、忧患危险，看他是否能不离职守。他确实具备这些品行，还是确实不具备这些品行，就如同黑白分明那样，能歪曲得了吗？所以，不能用劣马去欺骗伯乐，不能用坏人去欺骗君子。这是明智的君主的规则。

君主想得到善于射箭，能射中很远、很细微目标的人，悬出贵爵重赏来招引他们，对内不能偏向自己的子弟，对外不能埋没疏远的人，能够符合这个标准的人就选取他，这难道不是得到善射者的方法吗？即使是圣人也不能改变这种方法。君主想得到善于驾车，跑得快又跑得远，一日千里的人，悬出贵爵重赏来招引他们，对内不能偏向自己的子弟，对外不能埋没疏远的人，能够达到这个标准的人就选取他，这难道不是得到善驭者的方法吗？即使是圣人也不能改变这种方法。君主想要治理国家驾驭人民，调整、统一上下人心，就要对内巩固城池，对外抗御危难。国家安定就能制服别人，别人却不能制服你；国家混乱，那么危险、耻辱、灭亡就立等可待。然而寻求卿相辅佐，却不能像以上所说的那样公正，专门任用左右亲信和迎合自己的人，岂不是太过分了吗？所以拥有国家的人，没有不想强大的，不久却弱小了；没有不想安定的，不久却危险了；没有不想长存的，不久却灭亡了。古时候有上万个国家，现在只有十几个了，这没有别的原因，没有不是失误在用人不公上的。所以，明智的君主有给人金石珠玉的，没有送人官职事业的，这是为什么呢？回答是：那样做从根本上说不利于所私心偏爱的人。他没有才能而君主任用他，就是君主昏暗；臣子没有才能而冒充有才能，就是臣子狡诈。君主昏暗于上，臣子狡诈于下，国家灭亡就不要多久了。这是对君臣都有害的做法。周文王不是没有显贵的亲戚，不是没有子弟，不是没有左右亲信，却竟然在渔钓之人中选择了太公望并任用他，难道是私心偏爱他吗？认为他们是亲戚吗？那么周王室姓姬，而太公望姓姜。认为是故旧吗？他们却从来不认识。认为是文王爱漂亮吗？可太公当时已七十二岁了，老得连牙齿都掉了。然而文王任用了太公，因为文王想建立良好的政治秩序，想显扬美好的名声，使天下人民都受到恩惠。而做到这些光靠自己是不行的，而且除了太公这个人，也没有别人足以胜任，所以选择太公并重用了他。于是，良好的政治秩序果然建立了，美好的名声果然显扬了，统一天下后，建立七十一个诸侯国，姬姓独占了五十三个诸侯，周王室的子孙只要不是癫狂呆痴的，没有一个不成为天下的显贵诸侯。像这样的人才是真正能够仁爱的人。所以要能实行天下的大道，建立天下的大功，然后才可以偏私其所怜所爱的人，其子孙才能够成为天下的显贵诸侯。所以说：唯有明智的君主能够爱其所爱，昏暗的君主则一定会危及其所爱，说的就是这个道理。

　　墙的外面，眼睛看不到；里居之前的声音，耳朵听不到；而君主的管辖范围，远的遍及天下，近的在一国之内，不能不知道个大概。天下的变化，国内的事情，有工作懈息和参差不齐等情况，而君主却无从得知，这就是受局限、挟制、蒙蔽的开始。耳目所及的范围是如此狭小，君主管辖的范围是如此广大，不能不知道这其中潜在的局限、挟制和蒙蔽，如此就很危险了。那么君主用什么方法知道呢？回答是：左右亲信，是君主观察远方、监督各级官吏的耳目,不能不早些安排好。所以,君主一定要有足可信任的左右亲信才行,他们的智慧足以谋划事物,他们的正直忠诚足以决定事情然后施行,这就叫做治国的人才。君主不可能没有游山玩水、安闲宴乐的时候,也必然有疾病死亡的变故,这样,国内某些事物的出现就会像泉源水流不断,一件事处理不当,就会产生混乱。所以说,君主不可能单枪匹马治理国家。卿相辅佐,如同君主的鞋带和手杖,不能不早些准备好。所以,君主一定要有足可胜任的卿相辅佐才行,他们的道德声望足以安定百姓,他们的智慧思虑足以应对万变然后化解,这就叫做治国的人才。四邻诸侯的互相交往,不能不接待,然而来的不一定都是友好的,所以,君主一定要有足可派遣表达自己志向、决疑于远方的人才行,他们的辩说足以应付错综复杂的情况,他们的智慧思虑足以决疑,他们的坚决果断足以排难,他们不营私,不叛君,而且能应付紧急事变,抵御外患,足以保持国家的稳定。这就叫做治国的人才。所以,君主没有足以信任的左右亲信叫做"暗",没有足以胜任的卿相辅佐叫做"独",派遣出使四邻诸侯国的人不称职叫做"孤",孤独而暗叫做"危"。这样,国家虽然好像存在,按古代人的说法它已经灭亡了。《诗》中说:"济济一堂啊众多贤士,文王因此得安宁。"说的就是这个意思。

  量才用人:诚实勤劳,计算精细而事事在心、不敢遗漏,这是一般官吏的才能。修养品德、端正行为,尊崇礼法、重视名分,没有不正当的想法,守职敬业,不敢随意增减,能使有关制度、职位世代传下去而不会使之受到侵夺,这是士大夫和地方、部门长官的才能。懂得推崇礼义是为了尊重君主,懂得喜好士人是为了美化名声,懂得爱护人民是为了安定国家,懂得有经常一贯的法令是为了统一风俗,懂得崇尚贤人任用能人是为了扩大政绩,懂得重视农桑限制工商是为了增加财富,懂得不与民争小利是为了便于推行政事,懂得明确制度权衡事物要符合实用是为了不拘泥于不变,这是卿相辅佐的才能。这其中只做到任何一个方面都没有达到君主治国之道,能够评价并任用这三种人才的,而且不失去其次序,这才叫做君主之道。如此,就能自身安逸而国家安定,功业大而名声美,上可以称王,下可以称霸。这是君主最重要的职守。君主不能评价并任用这三种人才,不懂得遵循上述原则,降低身份自己操劳,摒弃声色的享乐,而整天亲自处理各种事务,恨不得一天把所有问题解决好,思量着与臣下在小事上比明察,追求偏短的才能,从古到今,没有像这么干而国家不混乱的。所谓看那些不能看见的东西,听那些不能听见的东西,做那些不能成功的事情,就是说的这种情况。

全面听取各方意见，发现幽隐之士，挖掘被埋没的人才，黜退奸邪的人，进用贤良之士，方法是：对结党营私之徒的互相吹捧，君子不听；对残害、加罪于人的诬陷之词，君子不采纳；对妒贤嫉能、阻碍人才仕进的人，君子不亲近；对用钱财禽畜贿赂请托的人，君子不允许。凡是没有根据的言论、传说、事情、计谋、赞誉、投诉以及不经过正常途径横逆而至的东西，君子要慎重对待，仔细听取并明白辨析，确定其当或不当，然后给予他们奖赏或惩罚。这样，那些奸邪的言论、传说、事情、计谋、赞誉、投诉就没有敢来试探的了，那些忠诚可信的言论、传说、事情、计谋、赞誉、投诉就必然畅通无阻地全部上达于君主了。这就是全面听取各方意见，发现幽隐之士，挖掘被埋没的人才，黜退奸邪的人，进用贤良之士的方法。

　　没有土地，人民就不能安居；没有人民，土地就不能保持；没有道德礼法，人民就不会来到；没有君子，道就不能实行。所以土地和人民、道和法，都是国家的根本；君子是道和法的总管，不可片刻缺失。得到了君子，国家就能得到治理；失去了君子，国家就会发生混乱。得到了君子，国家就能够安定；失去了君子，国家就会危亡。所以，有好的法而国家混乱的情况是有的，有君子而国家混乱，从古到今没有听说过。古书上说："国家的安定产生于君子，国家的混乱产生于小人。"说的就是这个道理。

　　君主的缺点，不在于不说任用贤人，而在于是否真诚地必定任用贤人。说任用贤人只是口头上的，排斥贤人是实际行动。口头上说的和行动中做的相反，却想贤人到来、不肖的人退去，不也很难吗？夜晚用灯火照明捕蝉，必须灯火明亮、摇动树身才行，灯火不明亮，即使摇动树身也没有用。现在君主如果能显示出他的美德，那么天下的人归顺他就会像蝉投火而来一样了。

《吕氏春秋》

《吕氏春秋》又称《吕览》，为秦相吕不韦（？~前235年）集合门下宾客共同编著，成书约在秦王政八年（前239）及其后。据《史记·吕不韦传》，吕不韦任秦丞相时，"魏有信陵君，楚有春申君，赵有平原君，齐有孟尝君，皆下士喜宾客以相倾""以秦之强，羞不如，亦招致士，厚遇之，至食客三千人。是时诸侯多辩士，如荀卿之徒，著书布天下。吕不韦乃使其客人人著所闻，集论以为八览、六论、十二纪，二十余万言，以为备天地万物古今之事，号曰《吕氏春秋》"。《吕氏春秋》的内容以儒、道思想为主，兼采墨、法、名、兵、农及阴阳家言。集众家之长而自成体系，故历来被视为杂家代表著作。吕不韦使人编著这部书的目的，绝不只是与战国四公子和荀卿等文人争胜，而是为了系统总结先秦统治者进行思想统治和为政的经验，为秦国即将完成的大一统事业提供一套较完备的管理镜鉴，同时也是为了巩固和发展其自身利益，为进一步实现其政治欲望和野心制造舆论。全书每一览、论、纪各自成卷，卷下分篇，共为二十六卷、一百六十篇。书中引证了大量古史旧闻和多方面的知识，行文简练流畅，论证条理分明，具有很高的文学价值。有《吕氏春秋》汉高诱注、清毕沅《吕氏春秋新校正》及今人许维遹、陈奇猷等人的注释本并行于世。

求人·察贤·举难

《吕氏春秋》出于资政的目的，从各个角度论述尚贤用人的专篇很多，散见于览、论、纪三大部中。本篇所辑分别为《慎行论》的《求人》（节录），《开春论》的《期贤》、《察贤》和《离俗览》的《举难》四个子篇，新篇名即依据原篇名而省其一。其中，前三篇集中论述任贤使能的作用以及"贤者劳于求人而逸于治事"的道理。如《求人》篇指出，"身定、国安、天下治，必贤人"，因此，为了求贤，君主应屈尊下士，不辞"极卑极贱，极远极劳"。《期贤》篇进一步论述了"国不徒安，名不徒显，必得贤士"的命题。而《察贤》篇在论述君主立功名"要在得贤"的同时，辨析了任力而治和任贤而治的区别；指出"任力者故劳，任人者故逸"，从而提出了"贤"的标准。《举难》篇则着重论述了金无足赤、人无完人的道理，指出"以全举人固难，物之情也"，并以历代圣贤尚有人毁谤为例，主张君主要宽于责人，严于责己，选拔、任用人才应"权而用其长者"，而不可求全责备，"以人之小恶，亡人之大美"。《吕氏春秋》写作的重要特色之一是举例说明观点，尽可能少作泛泛之论，选文充分体现了这一特色。

身定、国安、天下治，必贤人。古之有天下也者，七十一圣。观于《春秋》，自鲁隐公以至哀公十有二世，其所以得之，所以失之，其术一也。得贤人，国无不安，名无不荣；失贤人，国无不危，名无不辱。先王之索贤人无不以也，极卑极贱，极远极劳。虞用宫之奇、吴用子胥之言，此二国者虽至于今存可也，则是国可寿也。有能益人之寿者，则人莫不愿之。今寿国有道，而君人者而不求，过矣。

尧传天下于舜，礼之诸侯，妻以二女，臣以十子，身请北面朝之，至卑也。伊尹，庖厨之臣也；傅说，殷之胥靡也。皆上相天子，至贱也。禹东至榑木之地，日出九津青羌之野，攒树之所，揩天之山，鸟谷青丘之乡，黑齿之国；南至交趾、孙朴续樠之国，丹粟漆树沸水漂漂九阳之山，羽人裸民之处，不死之乡；西至三危之国，巫山之下，饮露吸气之民，积金之山，其肱一臂三面之乡；北至人正之国，夏海之穷，衡山之上，犬戎之国，夸父之野，禺强之所，积水积石之山。不有懈堕，忧其黔首，颜色黎黑，窍藏不通，步不相过，以求贤人，欲尽地利，至劳也。得陶、化益、真窥、横革、之交五人佐禹，故功绩铭乎金石，著于盘盂。

《吕氏春秋·慎行论·求人》

今夫爚蝉者，务在明其火、振其树而已。火不明，虽振其树，何益？明火不独在乎火，在乎暗。当今之时世暗甚矣，人主有能明其德者，天下之士，其归之也，若蝉之走明火也。故国不徒安，名不徒显，必得贤士。

赵简子昼居，喟然太息曰："异哉！吾欲伐卫十年矣，而卫不伐。"侍者曰："以赵之大，而伐卫之细，君若不欲则可也；君若欲之，请令伐之。"简子曰："不如而言也。卫有士十人于吾所。吾乃且伐之，十人者其言不义也，而我伐之，是我为不义也。"故简子之时，卫以十人者按赵之兵，殁简子之身。卫可谓知用人矣，游十士而国家得安。简子可谓好从谏矣，听十士而无侵小夺弱之名。

魏文侯过段干木之闾而轼之，其仆曰："君胡为轼？"曰："此非段干木之闾欤？段干木盖贤者也，吾安敢不轼？且吾闻段干木未尝肯以己易寡人也，吾安敢骄之？段干木光乎德，寡人光乎地；段干木富乎义，寡人富乎财。"其仆曰："然则君何不相之？"于是君请相之，段干木不肯受。则君乃致禄百万，而时往馆之。于是国人皆喜，相与诵之曰："吾君好正，段干木之敬；吾君好忠，段干木之隆。"居无几何，秦兴兵欲伐魏，司马唐谏秦君曰："段干木贤者也，而魏礼之，天下莫不闻，无乃不可加兵乎！"秦君以为然，乃按兵辍不敢攻之。魏文侯可谓善用兵矣。尝闻君子之用兵，莫见其形，其功已成，其此之谓也。野人之用兵也，鼓声则似雷，号呼则动地，尘气冲天，流矢如雨，扶伤舆死，履肠涉血，无罪之民其死者量于泽矣，而国之存亡、主之死生犹不可知也，其离仁义亦远矣。

《吕氏春秋·开春论·期贤》

今有良医于此，治十人而起九人，所以求之万也。故贤者之致功名也，比乎良医，而君人者不知疾求，岂不过哉？今夫塞者，勇力、时日、卜筮、祷祠无事焉，善者必胜。立功名亦然，要在得贤。魏文侯师卜子夏，友田子方，礼段干木，国治身逸。天下之贤王，岂必苦形愁虑哉？执其要而已矣。雪霜雨露时，则万物育矣，人民修矣，疾病妖厉去矣。故曰尧之容若委衣裘，以言少事也。

宓子贱治单父，弹鸣琴，身不下堂而单父治。巫马期以星出，以星入，日夜不居，以身亲之，而单父亦治。巫马期问其故于宓子。宓子曰："我之谓任人，子之谓任力。任力者故劳，任人者故逸。"宓子则君子矣，逸四肢，全耳目，平心气，而百官以治义矣，任其数而已矣。巫马期则不然，弊生事精，劳手足，烦教诏，虽治犹未至也。

《吕氏春秋·开春论·察贤》

《吕氏春秋》 求人·察贤·举难

以全举人固难，物之情也。人伤尧以不慈之名，舜以卑父之号，禹以贪位之意，汤、武以放弑之谋，五伯以侵夺之事。由此观之，物岂可全哉？故君子责人则以人，自责则以义。责人以人则易足，易足则得人；自责以义则难为非，难为非则行饰；故任天地而有余。不肖者则不然，责人则以义，自责则以人。责人以义则难瞻，难瞻则失亲；自责以人则易为，易为则行苟；故天下之大而不容也，身取危、国取亡焉，此桀、纣、幽、厉之行也。尺之木必有节目，寸之玉必有瑕瓋。先王知物之不可全也，故择物而贵取一也。

季孙氏劫公家。孔子欲谕术则见外，于是受养而便说，鲁国以訾。孔子曰："龙食乎清而游乎清，螭食乎清而游乎浊，鱼食乎浊而游乎浊。今丘上不及龙，下不若鱼，丘其螭邪！"夫欲立功者，岂得中绳哉？救溺者濡，追逃者趋。

魏文侯弟曰季成，友曰翟璜。文侯欲相之而未能决，以问李克。李克对曰："君欲置相，则问乐腾与王孙苟端孰贤？"文侯曰："善。"以王孙苟端为不肖，翟璜进之；以乐腾为贤，季成进之；故相季成。凡听于主，言人不可不慎。季成，弟也，翟璜，友也，而犹不能知，何由知乐腾与王孙苟端哉？疏贱者知，亲习者不知，理无自然。自然而断相过，李克之对文侯也亦过。虽皆过，譬之若金之与木，金虽柔犹坚于木。

孟尝君问于白圭曰："魏文侯名过桓公，而功不及五伯，何也？"白圭对曰："文侯师子夏，友田子方，敬段干木，此名之所以过桓公也。卜相曰'成与璜孰可？'此功之所以不及五伯也。相也者，百官之长也，择者欲其博也。今择而不去二人，与用其雠亦远矣。且师友也者，公可也；戚爱也者，私安也。以私胜公，衰国之政也。然而名号显荣者，三士羽翼之也。"

宁戚欲干齐桓公，穷困无以自进，于是为商旅将任车以至齐，暮宿于国门之外。桓公郊迎客，夜开门，辟任车，爝火甚盛，从者甚众。宁戚饭牛居车下，望桓公而悲，击牛角疾歌。桓公闻之，抚其仆之手曰："异哉！之歌者非常人也。"命后车载之。桓公反，至，从者以请。桓公赐之衣冠，将见之。宁戚见，说桓公以治境内。明日复见，说桓公以为天下。桓公大说，将任之。群臣争之曰："客，卫人也。卫之去齐不远，君不若使人问之，而固贤者也，用之未晚也。"桓公曰："不然。问之，患其有小恶，以人之小恶，亡人之大美，此人主之所以失天下之士也已。"凡听必有以矣。今听而不复问，合其所以也。且人固难全，权而用其长者。当举也，桓公得之矣。

《吕氏春秋·离俗览·举难》

【译文】

想使自身安定、国家安宁、天下太平，一定要有贤人。古代拥有天下的，有七十一位圣王。从《春秋》来看，从鲁隐公到鲁哀公共十二世，其间诸侯取得成功或招致失败的原因，大致相同。得到贤人，国家无不安定，名声无不尊荣；失去贤人，国家无不危殆，名声无不受辱。先王为求索贤人无所不为，他们对待贤人极其谦卑，不辞举用极为卑贱的人；到极远的地方寻访，不辞忍受极大的辛劳。假使虞国信用宫之奇，吴王采纳伍子胥的劝谏，这两个国家即使到今天还存在也是可能的。这样看来，国运完全可以长久。如果有能延长人的寿命的办法，那么人们没有谁会不愿意尝试；现在有办法使国运长久，而君主却不去寻求，这就过分了。

尧把天下传给舜，在诸侯之前礼敬他，把两个女儿嫁给他，让十个儿子给他做臣下，自身请求以臣子身份朝拜他，表现得极其谦卑。伊尹是在厨房里服役的奴隶，傅说是殷人的刑徒，都是极卑贱的人，却都被提拔做了天子之相。禹东行到达榑木之地，日下九津青羌之野，树林茂密之处，高接云天之山，鸟谷青丘之乡，黑齿之国；南行到达交趾、孙朴续樠之国，丹粟漆树沸水漂漂九阳之山，羽人裸民之处，不死之乡；西行到达三危之国，巫山之下，饮露吸气之民所居之处，积金之山，奇肱一臂三面之乡；北行到达人正之国，夏海之边，衡山之上，犬戎之国，夸父之野，禺强之处，积水积石之山。他四方奔波，不敢懈怠，为他的百姓忧劳，面色黎黑，血脉不畅，步履艰难，去寻求贤人，想平治洪水，发挥地利，真是劳苦到了极点。结果他得到了皋陶、伯益、真窥、横革、之交五人辅佐，所以功绩铭刻在钟鼎石碑上，书写在盘盂器皿上。

如今夜晚用火把照耀捕蝉的人，只是在于燃亮火把、摇动树木罢了。火把不明，即使摇动那树，又有什么作用？燃亮火把，不仅在于火本身，还在于四周的黑暗。当今的世道，黑暗极了，君主中若有能彰明自己德行的人，天下的士人归附于他，就会像蝉飞赴明火那样。大凡国家不会平白无故地安定，名声不会无缘由地显耀，一定要得到贤士才行。

赵简子白天闲坐,感慨地长声叹息说:"不同寻常啊!我想攻打卫国已经十年了,可卫国没能打成。"侍从说:"凭赵国的强大,来攻打卫那样的小国,您如果不想也就罢了,您如打算这么做,请下令攻打它!"简子说:"事情不像你说的那样。卫国有十位士人在我这里,我刚刚才要攻打卫国,这十个人就说那样做不义,如果我攻打卫国,那就是我做不义的事了。"所以简子的时候,卫国用十个人就抑制了赵国的军队,直到简子去世。卫国可以说是懂得任用人才了,让十位士人出游赵国,就使国家获得了平安。简子可以说是喜欢听从劝谏了,听从十位士人的话,从而免除了侵夺弱小的名声。

魏文侯路过段干木所居住的里巷时,手扶车前横木表示敬意。他的车夫说:"您为什么要手扶横木致敬?"文侯说:"这不是段干木居住的里巷吗?段干木可是位贤者啊,我怎么敢不致敬?而且我听说段干木未必肯用自己的节操换取我的地位,我怎么敢对他骄傲?段干木德行广大,我只是地盘广大;段干木在道义上富有,我只是在财物上富有。"他的车夫说:"既然这样,您何不任他为国相呢?"于是文侯就请段干木做国相,段干木不肯接受。文侯就给了他丰厚的俸禄,并且时常到他家中去看望他。这样一来,国人都很高兴,互相传诵这件事说:"我们的国君喜欢廉正,敬重段干木;我们的国君喜欢忠诚,推崇段干木。"过了不久,秦国出兵想要攻打魏国,大夫司马唐劝谏秦君说:"段干木是位贤者,魏国礼遇他,天下没有谁不知道,恐怕不能对魏国动武吧!"秦君认为说得好,于是按兵不动,不敢再攻打魏国。魏文侯可以说是善于用兵了。曾经听说君子的用兵,没有看到军队的运动,其大功已经告成,这大概说的就是魏文侯吧!鄙陋无知之人用兵,则是鼓声如雷,喊声动地,尘气满天,飞箭如雨,救护伤兵,搬运死尸,踩着尸体,趟着血泊,无辜的百姓横尸山泽,而国家的存亡、君主的生死还不得而知,这种做法离仁义也就太远了。

假若这里有一个良医,给十个人治病,治好了九个,求他治病的人必定成千上万。贤人为君主赢得功名,就好比良医一样,可是做君主的却不知道赶快去寻求,这难道不是错误吗?如今斗棋艺的人,用不着凭借勇力、时机、占卜、祭祀,技艺高的必定获胜。建立功名也是这样,关键在于得到贤人。魏文侯以卜子夏为师,与田子方交友,礼待段干木,使国家太平,自身安逸。天下贤明的君主,哪里一定要劳身费心呢?抓住治国的关键就行了。雪霜雨露应时而至,那么万物就长成了,人们就舒适了,疾病、妖异、灾祸就不会发生了。所以人们说到尧的仪表时,就说他穿着宽大下垂的衣裳,神态安闲,这是说他很少办理政务啊!

宓子贱治理单父，整天静坐弹琴，足不下堂，单父就治理得很好。巫马期披星戴月，日夜不闲，亲自处理各种政务，单父也治理得很好。巫马期向宓子贱询问其中的缘故，宓子说："我的做法是任用人才，你的做法是使用力气，使用力气的人当然劳苦，任用人才的人当然安逸。"宓子算得上是君子了，使四肢安逸，耳目保全，心气平和，而各级官吏把事务处好也是理所应当的，他不过是使用了正确的方法罢了。巫马期就不是这样，他损伤天性，耗费精神，手忙脚乱，教令繁多，尽管也治理得好，却还未达到最高的境界。

以十全十美的标准举荐人必然很难，这是事物的常情。有人用不疼爱儿子的说法来中伤尧，用不孝顺父亲的恶名来诋毁舜，用内心贪图帝位来诋毁禹，用谋划放逐、杀害君主来诋毁汤王、武王，用侵略掠夺别的国家来诋毁五霸。由此看来，事物怎么可能十全十美呢？所以，君子要求别人时就用一般人的标准，要求自己时就用义的标准。用一般人的标准要求别人就容易满足，容易满足就能得到人心；用义的标准要求自己就难以做错事，难以做错事行为就端正。所以他们担任天地间的重任就游刃有余了。不贤的人则不是这样，要求别人用义的标准，要求自己用一般人的标准。用义的标准要求别人就难以满足，难以满足就连亲人也会失去；用一般人的标准要求自己就容易做到，容易做到行为就会苟且随便。所以天下如此之大他们却不能容身，自身招致危险，国家遭到灭亡。这就是夏桀、商纣、周幽王、周厉王的行为啊。一尺长的树木必有节疤，一寸长的玉石必有瑕疵。先王知道事物不可能十全十美，所以选择事物时只取其一长。

季孙氏把持公室政权。孔子想用道术劝导他却担心会被见外疏远，于是就去接受他的奉养以便进言，鲁国人因此责备孔子。孔子说："龙在清水里吃又在清水里游，螭在清水里吃却在浊水里游，鱼在浊水里吃又在浊水里游。现在我往上赶上不龙，往下不像鱼，我大概像螭一样吧！"那些想建立功名的人，哪能处处合乎规则呢？援救溺水的人要打湿衣裳，追赶逃跑的人就得奔跑。

魏文侯的弟弟叫季成，朋友叫翟璜。文侯想从他们当中选择一人为相却不能决断，就来问李克。李克回答说："您想立相，就看乐腾与王孙苟端哪一个好些就行了。"文侯说："好。"文侯认为王孙苟端不好，是翟璜举荐了他；认为乐腾好，是季成举荐了他，所以就让季成当了国相。凡是言论被君主听取的人，谈论人不可不慎重。季成是弟弟，翟璜是朋友，而文侯尚且不能了解，又何以能了解乐腾与王孙苟端呢？对疏远低贱的人了解，对亲近熟悉的人却不了解，没有这样的道理。在道理上说不过去却要以此决断相位,这就错了;李克回答文侯的话也错了。虽然都是错,但就像金和木一样,金虽然软也还是比木硬。

孟尝君问白圭说:"魏文侯名声超过了齐桓公,可功业比不上五霸,为什么呢?"白圭回答说:"文侯以子夏为师,以田子方为友,礼敬段干木,这是名声超过了桓公的原因。选相的时候说:'季成与翟璜哪一个可以?'这是他的功业赶不上五霸的原因。相是百官之长,选择对象面要广一些。现在选择相却离不开那两个人,这与桓公用仇人管仲为相相差也太远了。况且以师友为相,是公义;以亲属偏爱的人为相,是私利。把私利放在公义之上,这是衰微国家的政治。然而文侯的名声却显赫荣耀,这是因为有三位贤士辅佐他。"

宁戚想向齐桓公求官,但处境穷困没法使自己得到举荐,于是就给商人赶着装载货物的车子到了齐国,傍晚住在城门外。桓公到郊外迎客,夜里打开城门,让货车避开,火把很亮,随从的人很多。宁戚正在车下喂牛,望见桓公就哀伤起来,敲着牛角放声高歌。桓公听到歌声,抚着他的车夫的手说:"奇异啊!这个唱歌的不是普通的人!"于是命令副车载上宁戚。桓公回到城里,随从的人请示如何安置这个人。桓公赐给宁戚衣服和帽子,准备召见他。宁戚见到桓公,用如何治理国内政事的话劝说他。第二天又谒见,用如何平治天下的话劝说他。桓公非常高兴,准备任用宁戚。群臣劝谏说:"客人是卫国人,卫国离齐国不远,您不如派人去询问一下,如果确实是贤德的人,任用他也不晚。"桓公说:"不对。去询问,担心听到他有小毛病。因为人家的小毛病,掩盖了人家的大优点,这是君主失掉天下人才的原因啊!"大凡听取别人的主张必定是有根据的,现在听从了他的主张而不再追问他的为人,是因为符合了听者的心愿。况且人本来就难以十全十美,只能权衡而用其所长。举用宁戚这件事,说明桓公用好这个原则了。

韩 非 子

韩非子（约前280～前233），即韩非，战国末期思想家，法家主要代表人物。出身韩国贵族，与李斯同师事荀子。因建议韩王变法图强不见用，遂愤而著书，阐述治国之道。秦王政（始皇）读其书，大喜，曰："嗟乎，寡人得见此人与之游，死不恨矣！"（《史记·老庄申韩列传》）于是发兵攻韩，强邀韩非出使秦国。入秦不久即遭李斯等嫉妒、谗毁，下狱自杀。韩非批判地吸收了道、儒、墨各家的思想，尤其有选择地接受了前辈法家的思想，集法家学说之大成。他融商鞅的"法"治、申不害的"术"治、慎到的"势"治于一炉，提炼出以法为中心的法、术、势三者结合的封建君主统治术，为秦王所采用，对于巩固当时的封建生产关系，建立统一的中央集权的秦帝国起了巨大作用，并影响后世达两千年之久。

《韩非子》一书共二十卷、五十五篇，绝大部分出自韩非本人之手，少数篇目疑为后人伪托。其文长于说理，且往往于破中立论，锋芒毕露，有浓厚的批判色彩；文笔简洁峻削，生动畅达，在先秦散文中属上乘之作。明清以降，《韩非子》的校释本不断出现，而以今人陈奇猷的《韩非子集释》影响最著。

用 人

本篇由《韩非子》的《用人》篇及《问田》、《显学》各一段组成，篇名仍以"用人"冠之，小标题则是摘文中一句话以提要。

《韩非子》中关于用人的议论很多，本篇集中论述了用人的若干基本原则。其中，原《用人》篇论述的用人原则主要有：（一）"循天顺人而明赏罚"。即用人必须遵循客观规律，不能不顾客观条件而苛求臣下，不能"立难而罪不及"，而应顺应世道人情，"立可为之赏，设可避之罚"，使"贤者劝赏"，"不肖者少罪"，从而达到"用力寡而功立"，"刑罚省而令行"，"上下之恩结"的目的。（二）"守法术"。因为"释法术而心治，尧不能正一国"，"释法术而妄怒，虽杀戮而奸人不恐"。而"使中主守法术"，"则万不失矣"；"循法而治"，则"上居明而少怒，下尽忠而少罪"。（三）善用人者，应使"治国之臣，效功于国以履位，见能于官以受职，尽力于权衡以任事"。即君主应根据实能实绩授官任职，使"人臣则宜其能，胜其官，轻其任"，以实现"内无伏怨之乱，外无马服之患"。（四）

专职专任，使臣下"莫负兼官之责于君"。所谓"明君使士不相干，故莫讼；使士不兼官，故技长；使人不同功，故莫争"。群臣各司其职，各尽其力，没有内耗，整个官僚机构就能发挥出最大的效率，这正是韩非关于用人的理想境界。（五）恩威并用，既关爱又严加提防。因为，如果"君人者不轻爵禄，不易富贵"，对臣下"劳苦不抚循，忧悲不哀怜"，则臣下不仅"不能尽力而务功"，而且还可能"叛主"；如果君主"不察私门之内，轻虑重事"，就会有"易身之患"；而如果君主"不谨萧墙之患而固金城于远境，不用近贤之谋而外结万乘之交于千里"，那么"飘风一旦起"，就将"祸莫大于此"。韩非认为，以上几项用人原则如果都能做到，就会"君高枕而臣乐业，道蔽天地，德极万世矣"。这便是韩非精心研究用人术的出发点和归宿。《问田》、《显学》的两段文字，集中论述了君主用人应强调实践经验，重视基层工作的锻炼，"试于屯伯，关乎州部"，逐级选拔任用人才，以及将相必须来自于基层的重要原则。韩非认为，"试之官职，课其功伐，则庸人不疑于愚智。故明主之吏，宰相必起于州部，猛将必发于卒伍"，而"不试于屯伯，不关乎州部"，就会有"失政亡国之患"。这一条原则，可以说是对原《用人》篇所述原则的重要补充。

善用人者，必循天顺人而明赏罚

闻古之善用人者，必循天顺人而明赏罚。循天，则用力寡而功立；顺人，则刑罚省而令行；明赏罚，则伯夷、盗跖不乱。如此，则白黑分矣。治国之臣，效功于国以履位，见能于官以受职，尽力于权衡以任事。人臣皆宜其能，胜其官，轻其任，而莫怀余力于心，莫负兼官之责于君。故内无伏怨之乱，外无马服之患。明君使事不相干，故莫讼；使士不兼官，故技长；使人不同功，故莫争。争讼止，技长立，则强弱不觳力，冰炭不合形。天下莫得相伤，治之至也。

释法术而心治，尧不能正一国；去规矩而妄意度，奚仲不能成一轮；废尺寸而差短长，王尔不能半中。使中主守法术，拙匠守规矩尺寸，则万不失矣。君人者能去贤巧之所不能，守中拙之所万不失，则人力尽而功名立。

明主立可为之赏，设可避之罚。故贤者劝赏而不见子胥之祸，不肖者少罪而不见伛剖背，盲者处平而不遇深溪，愚者守静而不陷险危。如此，则上下之恩结矣。古之人曰："其心难知，喜怒难中也。"故以表示目，以鼓语耳，以法教心。君人者释三易之数而行一难知之心，如此，则怒积于上而怨积于下。以积怒而御积怨，则两危矣。明主之表易见，故约立；其教易知，故言用；其法易为，故令行。三者立而上无私心，则下得循法而治，望表而动，随绳而斫，因攒而缝。如此，则上无私威之毒，而下无愚拙之诛。故上居明而少怒，下尽忠而少罪。

闻之曰："举事无患者，尧不得也。"而世未尝无事也。君人者不轻爵禄，不易富贵，不可与救危国。故明主厉廉耻，招仁义。昔者介子推无爵禄而义随文公，不忍口腹而仁割其肌，故人主结其德，书图著其名。人主乐乎使人以公尽力，而苦乎以私夺威；人臣安乎以能受职，而苦乎以一负二。故明主除人臣之所苦，而立人主之所乐。上下之利，莫长于此。不察私门之内，轻虑重事；厚诛薄罪，久怨细过，长侮偷快；数以德追祸，是断手而续以玉也；故世有易身之患。

人主立难为而罪不及，则私怨生；人臣失所长而奉难给，则伏怨结。劳苦不抚循，忧悲不哀怜；喜则誉小人，贤不肖俱赏；怒则毁君子，使伯夷与盗跖俱辱；故臣有叛主。

使燕王内憎其民而外爱鲁人，则燕不用而鲁不附。民见憎，不能尽力而务功；鲁见说，而不能离死命而亲他主。如此，则人臣为隙穴，而人主独立。以隙穴之臣而事独立之主，此之谓危殆。

释仪的而妄发，虽中小不巧；释法制而妄怒，虽杀戮而奸人不恐；罪生甲，祸归乙，伏怨乃结。故至治之国，有赏罚而无喜怒，故圣人极；有刑法而死，无螫毒，故奸人服；发矢中的，赏罚当符，故尧复生，羿复立。如此，则上无殷、夏之患，下无比干之祸，君高枕而臣乐业，道蔽天地，德极万世矣。

夫人主不塞隙而劳力于赭垩，暴雨疾风必坏；不去眉睫之祸而慕贲、育之死，不谨萧墙之患而固金城于远境，不用近贤之谋而外结万乘之交于千里，飘风一旦起，则贲、育不及救，而外交不及至，祸莫大于此。当今之世，为人主忠计者，必无使燕王说鲁人，无使近世慕贤于古，无思越人以救中国溺者。如此，则上下亲，内功立，外名成。

《韩非子·用人》

试于屯伯，关乎州部

徐渠问田鸠曰："臣闻智士不袭下而遇君，圣人不见功而接上。今阳成义渠，明将也，而措于屯伯；公孙亶回，圣相也，而关乎州部；何哉？"田鸠曰："此无他故异物，主有度、上有术之故也。且足下独不闻楚将宋觚而失其政，魏相冯离而亡其国？二君者驱于声词，眩乎辩说，不试于屯伯，不关乎州部，故有失政亡国之患。由是观之，夫无屯伯之试、州部之关，岂明主之备哉？"

《韩非子·问田》

宰相必起于州部，猛将必发于卒伍

澹台子羽，君子之容也，仲尼几而取之，与处久而行不称其貌。宰予之辞，雅而文也，仲尼几而取之，与处久而智不充其辩。故孔子曰："以容取人乎，失之子羽；以言取人乎，失之宰予。"故以仲尼之智而有失实之声。今之新辩滥乎宰予，而世主之听眩乎仲尼，为悦其言，因任其身，则焉得无失乎？是以魏任孟卯之辩，而有华下之患；赵任马服之辩，而有长平之祸。此二者，任辩之失也。夫视锻锡而察青黄，区冶不能以必剑；水击鸿雁，陆断驹马，则臧获不疑钝利。发齿吻形容，伯乐不能以必马；授车就驾，而观其末涂，则臧获不疑驽良。观容服，听辞言，仲尼不能以必士；试之官职，课其功伐，则庸人不疑愚智。故明主之吏，宰相必起于州部，猛将必发于卒伍。夫有功者必赏，则爵禄厚而愈劝；迁官袭级，则官职大而愈治。夫爵禄大而官职治，王之道也。

《韩非子·显学》

【译文】

善用人者，必循天顺人而明赏罚

听说古代善于用人的人，必定遵循天道、顺应人情而且明确赏罚。遵循天道，那么气力虽用得少而功业可以建立；顺应人情，那么刑罚虽然简省而法令得以通行；明确赏罚，那么伯夷、盗跖两类人就不会混淆。这样，就会黑白分明了。治理得好的国家的臣子，都是通过为国家效力建功而取得官位，在官位上表现出才能而接受职务，在执行法度中尽了力而担任职事。做臣子的都能在适宜的岗位上发挥他们的才能，胜任他们的官职，轻松愉快地完成他们的职事，而没有谁在心里想保留一点力量，也没有谁对君主负有兼任其他职务的责任。所以，君主对内没有因为臣下潜藏在心底的怨恨而引发的祸乱，对外没有像赵括那样不称职的将帅所造成的祸患。英明的君主使臣下的职事互不相干，所以没有人扯皮争吵；使臣下不兼任官职，所以各人的本领有长进；使人们不建立同样的功劳，所以没有人争功。扯皮争吵没有了，专长确立了，那么强者和弱者就不会相斗，就像冰和炭不放在一个容器里一样，天下没有人互相伤害，这是治国的最高境界啊。

　　抛弃法术而凭主观的想法治理政事，即使尧那样的贤君也不能治好一个诸侯国；丢掉圆规角尺而胡乱臆度揣测，即使奚仲那样的能工也不能造好一个车轮；废除尺度而辨别长短，即使王尔那样的巧匠也不能有一半准确。如果让中等才能的君主掌握法术来治国，使笨拙的工匠按照圆规角尺和尺度来做工，那就万无一失了。统治人民的君主如果能够抛弃贤君、巧匠也不能成功的那种主观搞法，而奉行中等才能的君主、笨拙的工匠那种万无一失的做法，那么臣民的力量就会全部发挥出来，而自己的功名也能建立起来了。

　　英明的君主设立臣民争取的奖赏，制定臣民能够避免的刑罚。所以，贤能的人可以受到奖赏的鼓励而不会遭遇像伍子胥被迫自杀那样的灾祸，不贤无能的人也能少犯罪而不会遭受像驼背者被剖背那样的酷刑，瞎子呆在平地上而不会遭遇深谷山溪，愚笨的人保持安静的生活而不会陷入危险的境地。这样，君臣上下的恩情就结成了。古代的人说："人心难知，喜怒难猜中。"所以用标志来提示眼睛，用战鼓来呼唤耳朵，用法令来教化人心。统治人民的君主放弃上述三种容易实行的方法而运用使人难知的心，这样做，在君主一方就会积聚起愤怒，而在臣子一方就会积聚起怨恨。以积聚了愤怒的君主来驾驭积聚了怨恨的臣子，那么君臣双方就都危险了。英明君主的"标志"容易看清，所以信约能够确立在人们心中；他的教导容易理解，所以说话能够被人们听从；他的法制容易遵守，所以政令能够贯彻施行。这三种情况确立了而君主不凭私心办事，那么臣下就能遵照法令来治理政事，就好像是看着标志来行动，随着墨线来砍削，循着剪裁来缝纫。这样做，君主就不会有滥用个人威势而给臣民造成的毒害，而臣民也不会有因为愚笨而受到的惩罚。所以君主居于明察地位而很少发怒，臣下竭尽忠诚而很少犯罪。

听说过这样的话:"办事不出一点毛病,即使尧也不能做到。"而世间从来不可能无事。君主如果不能看轻爵禄、富贵而赐予臣下,就不可能和他们一起来拯救危难的国家。所以英明的君主勉励人们知廉耻,倡导仁义。从前介子推没有爵禄而凭忠义之心追随文公,逃亡途中不忍见文公挨饿而仁爱地自割其股肉为文公充饥,所以君主铭记他的德行,图书著录他的名字。君主乐于使人们为国家和君主尽力,而苦于被他们为私利夺去威权;臣子安于凭才能接受职务,而苦于以一人之身负二责。所以英明的君主去除臣下所苦恼的事,而树立君主所乐意的事。君臣上下的利益,没有比这更长远的了。不审察臣下私门之内的阴谋,轻率地决定重大事情;重惩轻罪,长记小过,经常侮弄臣下苟且取乐;一再用赏赐来补偿自己给臣下造成的灾难,这就好像砍断别人的手臂却又用玉给他接上一样,所以世间有君主被臣下取代的祸患。

君主设立了难以达到的标准并处罚那些达不到标准的臣子,那么臣下的私怨就会产生;臣子失去了自己的所长而从事难以胜任的工作,那么内心的怨恨就会积聚。君主对臣下的劳苦不安抚慰问,对臣下的忧悲不同情怜悯;高兴时就连小人也加以称赞,对贤与不贤的人都给予赏赐;发怒时就连君子也加以诋毁,使伯夷与盗跖两类人都遭受侮辱,所以臣子有背叛君主的。

假设燕王对内憎恨自己的人民而对外喜爱鲁国人,那么就会出现燕国人不听他役使而鲁国人也不顺从他的情况。燕国人民被憎恨,就不会竭尽全力来做好工作;鲁国人被喜爱,却不能不顾遭受死罪而亲近别国的君主。像这样,那么臣子就会成为墙壁上的缝隙和孔洞,而君主就会孤立。用成为隐患的臣子来侍奉孤立的君主,这就叫做危险。

丢掉箭靶而盲目地乱射,即使射中了很小的东西也不能算箭法精巧;抛开法令制度而无缘无故地发怒,即使进行杀戮而坏人也不会恐惧;罪是甲犯的,祸却落到乙头上,内心的怨恨就会积聚。所以治理得特别好的国家,有实行赏罚的法令规章而没有君主主观的喜怒,所以圣明的法术之士能够尽心竭力地奉行法制;有因为触犯刑律而被诛杀的人,没有因为君主的恼怒而造成的毒害,所以坏人慑服;射箭能射中靶心,赏罚能符合法制,所以就像尧复活了、羿再生了。像这样,那么君主就没有商纣、夏桀那样被灭亡的祸患,臣下就没有比干那样被剖心的灾祸,君主高枕无忧而臣下安居乐业,治国之道就能通行于天地之间,恩德就能流传万代了。

君主不去堵塞墙上的裂缝孔洞却把力气花在粉饰墙壁上,狂风暴雨一来房屋必定倒塌;不去消除眼前的祸患却思慕孟贲、夏育式的勇士的拼死效命,不谨防萧墙之内的祸患却在边远的国境上加固那些本已坚实的城堡，不采用身边贤能之士的计谋却忙于对外与拥有万辆兵车的大国结交，一旦内部有动乱发生，那么孟贲、夏育式的勇士来不及救援，而国外的同盟者也来不及赶到，灾祸没有比这更大的了。当今的时代，为君主忠心谋划的人，一定不要使君主像燕王爱鲁国人那样去爱别国人，不要使君主身处当世却思慕古代的贤人，不要思量让那些虽善游泳却地处边远的越国人来救援中原的溺水者。像这样，那么君臣上下就能互相亲睦，对内可以建立功业，对外可以成就美名。

试于屯伯，关乎州部

徐渠问田鸠说："我听说智谋之士不用由低级官职逐级升迁就能被君主赏识，圣贤之人不用显示出成绩就能被君主重用。如今阳城义渠是位明智的将军，可是他曾被安置在屯长这样的低级职位上；公孙亶回是位贤能的国相，可是他曾经从事过州部这样的基层工作，这是为什么呢？"田鸠说："这没有其他缘故和特别情况，就因为君主用人有度有术。况且，您难道没听说过楚王用宋觚为将而败坏了楚国的政事、魏君任冯离为相而使魏国非其国吗？两国的君主被好听的言辞所驱使，被诡辩巧说所迷惑，用将不通过屯长职位的考验，任相不注重州部工作的经历，所以有政事败坏、国家危亡的祸患。由此看来，不经历任低级职务的考验和在基层工作的锻炼就提拔为将相，难道是英明君主应采取的措施吗？"

宰相必起于州部，猛将必发于卒伍

澹台子羽有君子的仪表，孔子看了他的容貌就收他为弟子，和他相处久了就发现他的行为与他的外貌并不相称。宰予的言辞高雅而有文采，孔子听了他的演说就收他为弟子，和他相处久了就发现他的智慧不及他的口才。所以孔子说："凭外貌来取人嘛，我在子羽身上出了差错；凭言辞来取人嘛，我在宰予身上有了过失。"所以凭孔子的智慧也还有看人不符合实际情况的。现在新出现的辩说比宰予的言辞更加动听，而当代君主听起话来比孔子还要糊涂，因为喜欢他们的言论，就去任用他们，那么怎么没有过错呢？所以魏国听信了孟卯的夸夸其谈，就造成了兵败华阳的灾难；赵王听信了赵括的纸上谈兵，就酿成了血染长平的祸患。这两件事，都是听信辩论之辞铸成的错误。单看冶炼时掺锡的多少和火色的青黄，就是铸剑能手区冶子也不能断定剑的好坏；在水面上击杀鹄和雁，在陆地上斩杀大小马匹，就是奴仆也不会弄错剑的利钝。掰开马嘴看牙齿和观察体表，就是伯乐也不一定能判定马的优劣；把马套上车子奔跑，看它能到达的终点，就是奴仆也不会弄错是良马还是劣马。只看容貌和服饰，只听言辞，就是孔子也不能据此断定士人是否贤能；用官职来试验他，考察他的工作成绩，就是平常的人也分得清他是愚蠢还是聪明。所以英明君主手下的官吏，宰相一定是从州部那样的下层官吏中提拔上来的，猛将一定是从士兵队伍中选拔出来的。有功劳的人一定给予奖赏，那么赏赐的爵位越高俸禄越多就越能使受赏的人得到鼓励；按照官阶等级逐渐提升官职，那么授予的官位越高职务越大就越能使任职的人尽力治事。用高爵厚禄大官要职来促使官吏把政事办好，这是称王天下的办法啊。

贾　谊

贾谊（前200～前168），西汉政治家、文学家。洛阳人。时称贾生。十八岁时，以能诵读诗书、善写文章而闻名郡中。二十二岁时，被文帝任为博士；因善于应对，一年内即升为太中大夫。二十五岁时，为大臣周勃、灌婴等排挤，被贬为长沙王太傅。后一度被召回，于二十八岁时又任梁怀王太傅。梁怀王堕马死，他"自伤为傅无状"，时常哭泣，一年后郁郁而终。

贾谊在政治上坚决维护中央集权和国家的统一，曾上疏建议用"众建诸侯而少其力"的办法，削弱诸侯王势力。在经济上，他主张重本抑末，"驱民而归之农"；主张由国家垄断铸币权，通过控制货币来调节商品流通和增加财政收入。他还力主抗击匈奴对汉王朝的攻掠。

贾谊的著作，经后人整理有《新书》十卷，计五十六篇。其政论《陈政事疏》、《过秦论》、《论积贮疏》、《谏铸钱疏》等，以及辞赋《吊屈原赋》、《鵩鸟赋》等，均享有盛名。鲁迅评论他和晁错的政论"皆为西汉鸿文，沾溉后世，其泽甚远"（《汉文学史纲要》）。

官　人

本篇为贾谊《新书·官人》篇的前半部分即主体部分。贾谊政论包含十分丰富的管理思想，《官人》篇集中表达了他关于用人的总的指导思想。文章具体阐述了君主委官任人的六种不同情况及其相应的不同后果，层次分明，言简意赅，结论"（君主）与师为国者帝，与友为国者王，与大臣为国者伯，与左右为国者强，与侍御为国者若存若亡，与厮役为国者亡可立待也"，具有震慑人心的警示作用。

王者官人有六等：一曰师，二曰友，三曰大臣，四曰左右，五曰侍御，六曰厮役。知足以为源泉，行足以为表仪；问焉则应，求焉则得；入人之家足以重人之家，入人之国足以重人之国者，谓之师。知足以为砥砺，行足以为辅助，仁足以访议；明于进贤，敢于退不肖，内相匡正，外相扬美者，谓之友。知足以谋国事，行足以为民率，仁足以合上下之欢；国有法则退而守之，君有难则进而死之；职之所守，君不得以阿私托者，大臣也。修身正行不愧于乡曲，道语谈说不愧于朝廷；知能不困于事业，服一介之使，能合两君之欢；执戟居前，能举君之失过，不难以死持之者，左右也。不贪于财，不淫于色，事君不肯有二心，居君前不敢泄君之谋；君有失过，虽不能正谏以其死持之，憔悴有忧色，不劝听从者，侍御也。柔色伛偻，唯谀之行，唯言之听，以睚眦之间事君者，厮役也。故与师为国者帝，与友为国者王，与大臣为国者伯，与左右为国者强，与侍御为国者若存若亡，与厮役为国者亡可立待也。

【译文】
　　君主以官职任人可以分为六等：一等的叫做师傅，二等的叫做朋友，三等的叫做大臣，四等的叫做左右，五等的叫做侍御，六等的叫做厮役。知识渊博就像永不枯竭的源泉，行为端方足以为人师表；问计求教，有问必答，有求必得；来到一个人家，能使这个人家受人敬重，来到一个国家，能使这个国家受人尊崇：这样的人叫做师傅。知识丰富足以使人受到砥砺，行为庄重足以辅佐他人，有仁爱之心足以提供咨询评议；能够识别荐举贤才，敢于黜退不贤之人；对内能匡正君主的过失，对外能张扬君主的美德：这样的人叫做朋友。知识充实足以谋划国家大事，行为端正足以做百姓的表率，仁爱之心足以使君臣上下和睦融洽；国家太平则能默然谨守法度，君主有难则能挺身而出为君国死节；坚守自己的职责，即使君主本人也不能对他有所私求：这样的人叫做大臣。修养身心、端正品行无愧于乡里，分析问题、谋划国事无愧于朝廷；知识和才能足以胜任所担当的事业，作为一个外交使者，能使两国的君主都高兴；侍卫在君主身边能指出君主的过失，不因可能有杀身之祸而不敢坚持：这样的人叫做左右。不贪财，不好色，一心一意侍奉君主，在君主身边而不会泄露君国的机密；君主有了过失，虽不能直言进谏，以死抗争，然而也能形容憔悴，忧心忡忡，不赞成盲目地听从：这样的人叫做侍御。和颜悦色，点头哈腰，一味地做讨好君主的事，君主的话哪怕错了也听从，尽拿些小怨小忿在君前搬弄是非：这样的人叫做厮役。所以，凡是君主与师傅一起治国的，就能称帝于天下；与朋友一起治国的，就能称王于天下；与大臣一起治国的，就能称霸于诸侯；与左右一起治国的，国家就强大；与侍御一起治国的，国家就动荡不安定；与厮役一起治国的，国家的灭亡就指日可待了。

桓　谭

桓谭（约前20～56），东汉哲学家、经学家、音乐家。字君山，沛国相（今安徽睢溪市西北）人。少时受任太乐令的父亲的熏陶，"好音律，善鼓琴"。长成后，"博学多通，遍习五经"，尤好古文经学。官至议郎、给事中。喜非毁俗儒，拒交权豪，反对腐败政治，力主"兴治"国家。并首创形毁神灭论，提出"以烛火喻形神"的著名论点，断言精神不能离开人的形体而独立存在，否定神仙长生之说。因坚决反对谶纬神学，"极言谶之非经"，被光武帝目为"非圣无法"，险遭处斩。出为六安郡丞，郁愤不乐，病死于赴任途中。著作有《新论》（又称《桓子新论》）二十九篇传世。

求　辅

本篇为《宛委别藏》本《群书治要》的节录，并据《意林·桓谭新论·求辅》篇增选了开头一段文字。桓谭写作《新论》的目的在于"兴治"。他认为，"兴治"必须抓住"纲领"，以"霸王道杂之"，"抑并兼"，"举本业而抑末业"。而要抓住"纲领"，就必须具备一批有"大才"的人物在皇帝身边担起辅佐重任。为此，他在《求辅》一文中针对西汉后期以来在封建统治集团中盛行的"任人唯亲"的用人路线，提出了"量大才，任明辅"的用人主张。文章总结了前世帝王治国的经验教训，指出："大才"、"明辅"是君主的股肱羽翼，是最可宝贵的财富，任用大才、明辅是防止患害、巩固国家政权的最好措施。进而阐述了如何任用和发挥贤辅作用的问题，指出：君主求贤臣难，充分信任贤臣更难。如果君主囿于世俗的偏见，听信左右亲近诋毁贤臣的谗言，那么即使像孔子那样的圣贤也难以留得住。因此，"求辅佐之术"的关键就在于君主能否力排众议，用人不疑。而君臣之间若不能做到"致密坚固，割心相信，动无间疑"，要想建立功业、实现抱负是不可能的。

治国者，辅佐之本。其任用咸得大才——大才乃主之股肱羽翮也。

昔秦王见周室之失统，丧权于诸侯，故遂自恃，不任人封立诸侯。及陈胜、楚、汉，咸由布衣，非封君有土，而并共灭秦。高帝既定天下，念项王以函谷入，而己由武关到，推却关，修强守御，内充实三军，外多发屯戍；设穷治党与之法，重悬告反之赏。及王翁之夺取，乃不犯关梁阨塞，而坐得其处。王翁自见以专国秉政得之，即抑重臣，收下权，使事无大小深浅，皆决断于己身。及其失之，人不以大臣生焉。更始帝见王翁以失百姓心亡天下，既西到京师，恃民悦喜，则自安乐，不听纳谏臣谋士，赤眉围其外而近臣反，城遂以破败。由是观之，夫患害奇邪不一，何可胜为设防量备哉？防备之善者，则唯量贤智大才，然后先见豫图，将遏救之耳。

唯针艾、方药者，已病之具也，非良医不能以愈人。材能、德行者，治国之器也，非明君不能以立功。医无针药，可作为求买以行术伎，不须必自有也。君无材德，可选任明辅，不待必躬能也。由是察焉，则材能德行，国之针药也。其得立功效，乃在君辅。传曰："得十良马，不如得一伯乐；得十利剑，不如得一欧冶。"多得善物，不如少得能知物。知物者之致善珍，珍益广，非特止于十也。

言求取辅佐之术，既得之，又有大难三而止善二。为世之事，中庸多，大材少，少不胜众，一口不能与一国讼；持孤特之论，干雷同之计，以疏贱之处，逆贵近之心，则万不合。此一难也。夫建踔殊，为非常，乃世俗所不能见也；又使明智图事，而与众平之，亦必不足。此二难也。既听纳有所施行，而事未及成，谏人随而恶之，即中道狐疑，或使言者还受其尤。此三难也。智者尽心竭言，以为国造事，众间之则反见疑；壹不当合，遂被潛诉，虽有十善，隔以一恶去。此一止善也。材能之士，世所嫉妒，遭遇明君，乃壹兴起；既幸得之，又复随众，弗与知者，虽有若仲尼，犹且出走。此二止善也。是故非君臣致密坚固，割心相信，动无间疑，若伊、吕之见用，傅说通梦，管、鲍之信任，则难以遂功尽意矣。

又说之言，亦甚多端。其欲观使者，则以古之贤辅厉主；欲间疏别离，则以专权危国者论之。盖父子至亲，而人主有高宗孝己之谗，及景、武时栗、卫太子之事；忠臣高节，时有龙逢、比干、伍员、晁错之变。比类众多，不可尽记。则事何可为耶？庸易知邪？虽然，察前世已然之效，可以观览，亦可以为戒。维诸高妙大才之人，重时遇合，皆欲上与贤侔而垂荣历载，安肯毁名废义而为不轨恶行乎？若夫鲁连解齐赵之金封，虞卿捐万户与国相，乃乐以成名肆志，岂复干求便辟趋利邪？览诸邪背叛之臣，皆小辨贪饕之人也，大材者莫有焉。由是观之，世间高士材能绝异者，其行亲任亦明矣，不主乃意疑之也。如不能听纳，施行其策，虽广知得，亦终无益也。

【译文】

治理好国家是辅佐大臣的根本任务。辅佐大臣应当选择才能杰出的人来做，才能杰出的人是君主得力的助手。

从前秦始皇看到周王室丧失一统天下的权威，大权落于诸侯之手，所以就自己依仗中央集权，而不再分封诸侯。到陈胜、西楚霸王和汉王，都是平民出身，而非据有封邑的诸侯，却一起消灭了秦朝。高祖平定天下后，鉴于项王从函谷关入关、自己从武关进军咸阳灭秦，联想到扼守关口的重要性，便整修关口加强防御，对内充实三军力量，对外多派驻屯戍守军队；制定了彻底查办私结朋党的法令，悬重赏奖励揭发阴谋造反之人。可是王莽夺取汉朝政权，并没有攻打险关要塞，而是坐在朝堂上不费气力就夺取了帝位。王莽亲身经历独揽国家政权可以得到天下，就限制朝廷大臣的权力，收回应由地方行使的权力，使得不分大小轻重的一切事务都由自己一个人决断。等到王莽失去天下时，推翻他的人却并不是从大臣当中产生的。更始帝刘玄看到王莽因为失去民心丢了天下，西到京师长安后，乘着民众喜悦，就自顾偷安享乐，不听从采纳谏臣谋士的意见。赤眉军从外面包围进攻，而刘玄的亲信反叛于内，长安城遂被攻破。从这些事实来看，国家遭受祸患是千奇百怪的，怎么可能完全靠自己设定的防备措施来预防呢？最好的防备办法只能是考察任用贤能智慧的杰出人才，依靠他们及早发现问题，预先打算安排，这样才可能遏止祸患而拯救国家啊！

银针、艾草、药方和药物，是治病的工具和材料，假如不是良医，就不能用它们治好病人。杰出的才能和美好的品德，是治理国家的器具，假如不是贤明的君主，就不能借它们建立功业。医生没有银针、药物，可以通过制作和购买而施展医术，不一定非得自己拥有；君主没有才能和德行，可以选拔任用贤明的辅佐，不一定非要自己什么都行。由此看来，那么才能和德行就好比治理国家的银针和药剂，要让它们发挥作用，还在于把大才之人放在辅佐君主的位置上。经传上说："得到十匹好马，不如得到一个伯乐；得到十把利剑，不如得到一个欧冶子（春秋时著名铸剑匠人）。"多得到一些好东西，不如少得到一些善于识别物性的人。善于识别物性的人能搜罗美好珍贵的东西，美好珍贵的东西就会日益增多，就不仅仅是十倍之数了。

　　说到君主求取辅佐之臣的方法，在得到这些人之后，又有发挥其作用的三大难处和不能始终信用的两种情况。为国家办事的官吏，有一般才能的多，有远见卓识的少，少不能胜多，一张嘴辩不过一国之人。贤臣持有独特的见解，触犯众口一词的俗见，凭着疏远微贱的出身，违逆地位高贵、与君主亲近之人的意志，两个方面是万万不能相融的，这是第一大难。贤臣要建立特殊的功业，做不寻常的事情，这是世俗之人所不能理解的，君主又要使用贤臣以明智的方法处理政务，同时却交给众人去评论，也就必定会有许多众人不满意的地方，这是第二大难。君主已经听纳贤臣的建议并且有所施行，但是事情还没有做完，谄谀之徒随之进行诬陷，君主半道就疑惑动摇，有的还使进良言者受到处罚，这是第三大难。明智者尽心竭力出谋献策，为国家效命，众人反倒离间他与君主的关系，使他反被猜疑，一旦有所不合即被众人诽谤中伤，纵然有十大好处，也因一点不足而被驱逐，这是不能始终信用贤辅的第一种情况。大才贤能之人，为世俗的偏见所嫉妒，遭逢明君，才能有施展才能的机遇。君主既已幸运地得到贤才，却又重新迁就世俗的偏见而不采纳智者的主张，那么即使有像孔子那样的圣人也难免要离去，这是不能始终信用贤辅的第二种情况。因此，君臣之间如果不是亲密无间，心心相印，毫无猜忌，就像伊尹、吕尚那样深得君主倚重，像傅说那样得神托梦于武丁，像管仲、鲍叔牙那样彼此信任，那就难以建立功业、实现抱负了。

　　此外，劝说的言辞，也是形形色色。如果想考察使用的人，就拿古代的贤辅来勉励君主；如果想疏远君臣关系，就拿臣下专权危害国家来说事。父与子是最亲的关系，然而君主中也有如商高宗听信他人对自己儿子孝己所进谗言的情况；到汉景帝时有废栗太子之事，汉武帝时有卫太子被诬举兵拒捕败死之事。忠正之臣、节操高尚的人当中，也常有龙逢、比干、伍员、晁错被害一类的变故。这类故事很多，不可能全部记述下来。那么事情还怎么去做呢？还能够明白些什么呢？即使如此，考察前世已经出现的情况，仍可以观摩浏览，也可以作为借鉴。各位高尚美好、有杰出才能的人，碰到有利时机，遇上圣明君主，都想与贤者一样流芳百世，怎么肯毁掉名誉、废弃道义，干些不合正道的坏事呢？至于鲁仲连放弃赵的赏金、齐的封地，虞卿抛弃赵王封的万户食邑和国相之位，这是他们乐于成就自己的名誉，实现自己的志向，怎么会去追求逢迎拍马、趋炎附势呢？看一下众多奸邪背叛的臣子，都是些耍小聪明而又贪得无厌的人，才能杰出的人没有一个是这样的。由此看来，世间品德高尚、才能非凡的人，他们的品行值得信任也是显然的。昏庸的君主却猜疑他们，不能听取采纳他们的计策，那么虽然大家都知道这是一些好的计策，也终究没有什么益处。

白 居 易

白居易（772～846），唐代诗人。字乐天，其先太原（今属山西）人，迁居下邽（今陕西渭南），本人则生于新郑（今属河南）。贞元十六年（800）进士。初补校书郎，后历任县尉、翰林学士、左拾遗。元和十年（815）因上书言事得罪权贵，被贬江州司马。起复后，历任杭州、苏州刺史等职，终官刑部尚书。他服官四十余年，历仕德宗至武宗七朝，提出过许多改革时政的主张。在文学上，他主张"文章合为时而著，歌诗合为事而作"，积极倡导新乐府运动，强调继承《诗经》的优良传统和杜甫的创作精神。他的许多诗文，大胆尖锐地揭露时弊，抨击权贵，反映了民生疾苦，具有重要的史料价值。有《白氏长庆集》行世。

请行赏罚以劝举贤

本篇选自《全唐文》，是白居易为应科举考试所准备的一组策论文章之一（《策论二》）。文章以设问应对的形式，阐述了荐举用人制度的一个重要原则：荐举必须以赏罚随之，即对荐举"得人者，行进贤之赏；谬举者，坐不当之罪"。作者认为，只有这样，才能"举择慎审"，而使"官得其才，事得其序"。反之，如果"得所举"不赏，"失所举"不罪，那就难免"出处之贤，或有违滥"，而君主难免有"未得贤之叹"。文章言简意赅，主旨明确，不失为改革用人制度的一项重大建言。

问：顷者累下诏旨，令举所知。献其状，莫匪贤能；授以官，罕闻政绩。将人不易知耶？将容易其举耶？

臣伏见顷者德宗皇帝颁下诏旨，令举所知。自是内外百僚，岁有闻荐。有司各详其状，咸命以官。语其数，诚得多士之名；考其才，或非尽善之实。何则？得贤由举择慎审，慎审由赏罚必行。自十年以来未闻有司以得所举赏一人，以失所举罚一人。则内外之荐，恐未专精；出处之贤，或有违滥。斯所以令陛下尚有未得贤之叹也！伏惟申命所举，深诏有司，量其短长之材，授以大小官职。然后明察臧否，精考殿最；得人者行进贤之赏，谬举者坐不当之罪。自然上下精详，远近惩劝；谨关梁以相保，责辕轮以相求。俾夫草靡风行，达于天下。天下之耳，尽为陛下听；天下之目，尽为陛下视。明其视，则举不失德；广其听，则野无遗贤。而后官得其才，事得其序。如此，则陛下但凝神端拱，而天下理矣！

【译文】

问：近几年来多次下达诏书圣旨，命令朝廷内外人士举荐自己所知道的贤才。看那些献上来的被举荐者的行状，没有一个不是贤能的人，但是授任官职给他们以后，却很少听到有什么政绩。是对人的了解不容易呢，还是举荐工作太容易了呢？

答：臣恭敬地看到前些年德宗皇帝颁下诏书圣旨，命令举荐自己所知道的贤才。从那时起，朝廷内外各级官僚，每年都听到有人举荐人才。主管部门分别审查被举荐者的行状，都授给了他们官职。从数量上来说，朝廷确实有得到了众多贤士的名声，但考察这些人的才能，或许这件事在实际上并没有完全做好。为什么呢？因为，得到贤才是由于举荐选拔工作审慎，审慎是由于必定要对举荐者实行赏罚。但自贞元十年以来，没听说过主管部门因为举荐得人奖赏一个人，因为举荐失误处罚一个人。那么，朝廷内外的举荐，恐怕就未能专注精细，由隐居而被举荐出仕的贤才，或许就有滥竽充数的。这就是陛下尚有未得到贤才的感叹的原因。为此，请求陛下下诏申明圣命，对所举荐之人，责成主管部门，考量其才能的大小，相应地授以大小不同的官职。任命之后，详细考察他们的表现是好是坏，认真评定他们的政绩是优是劣；举荐得人的，对举荐者实行进贤之赏；举荐谬误的，对举荐者处以举荐不当之罪。这样一来，朝廷上下自然对举荐工作都会认真慎重，远近的人们都会受到警戒和鼓励；严格地将被举荐者的表现与对举荐者的赏罚联系起来，就像关津与桥梁、车轮与车辕那样密切关联，以保证举荐工作取得成功。这样，就会像风吹草伏那样，使陛下的圣德广被天下。天下人的耳朵，都为陛下来听；天下人的眼睛，都为陛下来看。看得分明了，举荐就不会漏掉有德行的人；听得广泛了，民间就不会有遗下的贤才。然后，就可以做到官得其才，事得其序。如此，那么陛下凝神静养、拱手端坐，而天下也可以治理好了。

韩　愈

韩愈（768~824），唐代文学家，字退之，河南河阳（今河南孟县南）人。自谓郡望昌黎（今河北昌黎），因称韩昌黎。德宗贞元八年（792）中进士，任监察御史。以事贬为山阳令。宪宗元和十二年（817），随宰相裴度平淮西，任行军司马，以军功升刑部侍郎。又因谏迎佛骨一事，被贬为潮州刺史、袁州刺史。穆宗即位（821），召为国子监祭酒，转兵部侍郎，再转吏部侍郎，又转京兆尹兼御史大夫；因与御史中丞李绅不和，复任兵部侍郎，不久又转吏部侍郎。卒赠吏部尚书，谥"文"，故又称韩文公。

韩愈在政治上反对藩镇割据，维护唐王朝中央集权的统治；在思想上尊儒排佛，以儒家思想的忠实继承者自居，力图以孔孟所宣扬的封建等级制度、伦理制度和道德、文化传统，挽救中唐政治危机；在文学上力反六朝以来的骈偶文风，提倡散体，与柳宗元同为古文运动的倡导者。其散文在继承先秦、两汉古文的基础上，加以创新和发展，笔力雄健，气势磅礴，为后世古文家所宗，旧时列为唐宋八大家之首。其诗力求新奇，并以文入诗，对宋诗影响颇大。有《昌黎先生集》四十卷及外集十卷传世。

马　说

本篇选自《全唐文》，为韩愈《杂说》四篇之四，是韩文中被历代一致推崇、雅俗共赏、有口皆碑的名篇。文章寓庄于谐，以千里马比喻人才，委婉地批判了当权者的昏庸偏私，讽刺了压抑人才的不合理社会现象，为受委屈的人才发出了不平的慨叹。它启示人们：人才是到处都有的，关键在于当权者去识别、发现、任用他们，并给予较好的条件，这样才能使他们发挥出较大的作用。本文全篇仅一百五十一字，精练通达，流转自如，分析透辟，议论风生，加之其在思想内容上的典型、深刻，具有强烈的艺术感染力量。这或许正是它引起一代代自强不息者们的强烈共鸣，并为掌权者们乐于援引的原因。

世有伯乐，然后有千里马。千里马常有，而伯乐不常有；故虽有名马，只辱于奴隶人之手，骈死于槽枥之间，不以千里称也。

马之千里者，一食或尽粟一石。食马者，不知其能千里而食也；是马也，虽有千里之能，食不饱，力不足，才美不外见，且欲与常马等不可得，安求其能千里也？

策之不以其道，食之不能尽其材，鸣之不能通其意，执策而临之曰："天下无马。"呜呼！其真无马邪？其真不知马也！

【译文】

世上有了伯乐，然后才能发现千里马。千里马世代都有，伯乐却不常有。所以虽有名马，却只能在无知的马夫手中受罪，与凡马一起死在马厩中，不能以千里马闻名于世。

千里马一顿也许要吃尽一石小米。饲养马的人不知道它能日行千里因而胃口大，只是按凡马的食量来喂养它。这千里马虽有日行千里的能力，可是吃不饱，力气不足，出众的才能表现不出来，即使想与凡马一样也不可能，哪里还能要它日行千里呢？

驾驭它不能用正确的方法，饲养它给食不足使它不能充分发挥才能，听到它的嘶鸣而不理解它的意愿，却扬着鞭子对马说："天下没有千里马！"唉！是真的没有千里马吗？只是确实不认识千里马罢了。

欧 阳 修

欧阳修（1007～1072），北宋文学家、史学家、政治家。字永叔，号醉翁，晚年又号六一居士。吉州吉水（今属江西）人，长于随州（今属湖北）。仁宗天圣八年（1030）进士。初为谏官，因直言敢谏，屡遭贬谪。曾积极参与范仲淹主持的"庆历新政"，共同提出了一系列改革政治的主张。为政注重实际，主张宽简，不务高论，不慕浮誉，认为只有求得民生安定，政治上才能有所作为。后官至枢密副使、参知政事。晚年因与王安石政见不合，出知青州。神宗熙宁四年（1071）以太子少师致仕。卒谥"文忠"。

欧阳修是北宋古文运动的领袖。他主张文章应明道、致用，反对宋初以来追求靡丽形式的文风，并积极培养后进，对北宋文学的发展有很大贡献。他一生著作甚丰，所作散文说理畅达，抒情委婉，深得一唱三叹之趣，被列为"唐宋八大家"之一。其词婉丽，承袭南唐遗风。又曾与宋祁合修《新唐书》，并独撰《新五代史》。苏轼曾评说欧阳修，"论大道似韩愈，论事似陆贽，记事似司马迁，诗赋似李白"，并称："此非予言也，天下之言也。"（《六一居士集叙》）有《欧阳文忠公文集》传世。

为 君 难 论

本篇选自《欧阳修全集》，原分上、下篇：上篇论用人之难，下篇论听言之难，因后者归根到底也是谈的用人问题，故本书一并选录。欧阳修将用人、听言作为"为君难"的主要内容讨论，所谓"语曰为君难者，孰难哉？盖莫难于用人"，而"用人之难，难矣，未若听言之难也"，可见其对君主用人、听言问题的极端重视。正是以这种重视为前提，文章一开始就提出了"夫用人之术，任之必专，信之必笃，然后能尽其材，而可共成事"。并从反面相对照地提出了君主用人失误的情况，指出：由于有侥幸成功事例的存在，致使一些人得出了君主用人的错误结论："以其违众为独见之明，以其拒谏为不惑群论，以其偏信而轻发为决于能断。"并发出了"后世人君，慕此三者以自期，至其信用一失而及于祸败，则虽悔而不可及"的感叹。接着，文章从正反两方面列举众所周知的史实，有力地论证了上述观点。对于"听言之难"，文章也采取了同样的论证方法，并且从不同角度进行深入剖析，具有很强的说服力。文章最后指出："夫用人之失，天下之人皆知其不可，而独其主不知者，莫大之患也。前世之祸乱败亡，由此者不可胜数也。"从而正式点明了本文写作的目的：为皇帝用人提供一面镜子。

上

语曰为君难者，孰难哉？盖莫难于用人。

夫用人之术，任之必专，信之必笃，然后能尽其材，而可共成事。及其失也，任之欲专，则不复谋于人而拒绝群议，是欲尽一人之用，而先失众人之心也；信之欲笃，则一切不疑而果于必行，是不审事之可否，不计功之成败也。夫违众举事，又不审计而轻发，其百举百失而及于祸败，此理之宜然也。然亦有幸而成功者，人情成是而败非，则又从而赞之：以其违众为独见之明，以其拒谏为不惑群论，以其偏信而轻发为决于能断。使后世人君，慕此三者以自期，至其信用一失而及于祸败，则虽悔而不可及。此甚可叹也！

前世为人君者，力拒群议，专信一人，而不能早悟，以及于祸败者多矣。不可以遍举，请试举其一二。

昔秦苻坚地大兵强，有众九十六万，号称百万，蔑视东晋，指为一隅，谓可直以气吞之耳。然而举国之人皆言晋不可伐，更进互说者不可胜数；其所陈天时人事，坚随以强辩折之，忠言谠论皆沮屈而去。如王猛、苻融，老成之言也，不听；太子宏、少子诜，至亲之言也，不听；沙门道安，坚平生所信重者也，数为之言，不听。惟听信一将军慕容垂者。垂之言曰："陛下内断神谋足矣，不烦广访朝臣，以乱圣虑。"坚大喜曰："与吾共定天下者，惟卿耳！"于是决意不疑，遂大举南伐。兵至寿春，晋以数千人击之，大败而归，比至洛阳，九十六万兵亡其八十六万。坚自此兵威沮丧，不能复振，遂至于乱亡。

近五代时，后唐清泰帝患晋主之镇太原也，地近契丹，恃兵跋扈，议欲徙之于郓州。举朝之士皆谏，以为未可。帝意必欲徙之，夜召常所与谋枢密直学士薛文遇问之，以决可否。文遇对曰："臣闻作舍道边，三年不成。此事断在陛下，何必更问群臣。"帝大喜曰："术者言我今年当得一贤佐，助我中兴，卿其是乎!"即时命学士草制,徙晋主于鄚州。明旦宣麻,在廷之臣皆失色。后六日而晋主反书至,清泰帝忧惧不知所为,谓李崧曰:"我适见薛文遇,为之肉颤,欲自抽刀刺之。"崧对曰:"事已至此,悔无及矣。"但君臣相顾涕泣而已。

由是言之,能力拒群议,专信一人,莫如二君之果也;由之以致祸败乱亡,亦莫如二君之酷也。方苻坚欲与慕容垂共定天下,清泰帝以薛文遇为贤佐,助我中兴,可谓临乱之君,各贤其臣者也。

或有诘予曰:然则用人者不可专信乎?应之曰:齐桓公之用管仲,蜀先主之用诸葛亮,可谓专而信矣,不闻举齐、蜀之臣民非之也。盖其令出而举国之臣民从,事行而举国之臣民便,故桓公、先主得以专任而不贰也。使令出而两国之人不从,事行而两国之人不便,则彼二君者其肯专任而信之,以失众心而敛国怨乎?

下

呜呼!用人之难,难矣,未若听言之难也。

夫人之言非一端也。巧辩纵横而可喜,忠言质朴而多讷,此非听言之难,在听者之明暗也;谀言顺意而易悦,直言逆耳而触怒,此非听言之难,在听者之贤愚也:是皆未足为难也。若听其言则可用,然用之有辄败人之事者;听其言若不可用,然非如其言不能以成功者:此然后为听言之难也。请试举其一二。

战国时,赵将有赵括者,善言兵,自谓天下莫能当。其父奢,赵之名将,志于用兵者也,每与括言,亦不能屈。然奢终不以括为能也,叹曰:"赵若以括为将,必败赵事。"其后奢死,赵遂以括为将。其母自见赵王,亦言括不可用,赵王不听,使括将而攻秦。括为秦军射死,赵兵大败,降秦者四十万人,坑于长平。盖当时未有如括善言兵,亦未有如括大败者也。此听其言可用,用之辄败人事者,赵括是也。

秦始皇欲伐荆,问其将李信:"用兵几何?"信方年少而勇,对曰:"不过二十万足矣。"始皇大喜。又以问老将王翦,翦曰:"非六十万不可。"始皇不悦曰:"将军老矣,何其怯也!"因以信为可用，即与兵二十万使伐荆。王翦遂谢病，退老于频阳。已而，信大为荆人所败，亡七都尉而还。始皇大惭，自驾如频阳谢翦，因强起之。翦曰："必欲用臣，非六十万不可。"于是卒与六十万而往，遂以灭荆。夫初听其言若不可用，然非如其言不能以成功者，王翦是也。

且听计于人者宜如何？听其言若可用，用之宜矣，辄败事；听其言若不可用，舍之宜矣，然必如其说则成功：此所以为难也。

予又以谓秦、赵二主非徒失于听言，亦由乐用新进，忽弃老成，此其所以败也。大抵新进之士喜勇锐，老成之人多持重。此所以人主之好立功名者，听勇锐之语则易合，闻持重之言则难入也。

若赵括者，则又有说焉。予略考《史记》所书，是时赵方遣廉颇攻秦，颇，赵名将也，秦人畏颇，知括虚言易与也，因行反间于赵曰："秦人所畏者，赵括也；若赵以为将，则秦惧矣。"赵王不悟反间也，遂用括为将以代颇。蔺相如力谏以为不可，赵王不听，遂至于败。由是言之，括虚谈无实而不可用，其父知之，其母亦知之，赵之诸臣蔺相如等亦知之，外至敌国亦知之，独其主不悟尔。

夫用人之失，天下之人皆知其不可，而独其主不知者，莫大之患也。前世之祸乱败亡由此者，不可胜数也。

【译文】

上

说到做君主难，难在哪里呢？大概没有比用人更难的了。

用人的策略是，任用人必须专一，信任人必须诚笃，这样才能使人尽其才，才能与他们共成事业。至于用人失误的情况是，任用其人企图专一，就不再与其他人商议并拒绝大家的意见，这是想充分发挥一个人的作用，却首先失去了众人之心；信任其人企图诚笃，就对他所说的一切不加疑问并果断地施行，这是不审察事情是否可行、不考虑行动的成功与失败。违背众心去做事情，又不加审察考虑而轻举妄动，其结果百举百失而至于祸败，这是理所当然的。然而也有侥幸成功的事例。人之常情往往认为成功即正确而失败即错误，于是就跟随着称赞这种侥幸成功的事：把君主违背众意当作有独见之明，把君主拒绝谏言当作不为众议所惑，把君主偏听偏信、轻举妄动当作能乾纲独断。使后来做君主的羡慕这三种美德而希望自己也能做到，到这些后世君主信用人一旦失误而招致祸乱败亡时，那就后悔来不及了。这真是值得叹息的事啊！

前代君主极力拒绝众议，专信一人而不能及早醒悟，以至于遭到祸败的例子已经很多了，不能够全部列举，请让我试举其中一二。

从前前秦苻坚国土广大，兵力强盛，有军队九十六万，号称百万，看不起东晋，称其为一隅之地，吹嘘说可以径直凭借强大的气势吞并它。然而全国的人都说不可征伐东晋，轮番交替前来劝说的人不可胜数；对于这些人所陈说的天时、人事等方面的理由，苻坚都随即以强辩折服他们，忠诚正直的言论都受到挫败而消失。像王猛、苻融老成持重者的话，不听从；太子宏、少子诜至亲骨肉的话，不听从；释道安是苻坚平生所信赖器重的人，多次劝阻他，不听从。只听信一个将军慕容垂的话。慕容垂说："陛下自己决断谋划就够了，不需要广泛征询臣下的意见，那样反倒会扰乱陛下的思路。"苻坚大喜，说："和我一起共同平定天下的人，只有你了。"于是下定决心不再疑虑，遂大举伐晋。前秦军队进至寿春，东晋以数千人迎击他们，淝水一战，苻坚大败而归，逃到洛阳时，其九十六万军队丧失了八十六万。苻坚从此兵威大挫，再不能振作起来，遂至于混乱灭亡的境地。

近世五代的时候，后唐清泰帝担心石敬瑭之镇守太原，防地靠近契丹，仗恃兵威，飞扬跋扈，商议想把他调任郓州。整个朝廷的大臣都谏阻，认为不可行。清泰帝却一定要将石敬瑭徙任，深夜召见经常与自己计谋国事的枢密直学士薛文遇，询问他的意见，以决定是否可行。薛文遇回答说："臣听说在路边建屋，三年都建不成。此事决断在于陛下，何必再问群臣。"清泰帝大喜说："算命的人说我今年会得到一个贤明的辅佐帮助我中兴，莫不就是你吧！"立刻命令学士草拟诏书，将石敬瑭徙镇郓州。第二天早朝宣读诏书，在朝的大臣都大惊失色。其后第六天，石敬瑭反叛的文书送到，清泰帝忧虑惧怕，不知如何应付，他告诉李崧说："我适才看见薛文遇，气得肉都发麻，真想亲自抽刀杀了他。"李崧回答说："事情已到了这个地步，后悔也来不及了。"只能君臣相对哭泣而已。

由此说来，能够力排众议，专信一人，没有像这二位君主那样果断的，因此而招致祸乱败亡，也没有像这二位君主那样惨的。当苻坚想与慕容垂共定天下，当清泰帝把薛文遇视为贤明的辅佐，认为能够帮助自己中兴时，可以说是即将面临祸乱的君主，各自认为自己的大臣贤明啊。

或许有人要诘问我说：这样说来用人不可以专信吗？我回答说：齐桓公任用管仲，蜀先主任用诸葛亮，可以说是专一而又诚信了，没有听说全齐国、全蜀国的臣民非议他们。因为他们颁布的命令全国臣民都服从，做出的事情全国臣民都感到妥当，所以桓公、先主才会专一地任用他们而不怀疑。假使他们发出的命令两国臣民都不服从，做出的事情两国臣民都感到不妥，那么那两位君主又怎肯专一地任用、信赖他们，以至于失掉众人之心而招致对朝廷的怨恨呢！

下

唉！用人之难，确实是难啊，但还没有像听言那么难。

人的言论并非一种。巧言善辩、纵横捭阖而令人高兴，忠言质朴而大多木讷，这不是听言的困难所在，而在于听者的明智与昏昧；阿谀之言顺遂人意而容易使人喜悦，正直之言不顺耳而惹人恼怒，这不是听言的困难所在，而在于听者的贤明与愚笨：这些都不足以成为困难。如果听到其言就觉得可用，然而一旦采用就会败坏人的事情；听到其言好像不可用，然而不照其言去办便不能取得成功：这才是听言的困难之所在。请让我试举一两个例子。

战国时期，赵国的将领中有一个叫赵括的，善于谈论兵事，自以为天下没有人能比得上他。他的父亲赵奢，是赵国的名将，有长期带兵打仗的丰富经验，但每当与赵括谈兵，也不能折服他。然而赵奢始终不认为赵括有什么真本事，他叹息说："赵国如果以赵括为大将，必定会坏了赵国的大事。"后来赵奢死了，赵国遂任命赵括为大将。赵括的母亲亲自去见赵王，也说赵括不可大用，赵王不听，命令赵括统兵攻打秦国。赵括被秦军射死，赵军大败，投降秦军的有四十万人，被秦军全部活埋于长平。大抵当时还没有像赵括那样善于谈论兵事的人，也没有像赵括那样遭到如此大败的人。这就是听其言觉得可用，一旦采用就会败坏事情，指的就是赵括这样的情况。

秦始皇想征伐楚国，询问其将领李信："需要用多少军队？"李信正值年轻而且勇锐，回答说："不过二十万就够了。"始皇大喜。又拿此事询问老将王翦，王翦说："非要六十万军队不可。"始皇不高兴地说："将军老了，怎么这样胆怯呢？"因而认为李信可以任用，就给他二十万军队让他伐楚。王翦于是托病请求辞职，退居频阳养老。不久，李信被楚国人打败，损失了七名都尉，退军回国。始皇十分惭愧，亲自乘车到频阳向王翦道歉，要强行起用王翦。王翦说："一定要任用我，非给我六十万军队不可。"于是终于给了王翦六十万军队前往征伐，灭了楚国。起初听其言似乎不可用，然而不照其言去办便不能取得成功，王翦就属于这种情况。

那么应当如何听言呢？听其言似乎可用，好像应该采用了，但一用就坏事；听其言似乎不可用，好像应该舍弃了，但只有照其言去办才能成功：这才是听言的困难所在。

我还认为，秦王、赵王这两位君主不仅在听言上有失误，也是因为他们乐于任用新进之士、忽视鄙弃老成持重之人，这才导致了他们的失败。大抵新进之士喜勇锐，老成之人多持重。这就是为什么那些喜欢建立功名的君主，听到勇锐之言便一拍即合，听到持重之言便难以接受的缘故。

至于赵括这个人，就还有另外的说法。我粗略考究了一下《史记》的记载，当时赵国刚派廉颇进攻秦国，廉颇是赵国的名将，秦国人畏惧廉颇，知道赵括善于空谈而容易对付，于是派人对赵国实施反间计说："秦国人所畏惧的是赵括，如果赵国用赵括为大将，秦国人就害怕了。"赵王不明白这是反间计，于是任用赵括为将以取代廉颇。蔺相如极力谏阻认为不可，赵王不听，遂致长平之败。由此说来，赵括华而不实而不可任用，其父知道，其母知道，赵国的蔺相如等诸位大臣也知道，外至敌对国家都知道，独独其君主不觉悟罢了。

用人的失误在于，天下的人都知道此人不可用，而独有其君主不知道，这便是莫大的祸患。前代的祸乱败亡，因此原因造成的真是不可胜数啊！

苏　洵

苏洵（1009～1066），北宋散文家。字明允，号老泉，眉州眉山（今属四川）人。二十七岁后发愤为学，虽举进士不第，而学问日精，通六经、百家之说，下笔千言，顷刻而就。嘉祐元年（1056），他带领两个儿子苏轼、苏辙经成都出川。进京后，受到翰林学士欧阳修的赏识、推誉，并上《荐布衣苏洵状》，把他的二十二篇文章进呈给仁宗皇帝。由此文名大盛，一时众多文人学士都在传抄、模仿和吟诵他的文章。宰相韩琦亦极为称赞，荐之于朝廷。于是苏洵被召试舍人院，而他却托病未去应试，遂授以秘书省校书郎。后又以霸州文安县（今属河北）主簿与人合修建隆以来礼书，撰成《太常因革礼》百卷。旋即去世，特赠光禄寺丞。

苏洵为文，长于论议，其论史、论政、论兵、论文之作，若决江河而下，汪洋恣肆，雄健奔放，指事析理，引物托喻，"烦能不乱，肆能不流"（曾巩：《老苏先生哀词》），简劲质朴，浑然天成。与其子轼、辙合称"三苏"，一同被列入"唐宋八大家"。有《嘉祐集》传世。

管　仲　论

本篇选自《嘉祐集》，是苏洵的一篇著名的史论。文章论述的历史人物是管仲，内容则是古代用人中的一个特殊命题——选拔接班人的问题。苏洵从管仲相桓公成就齐国霸业，终其一生齐国富强，诸侯不敢叛乱，而身死之日不能荐贤自代，致使桓公被群小所包围；桓公一死，齐国立刻大乱，以至于祸乱蔓延，数世不能振作。作者从这一史实出发，并从齐、晋两国霸业的对比中，深刻地总结了历史教训，阐明了辅佐大臣注重荐贤、选好接班人，对于国家长治久安的重要作用。作者一反俗见，言人所未言，将齐国变乱归咎于管仲，指责其未能举贤托国，舍本求末，进不听之言，实肇齐乱。从解剖历史上备受景仰的一代名相立论，立论基础虽不免有失偏颇（如未强调桓公方面的责任等），然而独辟蹊径，富有新意。而全篇以擢贤技能来责求在位大臣，诘问兴叹，开阖抑扬，动人心弦；文末以"彼管仲者，何以死哉？"一句猛然打住，使题旨呼之欲出，尤具有启人深思和不得不叹服的力量。

管仲相桓公，霸诸侯，攘戎狄，终其身，齐国富强，诸侯不叛。管仲死，竖刁、易牙、开方用，桓公薨于乱，五公子争立，其祸蔓延，讫简公，齐无宁岁。

夫功之成，非成于成之日，盖必有所由起；祸之作，不作于作之日，亦必有所由兆。故齐之治也，吾不曰管仲，而曰鲍叔；及其乱也，吾不曰竖刁、易牙、开方，而曰管仲。何则？竖刁、易牙、开方三子，彼固乱人国者，顾其用之者桓公也。夫有舜而后知放四凶，有仲尼而后知去少正卯。彼桓公何人也？顾其使桓公得用三子者，管仲也。仲之疾也，公问之相。当是时也，吾意以仲且举天下之贤者以对，而其言乃不过曰，竖刁、易牙、开方三子非人情，不可近而已。

呜呼！仲以为桓公果能不用三子矣乎？仲与桓公处几年矣，亦知桓公之为人矣乎？桓公声不绝于耳，色不绝于目，而非三子者，则无以遂其欲。彼其初之所以不用者，徒以有仲焉耳。一日无仲，则三子者，可以弹冠而相庆矣。仲以为将死之言，可以絷桓公之手足邪？夫齐国不患有三子，而患无仲；有仲，则三子者，三匹夫耳。不然，天下岂少三子之徒哉？虽桓公幸而听仲，诛此三人，而其余者，仲能悉数而去之邪？呜呼！仲可谓不知本者矣。因桓公之问，举天下之贤以自代，则仲虽死，而齐国未为无仲也。夫何患三子者？不言可也。

五霸莫盛于桓、文。文公之才不过桓公，其臣又皆不及仲。灵公之虐，不如孝公之宽厚。文公死，诸侯不敢叛晋，晋袭文公之余威，犹得为诸侯之盟主者百有余年。何者？其君虽不肖，而尚有老成人焉。桓公之薨也，一乱涂地，无惑也。彼独恃一管仲，而仲则死矣。

夫天下未尝无贤者，盖有有臣而无君者矣。桓公在焉，而曰天下不复有管仲者，吾不信也。仲之书，有记其将死论鲍叔、宾胥无之为人，且各疏其短，是其心以为数子者皆不足以托国，而又逆知其将死，则其书诞谩不足信也。吾观史䲡以不能进蘧伯玉而退弥子瑕，故有身后之谏；萧何且死，举曹参以自代。大臣之用心，固宜如此也。夫国以一人兴，以一人亡。贤者不悲其身之死，而忧其国之衰，故必复有贤者而后可以死。彼管仲者，何以死哉？

【译文】

　　管仲辅佐齐桓公为相,使桓公得以称霸诸侯,平定异族侵扰,终其身,齐国富强,诸侯不敢背叛。管仲一死,竖刁、易牙、开方被信任重用,导致桓公死于变乱,五公子争夺君位,其祸患蔓延,直到简公时,齐国没有安宁的日子。

　　一番功业的成就,并非成于成功的那一天,大抵必有其由头起因;同样,祸乱的发作,不是就发作在祸发的当天,也是早有征兆的。所以齐国的大治,我先不说管仲,而从鲍叔说起;至于它的祸乱,我先不说竖刁、易牙、开方,而从管仲说起。为什么呢?竖刁、易牙、开方这三个人,他们当然是祸乱齐国的人,但用他们的人,正是桓公自己。有了舜,才流放了四个凶人;有了孔子,才知道除掉少正卯。那桓公是什么样的人呢?但让桓公任用这三个人的,正是管仲。管仲病重,桓公问他谁能继承相位。那个时候,我认为管仲应举荐天下的贤人,而他的回答不过说,竖刁、易牙、开方三个人不近人情,不可亲近而已。

　　唉!管仲以为桓公果真能不重用这三个人了吗?管仲与桓公相处好多年了,也该知道桓公的为人了吧?桓公是耳边断不得音乐,眼中少不得美人的人,要是没有这三个人,便无法满足他的各种欲望。他之所以一开始没有重用这三个人,只是因为有管仲在身旁啊!一旦管仲不在了,那么这三个人便可以弹冠相庆了。管仲以为他临终之言,可以拴住桓公的手脚吗?齐国并不害怕有这三个人,而是怕没有管仲;有了管仲,那么这三个人不过是三个匹夫而已。不是这样,天下难道还少这三个人之流吗?假若桓公幸而听进管仲的话,把这三个人杀了,那么其他的这种人,管仲能把他们都杀了吗?唉!管仲可算是个不知根本的人啊。趁着桓公询问,举荐天下的贤人来代替自己,那么管仲本人虽然死了,而齐国还有像管仲一样的贤臣在,又何须害怕这三个人呢?不讲也罢。

　　在五霸之中,没有人能超过齐桓公、晋文公。文公的才能超不过桓公,而他的大臣又都不如管仲。晋灵公的暴虐,不如齐孝公的宽宏厚道。晋文公死后,诸侯没有敢背叛晋国的,晋国承袭文公的余威,还能当诸侯国盟主一百多年。为什么?因为它的君主虽不肖,但还有老成有经验的人在。而桓公一死,一下子大乱到一败涂地,无可挽回。因为齐国只依靠管仲一个人,而管仲却死了。

　　天下从来未到无贤人的地步,大多数情况是有贤臣而无贤君。桓公活着,却说天下再没有管仲了,我不相信。管仲的书,记载着他临死时论及鲍叔、宾胥无的为人,并且分析了各人的缺点,这说明在他心中认为这几个人都不足以托之以国,但又料到他自己快要死了,那么他的书够荒诞而不足信了。我看到史䲡因不能进用蘧伯玉而斥退弥子瑕，所以安排了死后的进谏；萧何快死的时候，举荐曹参来取代自己的相位。大臣们的用心就应该是这样才对。国家因为一个人而振兴，又因为一个人而衰亡。贤良的人不悲痛于他们自身的死去，却担忧他们国家的衰亡，所以一定要确定有贤者继承自己之后方可死去。那个管仲，凭什么死去呢？（意味着管仲的死是不负责任的。）

王 安 石

作者简介见本书第二辑《上仁宗皇帝言事书》。

委 任

本篇选自《临川先生文集》,写作时间不详。

作为中国历史上伟大的改革家,王安石对用人问题十分重视,这一点我们从本书第二辑所选《上仁宗皇帝言事书》中已有深切了解。而除了上书言事纵论人才问题(教之、养之、取之、任之)外,王安石在他日常的写作中,更写下了许多专论人才和用人的篇章。《委任》便是其中之一,是王安石专论人主应当如何委任官吏的名篇。王安石认为,君臣关系要想做到善始善终,人臣得以尽死力报效人主,那么人主就必须做到三点:一是用人不疑。文章举汉代的萧何、陈平、韩信为例,热烈赞扬高祖用人不疑,"推己之心而置于其心",终成大业,并指出,"后世循高祖则鲜有败事,不循则失"。二是不求全责备。文章反复指出,"一人之身,才有长短","情有真伪","常人之性,有能有不能,有忠有不忠",因此,人主不必求全责备,而应"取其长则不问其短"、"信其忠则不问其伪"、"知其能则任之重"、"谓其忠则委之诚"。只有这样,才能使人"输其诚"、"荷其重",巩固君臣关系。三是不受近臣蒙蔽。文章从正反两方面举例,揭示了外戚、竖宦、近习对朝政的巨大破坏,指出了人主对这些人的宠爱应有分寸,应充分信任和发挥大臣的作用,否则,要取得政治的成功是不可能的。文章末段举"苏秦不信天下,为燕尾生"为例,使人读之耳目一新;而"故人主以狗彘畜人者,人亦狗彘其行;以国士待人者,人亦国士自奋"的结论,更是对封建时代"君教臣死,臣不死不忠"这一腐朽观念的挑战,如黄钟大吕,音调铿锵而又余韵袅然,具有足以震撼和警醒人主的巨大作用。非安石,谁人有此胆量和气魄!

人主以委任为难,人臣以塞责为重;任之重而责之重可也,任之轻而责之重不可也。愚无他识,请以汉之事明之。高祖之任人也,可以任则任,可以止则止。至于一人之身,才有长短,取其长则不问其短;情有忠伪,信其忠则不问其伪。其意曰:"我以其人长于某事而任之，在它事虽短何害焉？我以其人忠于我心而任之，在它人虽伪何害焉？"故萧何，刀笔之吏也，委之关中，无复西顾之忧。陈平，亡命之虏也，出捐四万余金，不问出入。韩信，轻猾之徒也，与之百万之众而不疑。是三子者，岂素著忠名哉？盖高祖推己之心而置于其心，则它人不能离间，而事以济矣。

后世循高祖则鲜有败事，不循则失。故孝文虽爱邓通，犹逞申屠之志；孝武不疑金、霍，终定天下大策。当是时，守文之盛者，二君而已。元、成之后则不然，虽有何武、王嘉、师丹之贤，而胁于外戚、竖宦之宠，牵于帷簾近习之制，是以王道寖微，而不免负谤于天下也。中兴之后，唯世祖能驭大臣，以寇、邓、耿、贾之徒为任职，所以威名不减于高祖。至于为子孙虑则不然，反以元、成之后，三公之任多胁于外戚、竖宦、帷簾近习之人而致败，由是置三公之任，而事归台阁，以虚尊加之而已。然而台阁之臣，位卑事冗，无所统一，而夺于众多之口，此其为胁外戚、竖宦、帷簾近习者愈矣。至于治有不进，水旱不时，灾异或起，则曰三公不能燮理阴阳而策免之，甚者至于诛死，岂不痛哉！冲、质之后，桓、灵之间，因循以为故事。虽有李固、陈蕃之贤，皆挫于阉寺之手，其余则希世用事全躯而已，何政治之能立哉？此所谓任轻责重之弊也。

噫！常人之性，有能有不能，有忠有不忠，知其能则任之重可也，谓其忠则委之诚可也。委之诚者人亦输其诚，任其重者人亦荷其重，使上下之诚相照，恩结于其心，是其禽息鸟视而不知荷恩尽力哉？故曰："不疑于物，物亦诚焉。"且苏秦不信天下，为燕尾生，此一苏秦倾侧数国之间，于秦独以然者，诚燕君厚之之谓也。故人主以狗彘畜人者，人亦狗彘其行；以国士待人者，人亦国士自奋。故曰：常人之性，有能有不能，有忠有不忠，顾人君待之之意何如耳。

【译文】

君主以委任官职为困难的事情，臣子以完成职责为重要的事情；任命的职责重而要求他担负很重的责任是可以的，任命的职责轻而要求他担负很重的责任是不行的。我没有其他的见识，请允许我用汉代的事来证明这一点。汉高祖任用人，可以委任的就委任，不可委任的就不考虑。至于同一个人身上，才能有长有短，利用他的长处而不管他的短处；情感有真有伪，相信他忠诚的一面而不计较他虚伪的一面。他的意思是：我因为这个人善于做某件事情而委任他，他在其他事情上即使有所短又有什么妨碍呢？我认为这个人忠于我于是委任他，他对别人即便虚伪又有什么妨碍呢？所以，萧何是管理文书的小吏，把关中事务委托给他，不再有后顾之忧；陈平是逃奔过来的人，把四万多两黄金交给他去收买项羽部下，而不查询这批钱财的下落；韩信是轻浮狡猾的人，交给他百万大军而不怀疑他。这三个人，难道平素就享有忠诚的好名声吗？都是因为高祖对他们推心置腹，所以其他人就不能挑拨离间，从而帝业得以成功。

后世的君主因循汉高祖的就很少有失败的，不因循就会失败。所以汉文帝虽然宠爱邓通，还是满足了申屠嘉的意愿，命邓通向其请罪；汉武帝不怀疑金日䃅、霍光，终于定下了临终托孤、安定天下的大计。在那个时候，能够很好地遵守先王成法的，只有文、武二帝而已。汉元帝、汉成帝之后却不是这样，虽然有何武、王嘉、师丹这些贤人，但却受到受宠幸的外戚和宦官的挟制，受到内官和近习小臣的掣肘，因此王道逐渐衰微，而不免受到天下人的非议。光武中兴之后，唯有世祖本人能够驾驭群臣，他任用寇恂、邓禹、耿弇、贾复担任要职，所以威名不亚于高祖。至于为子孙考虑却不像刘邦那样，反而认为元帝、成帝以后，担任三公职务的人大都受挟制于外戚、宦官、后宫及近幸小臣而招致失败，因此罢除三公的职权，将政事归属台阁，使三公成为虚加在头上的尊贵称号而已。然而，担任台阁之职的臣子地位低事务多，没有统一的领导，被众人的七嘴八舌弄得无所适从，这样，他们受到外戚、宦官、内官及近幸小臣的挟制就更加严重。至于治理国家没有进展，水涝旱象不时发生，灾荒怪异时有出现，就说三公不能调理阴阳、治好国家而罢免他们，甚而被处死，岂不教人痛心吗？汉冲帝、质帝之后，桓帝、灵帝之际，沿袭了这些并作为惯例。虽然有李固、陈蕃这样的贤臣，却都死在宦官的手里，其余的人就只能迎合世俗去处理事情以图保全性命而已，政治又怎么能够成功呢？这就是所谓的任命的职责轻而要求担负的责任重的弊病。

哎！通常人的秉性，有能的一面有不能的一面，有忠的一面有不忠的一面；知道他有能就委之以重任是可以的，认为他忠诚就委任他是可以的。推诚地委任他，他也会献出自己的忠诚，对之委以重任，别人也就愿意承担重责，假使君臣之间以诚相待，用恩德连接臣子的心，这样，做臣子的怎能会胸无大志、无所用心，而不知道感恩戴德竭尽心力呢？所以说：对人不怀疑，别人也以诚相待。苏秦不能取信于天下，却做了燕国的"尾生"；同是这个苏秦，在各国之间摇摆不定，唯独对燕国这样守信用，的确是燕王厚待他的缘故啊！所以，君主用对猪狗的态度对人，人们也就把自己的行动降为猪狗一样；用对待国士的态度对人，人们也就以国士的标准来激励自己。所以说：一般人的秉性，有能的一面有不能的一面，有忠的一面有不忠的一面，就看君主对他的态度怎么样了。

司 马 光

司马光（1019~1086），北宋史学家、政治家。字君实，陕州夏县（今属山西）涑水乡人，世称涑水先生。仁宗宝元初中进士，仁宗末年任天章阁待制、知谏院。英宗朝进龙图阁直学士，判吏部流内铨。他自幼喜读史书，重视历史借鉴作用，从早年起即仿效古代编年史名著《左传》体例，编撰《通志》。治平三年（1066），撰成战国迄秦的八卷上进，得到英宗皇帝赞赏，特命其自选官属，设局续修，并改书名为《历代君臣事迹》。神宗即位（1067）后，他任翰林学士、御史中丞，受命于经筵进读所著。神宗以为该书"鉴于往事，有资于治道"，因赐书名《资治通鉴》，并亲为作序。熙宁三年（1070）王安石推行新政，他竭力反对，与安石在帝前争论，强调祖宗之法不可变，成为朝廷反对新法的旧党领袖。亦因与安石政见不合，坚辞枢密副使不就，出知永兴军（今陕西西安）。次年，自请退居洛阳，判西京御史台，以书局自随，在精通史学的刘恕、刘攽、范祖禹等人的协助下，续修《通鉴》，至元丰七年（1084）成书。从设书局算起，前后历时十九载，加上原先独立撰写《通志》的几年，所费时日更长，故他在《进书表》中说："臣之精力，尽于此书。"元丰八年三月哲宗即位，高太皇太后临朝听政，起用旧党，召司马光入主国政，元祐元年（1086）任尚书左仆射兼门下侍郎，数月间尽废新法，罢黜新党。当年九月去世，追赠太师、温国公，谥曰"文正"。遗著有《司马文正公集》、《稽古录》等。

《通鉴》用人三论

本篇选自《资治通鉴》，是司马光就三件史事所写评论的集合，中心内容都是谈用人问题，故以《〈通鉴〉用人三论》及三个小标题名之。

《资治通鉴》是中国古代继司马迁《史记》之后一部最优秀的通史巨著。全书以编年为体，年经事纬，纪事上起周威烈王二十三年（前403）韩、赵、魏三家分晋，下迄五代后周世宗显德六年（959），记载了一千三百六十二年的历史；分十六纪、二百九十四卷，另有《目录》三十卷、《考异》三十卷，共三百五十四卷。它自问世以来，一直为史家和政治家所推重，对我国的史学发展和政治制度演变具有不容忽视的巨大影响。众所周知，它也是伟大的无产阶级革命家、政治家毛泽东最爱读的史书之一。毛泽东曾对史学家吴晗评说："《资治通鉴》这部书写得好，尽管立场观点是封建统治阶级的，但叙事有法，历代兴衰治乱本末毕具，我们可以批判地读这部书，借以熟悉历史事件，从中吸取经验教训。"（张贻玖：《毛泽东读史》）

本篇系司马光借题发挥评论古代用人方面的经验教训，其中：

"审于才德之分而知所先后"，选自《通鉴》卷一《周纪一·威烈王二十三年》，是司马光针对智伯之亡所发的关于用人必须正确认识和处理德、才关系的评论。司马光认为，德与才属于不同概念，具有不同的内涵；人们所具备的德、才条件不同，因而有圣人、愚人、君子、小人之分。他主张用人之法，若不得圣人，就选取君子；与其用小人，不如用愚人。进而，又针对"察者多蔽于才而遗于德"的情况，归结出"为国为家者要能审于才德之分而知所先后"的观点，认为只有这样，才能避免遗失人才的忧患。

"其本在于至公至明"，选自《通鉴》卷七十三《魏纪五·明帝景初元年》，为司马光因魏明帝命百官议《都官考课法》所发的议论。魏文帝曹丕即位之初，即黄初元年（220），尚书陈群曾以朝廷选用不尽人才，设立"九品官人之法"，于各州郡置中正官，选择贤而有识鉴之人评议官吏政绩，分上上、上中、上下、中上、中中、中下、下上、下中、下下九等，区别人物，排定优劣。十七年后即景初元年（237），魏明帝曹叡又接受吏部尚书卢毓建议，命散骑常侍刘邵作考课法。邵作《都官考课法》七十二条，又作《说略》一篇，"诏下百官议"。百官各抒己见。司隶校尉崔林以为："万目不张，举其纲；众毛不整，振其领"，若大臣能各任其职，君相再施行法度，谁敢不整肃，又何必在乎考课呢？黄门侍郎杜恕不同意这种看法，认为"世有乱人而无乱法"，而法不可专任。现在这个考课法虽未尽善，但已"明考课之要"，可粗为根据。如果不考课，而大臣们只顾容身保位，就会出现"公议不修而私议成俗"。司空掾傅瑕则从另一角度提出：建官均职，清理民物，是为立本；循名责实，纠励成规，是为治末。本纲举而细目张。国家大纲不举而考课在先，只怕不足以分清贤愚。"议久之不决，事竟不行。"司马光写史至此，情不自禁地也表明了自己的观点。司马光认为，用人之难在于知人，而知人之本在于"为人上者至公至明"；如果不公不明，考课之法会恰恰为徇私舞弊者提供了方便。他还认为，对官吏政绩的考核，必须"考求于迹而察之在心，研核其实而斟酌其宜"，不受个人亲疏、贵贱、喜怒、好恶的影响，不尽信世俗毁誉，不全交有司办理（即要求亲自过问），否则，是不能得到真实情况的。

"举之以众，取之以公"，选自《通鉴》卷二百二十六《唐纪四十一

·代宗大历十四年》,是司马光针对崔祐甫论为官择人所做的评论。唐代宗大历年间(766~779),常衮为宰相,为了革除前代宰相元载、王缙秉政时以贿求官盛行的弊端,杜绝侥幸进用之路,对四方奏请授官一律不予理睬,致使无论贤愚一同滞留。崔祐甫当政,为了收取时望,又一反常衮做法,"推荐选拔,常无虚日",为相不满二百天,任命官职八百人,造成前后两偏,最终还是不得适中。代宗曾问崔祐甫:"有人非议你所任用的人大都是你的亲戚故旧,为什么呢?"崔祐甫回答说:"臣为陛下选择百官,不敢不认真慎重。如果我从来就不认识,怎么能熟悉他的才能和德行而任用他呢?"代宗竟认为这话也不无道理。司马光的评论即由此生发。他认为,用人应无亲疏新故之分,只需对其贤与不贤进行审察。天下贤才本非一人之力所能全部熟悉的,因此应像古之为相者那样,"举之以众,取之以公",任免赏罚全都由众人共同商议,自己不在其中掺杂丝毫的私心。只有这样,才不会有"遗贤旷官"的担忧。

审于才德之分而知所先后

臣光曰:智伯之亡也,才胜德也。夫才与德异,而世俗莫之能辨,通谓之贤,此其所以失人也。夫聪察强毅之谓才,正直中和之谓德。才者,德之资也;德者,才之帅也。云梦之竹,天下之劲也;然而不矫揉,不羽括,则不能以入坚。棠溪之金,天下之利也;然而不熔范,不砥砺,则不能以击强。是故才德全尽谓之圣人,才德兼亡谓之愚人;德胜才谓之君子,才胜德谓之小人。凡取人之术,苟不得圣人,君子而与之;与其得小人,不若得愚人。何则?君子挟才以为善,小人挟才以为恶。挟才以为善者,善无不至矣;挟才以为恶者,恶亦无不至矣。愚者虽欲为不善,智不能周,力不能胜,譬如乳狗搏人,人得而制之。小人智足以遂其奸,勇足以决其暴,是虎而翼者也,其为害岂不多哉!夫德者人之所严,而才者人之所爱;爱者易亲,严者易疏,是以察者多蔽于才而遗于德。自古昔以来,国之乱臣,家之败子,才有余而德不足,以至于颠覆者多矣,岂特智伯哉!故为国为家者苟能审于才德之分而知所先后,又何失人之足虑哉!

《资治通鉴·周纪一·威烈王二十三年》

其本在于至公至明

臣光曰:为治之要,莫先于用人,而知人之道,圣贤所难也，是故求之于毁誉，则爱憎竞进而善恶混淆；考之于功状，则巧诈横生而真伪相冒。要之，其本在于至公至明而已矣。为人上者至公至明，则群下之能否焯然形于目中，无所复逃矣。苟为不公不明，则考课之法，适足为曲私欺罔之资也。

何以言之？公明者，心也；功状者，迹也。己之心不能治，而以考人之迹，不亦难乎！为人上者，诚能不以亲疏贵贱异其心，喜怒好恶乱其志，欲知治经之士，则视其记览博洽，讲论精通，斯为善治经矣；欲知治狱之士，则视其曲尽情伪，无所冤抑，斯为善治狱矣；欲知治财之士，则视其仓库盈实，百姓富裕，斯为善治财矣；欲知治兵之士，则视其战胜攻取，敌人畏服，斯为善治兵矣。至于百官，莫不皆然。虽询谋于人而决之在己，虽考求于迹而察之在心，研核其实而斟酌其宜，至精至微，不可以口述，不可以书传也，安得豫为之法而悉委有司哉！

或者亲贵虽不能而任职，疏贱虽贤才而见遗；所喜所好者败官而不去，所怒所恶者有功而不录；询谋于人，则毁誉相半而不能决，考求其迹，则文具实亡而不能察。虽复为之善法，繁其条目，谨其簿书，安能得其真哉！

《资治通鉴·魏纪五·明帝景元初年》

举之以众，取之以公

臣光曰：臣闻用人者，无亲疏新故之殊，惟贤不肖之为察。其人未必贤也，以亲故而取之，固非公也；苟贤矣，以亲故而舍之，亦非公也。夫天下之贤，固非一人所能尽也，若必待素识熟其才行而用之，所遗亦多矣。古之为相者则不然，举之以众，取之以公。众曰贤矣，己虽不知其详，姑用之，待其无功而后退之，有功则进之；所举得其人则赏之，非其人则罚之。进退赏罚，皆众人所共然也，己不置毫发之私于其间，苟推是心以行之，又何遗贤旷官之足病哉！

《资治通鉴·唐纪四十一·代宗大历十四年》

【译文】

审于才德之分而知所先后

臣司马光评论说：智伯的灭亡，是因为他的才胜过了他的德。才与德是不同的，而社会上通常却不能分辨，通称为"贤"，这正是所以失去人才的原因。聪明、察辨、果决、坚毅叫做才，公正、坦率、中庸、平和叫做德。才是德的凭借，德是才的统帅。云梦的竹子，是天下最坚韧的，然而不制作成箭，不在箭尾装上羽毛，就不能射穿坚固的东西。棠溪的金属，是天下最锐利的，然而不熔铸成剑，不在磨刀石上磨砺，就不能砍断强硬的东西。因此，德才兼备者叫做"圣人"，无德无才者叫做"愚人"，德胜才者叫做"君子"，才胜德者叫做"小人"。一般来说，选取人的办法是：如果得不到圣人，就要选取君子；与其选小人，不如用愚人。为什么呢？君子有才做好事，小人恃才干坏事。有才做好事的人会造成良好的风气；恃才干坏事的人也会带来恶劣的风气。愚人即使想干坏事，但智力不足，能力不济，就像小狗扑人，人能轻易制服它。小人的智力足以实践其奸诈，勇气足以促成其凶暴，这就像老虎添了翅膀，其为害岂不更大！有德的人被人尊敬，有才的人受人喜爱，喜爱就容易亲近，尊敬反容易疏远，因此考察的人大都容易被才所蒙蔽而忽视了德。自古以来，国家的乱臣、家庭的败子，因为才有余而德不足，以致亡国倾家的多了，岂止一个智伯呢！所以，治国理家的人，如果能明察才和德的区别，而且能分清先后，又怎么会忧虑失掉人才呢！

其本在于至公至明

臣司马光评论说：治理国家的关键，第一条就是用人，而了解人的方法，是圣贤都感到为难的。因此，求助于人们的议论，则会因人们爱憎之情的干扰而使善恶混淆；借助于考核政绩，则往往因大量弄虚作假而使真伪难辨。总的来看，这件事情的根本在于用人者要做到极公正极廉明。居上位的人极公正极廉明，则下面的人的能与否便会一目了然，没有什么能逃避的。如果不能做到极公正极廉明，那么考核政绩的办法，正好为徇私舞弊、欺君罔上提供方便。

为什么这样讲呢？公正廉明指的是本心，政绩如何指的是行迹。自己的心不能端正，却去考察别人的行迹，不也很难吗？居上位的人，真能不以亲疏贵贱改变其本心，不以喜怒好恶扰乱其意志，想要了解研究学问之士，就看其是否博览强识，讲论精通，能这样就是善于研究学问了；想要了解治狱之士，就看其能否洞察假象，无所冤枉压制，能这样就是善于治狱了；想要了解理财之士，就看其能否使仓库充实，百姓富裕，能这样就是善于理财了；想要了解带兵之才，就看其能否战胜攻取，使敌人畏服，能这样就是善于带兵了。至于其他官职，无不以此办法进行考察。虽然要征求别人的意见，而决定权在自己手里；虽然要考核行迹，而审察仍在于本心。研究实际情况而斟酌其是否得当，极精极微之处，是不能用语言表述，不能用文字传达的，怎么能预先制定考课之法而完全交给有关部门去执行呢？

有的亲近贵宠之人，即使无能却照样任职，疏远贫贱之人虽是贤才却被遗弃；所喜所好的人败坏官声却不罢黜，所怒所恶的人有功绩却不录用；征求别人意见，则毁誉参半而不能决定，考求本人行迹，则文存实亡而不能明察。即使再制定出更完善的办法，列出许许多多的条目，郑重其事载入文书，又怎么能了解到真实的情况呢！

举之以众，取之以公

臣司马光评论说：臣听说用人无亲疏贵贱之分，只就其贤与不贤进行审察。其人未必贤德，却以亲故关系而录用他，固然不公正；如果贤德，却以亲故关系而舍弃他，也不公正。天下的贤人，本来就不是一个人所能尽知的，如果一定要等到熟悉了解其才能德行之后再任用他，所遗漏的也就多了。古代为相的人却不是这样，他们让众人来推荐人才，以公心来选拔人才。众人说贤，自己即使不知其详，也要姑且任用他，而后待其无功再黜退他，有功则提拔他；所举得其人者对举荐人给予奖赏，所举非其人者对举荐人给予处罚。进退赏罚，都由众人共同商议，自己不在其中掺杂丝毫的私心。如果能像这样推心行事，又哪里会有什么遗弃贤人、官位空缺的情况值得担心呢！

王　夫　之

王夫之（1619～1692），明清之际思想家、学者。字而农，号薑斋，湖南衡阳人。明崇祯壬午（1642）举人，因道路梗阻，未赴会试。明亡（1644），他在衡山举义兵，阻击清军南下。战败后，退至肇庆，任南明桂王政府行人，因三次参劾权臣"结奸误国"，几陷大狱，被迫返桂林，依大学士瞿式耜。不久，桂林陷落，瞿式耜殉节。其后，他便辗转于湘西等地，最后定居于衡阳之石船山，筑土室曰"观生居"，杜门著书，垂四十年，得"完发以殁身"。学者因称之"船山先生"。

王夫之一生坚持爱国主义和唯物主义的战斗精神，至死不渝。他于学几无不知，对天文、历法、数学、地理学均有研究，尤精于经学、史学、文学，学术成就极大。著作经后人编为《船山遗书》，共七十种，最重要者有《周易外传》、《尚书引义》、《读四书大全说》、《思问录内外篇》、《黄书》、《噩梦》、《宋论》、《读通鉴论》等。

《读通鉴论》二则

《读通鉴论》是王夫之的重要史论，共三十卷，卷末附叙论四篇。成书于清康熙二十六年（1687）。书中根据《资治通鉴》所载史事，阐释历代法制沿革，主张因时制宜，反对"泥古过高而非薄方今"，评论各代政治上的利弊得失，反对用"刑名威力之术"，认为应推行宽简之政，对后来思想界影响很大。

本篇选自《读通鉴论》卷十《三国二三》及卷二十八《五代上》（篇目及小标题均为选编者所加），分别论述了与用人密切相关的两个方面的问题。"任人任法辨"从辨析人治与法治的关系入手，论述了为治任人与任法相辅相成的主从关系。作者举《周官》为例，认为古人"择人而授以法，使之遵焉，非立法以课人，必使与科条相应"；同时认为，用人有其"大纲"，"大纲圮而民怨于下，事废于官"，但"苟有法以授之，人不得以玩而政自举矣"，从而得出了择人为主、立法授人的结论。接着，作者又就论官之"清"、"慎"、"勤"发表了卓异的见解。"严之于上官而贪息于守令"，则探讨了惩治官吏贪赃枉法的途径。作者认为，"责上官以严纠下吏之贪"，不可能真正解决官吏的贪赃枉法问题，只有"严之于上官"，才可能"贪息于守令，下逮于簿尉胥隶，皆喙息而不敢逞"。这里，"责上官"之"责"是责成的意思,是就追究工作责任来讲的;而"严之于上官"之"严"则是就打击贪赃枉法的目标来讲的。文中"上官"的释义,含有"上级官员"和"高级官员"二义,如"责上官"之"上官"相对于"下吏"而言,释为"上级官员"为宜,而"严之于上官"之"上官"则相对于守令、簿尉胥隶等而言,释为"朝廷高级官员"更准确些。对此,阅读理解中须细细揣摩。

本篇二论的立论难免有偏颇之嫌,而论述如此重大的问题,文章篇幅总共不过千字,已属难能可贵,不必求全责备了。

任人任法辨

任人任法,皆言治也。而言治者曰:"任法不如任人。"虽然,任人而废法,则下以合离为毁誉,上以好恶为取舍,废职业,徇虚名,逞私意,皆其弊也。于是任法者起而摘之曰:"是治道之蠹也,非法而何以齐之?"故申、韩之说,与王道争胜。乃以法言之,《周官》之法亦密矣,然皆使服其官者习其事,未尝悬黜陟以拟其后。盖择人而授以法,使之遵焉,非立法以课人,必使与科条相应,非是者罚也。

法诚立矣,服其官,任其事,不容废矣。而有过于法之所期者焉,有适如其法之所期者焉,有不及乎法之所期者焉。才之有偏胜也,时之有盈诎也,事之有缓急也,九州之风土各有利病也。等天下而理之,均难易而责之,齐险易丰凶而限之,可为也而惮于为,不可为也而强为,涂饰以应上之所求,天下之不乱也几何矣!上之所求于公卿、百执、郡邑之长者,有其纲也。安民也,裕国也,兴贤而远恶也,固本而待变也,此大纲也。大纲圮而民怨于下,事废于官,虚誉虽腾,莫能掩也。苟有法以授之,人不得以玩而政自举矣。故曰:择人而授以法,非立法以课人也。

论官常者曰:清也,慎也,勤也;而清其本矣。弗慎弗勤而能清也,绌于繁而可以居要,充其至可以为社稷臣矣。弗清而不慎不勤,其罪易见,而为恶也浅。弗清矣,不慎亦勤焉,察察孳孳,以规利而避害,夫乃为天下之巨奸。考课以黜陟之,即其得而多得之于勤慎以堕其清,况其所谓勤者非勤,而慎者非慎乎?是所谓孳孳为利,跖之徒矣。

《读通鉴论·三国》

严之于上官而贪息于守令

　　严下吏之贪,而不问上官,法益峻,贪益甚,政益乱,民益死,国乃以亡。群有司众矣,人望以廉,必不可得者也。中人可以自全,不肖有所惮而不敢,皆视上官而已。上官之虐取也,不即施于百姓,必假手下吏以为之渔猎,下吏因之以仇其箕敛,然其所得于上奉之余者亦仅矣。而百姓之怨毒诅咒,乃至叩阍号诉者,唯知有下吏,而不知贼害之所自生。下吏即与上官为鹰犬,复代上官受缧绁,法之不均,情之不忍矣。

　　将责上官以严纠下吏之贪,可使无所容其私乎?此尤必不可者也。胥为贪,而狡者得上官之心,其虐取也尤剧,其馈献也弥丰;唯琐琐笾豆之阓吏,吝纤芥以封殖,参劾在前而不恤,顾其为蠹于民者,亦无几也。且有慎守官廉,偶一不检而无以置辩者矣。故下吏之贪,非人主所得而治也,且非居中秉宪者之所容纠也,唯严于上官而已矣。严之于上官,而贪息于守令,下逮于簿尉胥隶,皆喙息而不敢逞。君无苛核之过,民无讼上之愆,岂必炫明察以照穷檐哉?吏安职业,民无怨尤,而天下已平矣。

《读通鉴论·五代上》

【译文】

任人任法辩

　　重人或者重法,都是为了治理国家,而谈论治国的人说:"重法不如重人。"这样,重视人治而忽视法治,下面的人凭个人关系诋毁、赞誉,上面的人以个人好恶为取舍标准,荒废职责,追逐虚名,以逞私图,都是容易产生的弊端。于是重法的人起而指责说:"人治是治国的大忌,没有法度何以整齐划一?"所以,申不害、韩非关于霸道的说教,与王道争高低。就法而言,《周礼》的规定也算细密了,但都是任其官者熟习其事,不曾悬起升迁、降罚的法宝督责其后。大抵择人任官而授之以法,使之遵从,而不是立法度以课责官吏,使之一定适从条文,不这样就要处罚。

　　法度确立后,官吏任其官,做其事,不容许废法而不用。有的官吏所起的作用超过了法所要求的,有的恰如法的要求,有的就差一些。人的才能有长有短,时势有盛有衰,事情有缓有急,各地的风物土宜有利有弊。情况不同却要等同对待,难易不同却要等同要求,险易吉凶不同却要等同限制，可以有所作为却害怕去做，不能作为却要勉强去做，敷衍粉饰以迎合上面的需求，天下不乱才怪呢！君主对公卿、百官、郡县长官的要求有其大纲。安民生，足国用，使民贤而忘恶，巩固根本以应付变乱，这就是大纲。大纲毁弃了，就会导致人民怨恨于下，政事废于官府，即使虚誉远扬，也难以掩盖真相。假使有法授予他，人们就不敢玩忽轻视，而政事自然可为了。所以说，是择人任官而授之以法，不是立法度来课责官吏。

评论官吏有标准：清廉、谨慎、勤劳。不谨慎、不勤劳却能保持清廉，可以去繁琐，掌大要，全力尽心也可以做国家的臣子。不清廉、不谨慎、不勤劳，其罪行容易发现，其造成的恶劣影响不会太大。不清廉却谨慎而勤劳，深察细微，贪得无厌地追逐私利、避免祸害，这才是天下的巨奸。考核政绩以决定升降，就可以发现其所得多来自于他的勤和慎，而掩盖了贪浊，何况其所谓的"勤"并非真正的勤，而"慎"并非真正的慎呢！这就是所谓孜孜以求地逐利，称得上是跖的门徒了。

严之于上官而贪息于守令

严禁下级官吏的贪赃枉法，却不追究在他们背后的高级官员的贪赃行为，法令越是严峻，贪赃枉法就越是厉害，政治就越是混乱，人民就越是贫困而死，国家也就因此灭亡。国家各级衙门的官吏众多，希望每个人都清廉肯定是不可能的。德行中等的人可以自我保全，品行不好的人有所忌惮而不敢枉法，不过都看着高级官员罢了。高级官员的暴虐掠取，不会直接施加到百姓身上，必定要利用下级官吏来为自己搜括民财，下级官吏往往借机敲剥聚敛，但其将敛得的财货进贡给上司之后也就所剩无几了。而百姓们最为怨恨咒骂，乃至于到朝廷申冤控告的，只知道是下级官吏对他们的祸害，却不知道这祸害从何处而生。下级官吏不但替自己的上司当爪牙，而且又替上司吃官司，这在法律上是不公正的，在感情上也是让人不能接受的啊。

那么，责成上级官员来严格纠正下级官吏的贪赃行为，就可以使他们无法隐藏其私心了吧？这尤其是不可能的。下级官吏贪赃枉法，其中那些狡诈之徒往往能讨得上司的欢心，他们掠夺民财也特别厉害，他们进贡奉献给上司的也更加丰厚；只有那些琐屑卑微的无能小吏，吝惜贪求蝇头小利来聚敛货财，面对参奏弹劾也毫不顾及，这种一味残害百姓的人也没有几个。并且，还有一些平时恪于职守、为官清廉的人，偶然一次不检点而犯了过失，也无法为自己辩解了。所以下级官吏的贪赃行为，不是君主所能整治的，并且也不是朝廷执掌司法大权的官员们所能完全纠正得了的，只要有严厉追究贪赃枉法的朝廷高级官员这一条就得了。严厉追究高级官员的贪赃枉法，郡守、县令这一级的贪贿之风就会止息，下至于主簿、县尉、胥吏、皂隶一类小官吏，就都会循规蹈矩不敢胡作非为了。这样，君主没有苛责臣下的过失，百姓没有控告官长的罪咎，哪里一定需要炫耀明察来惊动天下所有的人呢？官吏安于职守，人民没有怨恨，国家就太平无事了。

顾 炎 武

顾炎武（1613～1682），明清之际思想家、学者。初名绛，字宁人，号亭林。江苏昆山人。少年时曾参加"复社"反宦官权贵斗争。清兵南下，嗣母王氏绝食殉国，遗命勿事二姓，因改名炎武，参加昆山、嘉定一带的人民抗清起义。失败后，十谒明陵，遍游华北，所至访问风俗，搜集材料，尤致力于边防和西北地理的研究；垦荒种地，纠合同道，不忘兴复。晚年卜居陕西华阴，著书立说。康熙时，诏举博学鸿儒科，荐修明史，皆不就。卒于山西曲沃。

顾炎武学问渊博，于经史、典制、郡邑掌故、天文仪象、河漕、兵农以及音韵训诂，均有精深研究。治学广求证据，重存疑，不盲从，提倡经世致用，为清代考据学和经世致用之学的先驱。著作有《日知录》、《天下郡国利病书》、《肇域志》、《菰中随笔》、《音学五书》、《亭林诗文集》等。

省 官

本篇选自《日知录》卷八，是顾炎武关于简政的一篇议论。作者以史为镜，引古照今，并借古人之论为佐，说明了"省官之故，缘于少事"的道理，指出：精简官僚机构，其本在于省事、清心，即减少事权，放宽管制。只有这样，为治者才能跳出在官员数量多少上做文章的误区，而坐收自然之效。文章言简意赅，寥寥百余字，阐明了为政和改革行政的一项重要原则。

光武中兴，海内人民可得而数，裁十二三，鄣塞破坏，亭燧绝灭，或空置太守令长，招还流民。帝笑曰："今边无人，而设长吏治之，如春秋素王矣。"以故省并郡国与官僚，屡见于史。而总之曰：兵革既息，天下少事，文书调役，务从简寡，至乃十存一焉。以此知省官之故，缘于少事。今也文书日以繁，狱讼日以多，而为之上者，主无裁省，则天下之事，以将丛脞而不胜，不胜之极，必复增官，而事不可为矣。

晋荀勖之论，以为省官不如省事，省事不如清心。昔萧、曹相汉，载其清静，民以宁一，所谓清心也。抑浮说，简文案，略细苛，宥小失，有好变常以徼利者必行其诛，所谓省事也。此探本之言，为治者识此，可无纷纷于职官多寡之间矣。

【译文】
东汉光武帝恢复汉朝政权时，国内人民寥寥可数，只有原先的十分之二三。边地要塞建筑及烽火设施等全部被破坏，有的地方空置太守及县令、县长，以招还流散的百姓。光武帝笑着说："如今边地无人，却设置长官治理，如同春秋时期的素王了。"因此裁撤合并郡国及官僚建置，屡见于史料记载。并总结这件事说：战争已经结束，天下少事，文书往来及徭役征发，一定要从简从少，至于原先的十成只保留一成。由此可知，官少的缘故，在于少事。现在文书日益繁多，监狱诉讼日益增加，而居于上位的人，并没有裁减之意，那么天下的事情因此将琐碎而不能胜任，不胜任之极，必将又增设官员，而事情就不可作为了。

　　晋代荀勖的议论，认为省官不如省事，省事不如清心。从前萧何、曹参任西汉相国，以清静为本，民众因此安宁专一，这就是清心。抑止浮说，精简文案，不吹毛求疵，宽容小过失，有喜好改变常规以趋利的人，必定对其施行惩罚，这就是省事。这是探求根本的言论，治理国家的人认识到这一点，就无须在职官是多还是少这个问题上犯愁了。

龚自珍

龚自珍（1792~1841），清末思想家、文学家。字璱人，号定庵，浙江仁和（今杭州）人。二十七岁中举，屡试不第，至三十八岁始中进士。一生只做过内阁中书、宗人府主事、礼部主事之类小官，受尽排挤。四十八岁辞官南归，两年后卒于丹阳书院。

龚自珍生活的年代，正值清王朝国势急遽衰落的时期，也是中国历史由于外国资本主义的入侵，开始由封建社会向半封建半殖民地社会转折的时期。当时社会矛盾重重，危机四伏，一些封建地主阶级的知识分子惊醒起来，想方设法挽救危势。龚自珍就是这一类人的突出代表之一，与魏源齐名。一方面，他担心资本主义列强的侵略，具有强烈的爱国主义思想。当林则徐赴广东查禁鸦片时，他曾建议加强战备，不与英国妥协。另一方面，他还具有强烈的反封建意识。他无情地揭露、批判了现实的黑暗和政治的腐朽，提倡改革，认为"自古及今，法无不改"，并幻想对封建制度进行局部改良，使"衰世"回到"升平世"、"太平世"。特别是他关于个性解放的思想，在晚清思想界产生了巨大影响，对资产阶级改良运动起了直接的启蒙作用。这一切，奠定了他在我国近代史上作为伟大的启蒙思想家、先驱思想家的地位。

龚自珍学识渊博，诗、词、文兼长。为文奥博纵横，自成一家；诗词瑰丽奇肆，有"龚派"之称。著作有《定庵文集》等，今人辑为《龚自珍全集》。

明 良 论

《明良论》共四篇，是嘉庆十九年（1814）即龚自珍早年写的一组政论文章。中心内容论待士用人之道，对清王朝的专制统治和腐朽的官僚制度颇多讥评，有议者誉之为吹响了呼唤人才解放的号角。

本篇为《明良论三》，是《明良论》中最切中时弊也最精彩的一篇。文章集中批判了清王朝用人的资格论，提出了这种用人论资排辈制度的弊病：昏庸无能的人尸位素餐，苟且偷安，留恋职位，等候升官；有才有德者却限于资历，得不到重用。结果，不仅影响到官僚机构的职能和效率，使办事者"日不足"；而且使整个士大夫阶层"奄然而无有生气"，造成严重的思想和政治危机。为此，作者大声疾呼："当今之弊，亦或出于此，此不可不为变通者也！"文章立论直指封建官僚制度腐朽的本质，论辩犀利，刻画鲜明，心理剖析入木三分，于辛辣讽刺之中透出活泼清新的气息。

敷奏而明试，吾闻之乎唐、虞；书贤而计廉，吾闻之乎成周；累日以为劳，计岁以为阶，前史谓之停年之格，吾不知其萌芽何帝之世，大都三代以后可知也。

今之士进身之日，或年二十至四十不等，依中计之，以三十为断。翰林至荣之选也，然自庶吉士至尚书，大抵须三十年或三十五年，至大学士又十年而弱。非翰林出身，例不得至大学士。而凡满洲、汉人之仕宦者，大抵由其始宦之日，凡三十五年而至一品，极速亦三十年。贤智者终不得越，而愚不肖者亦得以驯而到。此今日用人论资格之大略也。

夫自三十进身，以至于为宰辅、为一品大臣，其齿发固已老矣，精神固已惫矣。虽有耆寿之德，老成之典型，亦足以示新进；然而因阅历而审顾，因审顾而退葸，因退葸而尸玩，仕久而恋其籍，年高而顾其子孙，偻然终日，不肯自请去。或有故而去矣，而英奇未尽之士亦卒不得起而相代。此办事者所以日不足之根源也。

城东谚曰："新官忙碌石呆子，旧官快活石狮子。"盖言夫资格未深之人，虽勤苦甚至，岂能冀甄拔？而具形相向坐者数百年，其如柱外石狮子，论资当最高也。如是而欲勇往者知劝，玩恋者知惩，中材绝侥幸之心，智勇苏束缚之怨，岂不难矣！至于建大猷、白大事，则宜乎更绝无人也。其资浅者曰："我积俸以俟时，安静以守格，虽有迟疾，苟过中寿，亦冀终得尚书、侍郎；奈何资格未至，哓哓然以自丧其官为？"其资深者曰："我既积俸以俟之，安静以守之，久久而危致乎是；奈何忘其积累之苦，而哓哓然以自负其岁月为？"其始也，犹稍稍感慨激昂，思自表见，一限以资格，此士大夫所以尽奄然而无有生气者也。当今之弊，亦或出于此，此不可不为变通者也。

【译文】

先由臣子向君主陈奏，再由君主进行考察，然后决定如何任用，我听说尧舜时用人是这样做的。由地方官把贤能者的德才、表现记录下来,呈报给君主以考察他们是否清廉,我听说周朝用人是这样做的。根据任官时间的长短来评价官吏的功劳和确定其品级,这种用人制度,历史上叫做"停年格"。我不知道这种"停年格"制度萌芽于哪个朝代,大概产生于夏、商、周三代以后是肯定的。

当今士人开始做官时,一般都在二十至四十岁之间,按照中间计算,以三十岁为标准。入翰林院任职,被视为是最光荣的,然而从翰林院庶吉士升到尚书,大概需要三十年或三十五年;升到大学士,又需要差不多十年。非翰林出身的人,按照常例是不得升到大学士的。那么凡满洲人、汉人中做官的,大抵从开始做官的那一天起,一般都要用三十五年的时间才能升到一品官,最快的也得三十年。有才有德的人得不到破格提拔,而无才无德的人却可以循序渐进地当上高官。这就是当今用人论资排辈的大概情况。

一个人从三十岁开始做官,以至于升到宰辅、升到一品大臣,他已经老了,也已经疲惫了,尽管年高德劭、老成持重,也足以做新官吏的榜样,然而却会因阅历而瞻前顾后,因瞻前顾后而胆小怕事,因胆小怕事而占着高位玩忽职守。官做久了容易留恋官位,年纪大了喜欢眷顾子孙,整天精神萎靡不振,总也不肯辞去官职。即使有人因故辞了官,而年轻有为、才能出众但资格不够的人,也终究不能接替。这就是办事的人一天比一天少的根源。

城东有谚语说:"新官忙碌石呆子,旧官快活石狮子。"是说资格浅的新官,即使是十分勤苦,难道能有破格提拔的希望吗?而徒有威严的外表、相对而坐几百年,谁也比不上衙门门柱外的石狮子,论资格是最老的了。像这样论资排辈,却想使勇往直前、敢于任事者得到鼓励,玩忽职守、贪恋官位者知道惩戒,才识一般者断绝侥幸心理,有能有胆者消除怀才不遇的怨恨,岂不是很难吗!至于说积极考虑治国大计、参议国家大政,大概是更加没有人了。因为,资格浅的人会说:"我只要熬足年头,安分守己,即使有先有后,只要年过六十,总有希望做尚书、侍郎,何必在资格不足之时,因和上级争辩而断送仕宦前程呢?"资格老的则会说:"我已经熬足了年头,向来又循规蹈矩,好不容易才高升到这样的官职,怎么能忘了积年累月之苦,去和上司争辩,自个儿把熬过的岁月付诸东流呢?"一般的新官上任,多少都有些慷慨激昂的朝气,想有所表现,可都又由于论资排辈而被限制死了。这就是造成士大夫普遍丧失生气的原因。当今的种种弊端,或许正是出于此,这不能不改革啊!

附录

用人掌故

尧询事考言禅位于舜

帝曰:"畴咨若时登庸?"放齐曰:"胤子朱启明。"帝曰:"吁!嚚讼,可乎?"

帝曰:"畴咨若予采?"驩兜曰:"都!共工方鸠僝功。"帝曰:"吁!静言庸违,象恭滔天。"

帝曰:"咨!四岳,汤汤洪水方割,荡荡怀山襄陵,浩浩滔天。下民其咨,有能俾乂?"佥曰:"於!鲧哉。"帝曰:"吁!咈哉,方命圮族。"岳曰:"异哉!试可乃已。"帝曰:"往,钦哉!"九载,绩用弗成。

帝曰:"咨!四岳,朕在位七十载,汝能庸命巽朕位?"岳曰:"否德忝帝位。"曰:"明明扬侧陋。"师锡帝曰:"有鳏在下,曰虞舜。"帝曰:"俞!予闻,如何?"岳曰:"瞽子,父顽,母嚚,象傲,克谐。以孝烝烝,乂不格奸。"帝曰:"我其试哉!女于时,观厥刑于二女。"厘降二女于妫汭,嫔于虞。帝曰:"钦哉!"

慎徽五典,五典克从。纳于百揆,百揆时叙。宾于四门,四门穆穆。纳于大麓,烈风雷雨弗迷。帝曰:"格!汝舜。询事考言,乃言底可绩,三载。汝陟帝位。"舜让于德,弗嗣。

正月上日,受终于文祖。在璇玑玉衡,以齐七政。肆类于上帝,禋于六宗,望于山川,遍于群神。辑五瑞,既月乃日,觐四岳群牧,班瑞于群后。

《尚书·尧典》

【译文】

尧帝说:"谁善治四时之职呢?我要提拔任用他。"放齐说:"您的儿子丹朱开通聪明,可以胜任。"尧帝说:"唉!他言无忠信又好争辩,可以吗?"

尧帝说:"谁能处理好我们的政务呢?"驩兜说:"啊!共工防救水灾,已显示出成绩。"尧帝说:"唉!他说话好听而阳奉阴违,貌似恭谨却心怀倨傲。"

尧帝说:"啊!四方诸侯之长,滔滔的洪水到处危害人民,水势奔腾包围了大山,漫过了丘陵,浩浩荡荡,弥漫天际。天下民众都在叹息,有谁能使洪水得到治理?"大家都说:"啊!鲧吧。"尧帝说:"唉!不一定行吧。他不遵教命,危害族人。"四岳诸侯之长说:"我们所了解的怎么跟你说的不一样呢?试试可不可以再做决定。"尧帝说:"去吧,鲧!要谨敬职守啊!"鲧治水九年,功效无成。

尧帝说:"啊!四方诸侯之长,朕在位七十年,你们谁能顺天承命来接替朕的帝位?"四方诸侯之长说:"我们德行鄙陋,不配升任帝位。"尧帝说:"请你们标举显贵中人,也可以推荐地位卑贱者。"众人对尧帝说:"有独身男子在民间,名叫虞舜。"尧帝说:"对,我也听说过,这个人怎么样呢?"四方诸侯之长说:"他是盲人的儿子。他的父亲瞽叟愚顽邪僻,后母唠叨而不诚实,后母所生的弟弟象傲慢无礼,而舜能同他们和谐相处。因为他孝德美厚,治理国政不至于有邪恶行为。"尧帝说:"那就让我来考验考验他吧!把我的女儿娥皇、女英嫁给这个人,从两个女儿那里观察他的德行、法度。"于是命两个女儿下到妫水湾,嫁给虞舜。尧帝告诫舜说:"要谨敬从政啊!"

舜谨慎地以五常(父义、母慈、兄友、弟恭、子孝)之美教化民众,民众都能够顺从。舜晋职总理百官,百官之政均承顺无违。舜在明堂四门迎接四方宾客,四方宾客都肃然起敬。舜担任主管四方山林的官,在暴风雷雨里也不迷失方向。尧帝说:"来吧,舜啊!据你所谋之事来考核你的言论,你的意见一定能够取得治绩,我考察你三年了,你登上帝位吧!"舜表示要让于有德之人,不肯继承帝位。

正月初一,舜在尧太祖庙接受了尧帝的禅让。他观察了北斗七星的运转,用以整合七项政事。于是举行祭祀,向上帝报告了继承帝位之事,又祭祀了天、地、四时,遥祭了山川,遍及群神。又聚合了五种用作凭信的瑞玉,选定吉月吉日,接受四方诸侯、众牧的朝见,把瑞玉颁发给各诸侯国君主。

舜杀鲧而举其子禹

　　当帝尧之时，洪水滔天，浩浩怀山襄陵，下民其忧。尧求能治水者，群臣四岳皆曰鲧可。尧曰："鲧为人负命毁族，不可。"四岳曰："等之未有贤于鲧者，愿帝试之。"于是尧听四岳，用鲧治水。九年而水不息，功用不成。于是帝尧乃求人，更得舜。舜登用，摄行天子之政，巡狩。行视鲧之治水无状，乃殛鲧于羽山以死。天下皆以舜之诛为是。于是舜举鲧子禹，而使续鲧之业。

　　尧崩，帝舜问四岳曰："有能成美尧之事者使居官？"皆曰："伯禹为司空，可以成美尧之功。"舜曰："嗟，然！"命禹："女平水土，维是勉之。"禹拜稽首，让于契、后稷、皋陶。舜曰："女其往视尔事矣！"

〔汉〕司马迁：《史记·夏本纪》

【译文】

　　当帝尧在位时，洪水滔天，浩渺无际，漫过山峦，淹没丘陵，百姓非常忧虑。尧访求能够治理洪水的人，群臣和四方诸侯之长都说鲧能够治理洪水。尧说："鲧为人负气抗命，摧残同族，不可以。"四方诸侯之长说："在我们这些人中，没有比鲧的才能更高的，希望天子试试他。"于是尧听从四方诸侯之长的建议，任用鲧治理洪水。鲧治水九年而水患不息，没有取得成功。于是帝尧再次访求人才，又得到了舜。舜被提拔任用后，代理行使天子管理国家大事的职权，巡视四方。在巡行中，发现鲧治理洪水不得法（筑堤防水，而非疏浚河川，引水就河），就把鲧杀死在羽山。天下人都认为舜杀鲧是对的。于是舜举用鲧的儿子禹，让他来继续鲧治理洪水的事业。

　　尧死后，帝舜询问四方诸侯之长说："有能成就光大尧的事业的人吗？如果有，就请他出来担任重要官职。"大家都说："如果伯禹做司空，就可以成就光大尧的事业。"舜说："噢，就这样！"于是命令禹："你制服了洪水，今后还要努力去做啊！"禹跪拜叩头，推让于契、后稷、皋陶。舜说："你不用推辞，去担当起你的职责吧！"

伊尹论尧舜禹三君之举贤

汤问伊尹曰:"三公九卿、二十七大夫、八十一元士,知之有道乎?"伊尹对曰:"昔者尧见人而知,舜任人然后知,禹以成功举之。夫三君之举贤,皆异道而成功。然尚有失者,况无法度而任己,直意用人,必大失矣。故君使臣自贡其能,则万一之不失矣。"

〔汉〕刘向:《说苑·君道》

【译文】
商汤王问其相伊尹说:"选拔三公九卿、二十七个大夫、八十一位元士,了解他们有什么方法吗?"伊尹回答说:"从前,尧看见人就能知道他是否贤能,舜在任用以后才知道他是否贤能,禹要等到一个人做事成功以后才举用他。这三位君王的选拔贤者,方法互不相同,最后都取得了成功。然而他们还有失误的时候,何况选拔没有法度而任凭自己的心愿,随意任用人,必然会有更大的过失。所以,国君若能使臣下自己贡献出其才能,那就万无一失了。"

殷高宗于奴隶中举傅说为相

帝武丁即位，思复兴殷，而未得其佐。三年不言，政事决定于冢宰，以观国风。武丁夜梦得圣人，名曰说。以梦所见视群臣百吏，皆非也。于是乃使百工营求之野，得说于傅险中。是时说为胥靡，筑于傅险。见于武丁，武丁曰："是也。"得而与之语，果圣人。举以为相，殷国大治。故遂以傅险姓之，号曰傅说。

〔汉〕司马迁：《史记·殷本纪》

【译文】

商王武丁即位后，立志重新振兴商朝，但一时没有得到理想的辅佐大臣。他三年不发表意见，把朝廷政事委托给冢宰处理，以便腾出时间，观察国情民风，访求贤才。一天夜晚，武丁梦中得到一个圣人（道德智慧极高的人），名叫说。他把梦中见到的圣人与群臣百吏相对照，都不像。于是就派出众人到乡野间到处寻找，结果在傅岩这个地方找到了说。当时，说为奴隶，正在傅岩为人筑墙。人们把说带去见武丁，武丁说："就是他！"武丁得到说，与他进行了交谈，发现他果然是一位圣人。于是任命说为相，在说的辅佐下，商朝又兴盛起来。所以就以傅险这地方作为他的姓，叫做傅说。

周文王立太公望为师

西伯将出猎,卜之,曰:"所获非龙非螭,非虎非罴;所获霸王之辅。"于是周西伯猎,果遇太公于渭之阳。与语大说,曰:"自吾先君太公曰:'当有圣人适周,周以兴。'子真是邪?吾太公望子久矣!"故号之曰"太公望",载与俱归,立为师。

〔汉〕司马迁:《史记·齐太公世家》

【译文】

西伯(即周文王)将要出猎,卜了一卦,卦辞说:"出猎所获得的不是龙也不是螭,不是虎也不是罴;所获得的将是成就霸王之业的辅佐之才。"于是西伯出猎,果然在渭水北岸遇到了正在垂钓的吕尚。西伯与吕尚交谈后,非常高兴,说:"从我的先君太公就曾说过:'当会有一位圣人来到周国,周国因此将兴盛起来。'先生真是这位圣人吗?我的太公盼望您已经很久了!"因此,尊称吕尚为"太公望",请他上车一起回到都城,立他为师。

周公戒伯禽礼贤下士

武王既崩，成王少，在襁褓之中。周公恐天下闻武王崩而叛，周公乃践阼代成王摄行政当国。管叔及其群弟流言于国曰："周公将不利于成王。"周公乃告太公望、召公奭曰："我之所以弗辟而摄行政者，恐天下叛周，无以告我先王太王、王季、文王。三王之忧劳天下久矣，于今而后成。武王早终，成王少，将以成周，我所以为之若此。"于是卒相成王，而使其子伯禽代就封于鲁。周公戒伯禽曰："我文王之子，武王之弟，成王之叔父，我于天下亦不贱矣。然我一沐三捉发，一饭三吐哺，起以待士，犹恐失天下之贤人。子之鲁，慎无以国骄人。"

〔汉〕司马迁：《史记·周鲁公世家》

【译文】

周武王逝世后，儿子成王年幼。周公恐天下诸侯得知武王逝世而发生叛乱，于是登临君位，代表成王处理国家政事。这时，管叔（武王与周公之弟）和其他兄弟们在都城中散布谣言说："周公将对成王不利。"周公于是向太公望、召公奭表白心迹说："我之所以不避嫌疑而代成王摄行政事，是担心天下诸侯背叛周朝而亡国，如此将无法向先王太王、王季、文王交待。三王之为天下忧劳已经很久了，到现在刚刚有所成就，可惜武王早逝，成王年少，为了将来完成周的大业，所以我才这样做。"于是不顾流言辅佐成王，而让其子伯禽代替自己到鲁国去就封。临行，周公告诫伯禽说："我是文王的儿子，武王的弟弟，成王的叔父，我在天下的地位也算不低了。然而我常常在洗头时几次提起头发，在吃饭时几次吐出口中食物，匆忙地接待来访的士人，即便这样，还怕错过了天下的贤人。你到鲁国后，千万要小心谨慎，不要因为自己是一国之君就骄慢待人。"

周公礼贤之大观

　　周公摄天子位七年，布衣之士执贽所师见者十人，所友见者十二人；穷巷白屋所先见者四十九人，进善者百人，教士者万人，官朝者万人。当此之时，诚使周公骄而且吝，则天下贤士至者寡矣；苟有至者，则必贪而尸禄者也。尸禄之臣，不能存君矣。

〔汉〕刘向：《说苑·尊贤》

【译文】
　　周公代理天子执政七年，未做官的读书人带着礼物表示敬意以师礼来拜见他的有十人，以朋友之礼来拜见他的有十二人；住僻巷茅屋的贫穷士子受到他优先接待的有四十九人；被进用的优秀者有上百人，受到他教化的有上千人，在馆驿中接待来朝见的有上万人。在这个时候，假使周公傲慢而且鄙吝，那么天下的贤士来见他的就会很少了。纵然有人来，那么也一定是贪求禄位而不能办事的人。贪求禄位而不能办事的臣子，是不能保全君王的。

齐桓公五往而见布衣之士

齐桓公见小臣，三往不得见。左右曰："夫小臣，国之贱臣也，君三往而不得见，可以已矣！"桓公曰："恶！是何言也！吾闻之，布衣之士不欲富贵，不轻身于万乘之君；万乘之君不好仁义，不轻身于布衣之士。纵夫子不欲富贵可也，吾不好仁义不可也。"五往而得见也。天下诸侯闻之，谓桓公犹下布衣之士，而况国君乎！于是相率而朝，靡有不至。桓公之所以九合诸侯，一匡天下者，此也。

〔汉〕韩婴：《韩诗外传》

【译文】
齐桓公去拜访一位小臣，一连去了三次都没有见到。身边的人劝他说："小臣是国家地位卑微的臣子，君王一连去了三趟都没有见到，大概不必去了吧！"桓公听了不高兴地说："哎呀！这是什么话！我听说，普通的士人不希图富贵，不会委屈自身去拜谒大国的国君，大国的国君不喜好仁义，不会委屈自身去拜访普通的士人。纵然这位先生不希图富贵是可以的，我不喜好仁义却是不可以的。"五次去拜访，终于见到了小臣。天下诸侯听说了这件事，认为桓公对一个普通士人都能尊敬屈己，何况对我们这些国君呢？于是相继而来朝见桓公，没有不来朝见的。桓公能够多次召集诸侯会盟，使天下得到匡正，就是因此啊。

晏子屈己待人、居功不骄

晏子之晋，见反裘负刍息于途者，以为君子也，使人问焉，曰："曷为而至此？"对曰："齐人累之，名为越石父。"晏子曰："嘻！"遽解左骖以赎之，载而与归。至舍，弗辞而入。越石父怒，请绝。晏子使人应之曰："婴未尝与交也，今免子于患，吾于子犹未可邪？"越石父曰："吾闻君子屈乎不己知者，而伸乎己知者，吾是以请绝也。"晏子乃出见之曰："向也见客之容而已，今也见客之志。婴闻察实者不留声，观行者不讥辞。婴可以辞而无弃乎？"越石父曰："夫子礼之，敢不敬从。"晏子遂以为客。俗人有功则德，德则骄；今晏子有功，免人于厄矣，而反屈下之，其去俗亦远矣。此令功之道也。

《吕氏春秋·先识览》

【译文】

晏子到晋国去，见一个反穿皮衣背着草的人在路旁休息。晏子认为这个人是个君子，便派人问他说："你为什么到了这里？"回答说："我被齐人拘系做奴仆，名叫越石父。"晏子说："噢！"立即解下驾在车前左侧的马，把他赎了出来，让他乘车一块回去。

到了馆舍，晏子不向他告辞就进去了。越石父发怒，请求与晏子绝交。晏子派人告诉他说："我不曾跟你交朋友啊。现在我使你免于患难，我对你还不可以吗？"越石父说："我听说君子在不了解自己的人面前可以忍受屈辱，而在了解自己的人面前就要伸直腰杆，我因此才请求跟你绝交。"晏子于是出来见他，说："刚才只是看到客人的容貌而已，现在才看到客人的志向。我听说考察人的实际的人，不留人的名声；观察人的行为的人，不考虑人的言辞。我可以向您谢罪而不会被拒绝吧？"越石父说："先生您以礼对待我，我怎敢不恭敬从命。"晏子于是把越石父留作宾客。

世俗之人对人有功劳就认为对人有恩德，认为有恩德就可以傲慢。如今晏子有功劳，救人于危难之中，却反而委屈自己谦卑对人，他已经超越世俗很远了。这就是保全功劳的方法啊。

晋文公任贤与赵衰举贤

　　文公问元帅于赵衰,对曰:"郤縠可,行年五十矣,守学弥惇。夫先王之法制,德义之府也。夫德义,生民之本也。能惇笃者,不忘百姓也。请使郤縠。"公从之。公使赵衰为卿,辞曰:"栾枝贞慎,先轸有谋,胥臣多闻,皆可以为辅佐,臣弗若也。"乃使栾枝将下军,先轸佐之。取五鹿,先轸之谋也。郤縠卒,使先轸代之。胥臣佐下军。公使原季为卿,辞曰:"夫三德者,偃之出也。以德纪民,其章大矣,不可废也。"使狐偃为卿,辞曰:"毛之智贤于臣,其齿又长。毛也不在位,不敢闻命。"乃使狐毛将上军,狐偃佐之。狐毛卒,使赵衰代之,辞曰:"城濮之役,先且居之佐军也善,军伐有赏,善军有赏,能其官有赏。且居有三赏,不可废也。且臣之伦,箕郑、胥婴、先都在。"乃使先且居将上军。公曰:"赵衰三让。其所让,皆社稷之卫也。废让,是废德也。"以赵衰之故,搜于清原,作五军。使赵衰将新上军,箕郑佐之;胥婴将新下军,先都佐之。子犯卒,蒲城伯请佐,公曰:"夫赵衰三让不失义。让,推贤也;义,广德也。德广贤至,又何患焉。请令衰也从子。"乃使赵衰佐上军。

《国语·晋语四》

【译文】

　　晋文公向赵衰询问谁可以做元帅,赵衰回答说:"郤縠可以。郤縠五十岁了,还坚持学习,并且越来越扎实。先王的法令制度,涵养了德和义。德和义是人生的根本,德义纯厚的人是不会忘记百姓的。请让郤縠做元帅。"文公听从了赵衰的意见。文公让赵衰做卿,赵衰推辞说:"栾枝为人正直,处事谨慎,先轸有智谋,胥臣多见闻,他们都可以担任辅佐,臣比不上他们。"于是任命栾枝为下军元帅,先轸为副元帅。攻取五鹿,是先轸的谋略。郤縠死后,让先轸代替他的职务。胥臣任下军副元帅。文公又一次让赵衰(原季为赵衰的字)做卿,赵衰又推辞说:"尊奉周天子等几项德政,建议都是狐偃提出来的。用德政管理百姓,其政绩卓著,不可不用他。"文公让狐偃做卿,狐偃推辞说:"狐毛的才智胜过我,他的年龄又大些。哥哥没做卿,我不敢接受这个任命。"于是任命狐毛为上军元帅,狐偃为副元帅。狐毛死了，文公让赵衰代替他，赵衰再次推辞说："城濮之战中，先且居（先轸之子）辅佐元帅，表现很好。立有军功应得奖赏，善事君王应得奖赏，胜任职务应得奖赏。先且居应得这三方面奖赏，不可不重用。再说，我的同事箕郑、胥婴、先都还未提拔。"于是任命先且居为上军元帅。文公说："赵衰三次辞让，他所推让的都是国家的栋梁之臣。不用这些人，这就等于荒废了德政。"因为赵衰的缘故，文公在清原举行了一次大阅兵，将军队扩编为五军。任命赵衰为新上军元帅，箕郑为副元帅；胥婴为新下军元帅，先都为副元帅。狐偃（子犯为狐偃的字）死了，蒲城伯（即先且居）请求任命新的辅佐。文公说："赵衰三次谦让，不忘大义。谦让是为了推举贤才，仗义是为了推广德行。做到了这两点，还有什么可忧虑的。请让赵衰给你做辅佐。"于是任命赵衰为上军副元帅。

赵宣子荐贤比而不党

赵宣子言韩献子于灵公，以为司马。河曲之役，赵孟使人以其乘车干行，献子执而戮之。众咸曰："韩厥必不没矣。其主朝升之，而暮戮其车，其谁安之！"宣子召而礼之，曰："吾闻事君者比而不党。夫周以举义，比也；举以其私，党也。夫军事无犯，犯而不隐，义也。吾言女于君，惧女不能也。举而不能，党孰大焉。事君而党，吾何以从政？吾故以是观女。女勉之。苟从是行也，临长晋国者，非女其谁？"皆告诸大夫曰："二三子可以贺我矣！吾举厥也而中，吾乃今知免于罪矣。"

《国语·晋语五》

【译文】

赵宣子（即赵盾，又称赵孟。赵衰之子）向晋灵公推荐韩献子（名韩厥），任命韩献子为司马。河曲战役时，赵孟让人乘坐他的车子干扰军队的行列，献子抓住赶车人并杀掉了他。大家都说："韩厥肯定不会有好结果，他的主子早上提拔他，他晚上就杀了主子的赶车人，谁还能保全他呢！"宣子召见献子并以礼相待，说："我听说侍奉君王的人要'比而不党'。举荐正义之士，亲近、团结他们，叫做'比'；出于私利举荐人，与他们互相勾结，叫做'党'。军事行动不容许干扰，有人干扰了而不隐恶，就是义。我向君王举荐你，还担心你不能称职。举荐人而不能称职，没有比这更严重的结党营私了。侍奉君王而结党营私，我凭什么执政呢？所以我故意用这件事来考察你。你努力干吧。如果能坚持这样做下去，将来担负晋国重任的，不是你还有谁呢？"然后宣子告知所有的大夫说："你们大家可以祝贺我了，我举荐韩厥是选对了目标，我现在才知道自己能够免于举人不当的罪过了。"

祁奚举贤不避亲仇

祁奚请老。晋侯问嗣焉。称解狐,其仇也。将立之而卒。又问焉,对曰:"午也可。"于是羊舌职死矣。晋侯问:"孰可以代之?"对曰:"赤也可。"于是使祁午为中军尉,羊舌赤佐之。

君子谓祁奚于是能举善矣。称其仇,不为谄;立其子,不为比;举其偏,不为党。《商书》曰:"无偏无党,王道荡荡。"其祁奚之谓也。解狐得举,祁午得位,伯华得官,建一官而三物成,能举善也。夫唯善,故能举其类。《诗》云:"惟其有之,是以似之。"祁奚有焉。

《左传·襄公三年》

祁奚辞于军尉,公问焉,曰:"孰可?"对曰:"臣之子午可。人有言曰:'择臣莫若君,择子莫若父。'午之少也,婉以从令,游有乡,处有所,好学而不戏。其壮也,强志而用命,守业而不淫。其冠也,和安而好近,柔惠小物而镇定大事,有直质而无流心,非义不变,非上不举。若临大事,其可以贤于臣。臣请荐所能择而君比义焉。"公使祁午为军尉,殁平公,军无秕政。

《国语·晋语七》

【译文】

祁奚告老请求退休。晋侯问祁奚谁能接替他的中军尉职务。祁奚举荐解狐,解狐是他的仇人。正要立解狐为中军尉而解狐死了。晋侯又问祁奚谁可接任,祁奚回答说:"祁午可以。"祁午是祁奚的儿子。正在这时中军尉佐羊舌职也死了。晋侯问:"谁可接任羊舌职的职务?"祁奚回答说:"羊舌赤可以。"羊舌赤是羊舌职的儿子。于是晋侯任命祁午为中军尉,羊舌赤辅佐他。

君子称赞祁奚在这件事情上是能举荐贤能的。举荐他的仇人,不是谄媚;举荐他的儿子,不是偏爱亲人;举荐他属官的儿子,不是偏袒下级。《尚书·洪范》上说:"没有偏私,没有结党,王道广远坦荡。"这正是称赞祁奚这种人啊。解狐得到举荐,祁午得到官位,羊舌赤(字伯华)得到官职,立一个中军尉之官,而得举、得位、得官三件好事都做成了,可以说是能举荐贤能的人。唯有善人，才能推举与自己一样的贤者。《诗·小雅·裳裳者华》上说："只有有德的人，才能推荐像自己一样的人。"祁奚就具有诗中所称道的品德了。

　　祁奚告老请求辞去中军尉的职务，悼公问他说："谁可以代替你？"祁奚回答说："臣的儿子祁午可以。人们有句俗话：'了解臣子，没有人比得上国君；了解儿子，没有人赶得上父亲。'祁午小时候温顺听话，出外游戏事先禀告去向，外出逗留事先禀告场所，爱好学习而不贪玩。他稍大了些，记忆力强而且听从管教，坚守学业而不放纵。他成人后，温和安详而谦恭有礼，对小事仁惠慈爱，对大事能镇定处置，有正直的品质而无放荡的心思，不是正义的事情不能使他改变态度，没有上级的旨意不会轻举妄动。如果让他处理军政大事，他能比我强。请允许臣举荐我所能了解的儿子，请君王比较择定。"悼公于是让祁午当了中军尉，一直到悼公的儿子平公去世，军中没出现过失误的政令。

解狐举贤公私分明

魏文侯问于解狐曰:"寡人将立西河之守,谁可用者?"解狐对曰:"荆伯柳,贤人,殆可。"文侯曰:"是非子之仇也?"对曰:"君问可,非问仇也。"于是将以荆伯柳为西河守。

荆伯柳问左右:"谁言我于君?"左右皆曰:"解狐。"荆伯柳往见解狐而谢之曰:"子之宽臣之过也,言于君。谨再拜谢。"解狐曰:"言子者,公也,怨子者,私也。公事已行,怨子如故。"张弓射之,走十步而没,可谓勇矣。

〔汉〕韩婴:《韩诗外传》

【译文】

魏文侯问解狐说:"寡人将任命西河郡守,你看谁可以用呢?"解狐回答说:"荆伯柳是位贤人,大概可以。"文侯说:"这个人不是你的仇人吗?"回答说:"君王问的是谁可以任用,不是问谁是我的仇人。"于是文侯准备任命荆伯柳为西河郡守。

荆伯柳问他身边的人:"是谁把我推荐给国君的?"身边的人都说:"是解狐。"荆伯柳就去见解狐并向他谢罪说:"您宽恕了我的过错,把我推荐给国君。请接受我对您施礼致谢。"解狐说:"推荐你是为公,怨恨你是私事。现在公事已经办完,怨恨你照旧。"说罢便拉开弓要射荆伯柳,荆伯柳急忙跑十几步就不见了。解狐可算勇敢的人啊。

郑子产知人善任

子产之从政也,择能而使之。冯简子能断大事;子大叔美秀而文;公孙挥能知四国之为,而辨于其大夫之族姓、班位、贵贱、能否,而又善于辞令;裨谌能谋,谋于野则获,谋于邑则否。郑国将有诸侯之事,子产乃问四国之为于子羽,且使多为辞令;与裨谌乘以适野,使谋可否;而告冯简子,使断之;事成,乃授子大叔使行之,以应对宾客。是以鲜有败事。

《左传·襄公三十一年》

【译文】

郑国大夫子产管理政事,选择贤能的人并使用他们。冯简子能决断大事;子太叔美秀而有文采;公孙挥(即子羽)能了解四方邻国的行动,辨识各国大夫的家族姓氏、官职爵位、地位贵贱、才能高低,又善于辞令;裨谌能出谋划策,在野外谋划就正确,在城里谋划就不行。郑国将要有外交上的事情,子产就向公孙挥询问四方诸侯的动向,并且让他多起草几份外交辞令;与裨谌一同乘车到野外,让他谋划是否可行;再把结果告诉冯简子,让他决断;计谋完成后,才交给子太叔执行,以应对诸侯国的使臣。因此很少把事情办坏。

子思论用人不能求全责备

子思言苟变于卫侯曰:"其才可将五百乘。"公曰:"吾知其可将;然变也尝为吏,赋于人而食人二鸡子,故弗用也。"子思曰:"夫圣人之官人,犹匠之用木也,取其所长,弃其所短;故杞梓连抱而有数尺之朽,良工不弃。今君处战国之世,选爪牙之士,而以二卵弃干城之将,此不可使闻于邻国也。"公再拜曰:"谨受教矣!"

〔宋〕司马光等:《资治通鉴·周纪二》

【译文】
子思向卫侯推荐苟变说:"他的才能可以率领五百辆战车。"卫侯说:"我知道他能担任将军,但苟变过去在做小吏向人收税时,吃过人家的两个鸡蛋,所以没有任用他。"子思说:"圣人之用人,就像匠人选用木料,取其所长,弃其所短,所以杞树、梓树连抱那么粗却有几尺的朽烂,好的工匠不丢弃它。如今君王处在战争连绵不断的时代,选用作为爪牙的武士,却为吃了别人两个鸡蛋就舍弃可以成为栋梁的将军,这种事情可不能让邻国知道呀!"卫侯一再拜谢说:"我诚恳地接受你的教诲。"

楚庄王绝缨酒会

楚庄王赐其群臣酒。日暮酒酣,群臣皆醉,殿上烛灭,有牵王后衣者。后抈冠缨而绝之,言于王曰:"今烛灭,有牵妾衣者,妾抈其缨而绝之。愿趣火视绝缨者。"王曰:"止!"立出令曰:"与寡人饮,不绝缨者,不为乐也。"于是冠缨无完者,不知王后所绝冠缨者谁。于是,王乃遂与群臣欢饮,乃罢。后吴兴师攻楚,有人常为应行合战者,五陷阵却敌,遂取大军之首而献之。王怪而问之曰:"寡人未尝有异于子,子何为于寡人厚也?"对曰:"臣,先殿上绝缨者也。当时宜以肝胆涂地;负日久矣,未有所效。今幸得用于臣之义,尚可为王破吴而强楚。"《诗》曰:"有漼者渊,萑苇淠淠。"言大者无不容也。

〔汉〕韩婴:《韩诗外传》

【译文】

楚庄王赏赐群臣酒宴。天黑下来时,酒喝足了,群臣都醉了,殿上的蜡烛也灭了。有人在暗中拉扯王后的衣服。王后摸到他的帽缨并揪了下来,对楚王说:"这会儿蜡烛灭了,有人扯我的衣服,我摸到他的帽缨并揪了下来。请赶快叫人拿烛火来,看被揪了帽缨的是谁。"楚王说:"别说了!"立即下令说:"与寡人一起饮酒,不把帽缨揪下来,就不算喝得痛快。"于是,没有一个人有帽缨了,也就不知道被王后揪下帽缨的是谁了。这样,庄王又与群臣欢乐饮酒,直到宴会结束。后来吴国兴兵攻打楚国,有一个人经常在交战中打头阵,五次冲锋陷阵打退敌兵,取得敌人将军的头献给楚王。楚王感到惊奇并问他说:"寡人对你没有什么特别恩遇,你为何对寡人这么厚报呢?"回答说:"臣就是先前在殿上被王后揪下帽缨的那个人啊。当时就应该受刑而死,至今负疚很久了,没能有所报效。现在有幸做一个臣子应当做的事,还可以为大王战胜吴国而使楚国强大。"《诗·小雅·小弁》说:"广大深湛的水潭啊,芦苇多么丰茂。"说的是宽阔的胸怀,什么都能容得下。

樊姬论相之忠贤

楚庄王听朝罢晏。樊姬下堂而迎之,曰:"何罢之晏乎?"庄王曰:"今者听忠贤之言,不知饥倦也。"姬曰:"王之所谓忠贤者,诸侯之客与,中国之士与?"庄王曰:"则沈令尹也。"樊姬掩口而笑。王曰:"姬之所笑者何等也?"姬曰:"妾得侍于王十有一年矣,然妾未尝不求美人而进于王也,与妾同列者十人,贤于妾者二人。妾岂不欲擅王之爱、专王之宠哉?不敢以私愿蔽众美也。今沈令尹相楚数年矣,未尝见进贤而退不肖也,又焉得为忠贤乎!"庄王以樊姬之言告沈令尹,令尹进孙叔敖。叔敖治楚三年而楚国霸,樊姬之力也。

〔汉〕韩婴:《韩诗外传》

【译文】

楚庄王处理朝政退朝已经很晚了。樊姬下堂去迎接他,说:"今天退朝为何这么晚呢?"庄王说:"今天听忠贤之人谈论,不知不觉就忘了饥饿和疲倦。"樊姬说:"大王所说的忠贤之人,是诸侯的使者呢,还是中原各国的士人呢?"庄王说:"是沈令尹呀!"樊姬掩着嘴笑了起来。庄王说:"你笑什么呢?"樊姬说:"我有幸侍奉大王十一年了,然而我未尝不经常派人去寻访美女进献于大王,现在与我同等身份的有十人,胜过我的有两人。我难道不想独占大王的爱宠吗?但我不敢因个人的愿望而埋没了众多美人。如今沈令尹在楚国为相几年了,不曾见他推荐贤人而罢退德行不好的人,又怎么称得上是忠贤之人呢?"庄王把樊姬的话告诉了沈令尹,令尹就推荐了孙叔敖。孙叔敖治理楚国三年而楚国称霸诸侯,这是樊姬激将的功劳啊。

蔡声子论楚材晋用

　　椒举娶于申公子牟,子牟有罪而亡,康王以为椒举遣之,椒举奔郑,将遂奔晋。蔡声子将如晋,遇之于郑,飨之以璧侑,曰:"子尚良食,二先子其皆相子,尚能事晋君以为诸侯主。"辞曰:"非所愿也。非得归骨于楚,死且不朽。"声子曰:"子尚良食,吾归子。"椒举降三拜,纳其乘马,声子受之。

　　还见令尹子木,子木与之语,曰:"子虽兄弟于晋,然蔡吾甥也,二国孰贤?"对曰:"晋卿不若楚,其大夫则贤,其大夫皆卿材也。若杞、梓、皮革焉,楚实遗之,虽楚有材,不能用也。"子木曰:"彼有公族甥舅,若之何其遗之材也?"对曰:"昔令尹子元之难,或谮王孙启于成王,王弗是,王孙启奔晋,晋人用之。及城濮之役,晋将遁矣,王孙启与于军事,谓先轸曰:'是师也,唯子玉欲之,与王心违,故唯东宫与西广实来。诸侯之从者,叛者半矣,若敖氏离矣,楚师必败,何故去之!'先轸从之,大败楚师,则王孙启之为也。

　　"昔庄王方弱,申公子仪父为师,王子燮为傅,使师崇、子孔帅师以伐舒。燮及仪父施二帅而分其室。师还至,则以王如庐,庐戢黎杀二子而复王。或谮析公臣于王,王弗是,析公奔晋,晋人用之。实谗败楚,使不规东夏,则析公之为也。

　　"昔雍子之父兄谮雍子于恭王,王弗是,雍子奔晋,晋人用之。及鄢之役,晋将遁矣,雍子与于军事,谓栾书曰:'楚师可料也,在中军王族而已。若易中下,楚必歆之。若合而掐吾中,吾上下必败其左右,则三萃以攻其王族,必大败之。'栾书从之,大败楚师,王亲面伤,则雍子之为也。

　　"昔陈公子夏为御叔娶于郑穆公,生子南。子南之母乱陈而亡之,使子南戮于诸侯。庄王既以夏氏之室赐申公巫臣,则又畀之子反,卒于襄老。襄老死于邲,二子争之,未有成。恭王使巫臣聘于齐,以夏姬行,遂奔晋,晋人用之,实通吴、晋。使其子狐庸为行人于吴,而教之射御,导之伐楚,至于今为患,则申公巫臣之为也。

"今椒举娶于子牟,子牟得罪而亡,执政弗是,谓椒举曰:'女实遣之。'彼惧而奔郑,缅然引领南望,曰:'庶几赦吾罪。'又不图也,乃遂奔晋,晋人又用之矣。彼若谋楚,其亦必有丰败也哉。"

子木愀然,曰:"夫子何如,召之其来乎?"对曰:"亡人得生,又何不来为?"子木曰:"不来,则若之何?"对曰:"夫子不居矣,春秋相事,以还轸于诸侯。若资东阳之盗使杀之,其可乎?不然,不来矣。"子木曰:"不可。我为楚卿,而赂盗以贼一夫于晋,非义也。子为我召之,吾倍其室。"乃使椒鸣召其父而复之。

《国语·楚语上》

【译文】

椒举娶了申公子牟的女儿,子牟犯了罪逃亡在外,楚康王认为是椒举让他逃走的。椒举惧怕降罪,逃到郑国,打算再逃到晋国去。蔡国大夫声子将要去晋国,在郑国遇到椒举。他献上璧玉请椒举吃饭,说:"你还是好好吃饭,我们死去的父亲都会帮助你,你还能侍奉晋君,帮助他成为诸侯的盟主。"椒举辞谢说:"这不是我的愿望。我的愿望是归老楚国,死了也乐意。"声子说:"你好好吃饭吧,我有办法让你回楚国。"椒举拜了三拜,遂给声子四匹马,声子接受了。

声子由晋国返回后去见楚令尹子木,子木跟他谈话,说:"虽然你和晋国同姓为兄弟,但蔡君是我的外甥,你看楚晋两国谁好?"声子回答说:"晋卿不如楚令尹,但其大夫贤明,都是做卿的人才。他们像杞木、梓木、皮革一样,都是楚国赠送的。虽然楚国有人才,却不能使用。"子木说:"他们有公族、亲戚,怎么说是我们赠给他们人才呢?"声子回答说:"从前令尹子元被杀,有人在成王面前谗毁子元的儿子王孙启应与其父同罪,成王不调查核实,王孙启惧罪跑到晋国,晋君重用了他。到城濮之战时,晋军将要败逃,王孙启当时参与军事谋划,他对晋军元帅先轸说:'这次战争,只有令尹子玉要打,他跟楚王的意见不合,所以只有东官和西广两支部队来参战。跟来的诸侯军队,背叛子玉的占一半,子玉的同族也离心了,楚军必定失败,为什么我们要逃走呢?'先轸听从了王孙启的建议,结果大败楚军,这就是王孙启的作为啊。

"先前庄王年幼时,申公子仪父为老师,王子燮辅助他,派师崇和子孔二帅率军队征伐舒国。王子燮和仪父给二帅施加罪名并瓜分了他们的家产。军队回国后，仪父和王子燮扶持庄王逃到庐城，庐城大夫戢黎杀死这两个人并送庄王回都城复位。有人向庄王诬告析公是二帅的同伙，庄王不调查核实，析公惧罪逃到晋国，晋君重用了他。析公说服晋国攻打楚国，使楚国丢掉了东夏的地盘。这就是析公的作为啊。

"先前雍子的父兄在恭王面前谗毁雍子，恭王不调查核实，雍子惧罪逃到晋国，晋君重用了他。等到鄢陵之战时，晋军将要逃遁，雍子当时参与军事谋划，他对晋军元帅栾书说：'楚军可以对付，他们的主力就在于中军的王族而已。如果我们调换中军和下军的兵力，楚军肯定会高兴地上当。如果他们合力掐住我们的中军，我们的上军和下军一定可以打败他们的左、右两军，然后我们集合三军攻击其王族军队，肯定可以打败他们。'栾书听从了雍子的意见，大败楚军，恭王眼睛被射伤。这就是雍子的作为啊。

"先前陈国公子夏给御叔娶了郑穆公的女儿，生下子南。子南的母亲夏姬淫乱陈国君臣，子南杀了陈灵公，庄王率诸侯大军攻灭陈国，也杀了子南。后来庄王把夏姬赐给申公巫臣，然后又给了子反，最终又给了襄老。襄老死在邲之战中，巫臣和子反争夺夏姬，没有结果。恭王派巫臣出使齐国。巫臣带走夏姬，投奔晋国，晋君重用他，让他沟通吴、晋两国关系。他让自己的儿子狐庸做吴国的外交使臣，并且教儿子驾车射箭，教导他讨伐楚国，至今还是楚国的祸患。这就是申公巫臣的作为啊。

"如今椒举娶了子牟的女儿，子牟犯罪逃亡，执政的不调查核实，对椒举说：'是你让他逃走的。'椒举惧罪逃到郑国，远远地伸长脖子望着南方，说：'也许可以赦免我的罪。'我们又不放在心上，于是他又逃到晋国去，晋君又将重用他了。如果他策划图谋楚国，楚国也必定要大败了。"

子木听了，脸色凄怆，说："椒举怎么样？召唤他他会回来吗？"声子回答说："逃亡人得生还，又怎么能不来呢？"子木说："如不来，还怎么办？"回答说："椒举不居于楚国了，他将一年到头从事外交事业，乘车周游诸侯之国。如果买通东阳城的大盗去刺杀他，大概可以吧。不然，他不会回来。"子木说："不行。我作为楚卿，却买通大盗到晋国去杀一个人，不义啊。你替我召回他，我加倍给他家产。"于是派椒鸣去请他父亲回国。

燕昭王求贤

　　燕昭王收破燕后即位,卑身厚币,以招贤者,欲将以报仇。故往见郭隗先生,曰:"齐因孤国之乱而袭破燕。孤极知燕小力少,不足以报。然得贤士与共国,以雪先王之耻,孤之愿也。敢问以国报仇者奈何?"

　　郭隗先生对曰:"帝者与师处,王者与友处,霸者与臣处,亡国与役处。诎指而事之,北面而受学,则百己者至。先趋而后息,先问而后嘿,则什己者至。人趋己趋,则若己者至。冯几据杖,眄视指使,则厮役之人至。若恣睢奋击,呴籍叱咄,则徒隶之人至矣。此古服道致士之法也。王诚博选国中之贤者,而朝其门下,天下闻王朝其贤臣,天下之士必趋于燕矣。"

　　昭王曰:"寡人将谁朝而可?"

　　郭隗先生曰:"臣闻古之君人,有以千金求千里马者,三年不能得。涓人言于君曰:'请求之。'君遣之。三月得千里马,马已死,买其首五百金,反以报君。君大怒曰:'所求者生马,安事死马而捐五百金?'涓人对曰:'死马且买之五百金,况生马乎?天下必以王为能市马,马今至矣。'于是不能期年,千里之马至者三。今王诚欲致士,先从隗始。隗且见事,况贤于隗者乎?岂远千里哉!"

　　于是昭王为隗筑宫而师之。乐毅自魏往,邹衍自齐往,剧辛自赵往,士争凑燕。燕王吊死问生,与百姓同其甘苦。二十八年,燕国殷富,士卒乐佚轻战。于是遂以乐毅为上将军,与秦、楚、三晋合谋以伐齐。齐兵败,闵王出走于外。燕军独追北入至临淄,尽取齐宝,烧其宫室宗庙。齐城不下者,唯独莒、即墨。

《战国策·燕策一》

【译文】

　　燕昭王收复残破的燕国后登上王位,降低身份,加重聘礼来招致贤能的人,想要依靠他们报仇。所以去见郭隗先生,说:"齐国趁我国内乱而攻破燕国。孤深知燕国地方小、力量弱，不足以报复。可是得到贤能的人同他们共同治理国家，以洗刷先王的耻辱，是孤的愿望。请问要为国家报仇该怎么办？"

郭隗先生回答说："成就帝业的人与师长相处，成就王业的人与朋友相处，成就霸业的人与臣下相处，亡国的人与仆役相处。降低身份来侍奉人家，用弟子之礼来接受教导，那么胜过自己百倍的人就会到来。奔波在前而休息在后，请教在前而思考在后，那么胜过自己十倍的人就会到来。别人做什么自己也去做什么，那么跟自己差不多的人就会到来。高高在上，指手画脚，那么奔走服侍的人就会到来。如果暴怒蛮横，狂吼乱骂，那么服苦役的奴隶罪犯就来了。这是古代能否实行王道、招致贤士的不同做法。大王如果确实想广泛选拔国内的贤士，就要到贤者的门下去拜访，天下人听说大王拜访他的贤臣，天下之士就一定会奔向燕国来了。"

昭王说："寡人应当拜访谁才合适呢？"郭隗先生说："臣听说古代的君王有用千金征求千里马的，求了三年也没有得到。一个侍臣对国君说：'请让我去找千里马吧。'国君就派他去了。侍臣三个月找到了千里马，可是马已经死了，便用五百金买了那马的头，回来报告国君。国君大怒说：'我要求取的是活马，要死马有什么用，还花了五百金。'侍臣回答说：'对死马尚且花五百金买下来，何况对活马呢？天下人一定认为大王能出高价买好马，千里马如今就要来到了。'于是不到一年，送上门来的千里马就有三匹。现在大王果真想要招致人才，就先从我开始吧。我尚且被重用，何况比我贤能的人呢？他们哪里会以千里为远呢！"

于是昭王为郭隗建造官邸并尊他为师。不久，乐毅从魏国来了，邹衍从齐国来了，剧辛从赵国来了，士人争相聚集到了燕国。燕王吊唁死去的人，慰问活着的人，与百姓同甘共苦。二十八年后，燕国殷实富裕，士兵安乐舒适，不怕打仗。于是就任命乐毅为上将军，与秦、楚、三晋共同谋划去攻打齐国。齐军战败，齐闵王出逃国外。燕军单独追赶败兵，深入到临淄，全部夺得齐国的宝物，烧毁齐国的官殿和宗庙。齐国的城市没有被攻下的，只有莒和即墨。

赵简子痛失谔谔之臣

赵简子有臣曰周舍,立于门下三日三夜。简子使人问之曰:"子欲见寡人何事?"周舍对曰:"愿为谔谔之臣,墨笔操牍,从君之后,司君之过而书之,日有记也,月有成也,岁有效也。"简子居则与之居,出则与之出。居无几何而周舍死,简子如丧子。后与诸大夫饮于洪波之台,酒酣,简子涕泣。诸大夫皆出走曰:"臣有罪而不自知也!"简子曰:"大夫皆无罪。昔者吾友周舍有言:'千羊之皮不若一狐之腋,众人之唯唯不若直士之谔谔。昔者商纣默默而亡,武王谔谔而昌。'今自周舍之死,吾未尝闻吾过也。吾亡无日矣,是以寡人泣也。"

〔汉〕韩婴:《韩诗外传》

【译文】

赵简子有个家臣叫周舍,立在门前三天三夜。简子让人去问他:"你要见寡人有什么事?"周舍回答说:"我愿意做个直言敢谏的臣子,把笔蘸好墨拿着简牍跟在您后边,发现您的过失而记下来,每天有记录,每月有总结,每年见成效。"简子答应了,住让他住在一起,行让他行在一起。相处不久,周舍死了,简子像死了儿子似的难过。后来与众位大夫在洪波台上饮宴,酒正喝得畅快,简子忽然落下泪来。那些大夫慌忙走出座位说:"为臣的有罪,可是自己还没觉察呀。"简子说:"大夫都没有罪。过去我的朋友周舍有句话:'一千张羊皮不如一张狐腋,众人的唯唯诺诺不如一个直士的直言敢谏。过去商纣王的臣子沉默不语,亡国了;周武王的臣子直言敢谏,兴了邦。'现在自周舍死后,我未曾听到谁讲我的过失,我的灭亡怕没有多久了,因此我才哭泣呀。"

韩昭侯论用人应杜私求

韩昭侯以申不害为相。申不害者,郑之贱臣也,学黄老刑名以干昭侯。昭侯用为相,内修政教,外应诸侯,十五年,终申子之身,国治兵强。

申子尝请仕其从兄,昭侯不许,申子有怨色。昭侯曰:"所为学于子者,欲以治国也。今将听子之谒而废子之术乎,已其行之术而废子之请乎?子尝教寡人修功劳,视次第;今有所私求,我将奚听乎?"申子乃辟舍请罪曰:"君真其人也!"

〔宋〕司马光等:《资治通鉴·周纪二》

【译文】

韩昭侯任命申不害为国相。申不害是郑国出身低贱的人,学习黄老刑名之学以后来谒见昭侯,请求做官。昭侯用他为相,对内整顿、改善政治教化,对外应付诸侯国事务,经过十五年,到申子死,韩国国家太平,军队强大。

申不害曾经请求让他的堂兄做官,昭侯不答应,申子脸上露出抱怨的神色。昭侯说:"我这样做还是学习先生的,是想把国家治理好。如今我是听从先生的请求而废弃先生的治国之术呢,还是继继实施先生的治国之术而不听先生的请求呢?先生曾教导寡人修行功劳,讲究规矩,现在先生为私事求我,我听哪一个呢?"申子于是避席请罪说:"君王真正是我要辅佐的人啊!"

鲁仲连与孟尝君论用人

孟尝君有舍人而弗悦,欲逐之。鲁仲连谓孟尝君曰:"猿猕猴错木据水,则不若鱼鳖;历险乘危,则骐骥不如狐狸。曹沫奋三尺之剑,一军不能挡;使曹沫释三尺之剑,而操铫鎒与农夫居垅亩之中,则不若农夫。故物舍其所长,之其所短,尧亦有所不及矣。今使人而不能,则谓之不肖;教人而不能,则谓之拙。拙则罢之,不肖则弃之,使人有弃逐,不相与处,而来害相报者,岂非世之立教首也哉!"孟尝君曰:"善。"乃弗逐。

《战国策·齐策三》

【译文】

孟尝君有个门客却不喜欢,想驱逐他。鲁仲连对孟尝君说:"猿猴离开树木到了水中,就不如鱼鳖灵敏;攀高履危,千里马就不如狐狸。大将曹沫奋臂举起三尺宝剑,一军之众不能抵挡;让曹沫放下三尺宝剑,而拿起农具和农夫一起到田间耕作,就不如一个农夫。所以一个人舍弃他的长处,使用他的短处,圣王尧也有做不到的事。现在使用人而他不胜任,就说他无用;教导人而他做不好,就说他笨拙。笨拙就驱逐,无用就抛弃;使人被抛弃被驱逐,不和他们相处,这些人以后就会回来报复,岂不是世人应记取的最重要的教训吗?"孟尝君说:"说得好。"于是不再驱逐那位门客。

《吕氏春秋》论"八观六验","六戚四隐"

凡论人,通则观其所礼,贵则观其所进,富则观其所养,听则观其所行,止则观其所好,习则观其所言,穷则观其所不受,贱则观其所不为,喜之以验其守,乐之以验其僻,怒之以验其节,惧之以验其特,哀之以验其人,苦之以验其志。八观六验,此贤王之所以论人也。论人者,又必以六戚四隐。何谓六戚?父母兄弟妻子。何谓四隐,交友故旧邑里门郭。内则用六戚四隐,外则用八观六验,人之情伪贪鄙美恶无所失矣,譬之若逃雨,汙无之而非是。此圣王之所以知人也。

《吕氏春秋·论人》

【译文】
大凡考察一个人,当他通达时要看他尊敬的是什么人,当他显贵时要看他进用的是什么人,当他富有时要看他豢养的是什么人,当听他讲话时要看他怎么行动,当他空闲时要看他爱好什么,当他学习时要看他说些什么,当他困窘时要看他是否有所不受,当他贫贱时要看他是否有所不为,使他高兴以考验他能否不失常态,使他快乐以考验他是否放纵邪念,使他发怒以考验他是否能自我节制,使他恐惧以考验他是否能够自持,使他悲哀以考验他的为人,使他困苦以考验他能否不改其志。这"八观六验",是贤王用来考察人的方法。此外,考察人还要观察他的"六戚四隐"。什么是六戚?就是父、母、兄、弟、妻、子。什么是四隐?就是朋友、故旧、邻里、左右之人。内则观察他的六戚四隐,外则做到八观六验,一个人的真诚、虚伪、贪婪、鄙吝、美好、邪恶就一览无遗了,这就好比在大雨中奔逃,身上没有哪一处是不被淋湿的。这就是圣王用来认识人的办法。

姚贾对秦王论用人

　　四国为一，将以攻秦。秦王召群臣宾客六十人而问焉，曰："四国为一，将以图秦，寡人屈于内，而百姓靡于外，为之奈何？"群臣莫对。姚贾对曰："贾愿出使四国，必绝其谋而安其兵。"乃资车百乘，金千斤，衣以其衣冠，带以其剑。姚齐辞行，绝其谋，止其兵，与之为交，以报秦。秦王大悦，贾封千户，以为上卿。

　　韩非短之曰："贾以珍宝重货，南使荆吴、北使燕代之间三年，四国之交未必合也，而珍珠重货尽于内。是贾以王之权、国之宝，外自交于诸侯。愿王察之。且梁监门子，尝盗于梁，臣于赵而逐。取世监门子，梁之大盗，赵之逐臣，与同知社稷之计，非所以厉群臣也。"

　　王召姚贾而问曰："吾闻子以寡人财交于诸侯，有诸？"对曰："有。"王曰："有何面目复见寡人？"对曰："曾参孝其亲，天下愿以为子；子胥忠于君，天下愿以为臣；贞女工巧，天下愿以为妃。今贾忠王，而王不知也，贾不归四国，尚焉之？使贾不忠于君，四国之王尚焉用贾之身？桀听谗而诛其良将，纣闻谗而杀其忠臣，至身死国亡。今王听谗，则无忠臣矣。"

　　王曰："子监门子，梁之大盗，赵之逐臣。"姚贾曰："太公望，齐之逐夫，朝歌之废屠，子良之逐臣，棘津之不雠庸，文王用之而王。管仲，齐鄙之贾人也，南阳之弊幽，鲁之免囚，桓公用之而伯。百里奚，虞之乞人，传卖以五羊之皮，穆公相之而朝西戎。文公用中山盗，而胜于城濮。此四士者，皆有垢丑，大诽天下，明主用之，知其可与立功也。使若卞随、务光、申屠狄，人主岂得其用哉！故明主不取其污，不听其非，察其为己用。故可以存社稷者，虽有外谤者，不听；虽有高世之名，无咫尺之功者，不赏。是以群臣莫敢以虚愿望于上。"

秦王曰:"然。"乃复姚贾而诛韩非。

《战国策·秦策》

【译文】

　　燕、赵、吴、楚四国联合，准备攻打秦国。秦王召集大臣和宾客共六十人向他们问计，说："四国联合，准备对付秦国，寡人朝中财力窘困，而百姓又大量死伤，怎么办呢？"群臣没有人回答。姚贾回答说："我愿出使四国，一定打消他们的计划，阻止他们的军队。"秦王于是提供车子百辆，黄金千斤，让姚贾穿戴秦王的衣帽，佩带秦王的宝剑。姚贾告辞出发，打消了四国的计划，阻止了四国的军队，同他们缔交，然后归报秦王。秦王非常高兴，封姚贾食邑千户，拜为上卿。

　　韩非责难姚贾说："姚贾带着珍珠宝玉等贵重礼品，南面出使楚、吴，北面出使到燕、代地区，长达三年之久，四国的邦交不一定靠得住，可是朝廷的珍珠宝玉等贵重物品都散尽了。这是姚贾用大王的权力、秦国的珍宝，在外面私自跟诸侯结交。希望大王查查这件事。再说姚贾是大梁看门人的儿子，曾经在大梁偷过东西，到赵国做官又被赵国驱逐。录用看门人的儿子、魏国的大盗、赵国的逐臣，同他商讨国家大计，不是激励群臣的办法啊。"

　　秦王召见姚贾询问说："我听说你用寡人的财宝结交诸侯，有这种事吗？"回答说："有。"秦王说："有什么脸面再来见寡人？"回答说："曾参孝顺父母，所有做父母的都愿意把他当儿子；伍子胥忠于国君，所有做君主的都愿意把他当臣子；贞洁的女子擅长女红，所有的男人都愿意娶她做妻子。现在我效忠大王，大王却不了解，我不把财宝送到那四个国家，还送到哪里去？假如我对君王不忠诚，四国的国君还怎么能信任我个人？夏桀听信谗言杀了他的良将，殷纣听信谗言杀了他的忠臣，以至自己丧命国家灭亡。如今大王听信谗言，那么就不会有忠臣了。"

　　秦王说："你是看门人的儿子，魏国的大盗，赵国的逐臣。"姚贾说："太公望曾经是被妻子赶走的丈夫，朝歌城里卖肉不售的屠户，被子良驱逐的臣子，棘津没人雇用的佣工，可是周文王任用他建立了王业。管仲是齐国边地的商贩，南阳穷困潦倒的平民，鲁国赦免的囚犯，可是齐桓公任用他成就了霸业。百里奚是虞国的乞丐，以五张羊皮的身价自卖为奴，秦穆公任用他为相降服了西戎。晋文公任用中山的大盗，在城濮之战中取得了胜利。这四个人都曾有不光彩的经历，为天下人轻视，英明的君主却任用他们，知道他们能帮助自己建立功业。假若都像隐士卞随、务光、申屠狄等人那样，国君难道能够得到他们的效用吗？所以，英明的君主用人不挑剔他们的污点，不计较他们的过失，只考察他们能否为自己所用。所以，君主对能够安定国家的人，即使外面有诽谤的议论，不听信；对即使有高出世人的名声，却没有尺寸之功的人，不奖赏。这样，群臣就不敢以无用的名声希求国君了。"

秦王说："有道理。"于是仍旧让姚贾出使并责备了韩非。

秦用他国人

七国虎争天下,莫不招致四方游士。然六国所用相,皆其宗族及国人,如齐之田忌、田婴、田文,韩之公仲、公叔,赵之奉阳、平原君,魏王至以太子为相。独秦不然,其始与之谋国以开霸业者,卫人公孙鞅也;其他若楼缓赵人,张仪、魏冉、范雎等魏人,蔡泽燕人,吕不韦韩人,李斯楚人,皆委国而听之不疑,卒之所以兼天下者,诸人之力也。燕昭王任郭隗、剧辛、乐毅,几灭强齐,辛、毅皆赵人也。楚悼王任吴起为相,诸侯患楚之强,盖卫人也。

〔宋〕洪迈:《容斋随笔》

【译文】

齐、楚、燕、韩、赵、魏、秦七国像猛虎一般争夺天下,各国无不招致游说之士。然而六国所任用的相国,都是国君的宗族及本国人,如齐国的田忌、田婴、田文,韩国的公仲、公叔,赵国的奉阳、平原君,魏王甚至于用太子为相。只有秦国不是这样,其开始与秦孝公谋划国事并开创秦国霸业的,是卫国人公孙鞅(即商鞅);其余担任过秦相的如楼缓是赵国人,张仪、魏冉、范雎等是魏国人,蔡泽是燕国人,吕不韦是韩国人,李斯是楚国人,历代秦君都把国家大政交给他们,听信他们而不加怀疑。秦国之所以最终统一了天下,是靠这些人的力量。燕昭王任用郭隗、剧辛、乐毅,差一点灭掉了强大的齐国,而剧辛、乐毅都是赵国人。楚悼王任用吴起为相,诸侯都惧怕楚国的强大,而吴起是卫国人。

汉高祖知人善任

高祖置酒洛阳南宫。高祖曰:"列侯诸将无敢隐朕,皆言其情。吾所以有天下者何?项氏所以失天下者何?"高起、王陵对曰:"陛下慢而侮人,项羽仁而爱人。然陛下使人攻城略地,所降下者因以予之,与天下同利也。项王妒贤嫉能,有功者害之,贤者疑之,战胜而不予人功,得地而不予人利,此所以失天下也。"高祖曰:"公知其一,未知其二。夫运筹策帷帐之中,决胜于千里之外,吾不如子房;镇国家,抚百姓,给馈饷,不绝粮道,吾不如萧何;连百万之军,战必胜,攻必取,吾不如韩信。此三者,皆人杰也,吾能用之,此吾所以取天下也。项羽有一范增而不能用,此其所以为我擒也。"

〔汉〕司马迁:《史记·高祖本纪》

【译文】

汉高祖在洛阳南宫举行酒宴。高祖说:"各位诸侯、将军不要隐瞒朕,都要讲实情。谈谈我为什么能够取得天下?项羽为什么会失去天下?"高起、王陵回答说:"陛下傲慢而不尊重人,项羽仁厚而关心人。但陛下派人攻城略地,所招降和攻下的城邑就封赏给他们,与天下的人同享其利;项羽妒贤嫉能,对有功的人迫害,对贤能的人怀疑,打了胜仗却不给人奖赏,得了土地却不分人利益,因此才失掉了天下。"高祖说:"你们只知其一,不知其二。运筹作战方略于营帐之中,决胜于千里之外,我不如张良;治理国家,安定百姓,供给军饷,源源不断地运送粮草,我不如萧何;指挥百万大军,战必胜,攻必取,我不如韩信。这三个人都是人中豪杰,我能信任使用他们,这是我之所以取得天下的原因。项羽只有一个有才能的范增,却不能信任使用,这是他之所以被我擒杀的原因。"

汉高祖论功行封

　　汉五年,既杀项羽,定天下,论功行封。群臣争功,岁余功不决。高祖以萧何功最盛,封为酂侯,所食邑多。功臣皆曰:"臣等身被坚执锐,多者百余战,少者数十合,攻城略地,大小各有差。今萧何未尝有汗马之劳,徒持文墨议论,不战,顾反居臣等上,何也?"高帝曰:"诸君知猎乎?"曰:"知之。""知猎狗乎?"曰:"知之。"高帝曰:"夫猎,追杀兽兔者狗也,而发踪指示兽处者人也。今诸君徒能得走兽耳,功狗也。至如萧何,发踪指示,功人也。且诸君独以身随我,多者两三人。今萧何举宗数十人皆随我,功不可忘也。"群臣皆莫敢言。

　　列侯毕已受封,及奏位次,皆曰:"平阳侯曹参身被七十创,攻城略地,功最多,宜第一。"上已桡功臣,多封萧何,至位次未有以复难之,然心欲何第一。关内侯鄂君进曰:"群臣议皆误。夫曹参虽有野战略地之功,此特一时之事。夫上与楚相距五岁,常失军亡众,逃身遁者数矣。然萧何常从关中遣军补其处,非上所诏令召,而数万众会上之乏绝者数矣。夫汉与楚相守荥阳数年,军中无粮,萧何转漕关中,给食不乏。陛下虽数亡山东,萧何常全关中以待陛下,此万世之功也。今虽亡曹参等百数,何缺于汉?汉得之不必待以全。奈何欲以一旦之功而加万世之功哉!萧何第一,曹参次之。"高祖曰:"善。"于是乃以萧何第一,赐带剑履上殿,入朝不趋。

　　上曰:"君闻近贤受上赏。萧何功虽高,得鄂君乃益明。"于是因鄂君故所食关内侯邑封为安平侯。是日,悉封何父子兄弟十余人,皆有食邑。乃益封何二千户,以帝尝繇咸阳时何送我独赢奉钱二也。

〔汉〕司马迁:《史记·萧相国世家》

【译文】

汉高祖五年(前202),已经灭掉项羽,平定了天下,于是评论功劳,施行封赏。群臣互相争功，一年多时间还没有一个定论，高祖认为萧何功劳最大，封他为酂侯，所封赏的食邑最多。功臣们都说："我们披坚执锐，打仗多的参加过一百多次战斗，打仗少的也有数十回合的战斗，攻占城池，夺取土地，功劳大小各不相等。如今萧何没有汗马之劳，仅仅依靠舞文弄墨，发发议论，不曾参加任何战斗，封赏反而在我们上面，这是什么道理呢？"高祖说："诸位功臣都知道打猎的事情吗？"回答说："知道。"问："知道猎狗吗？"答："知道。"高祖说："打猎的时候，追赶捕杀野兽兔子的是狗，而发现踪迹指示野兽所在地方的是人。现在诸位功臣只不过能捕杀走兽罢了，就好比打猎时候有功的猎狗。至于萧何，他能够发现敌人的踪迹并指示其所在的地方，就好比打猎时候有功的猎人。况且诸位仅仅以本身追随我，最多的不过一家两三个人，而萧何全宗族几十人都追随我，这个功劳是不能忘记的。"于是群臣都不敢再说话了。

所有侯爵都已接受了封赏，等到要排列位次的时候，大家都说："平阳侯曹参在战场上身受七十多次创伤，攻占城池，夺取土地，功劳最多，应该排第一。"高祖已经折服了众功臣，多封赏了萧何，至于排列位次就不想再难为他们，但心中还是想把萧何排第一。这时关内侯鄂千秋进言说："群臣的议论都是错误的。曹参虽然有野战攻城略地的功劳，那只是一时的事情。而皇上与楚军互相争持五年，经常损军折将，皇上因此有好几次从险境中逃出来。但是萧何经常从关中征集兵员派来补充军额，并没有皇上的诏命要他这样做，然而数万军队屡次在皇上最困难甚至面临绝境的时候到来了。汉军与楚军在荥阳相持的几年，汉军没有粮饷，是萧何在关中征粮，利用水路辗转运来，使军食不缺乏。陛下虽然屡次丢掉山东，是萧何常常保全关中以等待陛下归来，这都是万世不朽的功劳。现在即使没有曹参等一百多人，对汉朝来说又有什么损失？汉朝得到他们不一定就能保全天下。为什么要把一时的功劳加在万世不朽的功劳之上呢？萧何应该排列第一，曹参排列第二。"高祖说："说得好。"于是就以萧何为功臣第一，并赐他带剑穿履上殿，上朝时不必如其他臣僚小步快走。

高祖说："我听说进用贤能的人应该受到最高的封赏。萧何的功劳虽然高，得到鄂君的推荐更加显明。"于是就着鄂千秋原本封赏的关内侯食邑，封他为安平侯。这一天，萧何父子兄弟十余人全部受封，都赏给食邑。另外加封萧何食邑二千户，原因是高祖当初做沛县泗水亭长去咸阳出差时，同僚都资送他俸钱三百，只有萧何资送五百，比别人多了两百。

汉初布衣将相之局

汉初诸臣，惟张良出身最贵，韩相之子也。其次则张苍，秦御史；叔孙通，秦待诏博士。次则萧何，沛主吏掾；曹参，狱掾；任敖，狱吏；周苛，泗水卒史；傅宽，魏骑将；申屠嘉，材官。其余陈平、王陵、陆贾、郦商、郦食其、夏侯婴等，皆白徒；樊哙则屠狗者，周勃则织薄曲吹箫给丧事者，灌婴则贩缯者，娄敬则挽车者。一时人才皆出其中，致身将相，前此所未有也。

盖秦汉间为天地一大变局。自古皆封建诸侯，各君其国，卿大夫亦世其官，成例相沿，视为固然。其后积弊日甚，暴君荒主既虐用其民，无有底止；强臣大族又篡弑相仍，祸乱不已。再并而为七国，益务战争，肝脑涂地，其势不得不变，而数千年世侯世卿之局，一时亦难遽变。于是先从在下者起，游说则范雎、蔡泽、苏秦、张仪等，徒步而为相；征战则孙膑、白起、乐毅、廉颇、王翦等，白身而为将。此已开后世布衣将相之例，而兼并之力，尚在有国者，天方藉其力以成混一，固不能一旦扫除之，使匹夫而有天下也。于是纵秦皇尽灭六国，以开一统之局。使秦皇当日发政施仁，与民休息，则祸乱不兴，下虽无世禄之臣，而上犹是继体之主也。惟其威虐毒痛，人人思乱，四海鼎沸，草泽竞奋。于是汉祖以匹夫起事，角群雄而定一尊。其君既起自布衣，其臣亦自多亡命无赖之徒，立功以取将相，此气运为之也。天之变局，至是始定。

然楚汉之际，六国各立后，尚有楚怀王心，赵王歇，魏王咎、魏王豹，韩王成、韩王信，齐王田儋、田荣、田广、田安、田市等；即汉所封功臣，亦先裂地以王彭、韩等，继分国以侯绛、灌等。盖人情习见前世封建故事，不得而遽易之也。乃不数年，而六国诸王皆败灭，汉所封异姓王八人，其七人亦皆败灭。则知人情犹狃于故见，而天意已另换新局，故除之易易耳。而是时尚有分封子弟诸国。迨至七国反后，又严诸侯王禁制，除吏皆自天朝，诸侯王惟得食租衣税，又多以事失侯。于是三代世侯世卿之遗法，始荡然净尽，而成后世征辟、选举、科目、杂流之天下矣，岂非天哉！

〔清〕赵翼：《廿二史札记·史记 汉书》

【译文】

西汉开国之初诸位大臣，只有张良出身最高贵，是韩国相国的儿子。其次是张苍，秦时为御史；叔孙通，秦时为待诏博士。再次是萧何，秦时为沛县主吏掾（掌一县吏事）；曹参，为沛县狱掾（即典狱长）；任敖，为沛县狱吏；周苛，为沛县泗水卒吏（县中掾属）；傅宽，为魏五大夫骑将；申屠嘉，为材官（供差遣的低级武职）。其余陈平、王陵、陆贾、郦商、郦食其、夏侯婴等，都是没有任何官职的平民。樊哙乃是杀狗匠，周勃乃是织薄曲（养蚕工具）为人吹箫助丧事者，灌婴乃是丝绸贩子，娄敬乃是驾车人。一代人才都出在这些人中，个个做到将相，是此前所没有的。

秦汉之际为改天换地一大变局。自古以来都是天子封建诸侯，各为其国之君，世代相传，卿大夫也都世袭其官，成例相沿，视为理所当然。传到后来，积弊日益加深，残暴荒淫的君主既已虐取驱使其百姓，无有止境；权臣豪族又相继篡夺弑逆，使祸乱没完没了。一再地兼并而只剩下七国，七国之间更加战争不断，天下百姓肝脑涂地，其形势已不能不变，但数千年世袭诸侯世袭卿大夫的局面一时也难以一下子改变。于是先从生活在下层的人们开始，游说之士乃有范雎、蔡泽、苏秦、张仪等，凭奔走于各国口舌辩说而取得相位，征战之士乃有孙膑、白起、乐毅、廉颇、王翦等，靠斩将破敌、攻城略地由平民而成为大将，这已开启了后世由布衣之士跻身将相的先例。但兼并的力量还在拥有诸侯国的君主手里，上天要借助他的力量以形成统一的局面，上述的情形本来也不是一下子可以扫除干净，使一个寻常百姓而拥有天下的啊。于是放纵秦始皇尽灭六国，以开辟天下一统的局面。假使秦始皇当日施行仁政，让百姓休养生息，那么就不会兴起祸乱，在下虽无世袭禄位的大臣，而在上还是世代相传的君王。只因秦始皇淫威暴虐荼毒生灵，才弄得人人思乱，四海翻腾，民间争相奋起反抗。于是汉高祖以一介平民起事，并在群雄逐鹿中取胜而定为一尊。汉朝的君主既然是起自平民百姓，其臣子也自然多为不怕死的强横之徒，他们建立功劳而取得将相之位，这是气数时运造成的啊。上天安排的变局，至此才安定下来。

然而楚汉相争之际，六国诸侯之后都各有被立为君的，尚有楚怀王熊心、赵王歇、魏王咎、魏王豹、韩王成、韩王信、齐王田儋、田荣、田广、田安、田市等；就是汉朝所封的功臣，也曾先以所得土地分封彭越为梁王、韩信为齐王（后改封楚王）等，继而以城邑分封周勃为绛侯、灌婴为颍阴侯等。大抵人之常情，习惯于接受前代封建诸侯的成例，不能够一下子都改变它。但不到数年功夫，而六国诸王都败灭了，汉朝所封的异姓王八人，其中七人也都败灭了。那么就知道虽然人情还习惯于旧见，而天意已另换新局，所以除掉他们就容易了。但这时还有分封子弟的各诸侯国。直到汉景帝时吴楚七国叛乱被平定后，又严格规定了对诸侯王的禁令制度，诸侯国任用的官吏都由朝廷派遣，诸侯王只是从王国收取租税以供衣食，武帝时又多借事故使列侯丧失爵位。于是夏、商、周三代传下来的世袭诸侯世袭卿大夫之遗法，才荡然无存，而演变成为后世以征辟、选举、科目、杂流等各种途径选任官吏的制度，这难道不是天意吗？

汉文帝虚怀纳谏赦过赏功

冯唐者,其大父赵人。父徙代。汉兴,徙安陵。唐以孝著,为中郎署长,事文帝。文帝辇过,问唐曰:"父老何自为郎?家安在?"唐具以实对。文帝曰:"吾居代时,吾尚食监高袪数为我言赵将李齐之贤,战于巨鹿下。今吾每饭,意未尝不在巨鹿也。父知之乎?"唐对曰:"尚不如廉颇、李牧之为将也。"上曰:"何以?"唐曰:"臣大父在赵时,为官率将,善李牧。臣父故为代相,善赵将李齐,知其为人也。"上既闻廉颇、李牧为人,良说,而搏髀曰:"嗟乎!吾独不得廉颇、李牧,时为吾将,吾岂忧匈奴哉!"唐曰:"主臣!陛下虽得廉颇、李牧,弗能用也。"上怒,起入禁中。良久,召唐让曰:"公奈何众辱我,独无间处乎?"唐曰:"鄙人不知忌讳。"

当是之时,匈奴新大入朝那,杀北地都尉卬。上以胡寇为意,乃卒复问唐曰:"公何以知吾不能用廉颇、李牧也?"唐对曰:"臣闻上古王者之遣将也,跪而推毂,曰:'阃以内者,寡人制之;阃以外者,将军制之。'军功爵赏皆决于外,归而奏之。此非虚言也。臣大父言,李牧为赵将居边,军市之租皆自用飨士,赏赐决于外,不得从中扰也。委任而责成功,故李牧乃得尽其智能,遣选车千三百乘,彀骑万三千,百金之士十万,是以北逐单于,破东胡,灭澹林,西抑强秦,南支韩、魏。当是之时,赵几霸。其后会赵王迁立,其母倡也。王迁立,乃用郭开谗,卒诛李牧,用颜聚代之。是以兵破士北,为秦所擒灭。今臣窃闻魏尚为云中守,其军市租尽以飨士卒,出私养钱,五日一椎牛,飨宾客军吏舍人,是以匈奴远避,不近云中之塞。虏曾一入,尚率车骑击之,所杀甚众。夫士卒尽家人子,起田中从军,安知尺籍伍符。终日力战,斩首捕虏,上功莫府,一言不相应,文吏以法绳之。其赏不行而吏奉法必用。臣愚以为陛下法太明,赏太轻,罚太重。且云中守魏尚坐上功首虏差六级,陛下下之吏,削其爵,罚作之。由此言之,陛下虽得廉颇、李牧,弗能用也。臣诚愚，触忌讳，死罪死罪！"文帝说。是日，令冯唐持节赦魏尚，复以为云中守，而拜唐为车骑都尉，主中尉及郡国车士。

〔汉〕司马迁：《史记·张释之冯唐列传》

【译文】

冯唐的祖父是赵国人，父亲时迁到代，汉朝建立后，又迁到安陵。冯唐以孝行著称，为中郎署之长，侍奉文帝。文帝的车辇经过，问他说："老人家，您是从何时做郎官的？家住在哪里？"冯唐都如实回答。文帝说："我在代的时候，我的尚食监高祛屡次向我谈到赵将李齐的贤能，以及他在巨鹿作战的事迹。现在每当我吃饭的时候，意识中都会浮现李齐在巨鹿作战的雄风。您老人家知道他吗？"冯唐回答说："他还比不上廉颇、李牧的将才呀！"文帝说："凭什么这样说呢？"冯唐说："臣祖父在赵的时候，做官而统率将士，与李牧友好。臣父过去做过代相，与赵将李齐友好，所以臣了解他们的为人。"文帝听说了廉颇、李牧的事迹后，高兴地拍着大腿说："唉！我独独不能得到廉颇、李牧这样的将才，如果得到了，我又何必担忧匈奴为患呢！"冯唐说："主上，臣很惶恐。陛下即使得到了像廉颇、李牧的将才，也不见得能任用啊！"文帝很生气，站起来，回到禁中。过了好一会儿，才又召见冯唐，责备他说："您为何当众羞辱我呢？难道不能私下告诉我吗？"冯唐谢罪说："臣是个乡鄙之人，不懂得忌讳。"

当此之时，正值匈奴大举入侵朝那一带，杀死了北地郡的都尉孙卬。文帝以匈奴入寇为忧，于是终于又问冯唐说："您怎么知道我不见得能任用廉颇、李牧那样的将才呢？"冯唐回答说："臣听说古代君王派遣将军的时候，跪下来推着车毂，说：'朝廷内的事，由寡人做主；朝廷外的事，由将军决断。一切论功行赏以及封爵之事，都由您在外决定，回来报告一声就是了。'这并非是虚妄之谈。臣的祖父说，李牧为赵将，驻扎在边境，军中互市的租税都自行用来犒飨士卒，赏赐都在外决定，不必受朝廷的制约。君主既然一切委托他，就只求他成功，所以李牧可以竭尽他的智能，派遣精选的兵车一千三百辆，善射的骑兵一万三千人，价值百金的良士十万人，因此能够在北方驱逐单于，大破东胡，攻灭澹林，在西方抑制强秦，在南方支援韩、魏。那个时候，赵国几乎称霸。后来遇上赵王迁即位，他的母亲是个倡家女（表演歌舞的人）。迁即位后，竟然听信郭开的谗言，终于杀了李牧，而用颜聚代替他。因此军队被击败，士兵溃散逃亡，被秦军所虏杀。如今臣听说魏尚做云中郡郡守，他军中互市的租税全部用来犒飨士卒，还拿出自己的钱，每五天宰一次牛，以招待宾客、军吏及舍人，因此匈奴远远躲避，不敢接近云中的要塞。匈奴曾经有过一次入侵，魏尚率领军队出击，杀敌甚众。这些士卒都是乡下人家的子弟，由田野间出来从军，哪里懂得军队中的文书伍符。他们终日拼死作战，斩敌首，俘敌人，可是到幕府申报战功，一句话有出入，文吏就拿法令来制裁他们。该赏的不行赏，犯了事文吏却绝对按律处分。臣以为陛下的法令太严明，赏赐太轻，处罚太重。云中郡守魏尚因为犯了上报战功首级少了六个的罪，陛下就把他交给执法官吏治罪，削除他的官爵，判他一年苦刑。由此说来，陛下纵使得到像廉颇、李牧的将才，也不见得任用的。臣实在很愚钝，触犯了忌讳，该得死罪，该得死罪！"文帝听了很高兴，当天就令冯唐拿着符节去赦免了魏尚的罪，重新任命他为云中郡守，又任命冯唐为车骑都尉，统领中尉和郡国的车战之士。

汉文帝细柳营识名将

　　文帝之后六年，匈奴大入边，乃以宗正刘礼为将军，军霸上；祝兹侯徐厉为将军，军棘门；以河内守亚夫为将军，军细柳，以备胡。上自劳军，至霸上及棘门军，直驰入，将以下骑送迎。已而之细柳军，军士吏披甲，锐兵刃，彀弓弩，持满。天子先驱至，不得入。先驱曰："天子且至。"军门都尉曰："将军令曰：'军中闻将军令，不闻天子之诏。'"居无何，上至，又不得入。于是上乃使使持节诏将军："吾欲入劳军。"亚夫乃传言开壁门。壁门士吏谓从属车骑曰："将军约，军中不得驱驰。"于是天子乃按辔徐行。至营，将军亚夫持兵揖，曰："介胄之士不拜，请以军礼见。"天子为动，改容，轼车，使人称谢："皇帝敬劳将军。"成礼而去。既出军门，群臣皆惊。文帝曰："嗟乎，此真将军矣！曩者霸上、棘门军，若儿戏耳，其将固可袭而虏也。至于亚夫，可得而犯耶！"称善者久之。月余，三军皆罢。乃拜亚夫为中尉。

　　孝文且崩时，诫太子曰："即有缓急，周亚夫真可任将兵。"文帝崩，拜亚夫为车骑将军。

　　孝景三年，吴楚反，亚夫以中尉为太尉，东击吴楚。……凡相攻守三月，而吴楚破平。

〔汉〕司马迁：《史记·绛侯周勃世家》

【译文】

　　周亚夫为西汉开国功臣绛侯周勃之子。汉文帝后元六年（前158），匈奴大举侵入边境，于是任命宗正刘礼为将军，驻扎在霸上；任命祝兹侯徐厉为将军，驻扎在棘门；任命河内郡守周亚夫为将军，驻扎在细柳，以此防御匈奴。文帝亲自去慰劳军队，到霸上和棘门军营时，车驾长驱直入，将军们都下马迎送。后来到细柳军营，战士和军官们都身披铠甲，手持锋利的兵器，张开弓弩，拉满弓，戒备森严。天子的先遣人马到了，却不准进入。先遣人马说："天子将要到来。"守卫营门的军官说："将军命令说：'军中只听将军的命令，不听天子的诏命。'"不久，天子的车驾到了，也不能进入。于是文帝便派遣使者拿着符节对将军宣诏说:"我想进入军营慰劳军队。"周亚夫才传令打开军营的大门。营门的军官告诉天子随从的车马说:"将军有约:军营里面车马不能奔驰。"于是天子就拉住缰绳,让车马慢慢地行走。到了军营之中,将军周亚夫手拿兵器向天子拱手行礼说:"穿着甲胄的将士不能跪拜,请允许以军中之礼相见。"天子受到感动,脸上严肃起来,俯身扶着车前横木,向军队致敬,并派人向周亚夫道谢说:"皇帝恭敬地慰劳将军。"完成了慰劳军队的礼节,天子一行离去。走出军门后,群臣都非常惊惧。文帝说:"哎呀,这才是真正的将军啊!以前在霸上和棘门看到的军队,就像儿戏呢,它的将领实在是容易被人袭击而俘虏的。至于周亚夫,谁能侵犯得了呢?"如此称赞了好久。一个多月后,三处的军队都撤了。于是拜周亚夫为中尉(秦汉九卿之一,主管京师警卫)。

文帝临死的时候,告诫太子说:"一旦国家有了急难,可任命周亚夫统率军队。"文帝去世后,汉景帝拜周亚夫为车骑将军。

汉景帝三年(前154),吴、楚等七国反叛朝廷。周亚夫由中尉提升为太尉,率大军东击吴、楚等叛军。经过三个月的互相攻守,吴楚之乱被破灭、平定。

汉景帝不以小过责能臣

景帝即位,以错为内史。错常数请间言事,辄听,宠幸倾九卿,法令多所更定。丞相申屠嘉心弗便,力未有以伤。内史府居太上庙壖中,门东出,不便,错乃穿两门南出,凿庙壖垣。丞相嘉闻,大怒,欲因此过为奏请诛错。错闻之,即夜请间,具为上言之。丞相奏事,因言错凿庙垣为门,请下廷尉诛。上曰:"此非庙垣,乃壖中垣,不致于法。"丞相谢。罢朝,怒谓长史曰:"吾当先斩以闻,乃先请,为儿所卖,固误。"丞相遂发病死。错以此愈贵。

〔汉〕司马迁:《史记·袁盎晁错列传》

【译文】
汉景帝即位,任命晁错为内史。晁错常常请求景帝单独召见听他奏事,他的意见每每被听取,受到的宠幸超过九卿,许多法令都因此更改了。丞相申屠嘉对此很不满,却没有足够的力量来毁伤他。内史府座落在太上庙内墙和外墙中间的游地上,门向东开,出入很不方便,晁错于是凿开外墙辟了两个向南出的门。丞相申屠嘉听说后,大为震怒,想抓住这一过错上奏景帝,请求杀掉晁错。晁错听到这个风声,连夜进宫单独谒见景帝,一五一十说明了情况。第二天,丞相申屠嘉奏事,就陈述了晁错擅自凿开庙垣为门的罪过,请求皇上将晁错交给廷尉诛杀。景帝说:"他所凿开的不是太上庙的内墙,而是外墙,不致于触犯法令。"丞相只好谢罪。退朝后,他愤怒地对长史说:"我应当先斩后奏,却先去上奏,反而被这小子给卖了,实在是大错特错。"不久丞相发病而死。晁错因此越发显贵。

汉武帝用将

武帝长驾远驭，所用皆趼弛之士，不计流品也。《张骞传》，自骞开外国道，致尊贵，吏士争上书，言外国利害。天子为其绝远，辄予节，募吏民无问所从来，为备人众遣之。或道中被侵盗失物及失指，天子为其习之，辄案致重罪以激之，令赎复求使，大者予节，小者为副，故妄言无行之徒争应募。此其鼓动人材之大略也。至其操纵赏罚，亦实有足以激劝者。如卫青、霍去病等，屡经出塞，为国宣力，固贵之宠之，封侯增邑不少靳。或奋身死事，如韩千秋战死南越，帝曰："千秋功虽不成，然亦军锋之冠。"则封其子为成安侯。或在军有私罪而功足录者，如李广利伐大宛，斩其王母寡，而私罪恶甚多，则以其万里征伐，不录其过。甚至失机败事，而其罪可谅、其才尚可用者，亦终不刑戮，使得再自效。如张骞与李广，俱出右北平击匈奴，广失亡多，骞后期，皆当斩，皆许赎为庶人；广又全军复没，身为匈奴所得，佯死夺其马奔归，当斩，亦赎为庶人。他如公孙敖亡七千人，赵食其迷失道，楼船将军杨仆击朝鲜，坐兵至列口，不待左将军，以至失亡多，皆当斩，皆许赎为庶人。后皆重诏起用，使之立功，且任用时，不拘以文法。如李广夜行，为霸陵醉尉所辱，及为将，请尉俱行，至即斩以报怨，上疏自言，帝不惟不以为罪，反奖誉之以成其气。其有恃功稍骄蹇者，则又挫折而用之。如杨仆已破南越，会东越反，帝欲以为将，为其伐前劳，特诏责之，又数其受诏不至兰池宫等罪，激使立功自赎。其驾驭豪杰如此，真所谓绦镳在手，操纵自如者也。而于畏懦者，则诛无赦。如大司农张成、山州侯刘齿击东越，畏贼不敢进，却就便处，即立诛之。又或冒功行诈，如左将军荀彘击朝鲜，与杨仆争功嫉妒，虽克朝鲜，终坐弃市。（以上皆见各本传）赏罚严明如此，孰敢挟诈避险而不尽力哉！史称雄才大略，固不虚也。

〔清〕赵翼：《廿二史札记·史记、汉书》

【译文】

　　汉武帝长驾远驭，所任用的都是放纵不羁的才能之士，不计较其出身及社会地位的高低。《张骞传》记载，自张骞开通国外道路而得到高官富贵，官吏士卒争相上书天子，谈论外国的好处。天子因为外国道路不通而又遥远，对凡愿意去的就颁给使者的符节，召募吏民不问出身如何，任其集合人众派遣而去。有的使者在道途上被侵扰盗窃丢失财物或做出违背旨意之事，天子因他们轻率要求出使，往往就严究重罪来激励他们，让他们再求出使以立功赎罪，这些人当中，对外国情况了解多的就给他使节的名义，了解少的就让他做副使，所以胡说八道没有德行的人争相应募。这是武帝鼓动人才的大致情况。至于他操纵赏罚的大权，也确实有足以激励人的地方。如卫青、霍去病等人，屡次率兵出塞打击匈奴，为国家效力，固然要尊显他们宠爱他们，封侯增加食邑毫不吝惜。有的人作战奋不顾身为国捐躯，如韩千秋在出征南越时战死，武帝说："韩千秋虽然未成就战功，然而他也算冲锋陷阵的冠军。"就封其子为成安侯。有的人在行军作战中犯下死罪但也立下足以铭记的功劳，如李广利讨伐大宛，斩杀大宛王母寡，而私下所犯罪恶甚多，就因他万里征伐之苦，不追究他的罪过。甚至坐失战机遭到失败，但其罪可宽恕、其才尚可用的人，也终究没有杀头，让他们再立功赎罪。如张骞和李广，都曾率兵攻击匈奴，李广的士兵走散伤亡者众多，张骞未按期到达，按军法都应当斩首，但都没有杀头，而是允许他们用钱赎身为平民；李广还曾全军覆没，自身受伤后被匈奴骑兵俘虏，因佯装死亡，乘匈奴骑兵不防备，夺其马逃奔而归，按军法也应当斩首，但也允许他用钱赎身为平民。其他的如公孙敖出兵伤亡七千人，赵食其行军迷失道路贻误战机，楼船将军杨仆率军渡海攻击朝鲜，兵开到洌口时，不按约定与左将军会齐就轻率出击，以致兵士伤亡惨重，按军法都应当斩首，都允许用钱赎身为平民。这些人后来又都被下诏起用，让他们立功，并且在任用时，不以文书法令拘束他们。如李广赋闲在家，一次夜行时，被喝醉了酒的霸陵县尉所折辱，等到他重新起用任右北平太守，便请求皇上让霸陵尉一起去赴任。霸陵尉一到军中，李广就将他斩首以报当日之怨，然后上疏报告了此事。武帝不仅不认为李广有罪，反而奖励他以促成他的英雄气概。而对那些依仗有功傲慢放纵的人，就又挫败他的傲气再使用他。如杨仆攻破南越，适逢东越反叛，武帝想再以杨仆为将，因为他夸耀前功，就下特诏批评他，又列举他受诏不至兰池宫等罪，激将他让他立功赎罪。武帝驾驭豪杰之士就是这样，真所谓绦镞（以绳转轴裁木为器）在手，操纵自如啊！但对于那些临敌畏惧怯懦者，就诛杀无赦。如大司农张成、山州侯刘齿受命讨伐东越，畏惧贼兵不敢进军，反而撤退到安全的地方驻扎下来，武帝就立即诛杀了他们。又有的人冒功行诈，如左将军荀彘出击朝鲜，与楼船将军杨仆争功嫉妒，虽然攻下了朝鲜，最终因此罪被诛，弃尸在市井。（以上皆各见本传）像这样赏罚严明，谁敢心怀欺诈逃避凶险而不尽力呢？史称汉武帝雄才大略，果不虚传啊！

汉武帝留意郡守

汉武帝天资高明，政自己出，故辅相之任，不甚择人，若但使之奉行文书而已。其于除用郡守，尤所留意。庄助为会稽太守，数年不闻问，赐书曰："君厌承明之庐，怀故土，出为郡吏。间者，阔焉久不闻问。"吾丘寿王为东郡都尉，上以寿王为都尉，不复置太守，诏赐玺书曰："子在朕前之时，知略辐凑。及至连十余城之守，任四千石之重，职事并废，盗贼从横，甚不称在前时，何也？"汲黯拜淮阳太守，不受印绶，上曰："君薄淮阳耶？吾今召君矣，顾淮阳吏民不相得，吾徒得君重，卧而治之。"观此三者，则知郡国之事无细大，未尝不深知之。为长吏者常若亲临其上，又安有不尽力者乎？惜其为征伐、奢侈所移，使民间不见德泽，为可恨耳！

〔宋〕洪迈：《容斋随笔》

【译文】

汉武帝天生资质高明，大政方针都由自己拿主意，所以对辅佐大臣的任命，不十分挑剔，只是让他们忠实奉行文书罢了。但他对地方长官郡守的任用，特别留心在意。庄助（即严助）任会稽太守，几年不报告情况，武帝赐书信给他说："你住够了承明的庐舍，怀恋故土，要求由京官出任郡守。这几年疏远了，许久不闻消息。"吾丘寿王任东郡都尉，武帝因寿王为都尉，不再设置太守。当时东郡年景不好，盗贼很多，武帝颁赐加了玺印的书信给他说："你在朕跟前时，智慧谋略出众，等到成为联结十几座城池的守将，担负享禄四千石的重任（郡守都尉年俸各为二千石，而寿王以都尉兼行郡守之职，故有此说），却不能尽职尽责，致使境内盗贼横行，与前时的表现很不相称，这是为什么呢？"汲黯被任命为淮阳太守，辞谢不接受官印，武帝说："你看不起淮阳太守的职务吗？我不久就召你回朝廷。只是看到淮阳官吏和百姓关系处得不好，才特地要借重你的威望，安卧而治理之。"从这三件事来看，就知道武帝对地方上各郡国的事，无论大小，没有不深切了解的。做地方长官的就像皇帝在身边一样，又怎么会不尽力呢？可惜的是这种情况被连年征伐和宫廷奢侈所冲淡，使民间感受不到德政恩泽，真是可惜呀！

三国之主用人各不同

　　人才莫盛于三国，亦惟三国之主各能用人，故得众力相扶，以成鼎足之势。而其用人，亦各有不同者。大概曹操以权术相驭，刘备以性情相契，孙氏兄弟以意气相投，后世尚可推见其心迹也。

　　荀彧、程昱为操画策，人所不知，操一一表明之，绝不攘为己有，此固已足令人心死。刘备为吕布所袭，奔于操。程昱以备有雄才，劝操图之，操曰："今收揽英雄时，杀一人而失天下之心，不可也。"然此犹非与操有怨者。臧霸先从陶谦，后助吕布，布为操所擒，霸藏匿。操募得之，即以霸为琅邪相，青、徐二州悉委之。先是操在兖州，以徐翕、毛晖为将。兖州乱，翕、晖皆叛。后操定兖州，翕、晖投霸。至是操使霸出二人，霸曰："霸所以能自立者，以不为此也。"操叹其贤，并以翕、晖为守。（《霸传》）操以毕谌为兖州别驾，张邈之叛，劫谌母妻去。操遣谌往，谌顿首无二，既出，又亡归从吕布。布破，操生得谌，众为之惧，操曰："人能孝于亲者，岂不忠于君乎！吾所求也。"以为鲁相。操初举魏种为孝廉。兖州之叛，操谓种必不弃我，及闻种走，怒曰："种不南走越，北走胡，不汝置也。"及种被擒，操曰："惟其才也。"释而用之。（《本纪》）此等先臣后叛之人，既已生擒，谁肯复贷其命？乃一一弃嫌录用，盖操当初起时，方欲藉众力以成事，故以此奔走天下，杨阜所谓"曹公能用度外之人"也。及其削平群雄，势位已定，则孔融、许攸、娄圭等，皆以嫌忌杀之。荀彧素为操谋主，亦以其阻九锡而胁之死。甚至杨修素为操所赏拔者，以厚于陈思王而杀之；崔琰素为操所倚信者，亦以疑似之言杀之。然后知其雄猜之性，久而自露，而从前之度外用人，特出于矫伪以济一时之用，所谓以权术相驭也。

　　至刘备一起事，即为人心所向。少时结交，豪杰已多附之。中山大商张世平、苏双等，早资以财，为纠合徒众之用。领平原相刘平遣刺客刺之，客反以情告。救陶谦，谦即表为豫州刺史。

谦病笃，命以徐州与备，备不敢当，陈登、孔融俱敦劝受之。后为吕布所攻，投奔于操，操亦表为左将军，礼之甚重。嗣以徐州之败奔袁谭，谭将步骑迎之。袁绍闻备至，出邺二百里来迓。及绍败，备奔刘表，表又郊迎，待以上宾之礼，荆州豪杰多归之。曹兵来讨，备奔江陵，荆州人士随之者十余万。是时身无尺寸之柄，而所至使人倾倒如此！程昱谓备甚得人心，诸葛亮对孙权亦谓"刘豫州为众士所慕仰，若水之归海"，此当时实事也。乃其所以得人心之故，史策不见，第观其三顾诸葛，咨以大计，独有傅岩爰立之风。关、张、赵云，自少结契，终身奉以周旋，即羁旅奔逃，寄人篱下，无寸土可以立业，而数人者患难相随，别无贰志；此固数人者之忠义，而备亦必有深结其隐微而不可解者矣！其征吴也，黄权请先以身尝寇，备不许，使驻江北以防魏师。及猇亭败退，道路隔绝，权无路可归，乃降魏。有司请收权妻子，备曰："我负权，权不负我也。"权在魏，或曰蜀已收其妻孥，权亦不信。君臣之相与如此！至托孤于亮，曰："嗣子可辅，辅之；不可辅，则君自取之。"千载下犹见其肝膈本怀，岂非真性情之流露！设使操得亮，肯如此委心相任乎？亮亦岂肯为操用乎！惜是时人才已为魏、吴二国收尽，故得人较少，然亮第一流人，二国俱不能得，备独能得之，亦可见以诚待人之效矣。

至孙氏兄弟之用人，亦自有不可及者。孙策生擒太史慈，即解其缚曰："子义青州名士，但所托非人耳。孤是卿知己，勿忧不如意也。"以张昭为长史，北方士大夫书来，多归美于昭，策闻之曰："管仲相齐，一则仲父，二则仲父，而桓公为霸者宗。今子布贤，我能用之，其功名独不在我乎！"此策之得士也。周瑜荐鲁肃，权即用肃继瑜。权怒甘宁粗暴，吕蒙谓斗将难得，权即厚待宁。刘备之伐吴也，或谓诸葛瑾已遣人往蜀，权曰："孤与子瑜有生死不易之操，子瑜之不负孤，犹孤之不负子瑜也。"吴蜀通和，陆逊镇西陵。权刻印置逊所，每与刘禅、诸葛亮书，常过示逊，有不安者，便令改定，以印封行之。委任如此，臣下有不感知遇而竭心力者乎！权又不自护其非。权欲遣张弥、许晏浮海至辽东封公孙渊，张昭力谏，不听，弥、晏果为渊所杀。权惭谢昭，昭不起。权因出过其门呼昭，昭犹辞疾，权烧其门以恐之，昭更闭户，权乃灭火，驻门良久，载昭还宫，深自刻责。倘如袁绍不用沮授之言，以至于败，则恐为所笑而杀之矣。权用吕壹，事败，又引咎自责，使人告谢诸大将曰："与诸君从事，自少至长，发有二色，以谓表里足以明露，尽言直谏，所望于诸君，诸君岂得从容而已哉！凡百事要，所当损益，幸匡所不逮。"陆逊晚年为杨竺等所谮，愤郁而死，权后见其子抗，泣曰："吾前听谗言，与汝父大义不笃，以此负汝。"以人主而自悔其过，开诚告语如此，其谁不感泣！使操当此，早挟一宁我负人，无人负我之见，而老羞成怒矣！此孙氏兄弟之用人，所谓以意气相感也。

〔清〕赵翼：《廿二史札记·三国志》

【译文】

人才没有比三国时期更多的了，也就因为三国之主各自善于用人，所以才得到众多人才的扶持，成就了鼎足三分之势。但三国之主的用人，也各有不同的做法。大致说来，曹操是以权术相驾驭，刘备是以性情相契结，孙氏兄弟是以意气相投合，后世还可以推见他们的心迹。

荀彧、程昱为曹操出谋划策，没有人知道，曹操一一向别人讲明，绝不窃取功劳居为己有，这本来已足以令人死心塌地。刘备被吕布所袭击，投奔曹操，程昱认为刘备有英雄之才，劝曹操除掉他。曹操说："如今收揽英雄之时，杀一个人而失掉天下人心，不能这样做啊。"然而这还不是与曹操有怨仇的人。臧霸起先跟从陶谦，后曹操讨伐吕布，臧霸率兵援助吕布，吕布被曹操所擒，臧霸藏匿。曹操搜捕得到臧霸，就任命他为琅邪相，把青、徐二州都交给他管理。起先曹操在兖州，用徐翕、毛晖为将。兖州叛乱，徐翕、毛晖都叛变了。后来曹操平定兖州，徐翕、毛晖投奔臧霸。这时曹操要刘备捎话，令臧霸交出二人首级，臧霸说："我臧霸之所以能够自立，就因为不做这种事情。"曹操感叹他的贤德，同时任命徐翕、毛晖为郡守。曹操用毕谌为兖州别驾，张邈叛乱时，劫持了毕谌的母亲和妻子。曹操派遣毕谌前往张邈处，毕谌叩首于地，示无二心；出了曹营后，却又逃亡归从吕布。吕布被攻破，曹操活捉毕谌，大家都为他担心。曹操说："一个人能够尽孝于双亲，怎会不忠于君王呢！这正是我所希望的。"任命毕谌为鲁相。曹操起初举荐魏种为孝廉，兖州叛乱，曹操认为魏种一定不会背弃他，及至听说魏种也叛逃了，大怒说："魏种如不能南逃越方，北走胡地，就没有他的立身之处。"等到魏种被擒，曹操却说：

"只为怜惜他的才呀！"宽释其罪并任用他。这样一些先称臣后背叛的人，已被活捉之后，谁肯再留他一条命？曹操竟一一捐弃嫌怨录用他们，都因为处在初起兵时，正要借众人之力以成就大事，所以用此种手段让天下人为他奔走卖命，这就是杨阜所说的"曹公能用法度之外的人"啊。到了他削平群雄，形势、地位已定，那么孔融、许攸、娄圭等人，都因嫌忌杀掉了他们。荀彧向来是曹操的主要谋士，也因为他反对封曹操为魏公并加九锡各物，而胁迫他，使他忧病而死。甚至杨修是曹操所赏识提拔的，也因厚爱于陈思王曹植而被斩杀；崔琰平素是曹操所倚重信任的人，也因为与朋友书信中的疑似之言而罚为徒隶，很快又被赐死。经过这些事情之后，人们才知道他枭雄猜忌的性情，日久而自然暴露，而从前的法度之外用人，只不过是出于矫情伪饰以救济一时之用，就是所谓以权术相驾驭啊。

　　至于刘备，一起事就为人心所向。刘备年轻时结交豪杰，已有很多人追随他。中山大商人张世平、苏双等人，早就以钱财资助他，作为纠合徒众的开支。刘备任领平原相时，郡民刘平派刺客刺杀他，刺客因受到刘备礼待，反而把实情告诉了他。刘备领兵救援徐州牧陶谦，陶谦立即上表请求封刘备为豫州刺史。陶谦病重，命令把徐州交给刘备，刘备表示不敢当，陈登、孔融都极力劝他接受下来。后来刘备被吕布所打败，投奔于曹操，曹操也上表奏请封刘备为左将军，礼待他甚重。接着因徐州之败投奔袁谭，袁谭率领步骑迎接他。袁绍听说刘备到来，出邺城二百里来迎。及至袁绍失败，刘备投奔刘表，刘表又出郊外迎接，以上宾之礼相待，荆州豪杰多归从他。曹操率兵来讨伐，刘备奔走江陵，荆州人士跟随他的有十余万人。这时刘备身无尺寸的权柄，而所到之处众人倾倒！程昱说刘备甚得人心，诸葛亮对孙权也说"刘豫州为众多士人所仰慕，如水流之归大海"，这是当时的实际情况。而刘备之所以得人的缘故，史书简策上见不到，但看他三顾诸葛亮，以天下大计相咨询，独有殷高宗拜傅说为相的遗风。关羽、张飞、赵云，从年轻时结拜兄弟，终身侍奉在鞍前马后，即使在羁旅奔逃，寄人篱下，无寸土可以立业之时，这几个人也都患难相随，别无二志，这固然是因为这几个人的忠义，而刘备也一定有深结其内心隐微而解不开的情结！刘备晚年征讨东吴，黄权请求为先驱以身尝试敌寇，刘备不答应，派他驻兵江北以防备魏军。及至蜀军在猇亭败退，道路隔绝，黄权无路可以归蜀，才投降魏国。执法官员奏请逮捕黄权妻室儿女，刘备说："我辜负了黄权，黄权不辜负我啊。"黄权在魏国，有人说蜀国已逮捕他的妻室儿女，黄权也不信。君臣之间相互信任到如此地步！到白帝城托孤于诸葛亮，刘备说："如果嗣子值得辅佐，就辅佐他；不值得辅佐，你就自己取代他。"千年之后犹见其肝胆本怀，难道不是真性情的流露？

假使曹操得到诸葛亮，肯这样推心相任吗？诸葛亮又岂肯为曹操所用呢！惋惜的是这时的人才，已被魏、吴两国收揽尽，所以蜀得人才较少，然而诸葛亮这第一流的人才，两国都不能得到，刘备独能得到他，也可见以诚待人的效验了。

至于孙氏兄弟的用人，也自有别人比不上的地方。孙策生擒太史慈，立即解开捆他的绳索说："子义（太史慈字）是青州名士，只是所寄托的不是适当的人罢了。我是你的知己，不要忧虑有什么不如意的。"任用张昭为长史，北方士大夫来信，多把功劳赞誉归于张昭。孙策听到这些话说："管仲相齐国，桓公开口闭口都称仲父，而桓公成为霸者之首。现在子布（张昭字）贤能，我能任用他，其功名独独不在我身上吗？"这是孙策之所以能得士人之心的原因。周瑜举荐鲁肃，孙权就用鲁肃继承周瑜。孙权为甘宁粗暴发怒，吕蒙说斗将难得，孙权就厚待甘宁。刘备讨伐东吴时，有人说诸葛瑾已另外派人到蜀国交好去了，孙权说："我与子瑜（诸葛瑾字）有生死不渝的操守，子瑜不肯负我，就像我不肯负子瑜一样。"吴蜀两国通和，陆逊镇守西宁，孙权刻好自己的印放在陆逊那里。孙权每次给刘禅、诸葛亮写信，常常让使者在路过时拿给陆逊看，有不安妥的地方，便令陆逊改定，用印封好再送过去。委托信任到如此地步，臣下有不感激知遇之恩而竭尽心力的吗？孙权还不自护其错误。孙权要派张弥、许晏乘船过海到辽东去封公孙渊为燕王，张昭极力谏阻，不听。张弥、许晏果然被公孙渊所杀。孙权惭愧向张昭谢过，张昭不起床。孙权外出经过张昭之门呼张昭，张昭还是以病相辞不见，孙权令人烧张昭的大门来恐吓他，张昭把里面的门关得更紧，孙权这才灭火，在门前等了很久，张昭的几个儿子共同扶起张昭，孙权才用车把他载回宫，向他做了深刻检讨。倘如袁绍不采纳沮授之言，以至于失败，就恐怕被沮授所耻笑而杀了沮授。孙权信任吕壹，吕壹玩弄权柄擅作威福，事败被诛。孙权又引咎自责，派人向众大将告慰谢过说："与诸君共事，从少至长，头上已生有白发，以为自己的内心足以显露。尽言直谏，是我对诸君的希望，诸君怎能像没有什么事一样呢！举凡各种事情的大要，所应当损益的，幸望匡救我所考虑不周的地方。"陆逊晚年被杨竺等人所诬陷，愤郁而死，孙权后来见到其子陆抗，哭泣说："我以前听信谗言，与你父大义不笃厚，因此辜负了你们。"以君主之身份而自悔其过，开诚相告的话语如此，还有谁不感动涕泣！假使曹操面对这些，早就抱着一个"宁教我负天下人，不教天下人负我"的成见，而恼羞成怒了。这是孙氏兄弟的用人，所谓以义气相感动啊。

诸葛亮论知人之道

夫知人性,莫难察焉。美恶既殊,情貌不一。有温良而为诈者,有外恭而内欺者,有外勇而内怯者,有尽力而不忠者。然知人之道有七焉:一曰,间之以是非而观其志;二曰,穷之以辞辩而观其变;三曰,咨之以计谋而观其识;四曰,告之以祸难而观其勇;五曰,醉之以酒而观其性;六曰,临之以利而观其廉;七曰,期之以事而观其信。

〔三国·蜀〕诸葛亮:《将苑·知人性》

【译文】
没有比了解一个人的本性更困难的事情了。每个人善恶程度不同,性情和外貌也不一样。有的人态度温良却行为奸诈,有的人外表谦恭却心怀欺骗,有的人看似勇敢实际上却很怯懦,有的人好像很卖力却另有图谋。然而了解人还是有七种办法的:一是,把是非摆在他面前看他的取舍,观察他的志向;二是,出难题与他进行深入辩论,观察他应变的能力;三是,就某个行动咨询他的计谋,观察他的见识;四是,告诉他灾祸与险难,观察他的勇气;五是,用酒灌醉他,观察他的秉性;六是,把财利摆在他面前,观察他是否廉洁;七是,把事情交给他去办,观察他是否有信用。

诸葛亮七纵七擒收孟获之心

亮至南中,所在战捷。闻孟获者,为蛮、汉所服,募生致之。既得,使观于营陈之间,问曰:"此军何如?"获对曰:"向者不知虚实,故败。今蒙赐观看营陈,若只如此,即定易胜耳。"亮笑,纵使更战。七纵七禽,而亮犹遣获。获止不去,曰:"公,天威也,南人不复反矣。"

〔晋〕陈寿:《三国志·蜀志·诸葛亮传》
裴松之注引《汉晋春秋》

【译文】

诸葛亮南征至南中,所到之处每战必胜。听说有个叫孟获的酋长,为蛮、汉各族所敬服,就谋划把他活捉来。等捉到孟获后,诸葛亮让他对自己的行营布阵观看了一番,问他说:"这样的军队怎么样?"孟获回答说:"以前不了解你军队的虚实,所以打了败仗。现在承蒙让我观看了阵势,如果只是如此,那我一定是容易取胜的。"诸葛亮大笑,放了孟获,让他再来战。这样放了七次,又擒获七次,而诸葛亮还要释放孟获。孟获留下不肯离去,说:"诸葛公真是天威啊,我们南边人不再反叛了。"

魏孝文帝以考绩黜陟百官

魏主之北巡也，留任城王澄铨简旧臣。自公侯已下有官者万数，澄品其优劣能否为三等，人无怨者。

壬午，魏主临朝堂，黜陟百官，谓诸尚书曰："尚书，枢机之任，非徒总庶务行文书而已；朕之得失，尽在于此。卿等居官，年垂再期，未尝献可替否，进一贤退一不肖，此罪之大者。"又谓录尚书事广陵王羽曰："汝为朕弟，居枢衡之右，无勤恪之声，有阿党之迹，今黜汝录尚书、廷尉，但为特进、太子太保。"又谓尚书令陆睿曰："叔翻到省之初，甚有善称；比来偏颇懈怠，由卿不能相导以义。虽无大责，宜有少罚；今夺卿禄一期。"又谓左仆射拓跋赞曰："叔翻受黜，卿应大辟；但以咎归一人，不复重责；今解卿少师，削禄一期。"又谓左丞公孙良、右丞乞伏义受曰："卿罪亦应大辟；可以白衣守本官，冠服禄恤尽从削夺。若三年有成，还复本任；无成，永归南亩。"又谓尚书任城王澄曰："叔神志骄傲，可解少保。"又谓长兼尚书于果曰："卿不勤职事，数辞以疾，可解长兼，削禄一期。"其余守尚书尉羽、卢渊等，并以不职，或解任，或黜官，或夺禄，皆面数其过而行之。

〔宋〕司马光等：《资治通鉴·齐纪五》

【译文】

魏主往北边视察，留任城王拓跋澄考察衡量现任官员。自公侯以下的官员数以万计，拓跋澄评定其优劣、能与不能分为三等，人人无怨言。

壬午日，魏主驾临朝堂，宣布对百官的罢退和提升，对各位尚书说："尚书省是朝廷重要的和关键的部门，不仅是总管日常事务、行行文书就完了，朕的政事得失全在于此。你们在这里做官已经两年，未尝对朕有所规谏，议兴议革，进用一个贤人，罢退一个不肖者，这个罪过是很大的。"又对录尚书事广陵王拓跋羽说："你作为朕的弟弟，机要铨选部门的首长，无勤勉谨慎的政声，有结党营私的行迹，今罢免你录尚书事及廷尉职务，只担任特进、太子太保之职。"又对尚书令陆睿说:"叔翻(拓跋羽的字)到尚书省之初,颇有善称,近来偏颇懈怠,是由于你不能以义相引导,虽然没有大的责任,但也应小有惩罚,今取消你一年的俸禄。"又对左仆射拓跋赞说:"叔翻受到降免,你应当处死刑;但是考虑到罪归一人,不再重复处罚,今解除你少师职务,削减俸禄一年。"又对尚书左丞公孙良、右丞乞伏义受说:"你们的罪也应当处死刑;可以身着布衣留守原职,官服顶戴及俸禄优恤全部削夺。若三年内有所成就,官复原职,无所成就,永远罢归务农。"又对尚书任城王拓跋澄说:"叔父神志骄傲,可解去少保职务。"又对长兼尚书于果说:"你不能勤于职事,多次以疾病请辞,可免去长兼之职,削减俸禄一年。"对其余的守尚书尉羽、卢渊等,都以不称职之故,或者解除职务,或者降职使用,或者削夺俸禄,都在当面指出其过错之后而施行之。

魏孝文帝知人善任

（九月）丙戌，魏主如邺，屡至相州刺史高闾之馆，美其治绩，赏赐甚厚。闾屡请本州，诏曰："闾以悬车之年，方求衣锦，知进忘退，有尘谦德；可降号平北将军。朝之老成，宜遂情愿，徙授幽州刺史，令存劝两修，恩法并举。"以高阳王雍为相州刺史，戒之曰："作牧亦易亦难：'其身正，不令而行'，所以易；'其身不正，虽令不从'，所以难。"

……

十二月，乙未朔，魏主见群臣于光极堂，宣下品令，为大选之始。光禄勋于烈子登引例求迁官，烈上表曰："方今圣明之朝，理应廉让，而臣子登引人求进，是臣素无教训，乞行黜落。"魏主曰："此乃有识之言，不谓烈能办此！"乃引见登，谓曰："朕将流化天下，以卿父有谦逊之美、直士之风，故进卿为太子翊军校尉。"又加烈散骑常侍，封聊城县子。

魏主谓群臣曰："国家从来有一事可叹：臣下莫肯公言得失是也。夫人君患不能纳谏，人臣患不能尽忠。自今朕举一人，如有不可，卿等直言其失；若有才能而朕所不识，卿等亦当举之。如是，得人者有赏，不言者有罪，卿等当知之。"

〔宋〕司马光等：《资治通鉴·齐纪六》

【译文】

齐明帝建武二年（495）九月丙戌日，魏主来到邺城，多次到相州刺史高闾的馆舍，称赞他的治绩，赏赐甚丰厚。高闾屡次请求调回本州（幽州），魏主下诏说："高闾因已近暮年，请求衣锦还乡，只知道进取，忘记了退让，有损谦逊的美德，可降号为平北将军。但他是朝廷的老成之士，应当遂其情愿，改授为幽州刺史，使惩罚和劝勉两方面都顾及到，皇恩国法并举。"任命高阳王拓跋雍为相州刺史，告诫他说："做牧守也容易也难。如果本身端正，即使不下命令，下边也会自觉行事，所以就容易；如果本身不端正，虽然下达命令，下边也不会听从，所以就困难。"

十二月乙未日（初一），魏主在光极堂召见群臣，宣布推举选拔各级官员的命令，作为全国大选的开始。光禄勋于烈的儿子于登援引成例请求升官，于烈上表说："如今圣明君主当朝，理应清廉谦让，而臣子于登托人引荐希求进取，这是臣平素缺少教训之过，请求即行黜免落选。"魏主说："这乃是有识之士的言论，不想于烈能够做到这一点。"于是引见于登，对他说："朕将推广教化于天下，因你父有谦逊的美德、正直之士的风度，所以提拔你为太子翊军校尉。"又加封于烈为散骑常侍、聊城县子。

魏主对群臣说："国家从来都有一件事令人慨叹，那就是臣下不肯公开谈论朝政的得失。人君之患在于不能纳谏，人臣之患在于不能尽忠。今后，朕每提拔一人，如有不可，卿等要直言其失；若有人有才能而朕却不知，卿等也应当举荐他。这样做，举荐得人者有赏，不言者有罪，卿等应当明白。"

唐太宗不以私恩论勋赏

（武德九年九月）己酉，上面定勋臣长孙无忌等爵邑，命陈叔达于殿下唱名示之，且曰："朕叙卿等勋赏或未当，宜各自言。"于是诸将争功，纷纭不已。淮安王神通曰："臣举兵关西，首应义旗，今房玄龄、杜如晦等专弄刀笔，功居臣上，臣窃不服。"上曰："义旗初起，叔父虽首唱举兵，盖亦自营脱祸。及窦建德吞噬山东，叔父全军覆没；刘黑闼再合余烬，叔父望风奔北。玄龄等运筹帷幄，坐安社稷，论功行赏，固宜居叔父之先。叔父，国之至亲，朕诚无所爱，但不可以私恩滥与勋臣同赏耳！"诸将乃相谓曰："陛下至公，虽淮安王尚无所私，吾侪何敢不安其分。"遂皆悦服。房玄龄尝言："秦府旧人未迁官者，皆嗟怨曰：'吾属奉事左右，几何年矣，今除官，返出前宫、齐府人之后。'"上曰："王者至公无私，故能服天下之心。朕与卿辈日所衣食，皆取诸民者也。故设官分职，以为民也，当择贤才用之，岂以新旧为先后哉！必也新而贤，旧而不肖，安可舍新而取旧乎！今不论其贤不肖而直言嗟怨，岂为政之体乎！"

〔宋〕司马光等：《资治通鉴·唐纪八》

【译文】

唐武德九年（626）九月己酉日，刚刚即位不久的唐太宗当面封赐功臣长孙无忌等人以爵位与食邑，命令陈叔达在殿下唱名宣布，并且说："朕按功劳大小封赏众卿，或许有所不当，应当各自讲一讲。"于是，诸将争功，争来争去没有休止。皇叔淮安王李神通说："臣在函谷关西举兵，首先响应起义，如今房玄龄、杜如晦等人专靠舞文弄墨，功居臣之上，臣私心不服。"太宗说："义旗初起，叔父虽然首先举兵响应，也是为了自我营救，避免灾祸。当窦建德吞并山东时，叔父全军覆没；刘黑闼再聚合余党而战，叔父望风而逃。房玄龄等运筹帷幄，坐安天下，论功行赏，本应排在叔父之前。叔父是皇室的至亲，朕的确无以表示对您的敬爱，但不能因私恩混杂在功臣里面同赏啊！"诸将听了，才相互说道："陛下极为公正，即使对淮安王尚且无所私赏，我们这些人怎敢不安本分。"于是全都心悦诚服。房玄龄曾对太宗说："陛下任秦王时的府中旧人，没有升官的都在抱怨说：'我们侍奉在皇上身边多少年了，如今任命官职，反而在原来东宫和齐王府人员之后。'"太宗说："君王大公无私，才能服天下人心。朕与你们日常的衣食全都取之于民。所以设官分职是为了人民，应当选择贤才而任用他们，怎么能以新人、旧人作为任官先后的次序呢？假定新人果真贤良，旧人果真不贤，怎么可以舍弃新人而任用旧人呢？现在不辩论其贤不贤而只是抱怨，难道符合为政的大体吗！"

唐太宗遍降宗室郡王以利天下

初,上皇欲强宗室以镇天下,故皇再从、三从弟及兄弟之子,虽童孺皆为王,王者数十人。上从容问群臣:"遍封宗子,于天下利乎?"封德彝对曰:"前世唯皇子及兄弟乃为王,自余非有大功,无为王者。上皇敦睦九族,大封宗室,自两汉以来未有如今之多者。爵命既崇,多给力役,恐非示天下至公也!"上曰:"然。朕为天子,所以养百姓也,岂可劳百姓以养己之宗族乎!"十一月,庚寅,降宗室郡王皆为县公,惟有功者数王不降。

〔宋〕司马光等:《资治通鉴·唐纪八》

【译文】

当初,唐高祖想加强皇家宗室来镇守各地,所以对再从、三从的堂兄弟及自家兄弟之子,即使是幼小儿童,全都封为王,多达数十人。唐太宗即位后,在适当时机问群臣说:"普遍分封宗室子弟,对天下有利吗?"大臣封德彝回答说:"从前朝代,只有皇子及皇兄弟才可以封王,其余的人不是有大功,没有封王的。太上皇为了使皇室九族和睦,大封宗室王,自两汉以来没有像如今这么多的。爵位一旦崇高,就要多给服事的劳役,恐怕不是以天下为公的做法。"太宗说:"是这样。朕为天子,是要养护百姓的,岂可劳苦百姓来奉养自己的宗族呢!"十一月庚寅日,下诏将宗室中的郡王(位次于王)都降为县公(相当于县令之职),只有几个有功的郡王不降。

唐太宗与房玄龄论致理之本惟在省官

贞观元年，太宗谓房玄龄等曰："致理之本，惟在于审。量才授职，务省官员。故《书》称：'任官惟贤才。'又云：'官不必备，惟其人。'若得其善者，虽少亦足矣；其不善者，纵多亦奚为？古人亦以为官不得其才，比于画地作饼，不可食也。《诗》曰：'谋夫孔多，是用不就。'又孔子曰：'官事不摄，焉得俭？'且'千羊之皮，不如一狐之腋。'此皆载在经典，不能具道。当须更并省官员，各当所任，则无为而理矣。卿宜详思此理，量定庶官员位。"玄龄等由是所置文武总六百四十员。太宗从之，因谓玄龄曰："自此倘有乐工杂类，假使术愈侪辈者，只可特赐钱帛以赏其能，必不可超授官爵，与夫朝贤君子比肩而立，同坐而食，遗诸衣冠以为耻累。"

〔唐〕吴兢：《贞观政要·论择官》

【译文】

贞观元年（627），唐太宗对中书省长官房玄龄等人说："使国家达到治理的根本，只在于精简。衡量人的才能，授予适当官职，务必减少官职的名额。所以《尚书》上说：'任用职官，只在选拔贤才。'又说：'官员不一定要齐备，关键在任用有德的人。'若能得到贤能之士，虽然人数少些，也足够了；若都是些不学无术的人，纵然人数多，又有什么用呢？古人也把选官得不到适当的人才，比作在地上画饼子，是不能吃的。《诗经》上说：'参谋策划的人七嘴八舌，因此事情总是办不成。'孔子又说：'管仲手下的人从不兼差，怎么能谈得上节俭呢？'况且，'一千张羊皮的价值，不如一只狐狸腋下的皮毛贵重。'这些话都记载在经典上，不能一一举出来。应当合并、精简官署，减少官员，使各自担负起所任之职，这样就能做到无为而治了。你们应认真思考这其中的道理，权衡确定各级官员的人数和职责。"房玄龄等因此拟定设置文武官员共六百四十人。太宗同意这一方案，并对房玄龄说："从此以后，倘若有乐工及从事其他杂务的人，技艺超过同类人的，只能额外多赐钱帛来奖赏他的技能，一定不能超迁授予官爵，使他们与朝中贤良君子并肩而立，同坐吃饭，给各位做官的贤良君子留下耻辱。"

唐太宗责封德彝不举贤

贞观二年,上谓右仆射封德彝曰:"致安之本,惟在得人。比来命卿举贤,未尝有所推荐。天下事重,卿宜分朕忧劳,卿既不言,朕将安寄?"对曰:"臣愚岂敢不尽情,但今所见未有奇才异能。"上曰:"前代明王,使人如器,不借才于异代,皆取士于当时。岂得待梦傅说、逢吕尚,然后为政乎?且何代无贤,但患遗而不知耳!"德彝惭赧而退。

〔唐〕吴兢:《贞观政要·论择官》

【译文】

贞观二年(628),唐太宗对右仆射封德彝说:"国家达到安定的根本,就在于得到人才。近来命你举荐贤才,未见你推荐一个人。治理天下事务繁重,你应分担朕的忧虑和辛劳,你既不举荐人,朕将托付于谁呢?"封德彝回答说:"臣虽愚昧,怎敢不尽心,但现在还没有发现有特殊才能的人。"太宗说:"前代圣明的君王使用人才,就像使用器物一样用其所长,不向不同时代借用人才,都是在当代选拔贤士。难道要等梦见傅说、遇到吕尚,然后再治理国家吗?况且,哪一个朝代没有贤能的人?只是担心我们遗漏从而不去了解罢了。"封德彝惭愧得满脸通红退了下去。

唐太宗诫公卿勿徇私贪浊

贞观四年，太宗谓公卿曰："朕终日孜孜，非但忧怜百姓，亦欲使卿等长守富贵。天非不高，地非不厚，朕常兢兢业业，以畏天地。卿等若能小心奉法，常如朕畏天地，非但百姓安宁，自身常得欢乐。古人云：'贤者多财损其志，愚者多财生其过。'此言可以为深诫。若徇私贪浊，非止坏公法，损百姓，纵事未发闻，中心岂不恒惧？恐惧即多，亦有因而致死。大丈夫岂得苟贪财物，以害身命，使子孙每怀愧耻耶？卿等宜深思此言。"

〔唐〕吴兢：《贞观政要·论贪鄙》

【译文】

贞观四年（670），唐太宗对公卿大臣说："朕整天努力不懈，不但是忧虑怜爱百姓，也是希望使你们长享富贵。天不是不高，地不是不厚，朕常常兢兢业业，来表示对天地的敬畏。你们若能小心谨慎，奉公守法，经常像朕那样敬畏天地，不但百姓安宁，自身也常得欢乐。古人说：'贤者财多会损害他的意志，愚者财多会造成他的过错。'这话可以作为深刻的告诫。如果徇私枉法，贪污财货，不仅败坏国法，损害百姓，即使事情没有暴露，自己内心岂能不常常感到恐惧？恐惧既然很多，也有因此而导致死亡的。大丈夫岂能苟且贪污财物，而危害身家性命，使子孙后代每每感到惭愧耻辱呢？你们应该深思这些话。"

唐太宗与魏徵论为官择人不可造次

贞观六年，上谓魏徵曰："古人云，王者须为官择人，不可造次即用。朕今行一事，则为天下所观；出一言，则为天下所听。用得正人，为善者皆劝；误用恶人，不善者竞进。赏当其劳，无功者自退；罚当其罪，为恶者戒惧。故知赏罚不可轻行，用人弥须慎择。"徵对曰："知人之事，自古为难，故考绩黜陟，察其善恶。今欲求人，必须审访其行。若知其善，然后用之，设令其人不能济事，只是才力不及，不为大害。误用恶人，假令强干，为害极多。但乱代惟求其才，不顾其行。太平之时，必须才行俱兼，始可任用。"

〔唐〕吴兢：《贞观政要·论择官》

【译文】

贞观六年（632），唐太宗对魏徵说："古人说，国君在任官时必须选择人才，不可草率就用。朕现在做一件事，就被天下人看到；说一句话，就被天下人听到。任用官吏能得到正人君子，做好事的人都会得到勉励；误用了坏人，不好的人都会争相钻营。奖赏与他的功劳相当，没有功劳的人就会自动退却；惩罚与他的罪恶相称，干坏事的人就会警戒畏惧。因此可知赏罚不能随便施行，用人更须慎重选择。"魏徵回答说："了解人这件事，自古以来就是很难的，所以要考核官吏的政绩，考察他们的善恶，来决定贬黜或升迁。现在要使用人，一定要仔细查访他们的品行。如果知道他的品行好，然后任用他，假令这个人不能把事情办好，也只是因为能力达不到，不会造成大的祸患。若误用了坏人，假令这个人又能力强大，所造成的祸害就大多了。但天下混乱的时代，只能选择他们的才能，不考虑他们的品行，太平的时候，就一定要才能、品行都好才可以任用。"

唐太宗纳谏重赐魏徵

越王，长孙后所生，太子介弟，聪敏绝伦，太宗特所宠异。或言三品以上皆轻蔑王者，意在谮侍中魏徵等，以激上怒。上御齐政殿，引三品以上入坐定，大怒作色而言曰："我有一句向公等道。往前天子即是天子，今时天子非天子耶？往年天子儿是天子儿，今日天子儿非天子儿耶？我见隋家诸王，达官以下皆不免为其颠顿。我之儿子，自不许其纵横，公等所容易过，岂得相共轻蔑？我若纵之，岂不能颠顿公等！"玄龄等战栗，皆拜谢。徵正色曰："当今群臣，必无轻蔑越王者。然在礼，臣、子一例。传称，王人虽微，列于诸侯之上。诸侯，用之为公，即是公；用之为卿，即是卿。若不为公卿，即下士于诸侯也。今三品以上，列为公卿，并天子大臣，陛下所加敬异。纵其中有不是，越王何得辄加折辱？若国家纪纲废坏，臣所不知。以当今圣明之时，越王岂得如此！且隋高祖不知礼义，宠树诸王，使行无礼，寻以罪黜，不可为法，亦何足道？"太宗闻其言，喜形于色，谓群臣曰："凡人言语理到，不可不伏。朕之所言，当身私爱。魏徵所道，国家大法。朕向者忿怒，自谓理在不疑，及见魏徵所论，始觉大非道理。为人君言何容易？"召玄龄等切责之，赐徵绢一千匹。

〔唐〕吴兢：《贞观政要·论纳谏》

【译文】

越王李泰是长孙皇后所生，太子的弟弟，聪明超群，太宗特别宠爱。有人说三品以上的大臣都轻蔑越王，意在诬陷侍中魏徵等人，以激怒太宗。太宗驾临齐政殿，召见三品以上的大臣，让他们坐定后，就大发雷霆，怒形于色地说："我有一句话向你们说。从前的天子就是天子，现在的天子就不是天子吗？从前天子的儿子是天子儿，现在天子的儿子就不是天子儿吗？我看隋朝皇室诸王，显贵大官以下的人都不免被他们捉弄困扰。我的儿子，当然不允许他们放纵骄横，所以你们容易与他们交往，但你们怎么能在一起轻蔑他们呢？我若放纵他们，他们难道不会捉弄困扰你们吗！"房玄龄等人被吓得浑身发抖，全都跪下请罪。只有魏徵神色严肃地劝谏说:"当今各位大臣,绝没有轻蔑越王的。不过,在礼仪上,臣子、儿子是同等的。经传上说,帝王身边的大臣虽然低微,地位排列在诸侯之上。诸侯,任用他们为公,就是公;任用他们为卿,就是卿。若不任公卿,就是在下侍候的诸侯了。现在三品以上的,地位与公卿同列,都是天子的大臣,是陛下所礼敬优待的。纵然他们稍有不是,越王又怎能动不动就侮辱他们!若国家的法制纲常已经废弃败坏,这就不是我所能知道的了。以当今圣明的时代,越王岂能这样做!况且,隋文帝不知道礼义,宠爱骄纵诸王,致使他们干出无礼之事,不久就因犯罪遭到废黜。这不能作为示范,又何足称道呢?"太宗听了魏徵的话,喜形于色,对群臣说:"但凡人们说话,言到理到,就不能不服。我所说的,出于自身的私爱;魏徵所说的,是国家的大法。我刚才发怒,自认为理由充足而且深信不疑,及至听了魏徵所论的,才感到很没有道理。当国君的说话,真不容易!"于是召见房玄龄等人而狠加责备,赐给魏徵一千匹绢。

唐太宗纳谏重刺史县令之任

贞观十一年，侍御史马周上疏曰："理天下者以人为本，欲令百姓安乐，在刺史、县令。县令既众，不可皆贤，但每州得良刺史，则合境苏息。天下刺史悉称圣意，则陛下可端拱岩廊之上，百姓不虑不安。自古郡守、县令皆妙选贤德，欲有迁擢为将相者，必先试以临民，或以二千石入为丞相及司徒、太尉者。朝廷必不可独重内臣，外刺史、县令，遂轻其选。所以百姓未安，殆由于此。"太宗因谓侍臣曰："刺史朕当自简择，县令诏京官五品已上各举一人。"

〔唐〕吴兢：《贞观政要·论择官》

【译文】

贞观十一年（637），侍御史马周上疏说："治理国家的人要以人为本。想要百姓安居乐业，在于选好刺史、县令。县令人数众多，不可能都是贤良之士，但如果每州有一个好刺史，那么整个州都会得到休养生息。天下所有州的刺史都称陛下的心意，那么陛下可以拱手端坐于朝廷之上，百姓也不会忧虑不能安居乐业。自古以来，郡守、县令都要精心选择贤德之士来担任，有打算提拔担任大将、宰相的人，一定要先试用他们做直接面对百姓的地方官，或者干脆从俸禄为二千石的郡守中选拔能够担任丞相及司徒、太尉的人。朝廷一定不能只重视朝内的臣子，另眼看待刺史、县令，于是轻视刺史、县令的人选。现在百姓之所以不能安定，大概原因就在这里。"太宗因此对身边的大臣说："刺史的人选，朕当亲自选择，县令的人选，下诏令在京任职的五品以上官员每人推荐一人。"

唐太宗与魏徵论求谏

贞观十五年，太宗问魏徵曰："比来朝臣都不论事，何也？"对曰："陛下虚心采纳，诚宜有言。然古人云：'未信而谏，则谓之谤己；信而不谏，则谓之尸禄。'但人之才器，各有不同。懦弱之人，怀忠直而不能言；疏远之人，恐不信而不得言；怀禄之人，虑不便身而不敢言。所以相与缄默，俯仰过日。"太宗曰："诚如卿言。朕每思之，臣欲进谏，辄惧死亡之祸，夫与赴鼎镬、冒白刃，亦何异哉？故忠贞之臣，非不欲竭诚，乃是极难。所以禹拜昌言，岂不为此也！朕今开怀抱，纳谏诤，卿等无劳怖畏，遂不极言。"

〔唐〕吴兢：《贞观政要·论求谏》

【译文】

贞观十五年（641），唐太宗问魏徵说："近来朝中大臣都不议论政事，是什么原因呢？"魏徵回答说："陛下虚心采纳臣下意见，本来应该有人进言。然而古人说：'不信任的人进谏，就会被认为是毁谤自己；信任的人不进谏，就叫作尸禄素餐。'但人的才能、器识各不相同。懦弱的人，虽然怀有忠直之心，却不能说出来；被国君疏远的人，恐怕不受信任，因而不愿说；心中只考虑个人俸禄的人，担心不利于自身，因而不敢说。所以，大家互相保持沉默，随波逐流，得过且过。"太宗说："确实像你说的。朕每每想这件事，臣下虽想进谏，常常惧怕死亡的祸患，这与赴汤蹈火、冒利剑斩杀有什么不同呢？因此，忠贞的臣子不是不想竭尽忠诚，而是极其为难。所以大禹听到善言就拜谢，难道不是因为这个缘故吗！朕现在敞开怀抱，采纳直言规谏，你们不要因过分恐惧就不敢极尽忠言。"

武则天用人之特色

（长寿元年）春，一月，丁卯，太后引见存抚使所举人，无问贤愚，悉加擢用，高者试凤阁舍人、给事中，次试员外郎、侍御史、补阙、拾遗、校书郎。试官自此始。时人为之语曰："补阙连车载，拾遗平斗量，欋推侍御史，碗脱校书郎。"有举人沈全交续之曰："糊心存抚使，眯目圣神皇。"为御史纪先知所擒，劾其诽谤朝政，请杖之朝堂，然后付法。太后笑曰："但使卿辈不滥，何恤人言！宜释其罪。"先知大惭。太后虽滥以禄位收天下人心，然不称职者寻亦黜之，或加刑诛。挟刑赏之柄以驾御天下，政由己出，明察善断，故当时英贤亦竞为之用。

〔宋〕司马光等：《资治通鉴·唐纪二十一》

【译文】

武则天长寿元年（692）春，一月丁卯日，太后引见各地存抚使所举荐的人，不管贤与不贤，都加以任用，安排高的试官凤阁舍人或给事中，安排低的试官员外郎、侍御史、补阙、拾遗、校书郎等职务。试用官吏制度从此开始。当时人们对这种做法评论说："补阙连车载，拾遗用斗量，耙子扒来侍御史，碗模脱出校书郎。"有位举人叫沈全交的续篇说："糊涂心思存抚使，眯眼看人圣神皇。"此人被御史纪先知所擒拿，劾奏其毁谤朝政，请求在朝堂上杖责，然后交法司处置。太后笑着说："只要你们这些做官的行为不滥，何必怕人议论！应该赦免其罪。"纪先知十分惭愧。太后虽滥以封官进禄收买天下人心，然而不称职的也很快遭到罢免，或者加以刑罚诛杀。她手持刑罚和奖赏的权柄来驾御天下，大政由自己决定，又能够明察善断，所以当时的精英贤良也都争着为她所用。

武则天信重狄仁杰

武后信重狄仁杰,群臣莫及,常谓之"国老"而不名。仁杰好面折廷争,太后每屈意从之。尝从太后游幸,遇风吹,仁杰巾坠而马受惊不能止。太后命太子追执其鞚而系之。仁杰屡以老病乞骸骨,太后不许。入见,常止其拜,曰:"每见公拜,朕亦身痛。"仁杰薨,太后泣曰:"朝堂空矣!"

〔宋〕孔平仲:《续世说·宠礼》

【译文】

武则天信任和倚重狄仁杰,群臣没有能比得上的。她常称狄仁杰为"国老",而不直呼其名。狄仁杰喜欢当面批评武则天的过失,在朝廷上直言不讳地进谏和辩论,武则天每每屈意听从他。有一次,狄仁杰随从武则天出游,遇上一阵大风,仁杰的头巾被吹落,马也受惊奔跑不止。武则天命令太子追上去,抓住他的马缰,才把马拽住。仁杰屡次以年老多病请求告老还乡,武则天都不允许。仁杰入朝见驾时,武则天常常不让他下拜,说:"每次见到您下拜,朕也感到身上疼痛。"仁杰去世时,武则天流着泪说:"朝堂空了(意谓再没有正直敢言之臣了)!"

武则天遗才之恨

骆宾王年方弱冠,时徐敬业据扬州而反,宾王陷于贼庭,其时书檄皆宾王之词也。每与朝廷文字,极数伪周,天后览之,至"蛾眉不肯让人,狐媚偏能惑主",初微笑之;及见"一抔之土未干,六尺之孤安在",乃不悦,曰:"宰相因何失如此之人!"盖有遗才之恨。

〔宋〕王谠:《唐语林·文学》

【译文】

骆宾王为"初唐四杰"之一,诗文与王勃等齐名。他在二十岁左右时,随徐敬业等在扬州起兵,反对武则天临朝称制,其时羽书檄文都出自骆宾王之手,每每涉及朝廷的文字,都是极力攻击伪周朝(其实改唐国号为"周"在临朝称制五年后)。一次,武则天览读骆宾王为徐敬业作《传檄天下文》(即《讨武曌檄》),读至"蛾眉不肯让人,狐媚偏能惑主",起初只是微微一笑;及至看到"一抔之土未干,六尺之孤安在"(意谓唐高宗之坟土未干,继位的遗孤中宗和睿宗已相继遭到贬黜)时,才表现出不高兴,说:"宰相为什么错失这样的人才呢!"颇有失掉人才的遗憾。

唐宣宗面察刺史威严驭下

　　冬，十月，建州刺史于延陵入辞，上曰："建州去京师几何？"对曰："八千里。"上曰："卿到彼为政善恶，朕皆知之，勿谓其远！此阶前则万里也，卿知之乎？"延陵悸慑失绪，上抚而遣之。到官，竟以不职贬复州司马。

　　令狐绹拟李远杭州刺史，上曰："吾闻远诗云'长日惟消一盘棋'，安能理人！"绹曰："诗人托此为高兴耳，未必实然。"上曰："且令往试观之。"

　　上诏刺史毋得外徙，必令至京师，面察其能否，然后除之。令狐绹尝徙其故人为邻州刺史，便道之官。上见其谢上表，以问绹，对曰："以其道近，省送迎耳。"上曰："朕以刺史多非其人，为百姓害，故欲一一见之，访问其所施设，知其优劣以行黜陟。而诏命既行，直废格不用，宰相可谓有权！"时方寒，绹汗透重裘。

　　上临朝，接对群臣如宾客，虽左右近习，未尝见其有惰容。每宰相奏事，旁无一人立者，威严不可仰视。奏事毕，忽怡然曰："可以闲语矣！"因问闾阎细事，或谈宫中游宴，无所不至。一刻许，忽整容曰："卿辈善为之，朕常恐卿辈负朕，后日不复得相见。"乃起入宫。令狐绹谓人曰："吾十年秉政，最承恩遇，然每延英奏事，未尝不汗沾衣也！"

　　〔宋〕司马光等：《资治通鉴·唐纪六十五》

【译文】

　　唐宣宗大中十二年（858）冬，十月，建州刺史于延陵入宫辞行。皇上问："建州离京城有多远？"于延陵回答说："八千里。"皇上说："你到那里干得好坏，朕都会知道，不要以为路程远。这殿前的台阶从阶上到阶下就是万里之遥，你知道吗？"于延陵因为紧张惧怕而应对错乱，皇上对他安抚了一番就打发他走了。于延陵到任后，竟因不称职被贬为复州司马。

　　宰相令狐绹拟定李远为杭州刺史，皇上说："我听说李远写诗说：'漫长的一天只消下得一盘棋',如此怎能治理好百姓!"令狐绹解释说:"这是诗人借此抒发内心高兴的话,其实不必当真。"皇上说:"姑且让他前去试任,以便观察他。"

  皇上下诏命令各地刺史一律不得由地方上直接转任,一定要让他们到京师来,当面考察其是否能称职,然后任命。令狐绹曾私自允许他的一位故人在转任为相邻州刺史时,由便道去上任。皇上见到那人谢恩的奏表,就问令狐绹是怎么回事,令狐绹回答说:"因为两地路近,可以省却送旧迎新的劳费。"皇上说:"朕因为现在刺史大多用非其人,行为有害百姓,所以要一一接见,询问他们的施政措施,了解其优劣,以便决定罢退或晋升。而诏命已经下达,只是搁置不用,宰相真可谓有权呀!"当时气候正寒,令狐绹吓得满身大汗,湿透了贵重的皮袄。

  皇上临朝听政,接待群臣如同宾客,即使身边侍候的人也未见到他有怠惰的表情。每当宰相奏事,皇上身边虽无一人侍立,其威严也使人不敢仰视。奏事完毕后,他会突然和悦地说:"现在可以说说闲话了。"于是就趁机问一些民间的小事,或者谈论些宫中的宴乐,内容无所不有。过一刻功夫,忽然又严肃起来,说:"你们要好好做事,朕常常担心你们辜负朕,日后不再有见面的机会。"说罢才起身回宫。令狐绹对人说:"我当政十年,最受皇上恩遇,但每次在延英殿奏事,没有不汗湿衣衫的。"

唐代选举之法

　　大略唐之选法，取人以身、言、书、判，计资量劳而拟官。始集而试，观其书、判；已试而铨，察其身、言；已铨而注，询其便利；已注而唱，集众告之。然后类以为甲，先简仆射，乃上门下，给事中读，侍郎省，侍中审之，不当者驳下。既省，然后上闻，主者受旨奉行，各给以符，谓之告身。兵部武选亦然。课试之法，以骑射及翘关、负米。人有格限未至，而能试文三篇，谓之宏词，试判三条，谓之拔萃，入等者得不限而授。其黔中、岭南、闽中州县官，不由吏部，委都督选择士人补授，凡居官以年为考，六品以下，四考为满。

　　〔宋〕司马光等：《资治通鉴·唐纪十七》

【译文】

　　大致说来，唐代选举的方法是，选人要看体貌、言辞、书法、文理四个方面，然后根据其资历和劳绩而拟定官职。开始首先集中考试，观看其楷书和文才；初试合格后，再审察其体貌和辞辩；已被选中注册后，再考察其应变能力；以上全部合格，再集合众人，唱名宣布录取者，然后张榜公布，这样就录取了。录用的程序是，先由吏部分类编排名次，尚书仆射负责挑选，上报门下省，给事中过目后，由侍郎省验，再由侍中审定，对其中不适当者予以驳回；复审完毕，然后奏明皇上，由吏部按照圣旨施行，各人颁给任命状，这叫做"告身"。兵部对武官的选举也是这样。兵部考试的办法是以骑马、射箭、举重闯关、负米翘关而定。如果有人虽未达到资格规定的条件，而能通晓三篇文章的，称之为"宏词"，主考官考试其文理三篇，称之为"拔萃"，考中者可以不受资格限制而授任官职。其中黔中（今贵州）、岭南（五岭以南地区）、闽中（今福建）等地的州、县官，不由吏部选举，委托当地都督选择有当地户籍的人补授。凡居官者每年考核一次，六品以下的官员，四次考核为满一任。

周世宗破格用人

上欲相枢密使魏仁浦,议者以仁浦不由科第,不可为相。上曰:"自古用文武才略者为辅佐,岂尽由科第邪!"己丑,加王溥门下侍郎,与范质皆参知枢密院事。以仁溥为中书侍郎、同平章事,枢密使如故。仁浦虽处权要而能谦谨,上性严急,近职有忤旨者,仁浦多引罪归己以救之,所全活什七八,故虽起刀笔吏,致位宰相,时人不以为忝。

〔宋〕司马光等:《资治通鉴·后周纪五》

【译文】

周世宗打算任命魏仁浦为宰相,朝议时有人认为魏仁浦不是科第出身,不可以为相。世宗说:"自古以来就是任用有文武才略的人为辅佐大臣,难道能全凭科第出身吗?"己丑日,加封王溥为门下侍郎,与范质共同参知枢密院事。任命魏仁浦为中书侍郎、同平章事,枢密使职务不变。魏仁浦虽处在权要地位,却能谦虚谨慎。皇上性情严峻急躁,在他身边任职的官员有违背旨意的,魏仁浦大都把罪过引向自己以相拯救,这样所保全性命的人十有七八。所以他虽然由文书小吏起家,官至宰相,人们却不认为他当之有愧。

宋太祖杯酒释兵权

（建隆元年，七月）诏殿前、侍卫二司各阅所掌兵，简其骁勇者升为上军，而命诸州长吏选所部兵送都下，以补禁旅之阙。又选强壮卒定为兵样，分送诸道召募教习，俟其精练，即送阙下。由是犷狂狷之士皆隶禁籍矣。又惩唐以来藩镇之弊，立更戍法，分遣禁旅戍守边城，使往来道路，以习勤苦，均劳逸。自是将不得专其兵，而士卒不至于骄惰，皆赵普之谋也。

……

（建隆三年，三月）殿前都点检、镇宁军节度使慕容延钊〔罢〕为山南西道节度使，侍卫亲军都指挥使韩令坤罢为成德节度使。自是殿前都点检遂不复除授。

……

（七月）初，帝既克李筠及李重进，一日，召赵普问曰："自唐季以来数十年，帝王凡易八姓，战斗不息，生民涂地，其故何也？吾欲息天下之兵，为国家计长久，其道何如？"普曰："陛下言及此，天地人神之福也。此非他故，方镇太重，君弱臣强而已。今欲治之，惟稍夺其权，制其钱粮，收其精兵，则天下自安矣。"

时石守信、王审琦皆帝故人，各典禁卫。普数言于帝，请授以它职。帝曰："彼等必不吾叛，卿何忧？"普曰："臣亦不忧其叛也。然熟观数人者，皆非统御才，恐不能制伏其下。万一军伍作孽，彼亦不得自由耳。"帝悟，于是召守信等饮，酒酣，屏左右谓曰："我非尔曹力，不及此。然天子亦大艰难，殊不若为节度使之乐，吾终夕未尝高枕卧也。"守信等请其故，帝曰："是不难知，居此位者，谁不欲为之！"守信等顿首曰："陛下何为出此言？今天下已定，谁敢复有异心！"帝曰："卿等固然。设麾下有欲富贵者，一旦黄袍加汝身，汝虽欲不为，其可得乎？"守信等顿首涕泣曰："臣等愚，不及此，惟陛下哀矜，指示可生之途。"帝曰："人生如白驹过隙，所为好富贵者，不过欲多积金钱，厚自娱乐，使子孙无贫乏耳。卿等何不释去兵权，出守大藩，择便好田宅市之，为子孙立永远之业，多致歌儿舞女，日饮酒相欢，以终其天年！朕且与卿等约为婚姻，君臣之间，两无猜疑，上下相安，不亦善乎！"皆拜谢曰："陛下念臣等至此，所谓生死而肉骨也。"明日，皆称疾请罢。帝从之，赏赉甚厚。庚午，以石守信为天平节度使，高怀德为归德节度使，王审琦为忠正节度使，张令铎为镇宁节度使，皆罢军权；独守信兼侍卫〔都〕指挥使如故，其实兵权不在也。殿前副点检自是亦不复除云。

〔清〕毕沅：《续资治通鉴·宋纪一、二》

【译文】

宋建隆元年（960）七月二十七日，太祖赵匡胤下诏令殿前、侍卫二司各自检查所掌管的士兵，挑选骁健勇猛的提升为上军，同时命令各州长官选择所辖士兵送到京城，以补充禁军的缺额。又选出强壮士卒定为兵样，分送到各道召募操练新兵，等达到精壮干练，立即送到京城。从此勇猛强悍的士兵便全部归属禁军编制了。又鉴于唐以来藩镇尾大不掉的弊端，设立更戍法，分批派遣禁军戍守边关城镇，让他们往来于道路之上，用以适应艰苦，平均劳逸。

从此，将领不能专有他的军队，士兵不至于骄傲怠惰。这都是赵普的计谋。

建隆二年三月二十九日，殿前都点检、镇宁军节度使慕容延钊被罢免原职改任山南西道节度使，侍卫亲军都指挥使韩令坤被罢免原职改任成德节度使。从此殿前都点检不再授任。

七月。当初宋太祖扫平李筠和李重进以后，有一天召见赵普问道："自从唐朝末年以来几十年中，帝王总共八次改姓，征战不息，人民肝脑涂地，都是什么缘故呢？我想平息天下的战争，为国家谋求长治久安，有什么办法吗？"赵普说："陛下说到此事，是天地人神的福分。造成上述情况没有别的原因，只是因为方镇兵权太重，君弱臣强罢了。如今要想治理天下，只要逐步削夺方镇的权力，控制他们的钱粮，收回他们的精兵，那么天下就自然太平了。"

当时石守信、王审琦都是太祖的故旧，各自掌管宫廷警卫。赵普多次对太祖进言，请求改授他们其他职务。太祖说："他们一定不会背叛我，您忧虑什么呢？"赵普说："臣也不忧虑他们会叛变。然而仔细观察这几个人，都不是驾驭军队的人才，恐怕不能制服他们的部下。万一军队中有人造反作孽，他们也会身不由己啊。"太祖省悟，于是召集石守信等人宴饮，酒喝到痛快的时候，屏退左右侍从，对他们说："没有你们的力量，我不会走到今天。然而当天子也太艰难，完全不像做节度使那般快乐，我整夜都不曾高枕无忧啊。"石守信等人请教其中缘故，太祖说："这不难明白。对于处在这个位置上的人，谁不想取而代之呢！"石守信等人叩头说："陛下为什么说这话？现在天下已经安定，谁敢再有异心！"太祖说："你们固然如此。但假使部下有想大富大贵的人，一旦把黄袍加到你身上，你即使想不干，这还可能吗？"石守信等人叩头流泪说："臣等愚昧，想不到这些，企盼陛下哀怜，指示可以安身的活路。"太祖说："人生犹如白驹过隙那样短促，所要追求的荣华富贵，不过是多积累金钱，增加娱乐，让子孙后代不贫困罢了。你们何不放弃兵权，调出京城去镇守一个大的地盘，选择上好的田地房屋买下来，为子孙建立一份永久的基业。你们自己多搜罗一些歌儿舞女，每天喝酒相伴取乐来终养天年。朕将与你们相约作为婚姻亲家，君臣之间互相不猜疑，上下相安无事，不也很好吗？"石守信等人都拜谢说："陛下顾念臣等到这个程度，真可谓是起死回生而使白骨又长肉啊。"第二天，就都奏称有病请求免职。太祖批准了他们，赏赐十分丰厚。庚午（初九）日，任命石守信为天平节度使，高怀德为归德节度使，王审琦为忠正节度使，张令铎为镇宁节度使，全部免去军职。只有石守信照旧兼任侍卫都指挥使，其实兵权已不在他身上。殿前副点检之职从此也不再授任。

宋太祖论宰相须用读书人

（乾德四年，五月）上初命宰相撰前世所无年号，以改今元。既平蜀，蜀宫人有入掖廷者，上因阅其奁具，得旧鉴，鉴背有"乾德四年铸"。上大惊，出鉴以示宰相曰："安得已有四年所铸乎？"皆不能答。乃召学士陶谷、窦仪问之，仪曰："此必蜀物，昔伪蜀王衍有此号，当是其岁所铸也。"上乃悟，因叹曰："宰相须用读书人。"由是益重儒臣矣。赵普初以吏道闻，寡学术，上每劝以读书，普遂手不释卷。

〔宋〕李焘《续资治通鉴长篇·太祖·乾德四年》

【译文】

宋乾德四年（966）五月。当初，宋太祖赵匡胤让宰相们拟定前代所未使用过的年号，用来改元，确定了现行的年号"乾德"。平定蜀国（后蜀）后，蜀国宫人有被选入宫的，太祖在阅览其奁具时，发现一面旧铜镜，镜背面有"乾德四年铸"几个字。太祖大惊，拿出镜子给宰相们看，说："怎么已有乾德四年所铸的铜镜呢？"宰相们都答不上来。于是召来学士陶谷和窦仪询问，窦仪回答说："这必是蜀地之物，从前伪蜀国（前蜀）王衍有此年号，应当是那个时期所铸的。"太祖这才明白，就此感叹说："宰相必须用读书人担任。"从此更加尊重儒臣。宰相赵普当初以精于吏道而闻名，但学识浅薄，太祖每每劝他读书，赵普便也如饥似渴，手不释卷。

宋太祖殿试取真才

（开宝六年，三月）辛酉，新及第进士雍丘宋准等十人、诸科二十八人诣讲武殿谢，帝以进士武济川、《三传》刘睿材质最陋，应对失次，绌去之。时翰林学士李昉权知贡举，济川，昉乡人也，帝颇不悦。会进士徐士廉等击登闻鼓，诉昉用情，取舍非当。帝以问翰林学士卢多逊，多逊曰："颇亦闻之。"帝乃令贡院籍终场下第者姓名，得三百六十人。癸酉，召见，择其一百九十五人，并准以下及士廉等各赐纸札，别试诗赋，命殿中侍御史李莹、左司员外郎侯陟等为考官。乙亥，帝御讲武殿亲阅之，得进士二十六人，士廉与焉，《五经》四人，《开元礼》七人，《三礼》三十八人，《三传》二十六人，《三史》三人，学究十八人，明法五人，皆赐及第，又赐准钱二十万以张宴会。责昉为太常少卿，考官右赞善大夫杨可法皆坐责。由兹殿试为常式。

〔清〕毕沅：《续资治通鉴·宋纪七》

【译文】

宋开宝六年（973）三月辛酉日，新及第的进士雍丘人宋准等十人和其他科目的二十八人到讲武殿谢恩。宋太祖赵匡胤在接见时发现进士武济川和《三传》科刘睿智能和素质最差，回答问题语无伦次，便取消了他们的录取资格。当时翰林学士李昉负责科举考试、录取工作，武济川是李昉的同乡，太祖为此很不高兴。这时恰巧进士徐士廉等击登闻鼓，状告李昉徇私舞弊，取舍不当。太祖就这件事询问翰林学士卢多逊，卢多逊说："我也颇有所闻。"太祖于是命令贡院把这次考试考完各场而没有录取者的姓名登记下来，共三百六十人。癸酉日，太祖召见，选择其中的一百九十五人，加上已录取的宋准以下及徐士廉等，各人都赐给纸笔，另行考试诗赋，命殿中侍御史李莹、左司员外郎侯陟等为考官。乙亥日，太祖御讲武殿亲自阅卷，录取进士二十六人，其中有徐士廉；录取其他各科的，有《五经》四人，《开元礼》七人，《三礼》三十八人，《三传》二十六人，《三史》三人，"学究"十八人，"明法"五人，都赐给进士及第。又赏赐宋准钱三十万，以张罗宴会。降李昉为太常寺少卿，考官右赞善大夫杨可法等都为此受到责罚。从此，殿试成为科举考试中固定的程式。

宋太祖用人不念旧恶

董遵诲，涿州范阳人。父宗本，擢随州刺史。太祖微时，客游至汉东，依宗本。而遵诲凭藉父势，太祖每避之。尝谓太祖曰："每见城上紫云如盖，又梦登高台，遇黑蛇，约长百尺余，俄化龙，飞腾东北去，雷电随之，是何祥也？"太祖皆不对。他日论兵，遵诲理多屈，拂衣起。太祖乃辞宗本去，自是紫云渐散。及即位，一日，便殿召见，遵诲伏地请死，帝……谕之曰："卿尚记往日紫云及化龙之事乎？"遵诲再拜呼万岁。俄而部下有军卒……诉其不法十余事，太祖释不问。遵诲益惶愧待罪，太祖召而谕之曰："朕方赦过赏功，岂念旧恶邪！"……遵诲至，召诸酋长，谕以朝廷威德，……众皆悦服。后数月，复来扰边，遵诲率兵深入其境，击走之，俘斩甚众，获羊马数万，夷落以定。

〔元〕脱脱等：《宋史·董遵诲传》

【译文】

董遵诲是涿州范阳人。父宗本，曾任随州刺史。宋太祖赵匡胤未发迹时，曾游历至汉东，投靠宗本。而遵诲依仗父势欺人，太祖每每回避他。他曾对太祖说："我常常看到城上空有紫云如同伞盖，又在梦中登上高台，遇见一条百余尺长的黑蛇，不久变化为龙，向东北方向飞腾而去，霎那间雷鸣电闪，不知是何吉兆？"太祖佯装不懂，都不应答。有一次两人在一起谈论用兵打仗之事，遵诲大都理屈，就恼羞成怒，拂衣而去。太祖于是辞别宗本，离开汉东，从此城上空的紫云也渐渐消散。到太祖即位后，有一天在便殿召见董遵诲，遵诲跪伏在地，请处死罪，太祖问他说："你还记得往日州城紫云如盖及黑蛇化龙之事吗？"遵诲恐惧再拜，连呼万岁。不久，遵诲部下有军卒控告他不法行为十余件事，太祖都按下不予追究。遵诲更加惶恐惭愧，等待处罪。太祖召见并宽慰他说："朕正在赦过赏功，岂能念念不忘旧恶！"遵诲感激太祖恩遇，回到镇守的地方后，召集各族酋长，向他们传达了朝廷的威德，众人都心悦诚服。过了几个月，又有夷人来侵扰边境，遵诲率兵深入其境，打败了侵扰者，俘虏杀死很多，缴获羊马数万，夷族部落从此安定下来。

宋初严惩赃吏

宋以忠厚开国，凡罪罚悉从轻减，独于治赃吏最严。盖宋祖亲见五代时贪吏恣横，民不聊生，故御极以后，用重法治之，所以塞浊乱之源也。按本纪，太祖建隆二年，大名府主簿郭颐，坐赃弃市。乾德三年，员外郎李岳、陈偓，殿直成德钧，皆坐赃弃市；蔡河纲官王训等，以糠土杂军粮，磔于市；太子中舍王治，坐受赃杀人弃市。开宝三年，将军石延祚，坐监仓与吏为奸赃弃市。四年，将军桑进兴、洗马王元吉、侍御史张穆、左拾遗张恂，皆坐赃弃市；刘祺赃轻，杖流海岛。六年，中允郭思齐、观察判官崔绚、录事参军马德林，俱坐赃弃市。此太祖时法令也。太宗太平兴国三年，泗州录事参军徐璧，坐监仓受贿出虚券弃市；侍御史赵承嗣，隐官钱弃市。又诏：诸职官以赃论罪，虽遇赦不得叙，永为定制。中书令史李知古，坐受赃改法杖杀之；詹事丞徐选，坐赃杖杀之；御史张白，以官钱籴卖弃市；汴河主粮吏夺漕军粮，断其腕，徇河干三日斩之：是太宗法令犹未弛。然寇准谓祖吉、王淮皆侮法受赃，吉赃少乃伏诛，淮以参政王沔之弟，盗主守财至千万，止杖，岂非不平耶？则是时已有玩法曲纵者。至真宗时，弃市之法不复见，惟杖流海岛。如员外郎盛梁，受赃流崖州；著作郎高清，以赃杖脊配沙门岛：盖比国初已弛纵矣。《仁宗本纪》，则并杖流之例，亦不复见。《苏颂传》，知金州张仲宣，坐枉法赃应死，法官援李希辅例，杖脊黥配海岛。颂奏仲宣赃少应减，神宗曰："免杖而黥之可乎？"颂引刑不上大夫为对。遂免黥，永为定制。自是宋代命官犯赃抵死者，例不加刑。当时论者谓颂一言而除黥刺，以为仁人之言其利溥。（见《颂传》）益可见姑息成风，反以庇奸养贪为善政，其于不肖官吏之非法横取，盖已不甚深求。继以青苗、免役之掊克，花石纲之攘夺，遂致民怨沸腾，盗贼竞起。宋江等三十六人横行河朔，官军万人不敢捕。方腊之乱，凡得官吏，必恣行杀戮，断绝肢体，探取肺肝，或熬以鼎油，或射以劲矢，备极惨毒，以泄其愤。陈遘疏，所谓贪污嗜利之人，倚法侵牟，不知纪极，怨痛结于民心，故至此也。（见《陈遘及方腊传》）南渡后，高宗虽有诏，按察官岁上所发摘赃吏姓名，以为殿最，然本纪未见治罪之人。惟孝宗时，上元县李永升，犯赃贷死，杖脊刺面配惠州牢城，籍其赀，失察上司俱降黜；广东提刑石敦义，犯赃刺面配柳州，籍其家；知潮州曾造，犯赃贷死，南雄编管，籍其家；参知政事钱良臣，以失举赃吏，夺三官。是时法令虽比国初稍轻，而从积玩之后，有此整饬，风气亦为之一变。真德秀所谓"乾道、淳熙间，有位于朝者，以馈赂及门为耻；受位于外者，以苞苴入都为耻"，皆孝宗之遗烈也！理宗虽亦诏监司，以半岁将劾去赃吏之数来上，视多寡为殿最。守臣助监司所不及，则以一岁为殿最。（见《本纪》）是亦颇能留意综核者。然是时汤燾疏言："苞苴有昔所未有之物，故民罹昔所未有之害；苞苴有不可胜穷之费，故民有不可胜穷之忧。"（见《本传》）则知庙堂之诏已为具文，而官吏之朘削如故也。贾似道亦疏言："裕财之道，莫急于去赃吏。艺祖杖杀朝堂，孝宗真决刺面，今当仿而行之。"（见《似道传》）以似道之狂谬，尚知赃吏之不可不重惩，而追艺祖、孝宗之遗法。然则是二帝者，可谓知所务者哉！

〔清〕赵翼：《廿二史札记·宋辽金史》

【译文】

宋朝以忠厚开国，凡是罪罚都从轻减，独独对惩治贪赃官吏最严厉。大概因宋太祖亲眼看到五代时贪吏恣意纵横，民不聊生，所以登基以后，用重法治理贪赃，为的是要堵塞污浊的本源。按《本纪》记载，太祖建隆二年（961），大名府主簿郭玘，因犯贪赃罪，被斩杀、暴尸于闹市。乾德三年（965），员外郎李岳、陈偃，殿直成钧德，都因犯贪赃罪，被斩杀、暴尸于闹市。蔡河粮纲官员王训等，因用糠土掺杂在军粮中，被处千刀万剐，悬首张尸示众。太子中舍王治，因犯贪赃杀人罪，被斩杀、暴尸于闹市。开宝三年（970），将军石延祚因犯监仓与吏人狼狈为奸贪赃之罪，被斩杀弃尸于闹市。开宝四年，将军桑进兴、洗马王元吉、侍御史张穆、左拾遗张恂，都因犯贪赃罪，被斩杀、暴尸于闹市。刘祺因贪赃罪轻，受杖刑后流配海岛。开宝六年，中允郭思齐、观察判官崔珣、录事参军马德林，全因犯贪赃罪，被斩杀、暴尸于闹市。这是太祖时期的法令。宋太宗太平兴国三年（978），泗州录事参军徐璧，因犯监仓受贿出虚券之罪，被斩杀、暴尸于闹市。侍御史赵承嗣，隐藏官钱，被斩杀弃尸于闹市。又下诏说，各职官因犯贪赃论罪，即使遇到朝廷大赦也不得叙转，永远作为定制。中书令史李知古，因犯受赃擅改法令，被受杖刑打死。詹事丞徐选，因犯贪赃，被受杖刑打死。御史张白，因犯挪用官钱籴卖罪，被斩杀、暴尸于闹市。汴河主粮吏抢夺漕运军粮，被砍断手腕，沿河岸示众三天然后斩杀。这说明太宗时期的法令还没有放松。然而寇准说祖吉、王淮都蔑视法令收受赃物，祖吉受赃少尚且被杀，王淮是参政王沔的弟弟，盗主守财至千万之多只受杖刑，难道是公平的吗？那么这时已有玩忽法令曲意宽纵的情况。到真宗时，因贪赃被斩、暴尸于闹市的刑法不再见到，只有受杖刑流配海岛的惩罚。如员外郎盛梁，受赃流放崖州；著作郎高清，因贪赃受杖脊后流配沙门岛。这时比建国之初已是松驰放纵了。据《仁宗本纪》，就是同时受杖刑和流配的案例，再也见不到。据《苏颂传》，金州知州张仲宣因枉法贪赃，应处死刑。法官援引李希辅案例，判为杖刑合并黥刑（刺面）流配海岛。苏颂上奏说张仲宣受赃少应减刑。神宗说："免去杖刑只刺面流配可以吗？"苏颂又引"刑不上大夫"来回答。于是免除黥刑，永为定制。从此宋代朝廷命官，犯贪赃罪达到死刑的，援例不再加刑。当时论事的人，称赞苏颂一句话就废除了黥刑，认为仁人之言其利大。更可见姑息成风，反而将庇奸养贪视为善政，其对于不肖官吏的非法横收，大抵已不甚深究。继而以青苗法、免役法之聚敛贪狠，花石纲之扰攘掠夺，终于招致民怨沸腾，盗贼竞相起事。宋江等三十六人横行河朔地区，官军万人不敢追捕。方腊之乱，凡抓到官吏，必定恣意施行杀戮，砍断肢体，挖取肺肝，有的用油锅熬，有的用强弓射，用尽了各种惨毒手段，以发泄其怨恨。陈遘上疏说，那些所谓贪污嗜利的人，倚仗法令侵夺百姓，不知极限，怨痛郁结于民心，所以才会到这个地步。宋朝南渡后，高宗虽有诏书，按察官每年报上所揭发的赃吏姓名，以此作为评价他们政绩的依据，然而从《高宗本纪》上没看到因此治罪的人。只到孝宗时，上元县李永升，犯贪赃罪，判杖脊刺面发配惠州牢城，抄没其家产，失察的上司都受到降职处分。广东提刑石敦义，犯贪赃罪刺面发配柳州，抄没其家产。潮州知州曾造，犯贪赃罪当判死刑，改为免死，发配南雄编管，抄没其家产。参知政事钱良臣，因失察举荐赃吏，贬官三级。这时期法令虽比建国之初稍轻，但从积玩之后，有这番整顿，风气也为之一变。真德秀所谓乾道、淳熙（皆为孝宗年号，1165～1188）年间，在朝廷做官的，以有人送馈赠贿赂到门前为耻；在地方做官的，以带着礼品红包进京为耻，这都是孝宗的遗烈啊！理宗虽也下诏监司每半年将查处赃吏的人数奏上，根据其多少来评定官员政绩的依据。守臣（此处原文疑有误）帮助查处监司所不能办的，则以一年查处之数为评定政绩的依据。这也表现出颇能留意考核的意思。然而这时汤斌上疏说："行贿的红包有昔日未有的东西，所以百姓遭遇昔日未有的祸害；行贿的红包有说不尽的名堂，所以百姓有说不尽的忧患。"就知道朝廷的诏书，已成为空文，而官吏的盘剥照旧。贾似道也上疏说："使国家财用丰裕的办法，急迫的事情在于惩治赃吏。艺祖（即宋太祖）杖杀赃吏于朝堂，孝宗亲决在赃吏脸上刺字，现在应当仿效而施行。"以贾似道的狂妄荒唐，尚且知道赃吏之不能不重惩，而追踪艺祖、孝宗之遗法。那么这两位帝王，可算得上是懂得如何做君主的！

明太祖与宋濂论求贤之效

洪武八年，五月，戊午。上御奉天门，谓侍讲学士宋濂等曰："自古有国家者，未有不资贤才而能独理也。秦之时，张良、陈平、韩信皆居隐约，汉高祖用以成帝业。朕初定天下，即延揽群才，相与图治，皆因其器而任使之。今山林岩穴岂无超群拔众之才？欲致而用之，其道何繇？"濂对曰："取士莫善于乡举里选，用人莫善于因能任官，任官莫善于久居不迁。古有是论，陛下欲得求贤之效，无过此矣。"上善其言。

〔明〕《明实录·太祖实录》

【译文】

明洪武八年（1375）五月戊午日，太祖朱元璋在奉天门对侍讲学士宋濂等人说："自古以来统治国家的君主，没有不借助贤才辅佐而能一个人治理好国家的。秦朝末年，张良、陈平、韩信都处在隐居不显的地位，汉高祖任用他们才成就了帝业。朕刚刚平定天下，就延揽各方面人才，和他们一道谋划治理国家，对他们都根据各自的能力而加以任用。现在山林僻远之地难道就没有超群出众的贤才？朕想招致并任用他们，不知道有什么好的办法？"宋濂回答说："拔取人才最好的办法莫过于通过基层地方选举，使用人才最好的办法莫过于按能力任官，任用官吏最好的办法莫过于把他们长期放在一个岗位而不轻易调动。自古以来就有这种主张，陛下要想收到求贤的效果，没有比这更好的办法了。"太祖对宋濂的话表示赞赏。

明太祖与刘基论择相

初,太祖以事责丞相李善长,基曰:"善长勋旧,能调和诸将。"太祖曰:"是数欲害君,君乃为之地耶?吾行相君矣。"基顿首曰:"是如易柱,须得大木,若束小木为之,且立覆。"及善长罢,帝欲相杨宪,宪素善基。基力言不可,曰:"宪有相才无相器。夫宰相者持心如水,以义理为权衡,而己无与者也。宪则不然。"帝问汪广洋,曰:"此偏浅殆甚于宪。"又问胡惟庸,曰:"譬之驾,惧其偾辕也。"帝曰:"吾之相,诚无逾先生。"基曰:"臣疾恶太甚,又不耐繁剧,为之且孤上恩。天下何患无才,惟明主悉心求之,目前诸人诚未见其可也。"后宪、广洋、惟庸皆败。

〔清〕张廷玉:《明史·刘基传》

【译文】

起初,太祖因为对一些事情不满意当着刘基的面责备丞相李善长,刘基说:"善长是国家的勋旧大臣,能调和各位将领间的关系。"太祖说:"这个人几次想加害于你,而你为他着想到这个地步。我将要任命你为丞相。"刘基跪地磕头说:"国家换丞相就像房屋换顶梁柱,必得寻找一根大的木材,若是把一些小木材捆起来做梁柱,房屋顷刻就要塌下来。"到李善长被罢相后,太祖想任命杨宪为相,杨宪一向与刘基交情很好。然而刘基极力称说杨宪不能任相,他说:"杨宪有宰相之才而无宰相的气度。宰相的心应该像水那样平,处理国家大事应该以义理为准则来权衡,个人的利益和感情不能掺杂在其中。杨宪却不是这样的人。"太祖又问汪广洋,刘基说:"这个人的偏狭和浅薄大概比杨宪还要厉害。"又问胡惟庸,刘基说:"这就譬如要他驾车,恐怕他要掀掉车辕的。"太祖说:"做我的丞相,确实没有一个人能比先生更合适。"刘基说:"臣嫉恶太甚,又受不了繁重复杂的政务,当丞相将要辜负君王的大恩。天下何愁没有人才,只希望圣明的君王尽心尽力去寻找,目前这几个人确实没看出有能胜任的。"后来,杨宪、汪广洋、胡惟庸都因败事或谋反而被处死。

明太祖与李翀论任将

洪武十七年，正月，庚戌。上与翰林院侍讲学士李翀等论武事。翀曰："用兵重在用将。"上曰："任将之道固重，然必任之专，信之笃，而后可以成功。昔齐用司马穰苴，魏用乐羊，可谓任之专，信之笃，故皆有功。若唐肃宗用鱼朝恩、宪宗用吐突承璀为监军，使诸将掣肘以致败事者，是任将不专，信之不笃故也。"翀曰："惟陛下圣明，深知此央。"上曰："将必择有识有谋有仁有勇者，有识能察几于未形，有谋能制胜于未动，有仁能得士心，有勇能摧坚破锐，兼是四者，庶可成功。然亦在人君任之何如耳。"

〔明〕《明实录·太祖实录》

【译文】

明洪武十七年（1384）五月庚戌日，太祖朱元璋与翰林院侍讲学士李翀等谈论军事。李翀说："用兵重在任将。"太祖说："任用将领的方法确实很重要。但必须放手任用，相信他很诚笃，而后才可以取得成功。从前齐国任用司马穰苴，魏国任用乐羊，都可以说放手任用，用人不疑，所以都取得了成功。像唐肃宗任用鱼朝恩、宪宗任用吐突承璀做监军，使各位统兵将领受到掣肘以致坏事的，都是任用将领不够放手、不能对他们深信不疑的缘故。"李翀说："只有陛下圣明，深知此中要旨。"太祖接着说："任用将领必须选择有识、有谋、有仁、有勇的人。有识，才能洞察欲显未显的情形；有谋，才能兵马未动而胜算在胸；有仁，才能赢得将士之心；有勇，才能摧毁坚城、击破强敌。兼有这四方面的特长，才能够取得战争的胜利。当然，也在于君主怎么样来任用他们。

明太祖重惩贪吏

洪武十八年，诏尽逮天下官吏之为民害者，赴京师筑城。(《孝义传》、《朱煦传》)帝初即位，惩元政弛纵，用法太严，奉行者重足而立。(《周祯传》)官吏有罪，笞以上悉谪凤阳屯田，至万余人。(《韩宜可传》)又案《草木子》记，明祖严于吏治，凡守令贪酷者，许民赴京陈述，赃至六十两以上者，枭首示众，仍剥皮实草。府、州、县衙之左特立一庙，以祀土地，为剥皮之场，名曰"皮场庙"。官府公座旁各悬一剥皮实草之袋，使之触目警心。(后海瑞疏亦举太祖剥皮囊及洪武中所定枉法赃八十贯论绞之律，以规切时政。见《海瑞传》)法令森严，百职厘举。祖训所谓革前元姑息之政，治旧俗污染之徒也。

〔清〕赵翼：《廿二史札记·明史》

【译文】

明洪武十八年（1385），太祖朱元璋下诏逮捕天下所有祸害百姓的官吏，押送到京师修筑城墙。太祖当初即位时，苦于元朝政治过于宽松、流于放纵，于是施用法禁太严，奉行的人胆颤心惊，不敢稍有动作。官吏犯罪，判笞刑以上，都贬到凤阳屯田，达一万多人。又据《草木子》记载，明太祖严于吏治，凡太守、县令贪赃残酷的，允许百姓赴京告状。赃物赃款达到六十两银子以上的，斩首示众，还要剥下皮、塞上草。各府、州、县衙门之左，特建立一庙，用来祭土地神，并作为剥皮场，名叫"皮场庙"。官府主官座位旁边，各悬挂一个剥下来塞满草的人皮袋子，使为官者触目惊心。（后来海瑞上疏也列举太祖剥人皮的袋子，以及洪武年间所制定的枉法贪赃八十贯钱判绞刑的法律，用来规谏匡正当时政治。）法令整饬严肃，百官职事卓有成效。这就是祖宗训诫所说的革除元朝姑息养奸的政治，整治受旧习俗污染的人。

清圣祖知人善任

漕督施公世纶，康熙四十年方官淮徐道。适湖南按察使阙员，大学士伊桑阿等以九卿保举世纶入奏，谕曰："施世纶朕深知之。其操守果廉，但遇事偏执。百姓与生员讼，彼必护庇百姓；生员与缙绅讼，彼必护庇生员。夫处事惟求得中，岂可偏私？如施世纶者，委以钱谷之事，则相宜耳。"

〔清〕章梫：《康熙政要·论择官》

【译文】
漕运总督施世纶在康熙四十年（1701）时正任淮徐道道员，适逢湖南按察使出现空缺，大学士伊桑阿等将九卿保举施世纶升补该职的折子入奏。圣祖教导说："施世纶这个人我很了解他。他的品行确实清廉，但遇事偏激固执。百姓与秀才打官司，他必定偏袒百姓；秀才与绅士打官司，他必定偏袒秀才。处理政事只求一个公正，怎么可以有偏见呢？像施世纶这样的人，把管理钱粮财政之事交给他，是最合适的（意谓不宜任掌一省司法、廉政的按察使）。"

清圣祖念念不忘表彰清官

张伯行，河南仪封人。康熙二十四年进士。归筑精舍南郊，纵观诸子百家，及读《小学》、《近思录》，乃恍然曰："人圣门庭在是矣。"读书七年，补内阁中书。父忧归，啜粥三年，不入内室。服阕，建请见书院，与乡人士讲明正学。三十八年夏，大水，率居民筑堤保境。河督张鹏翮异之，疏请檄伯行赞理。三辞不许，以原衔赴河工，督修黄河南岸堤二百余里，及马家港东坝高家堰石工。四十二年，授山东济宁道。值岁荒，倾家财运谷以赈。寻奉命赈汶上、阳谷饥，动仓谷二万二千有奇。藩司责其专擅，将申劾，巡抚直之，得免。四十四年，圣祖南巡阅河，御书"布泽安流"四字以赐，并诗章二，诗扇二。

明年，上遣近臣封闸催漕，谕曰："济宁道张伯行谙晓河务，可与商榷。"伯行相高下，引运河水北注，蓄泄得宜。事竣，著书纪其事，即世所行《居济一得》也。夏，迁江宁按察使，吏白故事，送督抚赘，约金四千。伯行曰："我誓不取民一钱，焉办此？"扬州诸生六人忤郡守，巡抚欲尽褫之，伯行曰："以穷诸生冠服迎合上官，吾不为也。"力雪之。

四十六年，圣祖南巡，命督抚举贤能，伯行随督抚入对。圣祖曰："朕向原认识你，到江南即知尔为清官。"复顾督抚臣曰："张伯行居官何如？"皆曰："好。"大学士张玉书对亦如之。圣祖曰："江南更有如此好官否？"皆曰："无。"圣祖曰："然则尔等何以不保举？今朕自保之，他日居官好，天下以朕为明主，否则笑朕不知人。"……遂擢福建巡抚，随驾至西湖，赐御书"廉惠宣猷"四字。

……

明年（六十一年）春，与千叟宴，偕诸臣入谢，皆赐坐。谕曰："汝等皆大臣，当惠爱百姓。如张伯行为巡抚时，是真能以百姓为心者也。"

〔清〕章梫：《康熙政要·论任贤》

【译文】

　　张伯行是河南仪封人。康熙二十四年（1685）中进士。及第后又回家在县城南郊建了一所房屋，住在那里遍读诸子百家之书，及至读到《小学》和《近思录》，才恍然大悟说："进入圣人门庭的路就在这里啊。"读书七年后，授任内阁中书。父死，回家守孝，喝了三年粥，未入内室歇息过。满孝后，建了一所请见书院，与乡里人士讲论学问。康熙三十八年，黄河发大水，张伯行率领居民筑堤保境。河道总督张鹏翮赏识他，上疏请求让张伯行助理河防事务。张伯行三次辞谢，未被允许，于是以原官衔赴河防工地，督修了黄河南岸堤防二百多里，完成了马家港、东坝、高家堰的石工。康熙四十二年，授任山东济宁道道员。当时正值荒年，张伯行拿出全部家财，贩运谷米来赈济灾民。不久他奉命到汶上、阳谷二县赈济饥民，动用国家粮仓谷米二万二千多石。山东布政使责怪他未经请示擅作主张，将申文弹劾他，因为巡抚肯定了他的做法，才得以免祸。康熙四十四年，圣祖南巡检阅河防工程，亲笔书写了"布泽安流"四个字赐给张伯行，并赐给他诗章两枚，诗扇两把。

　　康熙四十五年，皇上派遣亲近大臣到河防封闸催督漕运，他告诉这位大臣说："济宁道员张伯行熟悉河防事务，你去后可以和他商量。"张伯行测量了地势的高下，引运河水北流，蓄水泄水都很方便。任务完成后，他著书记述了这件事，就是现在流传的《居济一得》一书。这年夏天，张伯行升任江宁按察使。到任后，下属官吏告诉他按以往成例，新任官长要给总督、巡抚送礼，并秤好了四千两银子。张伯行说："我发誓不取百姓一个钱，为什么要办这件事？"扬州有六位诸生触犯了郡守，巡抚打算全部取消他们的资格。张伯行说："拿穷诸生的冠服来迎合上司，我不干。"极力为他们做了辩白。

　　康熙四十六年，圣祖南巡，命令督抚荐举贤能，张伯行跟随督抚晋见奏对。圣祖说："朕原本认识你，到江南就知道你是清官。"又对督抚大臣说："张伯行做官怎么样？"都回答说："好！"大学士张玉书也如此回答。圣祖说："江南还有这样的好官吗？"都回答说："没有。"圣祖说："既然如此，你们为什么不保举？现在朕亲自保举他。今后他官做得好，天下人会认为朕是明主，否则就会笑话朕不能知人。"于是提拔张伯行为福建巡抚，随驾到杭州，赐给他亲笔书写的"廉惠宣猷"四个字，以示表彰。

　　康熙六十一春，张伯行参加了皇上举办的"千叟宴"，他和各位大臣入内谢恩。圣祖都赐座，告诫他们说："你们都是朝廷大臣，应当关怀爱护百姓。像张伯行在做巡抚时，是真正能够把百姓放在心上啊！"

图书在版编目（CIP）数据

中国古代用人智慧/柯美成，胡抗美编著．—北京：华夏出版社，2013.6
ISBN 978-7-5080-7607-2

Ⅰ．①中… Ⅱ．①柯…②胡… Ⅲ．①人才学-中国-古代 Ⅳ．①C96-092

中国版本图书馆 CIP 数据核字（2013）第 105655 号

中国古代用人智慧

作　　者	柯美成　胡抗美
责任编辑	韩　平
装帧设计	张　莹
出版发行	华夏出版社
经　　销	新华书店
印　　刷	三河市兴达印务有限公司
装　　订	三河市兴达印务有限公司
版　　次	2013 年 6 月北京第 1 版　2013 年 9 月北京第 1 次印刷
开　　本	720×1030　1/16 开
印　　张	26
字　　数	500 千字
定　　价	68.00 元

华夏出版社　网址：www.hxph.com.cn　地址：北京市东直门外香河园北里 4 号　邮编：100028
若发现本版图书有印装质量问题，请与我社营销中心联系调换。电话：(010) 64663331（转）